깨우자!
독해력!

중등 국어 독해 1 기본편

WRITERS

미래엔콘텐츠연구회

공규택　수원수성고 교사
소정섭　백영고 교사
이진용　덕성여고 교사
황재진　명일여고 교사

COPYRIGHT

인쇄일　2024년 5월 27일(1판3쇄)
발행일　2022년 11월 21일

펴낸이　신광수
펴낸곳　㈜미래엔
등록번호　제16-67호

교육개발1실장　하남규
개발책임　이충선
개발　장혜연, 허은실, 정윤숙

디자인실장　손현지
디자인책임　김기욱
디자인　윤지혜, 김단비

CS본부장　강윤구
CS지원책임　강승훈

ISBN 979-11-6841-422-8

"독해력을 깨울 시간!"

어휘는 어렵고, 지문은 길어서 읽기가 힘들어.
나, 이대로 괜찮을까?

걱정하지 마! 너희 선배들도 다 같은 고민을 했거든.
그런 고민이 하나하나 모여서 만들어진 게 바로,
깨독이야!

국어가 어렵다는 생각은 버려.
네 안의 독해력을 깨우면
국어가 이렇게 쉬웠다고? 소리가 저절로 나올 걸~

우리 함께 독해력을 깨울 시간이야!

중등 국어 수능 독해
학습 전략

Level. 0

나의
수준
점검

글을 읽고 글의 화제나 중심 내용을 찾기가 어려워요.

기초부터 다지며 수능 국어 공부를 시작하고 싶어요.

" 독해 원리부터 익혀 기초를
다지는 훈련을 해 보세요. "

추천 대상: 예비 중

구성 비율	원리 ▭▭▭ 문제
문제 경향	내신 ▭▭▭ 수능
글자 수	1000 이하 ▭▭▭ 2000 이상
문제 수준	하 ▭▭▭ 상

Level. 1

계획을 세워 공부하는 습관이 잡히지 않았어요.

인문, 사회, 과학, 기술, 예술 영역의 글을 읽으며 독해 능력을 기르고 싶어요.

" 영역별로 비문학 지문을
집중하여 읽는 훈련을 해 보세요. "

추천 대상: 중1

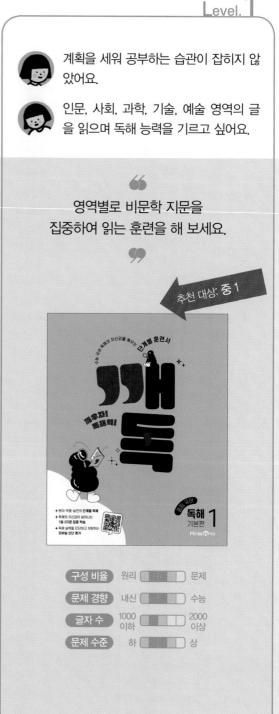

구성 비율	원리 ▭▭▭ 문제
문제 경향	내신 ▭▭▭ 수능
글자 수	1000 이하 ▭▭▭ 2000 이상
문제 수준	하 ▭▭▭ 상

한번에 모두
하려 하지 말고,

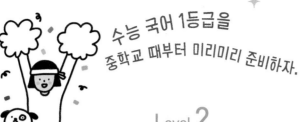

수능 국어 1등급을
중학교 때부터 미리미리 준비하자.

Level. 2

 다양한 영역의 긴 지문을 읽고 독해 실력을 키우고 싶어요.

 수준 높은 문제를 풀어 보고 싶어요.

"
짧은 지문–긴 지문의 순서로
단계별 독해 훈련을 해 보세요.
"

추천 대상: 중 2

구성 비율	원리 ▭▭▭ 문제
문제 경향	내신 ▭▭▭ 수능
글자 수	1000 이하 ▭▭▭ 2000 이상
문제 수준	하 ▭▭▭ 상

Level. 3

 수능 국어 1등급을 목표로 꾸준히 공부하고 싶어요.

수능에 나오는 국어 지문과 문제 유형으로 공부하고 싶어요.

"
실제 수능에 나오는 문제 유형에 따라
독해 훈련을 해 보세요.
"

추천 대상: 중 3

구성 비율	원리 ▭▭▭ 문제
문제 경향	내신 ▭▭▭ 수능
글자 수	1000 이하 ▭▭▭ 2000 이상
문제 수준	하 ▭▭▭ 상

차근차근
하나씩 –

구성과 특징

1 독해 원리 알아보기
7가지 독해 원리를 단계별로 학습하여 스스로 독해하는 방법을 익혀요.

● 독해 원리 알아보기
단계별로 도식화한 7가지 독해 원리를 바탕으로 하여 지문을 독해하는 방법을 확인해요.

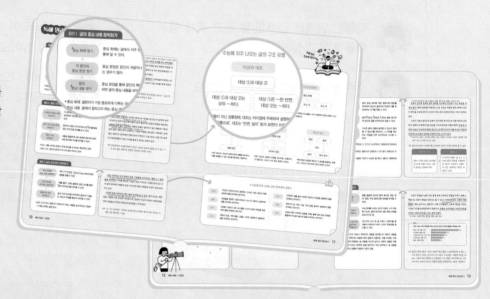

2 독해력 깨우기
'내용 이해하기 > 주제 파악하기 > 확인 문제'의 단계에 따라 독해 실력을 길러요.

❶ 지문 읽기
지문 키워드 를 통해 수능에 나오는 지문의 성격을 자연스럽게 익혀요.

❷ 단계별 지문 독해
빈칸 넣기, ○× 문제로 구성된 '내용 이해하기 > 주제 파악하기 > 확인 문제'를 통해 지문의 내용을 정확히 이해해요.

❸ 독해 문제 풀이
7가지 독해 원리의 적용 문제를 풀며 실전 훈련을 해요.

3 독해력 다지기   독해에 도움이 되는 어휘력과 배경지식을 쌓아요.

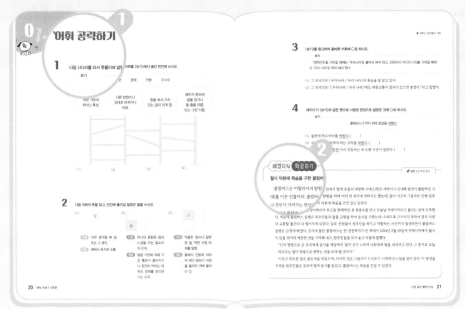

❶ 어휘 공략하기
지문에 나온 핵심 어휘를 학습하며 어휘력을 높여요.

❷ 배경지식
지문과 관련 있는 배경지식을 읽으며 지문 이해력을 높이고, 독해력을 강화해요.

✳ 모바일 진단 평가

✦ '학습 전 – 학습 중간 – 학습 완료 후' **총 3회**의 모바일 진단 평가로
  자신의 독해 실력을 진단해요.

✦ 수능 국어 **예상 등급**과 **학습 처방**을 통해
  스스로 실력을 점검해요.

QR 코드를
찍어 봐!

차례

독해 원리 알아보기

진단 평가
2회

진단 평가
3회

5주 완성

1주	1일 ☐ 월 일	2일 ☐ 월 일	3일 ☐ 월 일	4일 ☐ 월 일	5일 ☐ 월 일
2주	6일 ☐ 월 일	7일 ☐ 월 일	8일 ☐ 월 일	9일 ☐ 월 일	10일 ☐ 월 일
3주	11일 ☐ 월 일	12일 ☐ 월 일	13일 ☐ 월 일	14일 ☐ 월 일	15일 ☐ 월 일
4주	16일 ☐ 월 일	17일 ☐ 월 일	18일 ☐ 월 일	19일 ☐ 월 일	20일 ☐ 월 일
5주	21일 ☐ 월 일	22일 ☐ 월 일	23일 ☐ 월 일	24일 ☐ 월 일	목표 달성

#계획표 #공부 습관 #꾸준히 #천천히 #1일 2지문

'학습 플래너'를 활용하여
나만의 학습 계획을 세워 보세요.

PLAN

3주 완성

1주	1일 ☐ 월 일	2일 ☐ 월 일	3일 ☐ 월 일	4일 ☐ 월 일	5일 ☐ 월 일
2주	6일 ☐ 월 일	7일 ☐ 월 일	8일 ☐ 월 일	9일 ☐ 월 일	10일 ☐ 월 일
3주	11일 ☐ 월 일	12일 ☐ 월 일	13일 ☐ 월 일	14일 ☐ 월 일	15일 ☐ 월 일

목표 달성!

#계획표 #방학 집중 #단기 완성 #1일 4지문

깨독 독해편을 완벽하게
사용하는 Tip

❶ 필기 도구와 깨독 독해책 준비하기
❷ 학습 날짜와 분량을 적어서 계획표 완성하기
❸ 계획표에 따라 공부하고 ✓표 하기
❹ 틀린 문제를 정리하여 나만의 오답 노트 만들기

독해 원리 알아보기

원리 1 글의 중심 내용 파악하기

> **중심 화제 찾기**
> 중심 화제는 글에서 자주 반복되는 단어를 통해 알 수 있어.
>
> ↓
>
> **각 문단의 중심 문장 찾기**
> 중심 문장은 문단의 처음이나 끝에 위치하는 경우가 많아.
>
> ↓
>
> **글의 중심 내용 찾기**
> 중심 문장을 통해 문단의 핵심 내용을 정리하면 글의 중심 내용을 파악할 수 있어.
>
> **✦중심 화제** 글쓴이가 가장 중요하게 다루는 대상
> **✦중심 내용** 글에서 말하고자 하는 중심 생각

↱글의 첫 부분에 이 글의 중심 화제인 '게임'과 1문단의 중심 문장이 나타나 있다.

현대의 (게임)은 가벼운 오락거리이면서도 어려운 문제를 푸는 데에 활용되기도 한다. 10년 동안 의학계가 풀지 못한 단백질 생성 과정의 비밀을 게이머들은 공간 추론 능력과 상상력을 동원하여 단 3주 만에 밝혀냈다. 이처럼 게임은 생명 과학의 발전에 큰 도움을 주었다.

게임은 환자의 병을 치료하는 데에도 활용된다. 암세포를 파괴하는 내
↱2문단의 중심 문장을 확인할 수 있다.
용의 게임을 한 환자는 암이 낫고 있다는 심리적 치유 효과를 얻게 되었다고 한다.

➡ 중심 화제인 '게임'을 바탕으로 각 문단의 중심 문장을 찾으면 이 글의 중심 내용이 '게임이 지닌 장점'임을 파악할 수 있다.

원리 2 글의 구조 파악하기

> **각 문단의 중심 내용 파악하기**
> 각 문단에서 중심 화제를 포함하는 문장을 살펴보면 문단별 중심 내용을 파악할 수 있어.
>
> ↓
>
> **문단 간의 연결 관계 파악하기**
> 문단이나 문장 사이사이에 쓰인 표지를 통해 문단 간의 연결 관계를 알 수 있어.
>
> ↓
>
> **글의 구조 파악하기**
> 내용상 밀접하게 서로 관련된 문단끼리 묶어 보면 글 전체 구조를 파악할 수 있어.
>
> **✦표지** 내용 사이의 관계나 전개 방식을 드러내는 특징적인 표현
> **✦글의 구조** 문단과 문단이 하나의 글로 짜여진 결과

날개 달린 선풍기는 날개의 회전으로 바람을 일으킬 때 날개와 날개
↱대조적인 특징을 지닌 두 대상
사이의 빈 공간으로 인해 바람이 끊겨 불규칙한 흐름의 바람을 내보내는
반면에, 날개 없는 선풍기는 바람의 흐름이 끊어지지 않기 때문에 기존의
↳앞뒤 내용이 서로 상반됨을 드러내는 표지
날개 달린 선풍기보다 일정하고 시원한 바람을 내보낸다. 이밖에도 날개 없는 선풍기는 날개 달린 선풍기보다 디자인이 고급스럽고, 선풍기의 날개로 인해 발생할 수 있는 사고를 줄일 수 있다는 장점이 있다.

➡ '반면에'라는 표지를 통해 두 문단이 대조의 관계에 있음을 알 수 있고, 이는 날개 없는 선풍기의 장점을 강조하는 효과를 지닌다.

원리 3 글의 전개 방식 파악하기

> **중심 화제와 중심 내용 파악하기**
> '원리 1'의 방법을 적용하면 중심 화제와 중심 내용을 찾을 수 있어.
>
> ↓
>
> **전개 방식을 나타내는 표현 찾기**
> '예를 들어', '첫째, 둘째'와 같은 표지를 통해 글의 전개 방식을 파악할 수 있어.
>
> ↓
>
> **글쓴이의 의도 파악하기**
> 글의 전개 방식을 파악하면 글쓴이가 글을 쓴 의도와 주제를 빠르게 파악할 수 있어.
>
> **✦글의 전개 방식** 글쓴이가 말하고자 하는 내용을 효과적으로 전달하기 위해 선택한 설명 방식

공공 디자인은 우리 주변의 공공 시설물을 디자인하는 행위나 그 결과
↱공공 디자인의 뜻을 정의하고 있다.
물을 의미한다. 우리를 둘러싼 수많은 공공 디자인은 다양한 방식으로 우리 삶에 관여하기 때문에 공공 디자인에 대한 사람들의 관심이 점차 높아지고 있다.

이러한 공공 디자인의 예로 '솔라 트리'를 들 수 있다. 솔라 트리는 태양
↱공공 디자인의 예를 제시하고 있다.
열을 이용한 나무 모양의 가로등으로, 실용적 기능에 자연의 아름다움을 더해 사람들로 하여금 만족감과 편안함을 느끼게 한다.

➡ '~은 ~을 의미한다', '예'라는 표지를 통해 정의와 예시의 전개 방식이 사용된 것을 확인할 수 있다.

독해 원리
한눈에 정리!

✦ 수능에 자주 나오는 글의 구조 유형 ✦

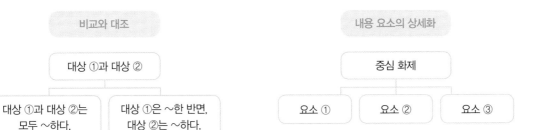

비교와 대조

대상 ①과 대상 ②

| 대상 ①과 대상 ②는 모두 ~하다. | 대상 ①은 ~한 반면, 대상 ②는 ~하다. |

비교는 대상들이 지닌 공통점에, 대조는 차이점에 주목하여 설명하는 유형이다. 비교는 '모두, 공통으로', 대조는 '반면, 달리' 등의 표현이 쓰인다.

내용 요소의 상세화

중심 화제

| 요소 ① | 요소 ② | 요소 ③ |

글에 제시된 중심 화제와 관련된 요소들을 나누어 설명하며 중심 화제가 지닌 특징을 자세히 다루는 유형이다.

문제와 해결

문제 상황

↓

해결 방안

어떤 대상이나 현상과 관련된 문제 상황을 제시하고, 이를 해결할 수 있는 방안을 제시하는 유형이다.

과정, 순서 제시

첫 번째 과정

↓

……

↓

마지막 과정

어떤 대상과 관련된 과정을 제시하는 유형이다. '그다음으로, 그러고 나서' 등의 표현이 쓰인다.

원인과 결과

| 원인 | 결과 |

또는

| 결과 | 원인 분석 |

어떤 현상이 발생한 원인과 그 결과를 설명하는 유형이다. '따라서, 왜냐하면' 등의 표현이 쓰인다.

✦ 수능에 자주 나오는 글의 전개 방식 유형 ✦

정의 '무엇은 무엇이다'라고 설명하는 것으로, 어떤 대상의 뜻을 밝히며 글을 전개하는 방식이다.

분류 대상들을 일정한 기준에 따라서 나누거나 묶어서 설명하며 글을 전개하는 방식이다.

분석 대상을 구성하고 있는 요소들을 나누어 대상의 특징을 설명하며 글을 전개하는 방식이다.

묘사 대상의 모습, 색채 등을 그림을 그리듯 생생하게 설명하며 글을 전개하는 방식이다.

예시 구체적인 예를 들어 어떠한 대상이나 현상을 설명하며 글을 전개하는 방식이다.

인용 전문가의 말, 책의 구절, 격언 등을 빌려와 설명하며 글을 전개하는 방식이다.

열거 대상에 대한 구체적인 설명을 '첫째, 둘째' 등과 같은 표현을 활용하여 죽 벌여 놓으며 글을 전개하는 방식이다.

원리 4 숨어 있는 내용 찾기

단어나 문장의 앞뒤 내용의 관계 이해하기	글에 사용된 지시어, 접속어 등을 바탕으로 글 속 정보 간의 관계를 파악할 수 있어.
서로 연결되어 있는 내용의 핵심 정보 파악하기	글에 자주 나오는 단어, 반복되는 문장, 내용 사이의 관계를 알려 주는 표지를 살펴보면 핵심 정보를 파악할 수 있어.
생략된 내용, 글쓴이의 의도, 숨겨진 주제 찾기	글의 처음 부분이나 끝부분에 글쓴이의 생각이 담겨 있을 가능성이 커. 글의 핵심 정보를 바탕으로 숨겨진 주제 등을 추론할 수 있어.

✦ **추론** 글에 제시된 내용을 바탕으로 겉으로 드러나지 않은 내용을 추측하는 것

지시어를 사용하여 화성에 관한 내용이 이어질 것임을 예측할 수 있다.

수원 화성은 과학 원리를 바탕으로 정조 때 지어진 성이다. 이 성의 벽을
　　→중심 화제　　→핵심 정보
자세히 보면 전체 형태가 구불구불하다. 성벽을 이러한 형태로 만든 것은 성벽을 구불구불하게 하여 아치를 만들면 더욱 굳고 단단하게 쌓을 수 있기 때문이다. 또한 성벽의 허리 부분은 돌과 돌 사이가 단단히 맞물린 상태로 잘록한 모양을 하고 있는데, 이는 적이 성벽을 쉽게 타고 오를 수 없도록
　　　　　　　　　　　　　　　　　　　　　→핵심 정보
한 조치와 관련이 있다.

→ 위에 나온 핵심 정보를 통해 당시 조선의 시대적 상황을 파악할 수 있다.

핵심 정보 파악		숨어 있는 내용 찾기
정조 때 지어진 수원 화성은 적의 공격을 방어하기 위해 과학적으로 지어졌음.	→	정조가 나라를 다스릴 때에는 적의 침입에 대한 대비가 필요했던 시대였다.

원리 5 관점 비교하기

중심 화제 파악하기	글에서 집중적으로 다루거나 문제시하는 대상 또는 현상을 찾으면 중심 화제를 파악할 수 있어.
중심 화제에 관한 생각이나 태도 파악하기	'~해야 한다', '~라고 주장한다', '하고자 한다' 등의 표현이 포함된 문장을 통해 파악할 수 있어.
관점 정리하여 비교하기	같은 대상이나 현상에 대해 다른 관점을 보이는 글을 비교하며 읽으면 균형 있는 시각을 가질 수 있어.

✦ **관점** 대상이나 현상을 바라보는 입장이나 태도

잊힐 권리의 법제화에 대해 찬성과 반대 의견이 대립하고 있다. 찬성하
　　　　　　　→중심 화제　　　　　　　　　　　　　　　　　　　　　→찬성하
는 입장은 무엇보다 개인의 인권 보호를 위해 잊힐 권리를 법제화해야 한
　　　　　　　　　　→찬성 측 관점 제시
다고 주장한다. 인터넷 시대에 한 번 보도된 기사는 언제든지 다시 찾을 수 있기 때문에 기사와 관련된 사람이 소위 '신상 털기'로 인한 피해를 지속적으로 입을 수 있다는 것이다.

반면 또 다른 권리의 측면에서 잊힐 권리의 법제화를 반대하는 입장도
→　　　　　　　　　　　　　　　　　　　　　　　　　　　　　　　　　
　→두 관점이 상반됨을 알려 주는 표지
있다. 표현의 자유를 제한하고 알 권리를 침해할 가능성이 있기 때문에 잊
　　　　　　　　　　　　　　　　　　　　　　　　　→반대 측 관점 제시
힐 권리를 법제화해서는 안된다고 주장하는 것이다.

→ 중심 화제인 '잊힐 권리의 법제화'에 대한 상반된 관점이 제시되어 있다. 찬성 측과 반대 측 각각의 주장과 근거를 비교해 보며 동일한 대상에 대한 서로 다른 생각을 확인할 수 있다.

글쓴이의 생각이나 주장, 관점 찾기

글의 중심 화제에 대한 글쓴이의 태도를 파악하며 읽으면 글쓴이의 주장과 이를 뒷받침하는 근거를 찾을 수 있어.

글에 사용된 자료나 표현 방법이 적절한지 평가하기

글의 ✦타당성, ✦공정성, ✦신뢰성 등을 평가하며 읽으면 글을 비판적으로 읽을 수 있어.

비판적 이해를 바탕으로 자신의 의견 정리하기

자신은 글의 내용에 동의할 수 있는지, 동의할 수 없는지를 판단하고, 그 이유를 정리하는 연습을 하면 논리적으로 사고할 수 있어.

✦타당성 글쓴이의 주장과 그 근거가 논리적이고 밀접하게 연관되어 있음.

✦공정성 대상을 바라보는 글쓴이의 관점이나 시각 등이 한쪽으로 치우치지 않음.

✦신뢰성 글쓴이가 사용한 자료가 사실에 일치하고, 출처가 명확하며 믿을 만함.

↱글의 앞부분에 로봇의 권리에 관한 글쓴이의 관점이 나타나 있다.
로봇이 인간과 동등한 법적 권리를 지니려면 인간만이 지닌 속성을 가져야 한다. 현재 로봇에게 적용되는 인공 지능은 제한된 범위 내에서 인간의 판단을 보조할 뿐이지, 인간의 자유 의지나 합리성에는 이르지 못하고 있다.

그러나 기술의 발전으로 로봇이 인간처럼 정서적으로 다른 대상과 교류하고 권력이나 명예에 대한 욕망을 가지게 된다면 어떻게 될까? 로봇의 이러한 모습은 인간에게 위협이 될 수도 있지만 인간과 다를 바 없기 때문에 역설적으로 로봇의 권리를 인정해야 하는 근거가 된다.
↱글쓴이는 로봇이 인간에게 위협이 되는 상황이 오더라도 로봇의 권리를 인정해야 하는 근거를 제시하고 있다.

➜ 글쓴이의 주장이 타당한지를 파악하여 자신의 의견을 정리해 볼 수 있다.

글쓴이의 의견		비판하기
로봇이 인간의 속성을 지닌다면 인간에게 위협이 되어도 로봇의 권리를 인정해야 한다.	→	'인간에게 위협이 될 수도 있는데 로봇의 권리를 인정해야만 할까? 동의하기 어렵군.'과 같은 비판적인 생각을 떠올릴 수 있다.

글의 내용 이해하기

글을 꼼꼼히 읽으면 글에 제시된 개념, 원리·방법, 주장 등에 관한 정보를 파악할 수 있어.

〈보기〉의 자료나 선택지 분석하기

수능 문제에 나오는 〈보기〉 자료는 시각 자료뿐 아니라, 글에 제시되지 않은 특정 관점을 보여 주기도 해.

글의 내용을 〈보기〉의 자료나 선택지에 대응시켜 적용하기

〈보기〉의 시각 및 글 자료나 선택지를 글 내용과 대응시켜 보면 그것의 적절성을 확인할 수 있어.

✦적용 〈보기〉의 자료나 선택지의 내용을 판단할 때 지문의 내용을 〈보기〉나 선택지의 내용에 따라 알맞게 이용하는 것을 의미함. 이와 관련된 문제 유형에는 글 내용을 자신의 삶이나 사회적 상황에 적용하기, 글에 드러난 문제의 해결 방안이나 대안 생각하기, 글 내용을 다른 사례나 상황에 적용하기 등이 있음.

기업이 직원들의 삶과 사회, 환경 등에 긍정적인 영향을 미치기 위해 노력할 때, 사회적 책임을 다한다고 볼 수 있다. 이러한 기업의 사회적 책임 중심 화제 활동은 계속 늘어나는 상황이다. 사회 구성원들이 사회적 책임을 다하는 기업의 가치를 높게 평가하기 때문이다. 실제로 소비자들은 사회적 책임을 다하는 기업에 호감을 느끼는 경우가 많다.
↱기업이 사회적 책임 활동을 했을 때의 효과

┤ 보기 ├
어떤 기업이 사회적 책임을 다하고 있다면, 당신은 어떠한 행동을 취하겠습니까?

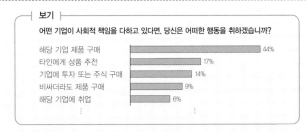

해당 기업 제품 구매 44%
타인에게 상품 추천 17%
기업에 투자 또는 주식 구매 14%
비싸더라도 제품 구매 9%
해당 기업에 취업 6%

➜ 윗글의 핵심 내용은 기업의 사회적 책임 활동이 소비자들에게 호감을 느끼게 한다는 것이다. 〈보기〉의 시각 자료는 소비자들이 사회적 책임을 다하는 기업에 대해 긍정적으로 반응(해당 기업 제품을 구매 등)한다는 것을 보여 준다. 따라서 〈보기〉는 윗글의 내용을 뒷받침하는 자료로 적절하다.

독해 실전 문제로 깨우자!

인문
실전 훈련

다음 글을 읽고 물음에 답하시오.

목표 8분

콜럼버스는 자신에게 아메리카 대륙에 상륙한 것이 별것이냐며 사람들이 비아냥거리자 그들에게 달걀을 세워 보라고 하였다. 그리고 사람들이 모두 달걀을 세우는 데 실패하자 콜럼버스는 달걀의 밑부분을 깨서 달걀을 세웠다. 이 일화는 어떤 일을 해 놓고 보면 별것 아닌 듯 생각하기 쉽지만, 언제나 최초의 발상 전환은 매우 어렵다는 메시지를 담고 있다. 그런데 이 이야기에는 ㉠우리가 미처 깨닫지 못하고 있는 점 또한 숨겨져 있다.

달걀은 타원형으로, 애초부터 세울 이유가 없도록 설계되어 있다. 오히려 그 모양에는 둥지에서 구르더라도 그 둥지의 주변을 벗어나지 않도록 한 섭리가 숨어 있다. 만일 원형이었다면 달걀이 구르게 될 경우 둥지에서 벗어나 그대로 멀리 가 버릴 수 있다. 그렇다고 각진 모양이었다면 어미 닭이 품기에 곤란했을 것이다. 따라서 달걀이 타원형인 것에는 그 안의 생명을 지키려는 자연의 섭리가 담겨 있다고 할 수 있는 것이다.

이러한 점에서 달걀을 세워 보겠다는 것은 자연의 섭리에 맞서는 것이 된다. 둥지에서 벗어나지 않도록 만들어진 생명체를 깨뜨려 자신이 원하는 자리에 고정시키겠다는 생각이 바로 '콜럼버스의 달걀'을 가능하게 하는 뿌리이기 때문이다. 그래서 '콜럼버스의 달걀'은 상식을 깬 발상의 전환이라기보다는 생명체를 해쳐서라도 자신의 목표를 달성하겠다는 탐욕적인 발상이라고 볼 수 있다.

실제로 과거에 콜럼버스의 일행은 카리브 해안과 아메리카 대륙을 다니며 자신들이 원하는 금과 은을 얻기 위해 많은 생명을 거리낌 없이 해쳤다. 결국 콜럼버스의 달걀은 이러한 서구의 제국주의적 정책을 뒷받침하는 것이다. 그 정책이 아시아, 아프리카, 중동으로 전개되는 과정에서 우리나라를 포함한 많은 곳의 생명들이 이런 식으로 '달걀 세우기'를 당해야 했다. 그런데 이 '달걀 세우기'는 바뀐 모습으로 오늘날에도 우리의 삶을 지배하고 있다. 인간의 탐욕을 채우기 위해 지구의 생명이 파괴되는 것, 지식수준만 높으면 된다는 교육관 때문에 아이들의 정신이 시들게 되는 것 등은 '달걀 세우기'와 같은 발상이 만들어 낸 현실이다.

오늘날 우리에게 필요한 발상의 전환은 어떻게 하면 달걀을 세울 수 있는가라는 질문에 갇혀 그 답을 찾는 일이 아니라, 달걀의 모양이 왜 타원형인가를 진지하게 묻는 일에서 시작되어야 한다. 그런 의미에서 원래의 타원형을 지키는 노력, 그것이야말로 오늘날에 필요한 진정한 발상 전환의 출발점이 아닐까?

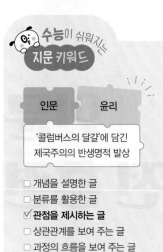

수능이 쉬워지는 **지문 키워드**

인문	윤리

'콜럼버스의 달걀'에 담긴 제국주의의 반생명적 발상

☐ 개념을 설명한 글
☐ 분류를 활용한 글
☑ 관점을 제시하는 글
☐ 상관관계를 보여 주는 글
☐ 과정의 흐름을 보여 주는 글

✦**상륙**(위 上, 뭍 陸)하다 배에서 육지로 올라오다.
✦**발상**(필 發, 생각 想) 어떤 생각을 해 냄. 또는 그 생각.
✦**섭리**(당길 攝, 다스릴 理) 자연계를 지배하고 있는 원리와 법칙.
✦**탐욕**(탐할 貪, 욕심 慾) 지나치게 탐하는 욕심.
✦**제국주의**(임금 帝, 나라 國, 주인 主, 옳을 義) 막강한 군사적·경제적 힘을 가지고 다른 나라를 억눌러 자기 나라의 이익을 실현하려는 정책.

내용 이해하기

1 문단: ❶ [　　] 와/과 관련된 콜럼버스의 일화

2 문단: ❷ [　　　] 의 달걀 모양에 담긴 자연의 섭리

3 문단: '콜럼버스의 달걀'에 담긴 ❸ [　　] 적인 발상

4 문단: ❹ [　　] 에도 존재하는 '달걀 세우기'식 사고

5 문단: ❺ [　] 을/를 지키려는 노력의 필요성

주제 파악하기

'❻ [　　　] 의 달걀'에 담긴 탐욕적 발상에 대한 비판과 반성

확인 문제

❼ 콜럼버스가 아메리카 대륙에 상륙한 것을 비아냥거리는 사람들이 있었다. (○ , ×)

❽ 달걀은 타원형이기 때문에 어미 닭이 품기에 곤란하다. (○ , ×)

❾ '콜럼버스의 달걀'에 담긴 탐욕적 사고는 현재에도 계속되고 있다. (○ , ×)

답 ❶ 달걀 ❷ 타원형 ❸ 탐욕
　 ❹ 오늘날 　　 ❺ 생명
　 ❻ 콜럼버스 　　 ❼ ○
　 ❽ × 　　 ❾ ○

1 윗글에 대한 이해로 적절하지 <u>않은</u> 것은?

① '콜럼버스의 달걀'에 담긴 일화를 소개하고 있다.

② 달걀의 모양이 원형이 아닌 타원형인 이유를 설명하고 있다.

③ '달걀 세우기'와 같은 발상이 만들어 낸 오늘날의 현실을 제시하고 있다.

④ 글쓴이는 자연을 활용하는 방법에 대한 진지한 탐구가 이루어져야 한다고 말하고 있다.

⑤ 오늘날 사회에서 필요한 진정한 발상의 전환이 무엇인지에 대한 글쓴이의 관점이 드러나 있다.

2 윗글에 쓰인 전개 방식으로 적절한 것을 〈보기〉에서 골라 바르게 묶은 것은?

┌─ 보기 ─────────────────────────────┐
ㄱ. 질문의 형식을 통해 글쓴이의 생각을 강조하고 있다.
ㄴ. 역사 속 인물 이야기를 활용하여 주제를 제시하고 있다.
ㄷ. 여러 대상의 특징을 나열한 후 그 차이점을 제시하고 있다.
ㄹ. 대상에 대한 전문가의 말을 빌려 와서 문제 상황을 설명하고 있다.
└────────────────────────────────────┘

① ㄱ, ㄴ   ② ㄱ, ㄷ   ③ ㄱ, ㄹ   ④ ㄴ, ㄷ   ⑤ ㄷ, ㄹ

3 ㉠에 해당하는 것으로 가장 적절한 것은?

① 달걀이 굴러서 둥지를 벗어나 버리면 다시 찾기가 어렵다.

② 달걀의 밑부분을 깨지 않고도 달걀을 세울 수 있는 방법이 있다.

③ 달걀을 세운 콜럼버스의 행동은 자연의 섭리에 맞지 않는 것이다.

④ 콜럼버스가 달걀을 세울 수 있었던 것은 상식을 깬 발상 덕분이다.

⑤ 콜럼버스가 달걀을 세운 일화는 당시 사람들이 콜럼버스를 부정적으로 바라보고 있음을 말해 준다.

다음 글을 읽고 물음에 답하시오.

 목표 8분

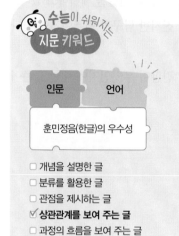

수능이 쉬워지는
지문 키워드

인문   언어

훈민정음(한글)의 우수성

□ 개념을 설명한 글
□ 분류를 활용한 글
□ 관점을 제시하는 글
☑ 상관관계를 보여 주는 글
□ 과정의 흐름을 보여 주는 글

백성을 가르치는 바른 소리라는 뜻을 가진 훈민정음은 문자를 몰라 고통받는 백성을 위하는 마음, 즉 애민 정신을 바탕으로 만들어졌다. 훈민정음이 없던 시절에는 중국에서 들여온 한자로 문자 생활을 하였는데, 한자는 복잡한 글자여서 일반 백성들이 배우고 익히기가 무척 어려웠다. 일부 계층을 제외하고는 한자를 제대로 읽고 쓸 수 없었으므로 백성들은 글자를 몰라 억울한 일을 당하여도 하소연을 할 수가 없었다. 더구나 한자는 언어의 음과 상관없이 일정한 뜻을 나타내는 뜻글자여서 우리말을 적기에 적합하지 않았다.

[A] 이러한 이유로 우리말을 적을 쉬운 글자가 필요했다. 세종 대왕은 1443년에 당시 지배 계층의 끈질긴 반대를 무릅쓰고 백성들을 위해 훈민정음을 만들었다. 훈민정음은 자음 열일곱 자와 모음 열한 자, 즉 스물여덟 자라는 적은 수의 글자로 거의 모든 소리를 표현할 수 있고, 원리가 간단하여 배우기도 무척 쉬운 새로운 문자였다. 모음은 하늘, 땅, 사람의 모양을 본뜨고 자음은 입, 혀 등과 같은 ✦발음 기관 또는 발음할 때의 발음 기관의 모양을 본떠 글자를 만들었다. 이렇게 만들어 놓은 글자에 획을 더하거나 글자를 합치는 방법 등을 적용해서 또 다른 모음과 자음을 추가로 만들었고, 이를 통해 총 스물여덟 자가 만들어졌다. 이처럼 훈민정음은 발음의 원리를 글자 모양에 반영하는 등 과학적이고 ✦독창적인 특성을 지니고 있어 배우는 데 드는 시간이 놀랄 만큼 절약되었다. 훈민정음은 20세기 이후 한글로 불리게 되었는데, 우리나라가 ✦문맹이 거의 없는 나라가 된 것은 이러한 한글의 우수성 덕분이다.

배우기 쉬운 한글의 우수성은 사회의 발전에 큰 도움이 되었다. 훈민정음이 창제되자 일반 백성들도 훈민정음을 통해 사회 구성원들 간의 의사소통에 더 폭넓게 참여할 수 있게 되었다. 또한 글을 통해 백성들에게 질병의 치료법이나 생활 예절 등 다양한 정보를 알릴 수 있게 되면서 백성들의 삶 또한 더 좋아졌다.

현대에도 문자는 많은 지식과 정보가 빠르게 퍼질 수 있게 한다. 특히 한글은 간단하면서도 ✦체계적인 특성이 있어 교육, 언론, 산업 분야는 물론 컴퓨터 등 정보화 분야의 발전에 많은 영향을 주었다. 자음과 모음을 모아 ✦음절 단위로 묶어서 글자를 적고, 무한한 소리를 표현할 수 있으며, 입력이 쉽고 빠르다는 점에서 한글은 컴퓨터와 휴대 전화 등에 매우 알맞은 문자이기 때문이다. 이처럼 한글은 과거부터 현대에 이르기까지 우리 사회의 발전에 지속적으로 크나큰 ✦공헌을 하고 있다.

✦**발음 기관**(필 發, 소리 音, 그릇 器, 벼슬 官) 말소리를 내는 데 쓰는 신체의 각 부분.
✦**독창적**(홀로 獨, 비롯할 創, 과녁 的) 다른 것을 모방함이 없이 새로운 것을 처음으로 만들어 내거나 생각해 내는 것.
✦**문맹**(글월 文, 소경 盲) 배우지 못하여 글을 읽거나 쓸 줄을 모름. 또는 그런 사람.
✦**체계적**(몸 體, 이을 系, 과녁 的) 전체가 일정한 원리에 따라 단계적으로 잘 짜여진 것.
✦**음절**(소리 音, 마디 節) 하나의 종합된 음의 느낌을 주는 말소리의 단위. '아침'의 '아'와 '침' 따위.
✦**공헌**(바칠 貢, 바칠 獻) 힘을 써서 가치 있는 일이 되게 함.

😊 내용 이해하기

1 문단: 훈민정음이 만들어지기 전
❶ ☐☐ 이/가 겪은 어려움
2 문단: ❷ ☐☐☐ (이)고 독창적인
특성을 지닌 훈민정음의 우수성
3 문단: 과거 백성들이 더 나은 삶을
누릴 수 있게 한 ❸ ☐☐☐☐
4 문단: 현대 사회의 ❹ ☐☐ 에 공헌
한 훈민정음

😊 주제 파악하기

우리 사회 발전에 도움을 준 훈민정음
(한글)의 ❺ ☐☐☐

😎 확인 문제

❻ 한자는 뜻글자여서 우리말을 적기에
적합하지 않았다. (○ , ×)
❼ 훈민정음의 글자 모양에는 발음의
원리가 반영되었다. (○ , ×)
❽ 훈민정음을 사용하기 전에는 한자를
사용했기 때문에 문맹은 거의 없었
다. (○ , ×)

답 ❶ 백성 ❷ 과학적
❸ 훈민정음 ❹ 발전
❺ 우수성 ❻ ○ ❼ ○
❽ ×

1 윗글에서 답을 찾을 수 있는 질문에 해당하지 <u>않는</u> 것은?

① 훈민정음을 쉽게 배울 수 있는 이유는 무엇인가?

② 한글이 정보화 분야에 알맞은 이유는 무엇인가?

③ 우리나라가 문맹이 거의 없는 나라가 된 이유는 무엇인가?

④ 훈민정음이 없던 시절에 백성들은 어떤 어려움을 겪었는가?

⑤ 훈민정음이 없던 시절에 한자를 어떤 방법으로 활용해 우리말을 적었는가?

2 윗글의 구조도로 가장 적절한 것은?

3 [A]를 바탕으로 〈보기〉를 이해한 내용으로 가장 적절한 것은?

보기

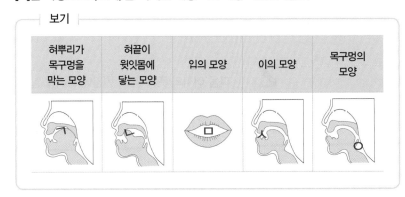

허뿌리가 목구멍을 막는 모양	허끝이 윗잇몸에 닿는 모양	입의 모양	이의 모양	목구멍의 모양

① 'ㄱ'은 'ㄴ'을 먼저 만든 뒤 이를 뒤집어 만든 것이겠군.

② 'ㄴ'은 발음을 할 때 혀의 모양을 본떠 만든 것이겠군.

③ 'ㅁ'은 입의 모양을 본뜬 뒤 또 다른 자음을 합쳐 만든 것이겠군.

④ 'ㅅ'은 사람이 땅 위에 서 있는 모양을 본떠 만든 것이겠군.

⑤ 'ㅇ'은 하늘의 모양을 본떠 만든 것이군.

어휘 공략하기

1 다음 사다리를 타서 뜻풀이에 알맞은 어휘를 〈보기〉에서 골라 빈칸에 쓰시오.

보기

공헌   문맹   전환   우수성

| 여럿 가운데 뛰어난 특성. | 다른 방향이나 상태로 바뀌거나 바꿈. | 힘을 써서 가치 있는 일이 되게 함. | 배우지 못하여 글을 읽거나 쓸 줄을 모름. 또는 그런 사람. |

(1)   (2)   (3)   (4)

2 다음 어휘의 뜻을 읽고, 빈칸에 들어갈 알맞은 말을 쓰시오.

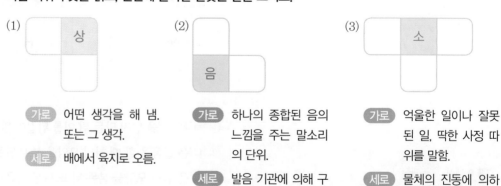

(1) 상

가로 어떤 생각을 해 냄. 또는 그 생각.
세로 배에서 육지로 오름.

(2) 음

가로 하나의 종합된 음의 느낌을 주는 말소리의 단위.
세로 발음 기관에 의해 구강 통로가 좁아지거나 완전히 막히는 따위의 장애를 받으며 나는 소리.

(3) 소

가로 억울한 일이나 잘못된 일, 딱한 사정 따위를 말함.
세로 물체의 진동에 의하여 생긴 음파가 귀청을 울리어 귀에 들리는 것.

3 〈보기〉를 참고하여 올바른 어휘에 ○표 하시오.

> **보기**
>
> '대한민국'을 가리킬 때에는 '우리나라'로 붙여서 써야 하고, 외국인이 자신의 나라를 가리킬 때에는 '우리 나라'로 띄어 써야 한다.

(1) 그 외국인은 (우리나라 / 우리 나라)의 풍습을 잘 알고 있다.

(2) 그 외국인은 "(우리나라 / 우리 나라)에도 대중교통이 잘되어 있으면 좋겠다."라고 말했다.

4 '세우다'가 〈보기〉와 같은 뜻으로 사용된 문장으로 알맞은 것에 ○표 하시오.

> **보기**
>
> 콜럼버스가 탁자 위에 달걀을 세웠다.

(1) 들판에 허수아비를 세웠다. (　　　)

(2) 수업 시간에 지켜야 하는 규칙을 세웠다. (　　　)

(3) 기계를 한번 세우면 다시 작동하는 데 오랜 시간이 걸린다. (　　　)

배경지식 확장하기

🏷 실전 1과 엮어 읽기

월식 덕분에 목숨을 구한 콜럼버스

콜럼버스는 이탈리아의 탐험가로 15세기 말에 유럽의 대항해 시대(신항로 개척이나 신대륙 발견이 활발하던 시대)를 이끈 인물이다. 콜럼버스는 탐험을 하며 여러 번 위기에 처하기도 했는데, 달이 지구의 그림자로 인해 일부나 전부가 가려지는 현상인 월식 덕분에 목숨을 건진 일도 있었다.

1503년 콜럼버스는 중앙아메리카 부근을 항해하던 중 폭풍우를 만나 오늘날 자메이카라고 불리는 섬에 도착했다. 처음에 콜럼버스 일행은 원주민들과 물물 교환을 하여 음식을 구했는데, 오래도록 구조되지 못하여 결국 식량과 교환할 물건이 다 떨어지게 되었다. 일부 선원들이 원주민을 죽이고 약탈하는 사건까지 발생하면서 콜럼버스 일행은 곤경에 빠졌다. 궁지에 몰린 콜럼버스는 한 천문학자가 쓴 책에서 1504년 2월 29일에 자메이카에서 월식이 있을 것이라 예견한 것을 기억해 내고, 원주민들을 모아 놓고 이렇게 말했다.

"신의 명령으로 온 우리에게 음식을 제공하지 않아 신이 노하여 너희에게 벌을 내리려고 한다. 그 증거로 오늘 떠오르는 달이 핏빛으로 변하는 것을 보게 될 것이다."

이윽고 떠오른 달은 붉은색을 띠었으며, 서서히 검은 그림자가 드리우기 시작하더니 달을 덮어 갔다. 이 광경을 지켜본 원주민들은 공포에 떨며 용서를 빌었고, 콜럼버스는 목숨을 건질 수 있었다.

02강 실전 1

다음 글을 읽고 물음에 답하시오.

목표 9분

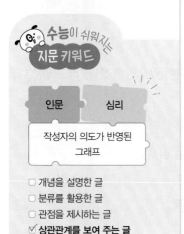

수능이 쉬워지는 **지문 키워드**

| 인문 | 심리 |

작성자의 의도가 반영된 그래프

☐ 개념을 설명한 글
☐ 분류를 활용한 글
☐ 관점을 제시하는 글
☑ 상관관계를 보여 주는 글
☐ 과정의 흐름을 보여 주는 글

여러 가지 자료를 분석하여 그 변화를 직선이나 곡선 등을 활용해 한눈에 알아볼 수 있도록 나타낸 것을 그래프라고 한다. 그래프는 복잡한 숫자가 포함되어 있는 정보를 *효율적으로 표현할 수 있기 때문에 주로 경제 분야, 과학 분야 등의 정보를 나타내거나, 다른 사람을 설득할 때 활용하기도 하는 자료의 형태이다.

하나의 예로, *국민 소득이 1년 동안 어떻게 10퍼센트 증가했는가를 그래프를 사용하여 나타내 보기로 하자. 먼저 모눈종이를 준비한다. 가로축에는 1월~12월의 달을 표시하고, 세로축에는 20억 달러씩 높아지도록 금액을 표시한다. 매월 해당하는 국민 소득을 점으로 찍어 표시한 다음, 이 점을 연결하여 선을 그으면 ㉠[자료 1]과 같은 그래프가 된다.

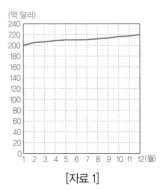

[자료 1]

[자료 1]에는 1년 동안의 소득 수준이 어떻게 변화했는지가 한 달 단위로 나타나 있다. 정보를 전달하기 위해서라면 이 그래프만으로도 충분하다. 그러나 그래프 사용자가 상대방을 설득하여 무언가를 팔고자 한다면, [자료 1]만으로는 상대방의 마음을 움직이기는 부족할 수 있다. [자료 1] 그래프의 밑부분을 잘라 보면 어떨까?

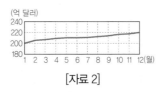

[자료 2]

㉡[자료 2]는 [자료 1]의 세로축에서 0부터 160까지만 없앴을 뿐, 1년 동안 국민 소득이 10퍼센트 증가했다는 정보의 내용은 [자료 1]과 똑같다. 그러나 그래프에서 받는 인상은 달라졌다. 어떤 사람에게는 그래프 속 선이 12개월 동안에 전체 그래프 높이의 거의 반이나 상승했다는 정보가 눈에 확 띌 것이다. 이 그래프가 실제로 나타내는 것은 약간의 증가인데, [자료 2]를 처음 본 사람의 눈에는 엄청난 증가로 보일 수 있는 것이다.

만약 여기에서 더 *극적인 효과를 거두려면 어떻게 해야 할까? 실제로는 10퍼센트밖에 증가하지 않았는데 100퍼센트 증가한 것처럼 보이도록 만들 수도 있다. 20억 달러 단위로 잡았던 세로축의 한 눈금 단위를 ㉢[자료 3]처럼 2억 달러 단위로 바꾸어 제시하면 된다. 이 그래프에는 '국민 소득, 10퍼센트 상승'이라는 표현보다는 '급격한 성장, 국민 소득 10퍼센트 증가!'라는 표현이 더 잘 어울릴지도 모른다. 이처럼 ⓐ그래프는 막강한 힘을 지녔다.

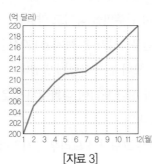

[자료 3]

✦효율적(본받을 效, 비율 率, 과녁 的) 들인 노력에 비하여 얻는 결과가 큰 것.

✦국민 소득(나라 國, 백성 民, 바 所, 얻을 得) 보통 1년 동안 한 나라의 국민이 생산 활동의 결과로 얻은 최종 생산물의 총액.

✦극적(심할 劇, 과녁 的) 극을 보는 것처럼 큰 긴장이나 감동을 불러일으키는 것.

내용 이해하기

1문단: 그래프의 ❶ ☐☐ 와/과 활용 분야

2문단: 정보를 그래프로 만드는 ❷ ☐☐

3문단: 상대방을 ❸ ☐☐ 하는 데 활용되는 그래프

4문단: 밑부분이 잘려 전혀 다른 인상을 주는 그래프

5문단: 세로축의 한 눈금 ❹ ☐☐ 의 변화로 전혀 다른 인상을 주는 그래프

주제 파악하기

만드는 사람의 의도가 반영되는 ❺ ☐☐

확인 문제

❻그래프를 통해 정보의 수치 변화를 한눈에 확인할 수 있다. (○ , ×)

❼그래프는 복잡한 숫자가 포함된 자료를 효율적으로 표현할 수 있다.
(○ , ×)

❽다른 사람을 설득할 때 그래프를 활용하는 것은 바람직하지 않다.
(○ , ×)

답 ❶ 정의   ❷ 과정   ❸ 설득
❹ 단위   ❺ 그래프   ❻ ○
❼ ○   ❽ ×

1 윗글에서 답을 찾을 수 있는 질문에 해당하지 <u>않는</u> 것은?

① 그래프란 무엇이지?

② 그래프는 어떤 정보를 포함하지?

③ 그래프는 어느 분야에서 주로 활용하지?

④ 그래프를 그리려면 무엇부터 준비해야 하지?

⑤ 그래프에 거짓 정보를 담으면 어떤 문제가 발생하지?

2 ㉠~㉢을 이해한 내용으로 적절하지 <u>않은</u> 것은?

① ㉠ ~ ㉢에 나타난 국민 소득 증가율은 동일하군.

② ㉠은 ㉡보다 긴 기간 동안의 국민 소득 변화를 보여 주는군.

③ ㉡은 ㉠에 비해 국민 소득이 많이 증가했다는 인상을 주는군.

④ ㉡과 ㉢은 세로축의 눈금 단위 차이로 인해 그래프가 주는 인상이 달라지는군.

⑤ ㉢은 ㉡에 비해 국민 소득이 큰 폭으로 변화한 듯한 느낌을 주는군.

3 윗글의 글쓴이가 ⓐ와 같이 말한 이유를 추론한 내용으로 가장 적절한 것은?

① 그래프는 항상 최신의 정보를 제공해 주기 때문이다.

② 그래프는 정보 간의 변화 차이를 잘 보여 주기 때문이다.

③ 그래프는 잘못된 통계 자료를 올바른 통계 자료로 착각하게 만들기 때문이다.

④ 그래프는 작성자가 의도한 대로 사람들이 정보를 받아들이게 할 수 있기 때문이다.

⑤ 그래프는 작성자가 마음대로 세로축과 가로축을 수정할 수 없는 객관적인 자료를 담고 있기 때문이다.

다음 글을 읽고 물음에 답하시오.

목표 9분

인간은 동물과는 달리 먹고 살아가기 위해서 무엇인가를 생산해야 한다. 이 생산 활동이 바로 '일'이다. 인간이 사회에서 살아남기 위해서는 일을 해야 하므로 인간의 삶에서 일은 필수적일 수밖에 없다. 그렇다면 일은 단순히 살아남기 위한 수단에 불과한 것일까?

원시 사회를 연구한 인류학자 ㉠레비스트로스는 일이라는 창조적 작업이 인간이 다른 동물들과 다르다는 것을 증명해 준다고 주장하였다. 그는 일이라는 창조적 작업을 통해서만 인간이 인간임을 확인할 수 있게 된다고 보았다. 그래서 그는 작품 창작에 열중하는 일이든 밭을 갈고 작물을 키우는 일이든 간에 일이란 언제나 거룩하고 귀한 것이라고 하였다.

반면 20세기의 철학자인 ㉡러셀은 일을 성*스럽게 여기는 것을 비판하였다. 일을 아름답고 훌륭한 대상으로 여기는 것은, 역사적으로 볼 때 남들이 피땀 흘려서 한 일의 열매만을 놀면서 즐기려는 사회의 지배자들이 만든 속임수라는 것이다. 러셀은 인간이 일을 하는 것을 살아남기 위해 어쩔 수 없이 견뎌야 하는 것으로 보고, 일을 아름다운 대상인 것처럼 꾸미는 것은 정치적·경제적으로 권력을 가진 집단이 노동력을 제공하는 집단으로 하여금 복*종하도록 하기 위해 사용한 수단이라고 주장하였다.

정치 철학자로 알려진 ㉢아렌트는 '일'을 ⓐ'작업(work)'과 ⓑ'고역(labor)'으로 구분하였다. 이 두 가지 모두 인간의 노력과 땀이 따르는 활동이며 어떤 결과를 목적으로 하는 활동이지만, '작업'은 자신의 생각에 따라 행하는 활동으로 창조적인 데 반해서 '고역'은 다른 사람에 의해 강요된 활동으로 기계적이라고 하였다. 창조적 활동의 목적이 작품 창작에 있다면, 기계적 활동의 목적은 상품 생산에만 있다는 것이다.

그런데 작업으로서의 일과 고역으로서의 일의 구별은 단순히 지적인 것과 육체적인 것의 차이에 의해서 결정되는 것이 아니다. 어느 학자가 하는 지적인 일도 경우에 따라서는 고역의 가장 나쁜 예가 될 수 있다. 반대로 육체적으로 극히 어려운 일도 경우에 따라서는 작업의 가장 좋은 예가 될 수 있다. 작업으로서의 일과 고역으로서의 일을 구별하는 기준은 그것이 인간의*존엄성을 높이는 것이냐, 아니면 떨어뜨리는 것이냐에 달려 있다.

일은 인간을 인간답게 만드는 요소이다. 일하지 않는 인간은 인간다운 삶을 사는 것은 물론 먹고사는 것조차 어려울 수 있다. 그렇기 때문에 인간의 생명이 귀할수록 살아남기를 가능하게 하는 일 또한 귀하다. 그러므로 우리는 작업으로서의 일을 추구하며, 인간의 존엄성을 짓밟는 고역으로서의 일로부터 모든 사람이 자유로울 수 있도록 항상 노력해야 한다.

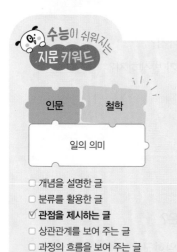

◆성(성인 聖)스럽다 함부로 가까이 할 수 없을 만큼 순결하고 위대하다.
◆복종(입을 服, 좇을 從)하다 다른 사람의 명령이나 의견에 그대로 따르다.
◆고역(괴로울 苦, 부릴 役) 몹시 힘들고 고되어 견디기 어려운 일.
◆기계적(틀 機, 형틀 械, 과녁 的) 인간적인 감정이나 창의성이 없이 맹목적이고 수동적으로 하는 것.
◆지적(알 知, 과녁 的) 지식이나 지성에 관한 것.
◆존엄성(높을 尊, 엄할 嚴, 성품 性) 감히 범할 수 없는 높고 엄숙한 성질.

내용 이해하기

1문단: 인간의 삶에서 일이 가지는 중요성

2문단: 일을 거룩하고 귀한 것으로 여긴 **❶** ☐☐☐☐☐

3문단: 일을 성스럽게 여기는 것에 대한 **❷** ☐☐☐ 의 부정적 시각

4문단: **❸** ☐☐☐ 의 일의 구분

5문단: **❹** ☐☐ (으)로서의 일과 고역으로서의 일의 차이

6문단: 인간의 **❺** ☐☐☐ 을/를 지킬 수 있는 작업으로서의 일의 추구

주제 파악하기

❻ ☐ 의 성격과 중요성

확인 문제

❼ 레비스트로스는 동물과 인간 모두 일을 하는 존재라고 생각했다.
(○ , ×)

❽ 레비스트로스와 러셀은 모두 일을 아름답고 훌륭한 대상으로 여겼다.
(○ , ×)

❾ 아렌트가 주장한 '고역'으로서의 일은 인간의 존엄성을 짓밟는 것에 해당한다. (○ , ×)

답 **❶** 레비스트로스 **❷** 러셀
❸ 아렌트 **❹** 작업 **❺** 존엄성
❻ 일 **❼** × **❽** ×
❾ ○

1 윗글에 사용된 내용 전개 방식으로 가장 적절한 것은?

① 동물과 인간이 지닌 공통점을 나열하고 있다.
② 일에 대한 사람들의 의견을 대조하여 제시하고 있다.
③ 일하는 방식에 따라 작업의 종류를 나누어 설명하고 있다.
④ 일에 대한 시대별 관점을 시간의 순서에 따라 설명하고 있다.
⑤ 고역으로서의 일에서 발생하는 문제점과 그 해결책을 제시하고 있다.

2 ㄱ~ㄷ에 대한 설명으로 적절하지 않은 것은?

① ㄱ은 인간이 다른 동물과 구별되는 이유는 일을 하기 때문이라고 보았다.
② ㄱ은 작품을 창작하는 일을 밭을 가는 일보다 가치 있게 여겼다.
③ ㄴ은 인간이 일을 하는 것은 생존 문제와 관련이 있다고 보았다.
④ ㄴ이 생각하는 일의 성격은 ㄷ이 말한 '고역'에 가까운 것이라 할 수 있다.
⑤ ㄷ은 일이 지닌 성격을 두 가지로 나누어 설명하고 있다.

3 윗글의 내용을 바탕으로 ⓐ와 ⓑ를 이해한 내용으로 적절하지 않은 것은?

① ⓐ는 창조적인 반면, ⓑ는 기계적이다.
② ⓐ는 인간의 존엄성을 높이는 반면, ⓑ는 인간의 존엄성을 떨어뜨린다.
③ ⓐ에는 작품을 창작하는 일이, ⓑ에는 상품을 생산하는 일이 포함된다.
④ ⓐ는 특정한 목적을 지니고 있는 반면, ⓑ는 어떠한 목적도 지니지 않는다.
⑤ ⓐ는 자신의 생각에 따라 행하는 활동인 반면, ⓑ는 다른 사람에 의해 강요된 활동이다.

어휘 공략하기

1 다음 사다리를 타서 뜻풀이에 알맞은 어휘를 <보기>에서 골라 빈칸에 쓰시오.

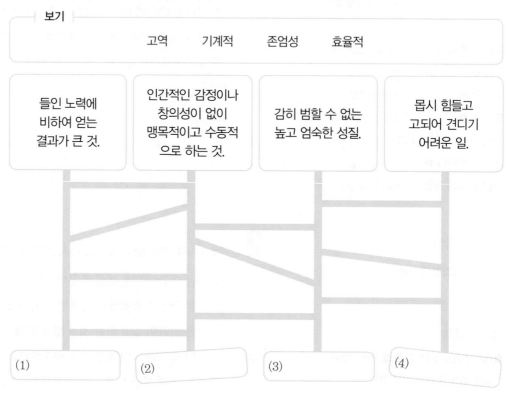

보기

고역   기계적   존엄성   효율적

들인 노력에 비하여 얻는 결과가 큰 것.

인간적인 감정이나 창의성이 없이 맹목적이고 수동적으로 하는 것.

감히 범할 수 없는 높고 엄숙한 성질.

몹시 힘들고 고되어 견디기 어려운 일.

(1)   (2)   (3)   (4)

2 <보기>와 같이 문장의 밑줄 친 말을 순화한 표현으로 적절한 것에 ○표 하시오.

보기

이 영화에 나오는 카메오가 주연 배우보다 관객들에게 깊은 인상을 남겼다.
→ (깜짝출연자 / 유명 배우)

(1) 부모의 자식에 대한 사랑의 힘은 파워풀하다.

→ (영원하다 / 막강하다)

(2) 그는 자신이 겪은 드라마틱한 경험담을 사람들에게 전했다.

→ (극적인 / 이상한)

3 다음 문장에서 밑줄 친 말과 뜻이 비슷한 말을 〈보기〉에서 찾아 문맥에 맞게 쓰시오.

> **보기**
>
> 만들다   나타내다   정해지다

(1) 세로축에는 20억 달러씩 높아지도록 금액을 <u>표시한다</u>. (   )

(2) 인간은 동물과는 달리 먹고 살아가기 위해서 무엇인가를 <u>생산해</u> 내야 한다.
(   )

(3) 작업으로서의 일의 구별은 단순히 지적인 것과 육체적인 것의 차이에 의해서 <u>결정되는</u> 것은 아니다. (   )

4 〈보기〉를 참고하여, 알맞은 어휘에 ○표 하시오.

> **보기**
>
> '띄다'와 '띠다'는 의미에 따라 구분해서 써야 한다. '띄다'는 '우리는 남의 눈에 띄지 않게 밤에 이동했다.', '그 아이의 바둑 실력은 눈에 띄게 성장했다.' 등과 같이 눈에 보이거나 남보다 훨씬 두드러짐을 의미할 때 사용한다. 한편 '띠다'는 '중요한 임무를 띠다.', '붉은빛을 띤 장미' 등과 같이 용무나, 직책, 사명 따위를 지닐 때나, 빛깔이나 색채 따위를 가질 때, 감정이나 기운 따위를 나타낼 때 사용한다.

(1) 지난 몇 년 동안 우리 사회는 눈에 (띄게 / 띠게) 큰 발전을 이루어 냈다.

(2) 방금까지 초조해하던 남자는 노인이 말을 걸자 얼굴에 미소를 (띠며 / 띄며) 대답했다.

배경지식 확장하기
🏷 실전 **2**와 엮어 읽기

인권이란?

인권은 인간으로서 당연히 가지는 기본적인 권리로, 인간이라면 누구나 태어나면서부터 가지는 근본적인 권리이다. 인권은 모든 사람은 존엄성과 권리를 가지고 평등하게 태어났음을 기반으로 한다. 모든 인권은 동등하게 중요하며 어떤 경우에도 빼앗길 수 없다.

인권의 목적은 생명, 자유, 안전에 대한 권리를 포함하여 존엄하게 살아갈 우리의 권리를 보호하는 것에 있다. 인권은 폭력과 학대로부터 사람들을 보호하는 도구이며, 사람들 사이의 상호 존중을 촉진한다. 그래서 인권은 다른 사람들의 권리가 침해되지 않도록 하는 의식적이고 책임 있는 행동을 장려한다. 예를 들어, 우리는 다른 사람에게 차별받지 않고 자유롭게 살아갈 권리가 있지만, 동시에 다른 사람을 차별하지 않을 책임도 있다.

다음 글을 읽고 물음에 답하시오.

목표 9분

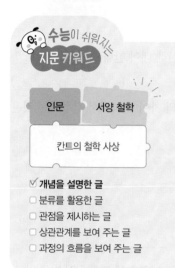

철학자 칸트는 어떤 행동이 도덕적이냐를 판단하는 기준은 그 결과가 아니라 동기에 있다고 보았다. 선한 의지가 선한 이유는 그것이 어떤 결과를 낳기 때문이 아니라는 것이다. 중요한 것은 그것을 왜 했느냐 하는 동기이고, 선한 행동은 의무에 의한 행동이어야 한다. 만약 자신에게 조금이라도 이득이 되는 것을 얻기 위해서 한 행동이라면 그것은 도덕적으로 부족한 행동이 된다. 도덕적으로 선하려면 도덕 그 자체를 위해서 행동했어야 한다는 것이다.

예를 들어 철자 알아맞히기 대회에서 한 소년이 철자를 잘못 말했지만 심판이 이를 잘못 듣고 그 소년이 우승을 했다고 발표한 경우를 생각해 보자. 이는 미국에서 실제로 있었던 일로, 그 소년은 곧 사람들에게 자신이 철자를 잘못 말했다는 점을 고백했고 사람들은 소년의 정직한 고백에 큰 감동을 받았다. 하지만 칸트라면 이 소년의 행동에 대해서 어떤 판단을 내렸을까? ㉠소년이 만약 죄의식을 피하기 위해서 혹은 사실이 들통나 비난받는 것이 무서워서 고백했다면, 칸트는 그 행동은 좋은 것이긴 하지만 도덕적으로 선한 행동이라고 하지는 않을 것이다. 하지만 단지 잘못된 것을 바로잡는 것이 옳은 행동이기 때문에 소년이 진실을 밝혔다면, 칸트는 소년의 행동을 도덕적으로 가치 있는 행동으로 볼 것이다. 칸트는 순수한 의무를 따르는 동기에서 나온 행동만을 도덕적인 것으로 보기 때문이다.

하지만 우리 삶에서 행동의 동기가 의무에 따른 것인지 아니면 그 속에 어떤 이익이나 바람이 섞여 있는 것인지 가리기는 쉽지 않다. 칸트도 이를 인정했지만, 연습을 통해 도덕적인 것과 그렇지 않은 것을 구분할 수 있다고 주장하며 이를 구분하는 기준으로 정언 명령을 제시하였다. "만약 행복해지려면 어찌어찌하라."와 같이 조건을 필요로 하는 명령이 가언 명령이라면, 행복한가 어떤가에 관계없이 무조건으로 반드시 이렇게 해야 한다는 명령이 바로 정언 명령이다. 도덕 법칙은 그 자체가 최고의 가치를 지니며 어떤 수단이 되지 않아야 하므로, 정언 명령인 것이다.

칸트는 또한 자유와 인간의 존엄성을 강조하였다. 그러나 칸트가 말하는 자유는 시장에서 자유롭게 물건을 사고파는 선택의 자유를 말하는 것이 아니다. 칸트에게 자유란 내 스스로 만든 합리적인 법칙에 따라 행동하는 것을 말한다. 또 칸트는 인간은 누구나 존중받을 가치가 있다고 주장했는데, 그 이유는 바로 인간은 순수한 의무에 따라 살아갈 수 있는 자유를 갖고 있는 이성적 존재이기 때문이다. 이렇게 칸트는 엄격하게 인간 존엄성의 근거를 설명하고 조건이나 상황에 휘둘리지 않는 확실한 도덕적 원칙을 제시했다는 점에서 오늘날에 이르기까지 많은 사람들의 탐구 대상이 되고 있다.

+**동기**(움직일 動, 틀 機) 어떤 일이나 행동을 하게 되는 원인이나 기회.

+**의무**(옳을 義, 힘쓸 務) 사람으로서 마땅히 하여야 할 일.

+**정언**(정할 定, 말씀 言) 어떤 명제, 주장, 판단을 '만일', '혹은' 따위의 조건을 붙이지 아니하고 확정하여 말함.

+**가언**(거짓 假, 말씀 言) 어떤 조건을 가정한 말.

+**합리적**(합할 合, 다스릴 理, 과녁 的) 논리나 이치에 알맞은 것.

😊 내용 이해하기

1 문단: 선한 동기에 의한 행동만이
❶ [ ][ ](이)라고 본 칸트

2 문단: 순수한 ❷ [ ]을/를 따르는
동기만이 도덕적 행동의 판단 기준
이 된다고 본 칸트

3 문단: 도덕 법칙으로서의 ❸ [ ][ ]
명령

4 문단: ❹ [ ]와/과 인간의 존엄성
을 강조한 칸트의 철학

😊 주제 파악하기

도덕적 행동에 대한 ❺ [ ][ ]의 철학

😊 확인 문제

❻ 칸트는 어떤 행동이 도덕적인지를
판단할 때, 동기와 결과를 모두 고려
해야 한다고 주장했다. (○ , ×)

❼ 칸트의 철학에 따르면, 처벌이 두려
워 자신의 잘못을 고백한 사람은 도
덕적으로 행동한 것이다. (○ , ×)

❽ 칸트가 말하는 자유란 인간이 스스
로 만든 합리적인 법칙에 따라 행동
하는 것을 말한다. (○ , ×)

답 ❶ 도덕적 ❷ 의무 ❸ 정언
❹ 자유 ❺ 칸트 ❻ ×
❼ × ❽ ○

1

윗글의 내용과 일치하지 않는 것은?

① 칸트는 의무에 의한 행동만이 선한 행동이라고 생각했다.

② 칸트는 도덕적으로 선하다는 판단의 명확한 근거를 제시하였다.

③ 칸트는 도덕적인 것과 그렇지 않은 것을 구분할 수 있다고 생각했다.

④ 칸트는 도덕 법칙을 따르는 인간만이 존중받을 가치가 있다고 보았다.

⑤ 칸트는 가언 명령에 따른 행동은 도덕 법칙에 따른 행동이 아니라고 보았다.

2

윗글의 글쓴이가 ㉠과 같이 생각한 이유로 가장 적절한 것은?

① 소년은 순간의 즐거움을 충족하려는 행동을 했기 때문이다.

② 소년은 자신에게 이익이 되는 방향으로 행동했기 때문이다.

③ 소년은 선한 의지가 아닌 도덕 법칙에 따라 행동했기 때문이다.

④ 소년은 잘못이 밝혀질 때의 불이익을 생각하지 않았기 때문이다.

⑤ 소년은 다른 사람들에게 피해를 주지 않으려는 행동을 했기 때문이다.

3

'칸트'의 관점에서 〈보기〉를 이해한 내용으로 적절하지 않은 것은?

┌ 보기 ┐

• A는 교통 신호를 지키는 것이 중요하다고 생각해서 신호를 지키다가 약속
시간에 늦었다.

• B는 버스 안에서 자신의 앞에 노인이 서자 마음이 불편해질 것 같아 노인에
게 자리를 양보했다.

• C는 학교에 가는 길에 길을 잃은 아이를 보았지만 지각을 할 것 같아 그 아
이를 도와주지 않았다.

① A는 도덕적인 의무에 따라 도덕적 행동을 하였다.

② B는 좋은 행동을 했지만 이를 도덕적 행동이라고 볼 수는 없다.

③ B는 A와 달리 가언 명령에 따라 자신의 행동을 결정하였다.

④ C는 자신에게 이득이 되는 방향으로 행동하였다.

⑤ C는 A와 달리 정언 명령에 따라 자신의 행동을 결정하였다.

03강 실전2

목표 9분

다음 글을 읽고 물음에 답하시오.

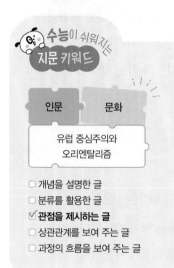

수능이 쉬워지는 지문 키워드

| 인문 | 문화 |

유럽 중심주의와
오리엔탈리즘

☐ 개념을 설명한 글
☐ 분류를 활용한 글
☑ 관점을 제시하는 글
☐ 상관관계를 보여 주는 글
☐ 과정의 흐름을 보여 주는 글

유럽을 세계의 중심에 놓고 세계의 정치, 문화, 역사 등의 다양한 요소를 유럽의 관점에서 생각하거나 설명하는 태도 또는 그러한 인식을 ㉠유럽 중심주의 혹은 서구 중심주의라고 한다. 여기서 말하는 유럽은 지도상의 공간으로서의 유럽, 즉 우랄산맥을 사이에 두고 아시아와 접해 있는 대륙 그 자체를 의미하는 것이 아니라 유럽에서 발생한 문명과 역사, 문화, 철학, 사상 등을 포함하는 의미로 보아야 한다. 이때 유럽 중심주의의 바탕이 되는 것이 바로 그리스 문명이다.

그리스 문명은 근대 이후 유럽의 철학과 학문, 정치 체계, 법 제도 등의 기초를 이루며 근대 유럽의 문명에 영향을 주었다. 그리스 문명에 속하는 것은 고대 그리스의 철학, 민주주의라는 정치 체계, 그리고 개인의 자유, 법에 의한 통치 등으로, 이러한 그리스 문명을 기반으로 발전한 유럽은 스스로의 문명을 다른 지역에 비해 월등히 우월하다고 여기고 있다. 즉 세계의 다른 지역에 비해 유럽의 역사적 발전과 현재 삶의 상태 및 제도 등이 매우 우월하다고 본 것으로, 이러한 인식이 바로 유럽 중심주의의 바탕이 되고 있다.

유럽 중심주의에서는 유럽 이외의 다른 지역을 어떻게 생각할까? 이는 유럽 중심주의의 관점을 통해 다른 지역의 문화를 평가하는 것을 통해 짐작할 수 있다. 이에 해당하는 예가 바로 ㉡오리엔탈리즘이다. 오리엔탈리즘은 '해가 뜨는 곳', 즉 '동양'이라는 뜻을 담고 있는 오리엔트(orient)에서 나온 표현이다. 지구는 동그랗기 때문에 동일한 지역도 기준점에 따라 서쪽이 되기도 하고 동쪽이 되기도 한다. 현재 미국의 위치에서 보면 유럽이 해가 뜨는 동양이고 아시아는 서양이다. 아시아를 동양으로 지칭하게 된 것은 바로 유럽을 기준으로 했기 때문이다. 이러한 점에서 오리엔탈리즘은 이미 유럽 중심주의적인 표현이라고 할 수 있다.

이름 자체에 유럽 중심주의의 관점이 반영된 오리엔탈리즘은 유럽에서 동양을 연구하는 학문이라는 의미로 사용되고 있다. 학문으로서 오리엔탈리즘은 유럽 중심주의의 관점에서 동양을 연구한다. 합리성에 기반한 유럽 문명과는 다른 측면, 즉 문명화가 덜 된 동양 사회에 나타나는 야만성이나 원시성을 주로 연구 대상으로 삼는다. 예를 들어 아시아를 소개할 때 여러 지역의 축제나 미신 등을 보여 주면서 신비롭지만 문명화가 덜 된 문화라고 해석하는 방식이 바로 오리엔탈리즘이다.

오늘날에도 오리엔탈리즘은 여전히 재생산되고 있다. 동양 문화권의 나라를 향락적으로 표현하는 것이나 동양의 아름다움을 지나치게 부각하는 것 등이 그것이다. 이는 동양을 비롯한, 유럽 이외의 문화에 그 나름대로의 합리성과 논리가 있다는 사실을 인정하지 않는 태도로부터 비롯된 것이라 할 수 있다.

✦**문명**(글월 文, 밝을 明) 인류가 이룬 물질적, 기술적, 사회 구조적인 발전.
✦**근대**(가까울 近, 대신할 代) 중세와 현대 사이의 시대.
✦**우월**(넉넉할 優, 넘을 越)**하다** 다른 것보다 뛰어나다.
✦**향락적**(누릴 享, 즐길 樂, 과녁 的) 놀고 즐기는 것.

내용 이해하기

1 문단: ❶ ☐☐☐ 중심주의의 의미

2 문단: ❷ ☐☐☐ 문명을 기반으로 한 유럽 문명에 대한 우월 의식이 반영된 유럽 중심주의

3 문단: 유럽 중심주의적인 생각이 반영된 용어인 오리엔탈리즘

4 문단: 유럽 중심주의의 관점에서 ❸ ☐☐을/를 연구하는 학문인 오리엔탈리즘

5 문단: 다른 문화권의 합리성과 ❹ ☐☐ 을/를 인정하지 않는 오리엔탈리즘

주제 파악하기

유럽 중심주의적 관점이 반영된 ❺ ☐☐☐☐☐ 에 대한 비판

확인 문제

❻ 유럽 문명은 그리스 문명을 바탕으로 하고 있다. (○ , ×)

❼ 오리엔탈리즘이라는 용어에는 유럽 중심주의적인 관점이 깔려 있다. (○ , ×)

❽ 동양 문화에도 그 나름대로의 합리성과 논리가 있다고 보는 것이 유럽 중심주의이다. (○ , ×)

답 ❶ 유럽 ❷ 그리스 ❸ 동양
❹ 논리 ❺ 오리엔탈리즘
❻ ○ ❼ ○ ❽ ×

1

윗글에 대한 설명으로 가장 적절한 것은?

① 오리엔탈리즘의 발생과 소멸을 시간의 흐름에 따라 설명하고 있다.

② 오리엔탈리즘에 대한 여러 학자의 의견을 열거한 후 이를 보완하고 있다.

③ 오리엔탈리즘에 대한 서로 다른 관점을 비교하여 장단점을 분석하고 있다.

④ 오리엔탈리즘의 의미를 설명하고 오리엔탈리즘이 지닌 문제점을 제시하고 있다.

⑤ 오리엔탈리즘을 사물에 빗대어 표현하며 그것이 재생산되는 상황을 비판하고 있다.

2

'유럽 중심주의'와 관련된 예를 추가하기 위해 조사한 내용으로 가장 적절한 것은?

① 미국과는 다른 유럽의 정치 체계에 관해 조사하였다.

② 아시아에서만 열리는 축제의 종류와 그 이유에 대해 조사하였다.

③ 근대 이후 아시아의 문화가 어떤 방향으로 발전하게 되었는지 조사하였다.

④ 유럽에 가까운 순으로 아시아 지역을 '근동', '중동', '극동'으로 부르는 것에 대해 조사하였다.

⑤ 그리스의 철학자인 소크라테스가 자신의 철학을 사람들에게 전달하기 위해 활용한 토론 방법에 대해 조사하였다.

3

㉠과 ㉡에 대한 설명으로 적절하지 않은 것은?

① ㉠은 유럽의 문명을 다른 지역에 비해 우월하다고 인식하는 것이다.

② ㉠은 지도 위의 공간으로서 유럽이 가지는 특징을 중시하는 관점이다.

③ ㉡은 유럽 이외의 다른 지역을 평가하는 ㉠의 관점이 반영된 것이다.

④ ㉡에는 동양이 신비롭지만 문명화가 덜 된 곳이라고 이해하는 시각이 담겨 있다.

⑤ ㉡은 유럽 이외의 문화권에 그 나름의 논리가 있다는 사실을 받아들이지 않는 태도에서 비롯되었다.

어휘 공략하기

1 어휘와 어휘의 뜻을 바르게 연결하시오.

(1) 합리성 ● ● ㉮ 이론이나 이치에 합당한 성질.

(2) 가언 ● ● ㉯ 인류가 이룬 물질적, 기술적, 사회 구조적인 발전.

(3) 문명 ● ● ㉰ 어떤 조건을 가정한 말.

2 '낳다'가 〈보기〉와 같은 뜻으로 사용된 문장으로 알맞은 것에 ○표 하시오.

┌ 보기 ┐

그와 함께 한 과제는 좋은 결과를 낳았다.

(1) 아이를 낳은 후 오랜만에 외출을 했다. (　　　)

(2) 그는 우리나라가 낳은 천재적인 과학자이다. (　　　)

(3) 그녀가 하는 사업은 많은 이익을 낳는 것으로 소문이 났다. (　　　)

3 다음 문장의 빈칸에 들어갈 알맞은 어휘를 〈보기〉의 뜻을 참고하여 쓰시오.

┌ 보기 ┐

• 의무: 사람으로서 마땅히 하여야 할 일.
• 동기: 어떤 일이나 행동을 하게 되는 원인이나 기회.
• 결과: 어떤 원인으로 결말이 생김. 또는 그런 결말의 상태.
• 근거: 어떤 일이나 의논, 의견에 그 근본이 됨. 또는 그런 까닭.

(1) 우리 가족은 어머니의 건강 검진 (　　　　　)이/가 나오기를 기다렸다.

(2) 토론을 할 때에는 자신의 주장에 대해 논리적인 (　　　　　)을/를 제시해야 한다.

(3) 작가는 수상 소감을 통해 이 작품을 쓰게 된 (　　　　　)을/를 자세히 설명하였다.

(4) 국가는 모든 국민이 인간다운 생활을 할 수 있도록 노력할 (　　　　　)이/가 있다.

4 다음 밑줄 친 어휘에 쓰인 '-상', '-하'의 뜻을 〈보기〉에서 찾아 알맞은 기호를 쓰시오.

> **보기**
>
> **-상**「접사」
> ㉠ '그것과 관계된 입장' 또는 '그것에 따름'의 뜻을 더하는 접미사. ⑩ 사실상
> ㉡ '추상적인 공간에서의 한 위치'의 뜻을 더하는 접미사. ⑩ 통신상
> ㉢ '물체의 위나 위쪽'의 뜻을 더하는 접미사. ⑩ 지도상
>
> **-하**「접사」
> ㉣ '그것과 관련된 조건이나 환경'의 뜻을 더하는 접미사 ⑩ 식민지하
> ㉤ '아래 또는 아래쪽이나 밑'의 뜻을 더하는 접미사 ⑩ 선반하

(1) 이 생물은 이미 오래전에 지구상에서 멸종되었다. (　　　)

(2) 한강에서 자전거를 타다가 '교각하 추락 주의'라는 안내판을 발견했다. (　　　)

(3) 상대방의 얼굴을 모른다고 인터넷상에서 다른 사람을 모욕해서는 안 된다. (　　　)

(4) 소비자가 주문을 한 다음 날 배송을 완료한다는 원칙하에 물건을 배송하고 있다. (　　　)

(5) 구청 담당자는 시간 관계상 그 기자의 질문에 대한 답변은 문서로 대신하겠다고 안내했다.

(　　　)

배경지식 확장하기　　　　　🏷️ 실전 1과 엮어 읽기

위대한 철학자, 임마누엘 칸트

칸트(1724-1804)는 철학사에서 가장 위대한 철학자로 꼽히며, 인식론·윤리학·미학 등 철학의 전 영역에 지금까지도 큰 영향을 끼친 인물이다. 칸트는 다리에 나사가 몇 개 박혀 있는지를 맞힐 정도로 기억력이 좋았고, 매일 3시 30분이 되면 산책을 해서 사람들이 그런 칸트를 보면서 시계를 맞추었다는 일화로 유명하다. 또한 매우 박학다식하고 호기심이 많아서 천문학·물리학·역사·수학·화학·지리·정치학 등 다양한 분야에 걸쳐 강의를 했는데, 재치 있게 말을 잘하고 귀에 쏙쏙 들어오게 내용을 잘 요약해서 그의 강의실은 수강생들로 늘 꽉 차 있었다고 한다.

칸트는 자기 관리를 철저히 하며 도덕성을 중시하고, 인간의 존엄성이 지켜져야 한다는 것을 철학적으로 설명하는 일에 평생을 바쳤다. 그의 묘비명에는 다음과 같은 글이 기록되어 있다.

"더 자주 끊임없이 생각하면 할수록, 점점 더 새로워지고 점점 더 커지는 경탄과 경외감으로 마음을 채우는 두 가지 것: 내 위의 별로 가득 찬 하늘과 내 안의 도덕 법칙."

다음 글을 읽고 물음에 답하시오. (목표) 9분

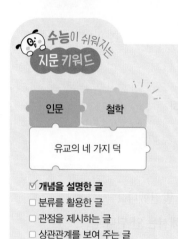

수능이 쉬워지는 지문 키워드

인문   철학

유교의 네 가지 덕

☑ 개념을 설명한 글
☐ 분류를 활용한 글
☐ 관점을 제시하는 글
☐ 상관관계를 보여 주는 글
☐ 과정의 흐름을 보여 주는 글

　기어 다니던 어린아이가 우물에 빠질지 모르는 장면을 본다면 어떤 마음이 들까? 아마 사람들은 깜짝 놀라고 아이를 가엾게 여기는 마음을 지닐 것이다. 이러한 마음을 유교에서는 인이라고 한다. 유교에서는 인(仁), 의(義), 예(禮), 지(知)를 4덕(德)이라 하는데, 이 중 유교의 핵심적인 개념이자 중심이 되는 것이 인이다. 맹자는 남의 어려운 처지를 안타깝게 여기는 마음과 사랑의 감정이 인의 시작이며, ⁺측은지심이 없다면 인간이 아니라고 했다. 또한 자신에게 가까운 사람만이 아니라 그렇지 않은 사람에게도 측은지심을 가지려고 노력할 때 얻어지는 결과가 인이라고 했다. 즉 측은지심이 도덕의 씨앗이라면, 인은 측은지심이 자라나면서 얻어진 것이라고 보았다.

　의(義)는 특수한 상황에서 적절한 도덕적 판단을 내리는 능력이다. 이 도덕적 판단은 도덕적으로 옳은 행동을 하도록 이끈다. 우물로 기어가는 어린아이를 보고 '아이를 구해야겠다.'라고 판단한다면, 이는 의가 행해진 것으로 볼 수 있다.

　예(禮)는 어떠한 형식, 관습 등을 말하는데, 맹자는 도덕적 판단과 관련된 규칙을 예라고 했다. 위험에 처한 어린아이를 발견하면 그 아이를 구하기 위해 노력해야 한다는 것을 규칙으로 정해 놓는 것이 예에 해당한다.

　지(知)는 지혜나 지식 혹은 ⁺도덕의식으로 해석할 수 있다. 도덕적으로 옳은 판단을 한다는 점에서 지와 의는 비슷하다. 하지만 의는 자신의 눈앞에서 일어난 일과 관련하여 도덕적으로 옳은 판단을 내리는 것인 반면에 지는 눈앞에서 벌어지지 않은 일에 대해서도 도덕적으로 판단을 내리는 것을 의미한다. 아이가 우물로 기어가서 빠질 수도 있는 상황을 목격한 사람이 그 아이만 구하려 하지 않고, 위험에 처한 모든 사람은 도와야 한다고 생각하는 것이 지를 발휘한 것이라 할 수 있다.

　유교 윤리의 기본은 인이지만, 사회가 변화하면서 의와 예가 중시된다. 다른 사람을 불쌍히 여기고 사랑하는 마음과 관련이 있는 인은 마을 사람들이 매우 친밀하게 지냈던 과거의 소규모 마을 공동체에 알맞던 것이라 할 수 있다. 오늘날에는 사회가 보다 복잡해지면서 여러 가치관이 충돌하며 다양한 사회 문제가 일어나고 있다. 이러한 시대 상황 속에서 어떤 판단이 도덕적으로 옳은 것인지를 판단할 줄 아는 능력인 의와, 어떻게 행동하는 것이 도덕적인지를 알려 줄 구체적인 규칙으로서 예가 중요해진 것이다.

⁺측은지심(슬퍼할 惻, 숨을 隱, 갈 之, 마음 心) 불쌍히 여기는 마음.
⁺관습(버릇 慣, 익힐 習) 한 사회에서 오랜 시간에 걸쳐 지켜 내려오고 있는 사회 규범이나 생활 방식.
⁺도덕의식(길 道, 덕 德, 뜻 意, 알 識) 도덕에 대하여 개인이 가지는 심리적인 의식.

😴 내용 이해하기

1문단: 유교의 핵심 개념인 '❶ ☐'

2문단: 특수한 상황에서 적절한 도덕적 ❷ ☐☐을/를 내리는 능력인 '의'

3문단: 도덕적 판단과 관련된 규칙인 '❸ ☐'

4문단: 눈앞에서 일어나지 않은 일에 대해서도 도덕적으로 옳은 판단을 하는 것인 '❹ ☐'

5문단: 복잡해지는 사회 속에서 '의', '예'가 가지는 중요성

😊 주제 파악하기

❺ ☐☐의 네 가지 덕의 개념과 특징

😆 확인 문제

❻ 자신과 먼 관계에 있는 사람에게도 측은지심을 느낄 때 '인'을 얻을 수 있다. (○ , ×)

❼ '지'가 유교의 핵심 개념이라는 사실은 변하지 않는다. (○ , ×)

❽ 대도시의 공동체보다 소규모 마을의 공동체일수록 '의'와 '예'가 중요해진다. (○ , ×)

답 ❶ 인   ❷ 판단   ❸ 예
     ❹ 지   ❺ 유교   ❻ ○
     ❼ ×   ❽ ×

---

1 윗글의 내용과 일치하지 <u>않는</u> 것은?

① 맹자는 인간의 노력으로는 '인'을 얻을 수 없다고 했다.

② 변화하는 현대 사회 속에서는 '의'와 '예'가 중요하게 여겨진다.

③ 도덕적 판단을 할 수 있는 능력인 '의'는 옳은 행동을 하도록 이끈다.

④ 자신이 직접 겪지 않은 일에 대해서도 옳고 그르다는 도덕적 판단을 내리는 것은 '지'를 발휘한 것이다.

⑤ 위험한 상황에 놓인 사람을 보면 구하기 위해 노력해야 한다는 것을 규칙으로 정해 놓은 것은 '예'에 해당한다.

2 윗글의 구조를 나타낸 것으로 가장 적절한 것은?

3 윗글을 바탕으로 〈보기〉의 ㉠~㉣을 이해한 내용으로 적절하지 <u>않은</u> 것은?

> **보기**
>
> 사람들은 위험에 처한 누군가를 본다면 당장 달려가서 ㉠그 사람을 구할 것이다. ㉡자신의 눈앞에서 누군가가 도움을 요청하면 도와야 한다고 판단하기 때문이다. 이러한 타인에 대한 관심과 사랑은 지구 반대편에 있는 사람에게 확대되기도 한다. ㉢한 번도 가 본 적 없는 나라에서 일어나는 전쟁에 대해 비판의 목소리를 내는 것은 이 같은 이유 때문이다. 우리는 위험에 처한 모든 사람을 돕기 위하여 ㉣국경 없는 봉사 단체를 만들기도 한다.

① ㉠은 '인'으로 인해 행해지는 행동이라고 볼 수 있겠군.

② ㉠은 측은지심으로 인해 생겨난 마음과 관련이 있겠군.

③ ㉡과 같이 판단하는 것은 '의'가 행해진 것이라 볼 수 있겠군.

④ ㉢은 보지 못한 상황에 대해 도덕적으로 판단하는 '지'와 관련이 있겠군.

⑤ ㉣은 '지'가 아닌 '의'가 행해져 만들어진 것이겠군.

다음 글을 읽고 물음에 답하시오.

 목표 8분

영국 왕립 학회의 신조는 '다른 사람의 얘기를 그대로 믿지 말라(Nullius in verba).'이다. 탐구한다는 것은 사람들이 당연하다고 믿는 사실을 당연하게 받아들이지 않고 의심하는 일을 뜻한다.

[A]
파스퇴르가 살던 시대의 사람들은 세균과 같이 눈으로 볼 수 없는 아주 작은 생물인 미생물이 저절로 발생한다고 믿었다. 당시의 학자들도 이를 굳건히 믿고 이에 관한 이론 체계까지 만들어 두었다. 하지만 파스퇴르는 기존의 권위에 따르지 않고 실험을 통해 이에 대해 반박하였다. 파스퇴르는 멸균하지 않은 육즙은 발효되어 원래 상태에서 달라지지만, 멸균한 육즙은 원래의 맛과 모습을 계속 유지한다는 사실을 알아냈다. 생명이 없는 육즙이 변형되어 생명체인 미생물이 생겨나는 것은 불가능하다는 사실을 보여 준 것이다. 즉 미생물이 무생물로부터 자연적으로 발생하는 것이 아니라 사람처럼 생명을 지닌 존재라는 사실을 증명하였다.

의심하는 순간 죽어 있던 진실이 생명을 얻고 살아나기 시작한다. 그런 점에서 의심은 마치 죽은 사람을 살리는 마법사의 물과 같다. 그렇다고 모든 상황 속에서 의심만 해야 한다는 것은 아니다. 모두가 옳다고 여기는 사실도 틀릴 수 있다는 것을 잊지 말아야 한다는 것이다. 사람들은 텔레비전에서, 교과서에서, 인터넷 등에서 사회에서 당연하다고 여기는 사실을 하나둘씩 받아들인다. 이렇게 우리의 주위에는 당연한 상식이 되어 우리의 생각을 지배하고 있는 믿음들이 있다. 하지만 그 믿음이 모두 진실일까?

아리스토텔레스는 "일정한 높이에서 떨어지는 두 물체 중 더 무거운 것이 더 빨리 땅에 떨어진다."라고 주장했는데, 대부분의 사람은 이 주장을 별 의심 없이 받아들였다. 하지만 갈릴레이는 이 주장에 의문을 품었다. 그리고 여러 번의 실험으로 모든 물체는 그 무게와 관계없이 똑같은 속도로 높은 곳에서 낮은 곳으로 떨어진다는 사실을 증명했다. 또한 코페르니쿠스는 당시 사람들에게 1400년 동안 진실로 받아들여진 우주의 중심은 지구라는 프톨레마이오스의 생각에 의심을 품었던 인물로, 이러한 의심을 바탕으로 탐구를 하여 오늘날 널리 받아들여진, 지구가 태양을 중심으로 돈다는 지동설을 주장하였다.

이처럼 탐구하는 것은 우리를 둘러싸고 있는 잘못된 믿음에 의심을 품고, 새로운 시각으로 접근하면서 실험으로 증명하여 그 잘못을 바로잡는 일을 말한다.

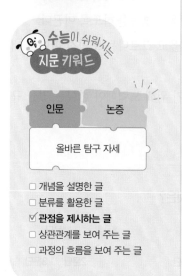

◆신조(믿을 信, 가지 條) 굳게 믿어 지키고 있는 생각.

◆권위(권세 權, 위엄 威) 어떤 분야에서 사회적으로 인정을 받을 만한 지식, 기술 또는 실력.

◆멸균(멸망할 滅, 버섯 菌)하다 세균 따위의 미생물을 죽이다.

◆육즙(고기 肉, 즙 汁) 죽은 가축의 몸뚱이나 장기에 함유된, 맛 성분이나 영양소 등을 포함한 수분.

◆발효(술 괼 醱, 발효할 酵)되다 효모나 미생물에 의해 유기물이 분해되고 변화되다.

내용 이해하기

1 문단: 탐구의 ❶ ☐☐

2 문단: 실험을 통해 기존의 믿음을 반박한 ❷ ☐☐☐☐의 사례

3 문단: 널리 알려진 ❸ ☐☐에 대한 의문 제기

4 문단: ❹ ☐☐을/를 통해 새로운 사실을 증명한 사례

5 문단: 의심하는 자세를 바탕으로 이루어지는 탐구

주제 파악하기

의심을 통해 이루어지는 ❺ ☐☐

확인 문제

❻ 파스퇴르의 실험 이전에는 미생물의 존재를 알지 못하였다. (○ , ×)

❼ 탐구는 사람들에게 상식으로 여겨지는 것에 의문을 제기하면서 시작된다. (○ , ×)

❽ 코페르니쿠스는 프톨레마이오스의 생각을 지지하면서 지동설을 주장하였다. (○ , ×)

답 ❶ 의미 ❷ 파스퇴르
❸ 믿음 ❹ 의심 ❺ 탐구
❻ × ❼ ○ ❽ ×

---

1 윗글에서 글쓴이가 말하고자 한 바로 가장 적절한 것은?

① 상대를 설득하기 위해서는 모든 상황 속에서 의심을 해야 한다.

② 아리스토텔레스의 주장은 죽어 있던 진실을 살린 마법사의 물과 같다.

③ 영국 왕립 학회의 신조를 우리 사회에서도 상식으로 받아들여야 한다.

④ 사람들의 의심을 받게 되면 실험을 통해 자신의 주장이 진실임을 드러내야 한다.

⑤ 올바른 탐구의 자세는 사람들이 굳게 믿는 사실을 의심하고 새로운 시각에서 접근하는 것이다.

2 윗글의 내용 전개 방식으로 가장 적절한 것은?

① 시간의 흐름을 바탕으로 글쓴이의 주장을 강조하고 있다.

② 구체적인 예를 제시하며 글쓴이의 생각을 드러내고 있다.

③ 두 현상의 비슷한 점을 설명하며 사회의 문제를 비판하고 있다.

④ 문제의 원인과 결과를 분석하여 문제 해결 방법을 나타내고 있다.

⑤ 일이 진행되는 과정을 중심으로 글쓴이의 새로운 관점을 제시하고 있다.

3 [A]를 읽고 보인 반응으로 적절하지 <u>않은</u> 것은?

① 파스퇴르는 미생물에 관한 사람들의 믿음을 의심한 인물이군.

② 당시 학자들은 파스퇴르가 실험하는 것에 반대하는 모습을 보였군.

③ 당시의 학자들은 미생물이 저절로 발생한다는 사람들의 믿음을 의심하지 않았군.

④ 파스퇴르는 멸균하지 않은 육즙과 멸균한 육즙을 비교하는 실험을 통해 새로운 사실을 증명했겠군.

⑤ 당시의 사람들은 미생물이 생명을 지닌 존재라는 사실을 파스퇴르 실험 전에는 알지 못했던 것이군.

04강 '어휘 공략하기

1

다음 사다리를 타서 뜻풀이에 알맞은 어휘를 〈보기〉에서 골라 빈칸에 쓰시오.

보기

관습   멸균   신조   측은지심

| 불쌍히 여기는 마음. | 세균 따위의 미생물을 죽임. | 굳게 믿어 지키고 있는 생각. | 한 사회에서 오랜 시간에 걸쳐 지켜 내려오고 있는 사회 규범이나 생활 방식. |

(1)   (2)   (3)   (4)

2

다음 어휘의 뜻을 읽고, 빈칸에 들어갈 알맞은 말을 쓰시오.

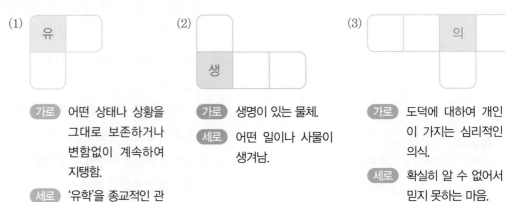

(1) 유

가로 어떤 상태나 상황을 그대로 보존하거나 변함없이 계속하여 지탱함.
세로 '유학'을 종교적인 관점에서 이르는 말.

(2) 생

가로 생명이 있는 물체.
세로 어떤 일이나 사물이 생겨남.

(3) 의

가로 도덕에 대하여 개인이 가지는 심리적인 의식.
세로 확실히 알 수 없어서 믿지 못하는 마음.

3 다음 문장의 밑줄 친 부분을 바르게 고쳐 쓰시오.

(1) 이 김치는 제대로 <u>발효돼어</u> 시큼한 맛이 일품이다. (   )

(2) 아기가 방 안을 엉금엉금 <u>기여가다</u> 방문에 부딪쳤다. (   )

(3) 오늘날에는 지구가 둥글다는 사실을 당연하게 <u>받아드린다</u>. (   )

4 다음 밑줄 친 어휘의 뜻에 해당하는 기호를 〈보기〉에서 찾아 쓰시오.

> ┌ 보기 ┐
>
> **품다**
> ㉠ 기운 따위를 지니다.
> ㉡ 품속에 넣거나 가슴에 대어 안다.
> ㉢ 생각이나 느낌 따위를 마음속에 가지다.

(1) 해결되지 않은 사건에 의문을 <u>품었다</u>. (   )

(2) 비가 쏟아지자 엄마가 아기를 가슴에 <u>품고</u> 간다. (   )

(3) 화살이 날아오는 상황에서도 장군은 늠름한 기상을 <u>품고</u> 명령을 내렸다. (   )

배경지식 확장하기   🏷 실전 **2**와 엮어 읽기

파스퇴르의 저온 살균법

파스퇴르(1822~1895)는 프랑스의 화학자이자 미생물학자로, 저온 살균법과 광견병의 백신을 개발한 것으로 유명하다. 그는 대학의 교수로 재직하던 중 포도주가 상하는 원인을 밝혀 달라는 사람들의 부탁을 받고 포도주의 부패를 막는 방법에 대해 연구하였다. 파스퇴르는 거듭된 연구 끝에 포도주를 상하게 하는 미생물을 찾아냈고, 발효가 끝난 포도주를 낮은 온도에서 잠깐 끓이면 그 미생물을 없앨 수 있다는 사실을 알아냈다. 이것이 오늘날까지 이용되고 있는 '저온 살균법'이다.

'파스퇴르법'이라고도 불리는 '저온 살균법'은 우유, 맥주, 포도주와 같이 미생물의 발효로 만들어지는 식품들을 30분 동안 63도 정도의 낮은 온도에서 끓여 세균을 없애는 것이다. 이는 식품의 영양소와 맛을 지키면서 살균하는 효과까지 있어 현재에도 널리 이용되고 있다.

다음 글을 읽고 물음에 답하시오.

(목표) 8분

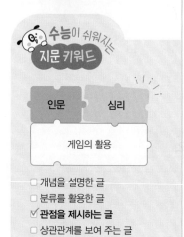

수능이 쉬워지는
지문 키워드

인문   심리

게임의 활용

☐ 개념을 설명한 글
☐ 분류를 활용한 글
☑ 관점을 제시하는 글
☐ 상관관계를 보여 주는 글
☐ 과정의 흐름을 보여 주는 글

게임의 원래 목적은 교육이었다. 체스와 장기는 장교들에게 군사 전략·전술을 가르치기 위한 것이었고, 바둑도 고대 중국의 요임금과 순임금이 어리석은 자식을 깨우치기 위한 것이었다.

현대의 게임은 가벼운 오락거리이면서도 어려운 문제를 푸는 데에 활용되기도 한다. 사람 몸속에서 일어나는 단백질 생성 과정은 10년 동안 의학계가 풀지 못한 미스터리였다. 단백질 생성 과정이 3차원 퍼즐 게임과 비슷하다고 여겨 이를 게이머들에게 공개하였는데, 게이머들은 공간 추론 능력과 상상력을 동원하여 단 3주 만에 단백질 생성 과정을 밝혀냈다. 이를 통해 에이즈와 암 등에 관여하는 단백질 구조의 비밀이 밝혀지면서 게임은 생명 과학의 발전에 큰 도움을 주었다.

게임은 환자의 병을 치료하는 데에도 활용된다. 의학이 발전하면서 어린이 백혈병은 완치되는 비율이 90%에 이르지만, 많은 국가에서는 아직도 불치병이라는 잘못된 인식으로 생존율이 50% 이하를 맴도는 상황이다. 한 연구소에서는 어린이 백혈병 환자들이 나노 로봇이 되어 자신의 몸속으로 들어가 몸에 있는 암세포를 파괴하는 내용의 게임을 개발하였다. 이 게임을 하면서 환자는 암이 낫고 있다는 심리적 치유 효과를 얻게 되었다고 한다.

한편 게임을 통해 인간의 행동을 변화시키는 일이 가능하다. 한 이론에 따르면 인간의 행동을 바꾸기란 매우 어렵지만, 강요하지 않고 재미를 느끼게 하면서 행동의 변화를 이끌어 내면 인간의 행동도 바꿀 수 있다고 한다. 예를 들어 학교 폭력을 줄이기 위해 교사가 직접 개입하는 방법도 있겠지만, 학교 곳곳을 밝게 꾸미면 학교 폭력이 줄어든다고 한다. 이처럼 강요하지 않고, 재미를 통해 인간의 행동을 변화시킨 사례로 스웨덴의 '재미있는 빈 병 재활용 박스'가 있다. 시작 버튼을 누른 후 구멍 속으로 빈 병을 넣기만 하면 점수가 표시되는 재활용 수거통을 만들자, 주변의 다른 재활용 수거통보다 두 배나 많은 빈 병이 수거되었다고 한다.

질병 치료, 환경 문제 등 인류에게는 풀어 나가야 할 과제가 있는데, 이를 게임과 접목하여 해결한다면 보다 나은 미래를 만드는 데 도움이 될 수 있다. 게이머들은 어려운 가상의 과제를 협력하여 해결해 왔으므로 협력과 문제 해결 분야의 전문가라고 할 수 있기 때문이다. 이와 같은 게임의 장점을 활용하여 인간이 많은 혜택을 받기 위해서는 게임 중독을 예방하는 교육에 힘쓰며 게임에 대한 사회적 인식을 높이려는 노력이 필요하다.

+**단백질**(새알 蛋, 흰 白, 바탕 質)
세포를 구성하고 생명 현상을 유지하는 물질로서, 사람의 3대 영양소 가운데 하나임.
+**완치**(완전할 完, 다스릴 治)**되다**
병이 완전히 낫게 되다.
+**나노** 10억분의 1을 나타내는 분수.
+**접목**(접할 接, 나무 木)**하다** (비유적으로) 둘 이상의 다른 현상 따위를 알맞게 조화하게 하다.

내용 이해하기

1문단: ❶ [   ]에 활용된 게임

2문단: 오락거리이면서 어려운 문제를 푸는 데 활용되는 게임

3문단: 환자의 병을 ❷ [   ]하는 데 활용되는 게임

4문단: 인간의 ❸ [   ]을/를 변화시키는 게임

5문단: 게임의 장점을 활용하기 위한 ❹ [   ]의 필요성

주제 파악하기

❺ [   ]이/가 지닌 장점

확인 문제

❻게이머들이 단백질의 생성 과정을 밝혀낸 것은 게임을 통해 어려운 문제를 해결한 사례에 해당한다. (○ , ×)

❼사람들의 관심을 학교 폭력에서 게임으로 돌리면 학교 폭력 문제를 성공적으로 해결할 수 있다. (○ , ×)

❽게임을 활용하여 인간의 행동을 변화시킬 수 있다. (○ , ×)

답 ❶ 교육 ❷ 치료 ❸ 행동
❹ 노력 ❺ 게임 ❻ ○
❼ × ❽ ○

1 윗글의 제목으로 가장 적절한 것은?

① 게임에 대한 사람들의 편견
② 게임이 지닌 긍정적인 기능
③ 청소년 게임 중독 예방의 필요성
④ 게임이 가져올 미래 사회의 변화
⑤ 게임에 대한 과거와 현재의 인식 차이

2 윗글을 읽고 답할 수 있는 내용으로 가장 적절한 것은?

① 바둑은 군사 전략을 가르치는 데에 어떤 영향을 미쳤는가?
② 학교의 환경을 바꾼 후에 학교 폭력은 얼마만큼 감소하였는가?
③ 암세포를 파괴하는 게임은 다른 불치병에도 효과를 낼 수 있는가?
④ 게임이 지닌 단점을 해결하기 위해 게이머들은 어떤 노력을 했는가?
⑤ 게이머들이 단백질 생성 과정의 비밀을 밝혀낼 수 있었던 이유는 무엇인가?

3 윗글을 읽고 〈보기〉를 이해한 내용으로 적절하지 <u>않은</u> 것은?

> **보기**
> ㄱ. 한 도시에서 제한 속도를 지키지 않은 운전자에게는 벌금을 부과하고, 제한 속도를 지켜 운전한 운전자에게는 엄지손가락을 들어 주는 표지판을 설치했다. 또한 제한 속도를 지킨 운전자에게 추첨을 통해 상금을 주는 복권 제도를 시행했다.
> ㄴ. 한 지하철역에 밟을 때마다 소리가 나는 '피아노 계단'을 설치하니, 시민들이 계단을 이전보다 세 배 더 많이 이용했다.

① ㄱ의 사례는 처벌 없이 행동의 변화를 이끌어 내려 한 것이겠군.
② ㄱ의 사례는 복권 제도를 통해 운전자가 안전 운전을 하도록 만들었군.
③ ㄱ의 사례에서 제한 속도보다 천천히 주행한 운전사는 재미를 느낄 수 있겠군.
④ ㄴ의 사례는 계단을 밟을 때 소리가 나는 재미 요소를 잘 활용한 것이겠군.
⑤ ㄱ, ㄴ의 사례는 모두 문제 해결에 게임을 적용한 것이라 볼 수 있겠군.

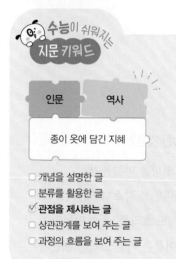

수능이 쉬워지는
지문 키워드

인문   역사

종이 옷에 담긴 지혜

□ 개념을 설명한 글
□ 분류를 활용한 글
☑ 관점을 제시하는 글
□ 상관관계를 보여 주는 글
□ 과정의 흐름을 보여 주는 글

다음 글을 읽고 물음에 답하시오.

목표 7분

조선의 왕 인조는 어느 눈 내리는 겨울날, 변방을 지키는 군사들을 위해 추위를 막는 옷을 마련하여 보내라 명령하였다. 왕이 보낸 옷은 솜을 넣어 만든 두툼한 옷과 짐승의 가죽으로 만든 옷 외에도 종이 옷이 포함되어 있었다. 종이 옷도 매서운 추위가 몰아치는 서북 변방의 겨울을 나는 데에 도움이 되는 든든한 겨울옷이었던 것이다.

인조가 변방의 군사들에게 보내려 한 종이 옷은 종이를 오려 붙여 만든 옷이 아니라 옷감과 옷감 사이에 종이를 넣어 만든 옷이었다. 당시 조선의 생산 환경에서 목화솜은 늘 부족하기 마련이었고, 군사들이 따뜻하게 겨울을 날 수 있을 만큼 많은 솜을 구하는 것은 쉬운 일이 아니었다. 이런 상황에서 솜을 대신하기도 하고 솜과 함께 사용하여 추위를 막을 수 있는 재료가 다름 아닌 종이였다. 닥나무로 만든 종이는 쉽게 찢어지지 않을 뿐 아니라 두께가 얇고 가벼워 옷감 사이에 집어넣어도 전혀 불편함이 없었다. 또 옷감 사이에 종이를 넣어 꿰매 입으면 두툼한 솜만큼 따뜻하지는 않을지라도 찬 바람을 막는 효과가 한층 컸다. 이때 솜을 아주 조금밖에 넣지 못해도 종이를 포개어 함께 바느질하면 옷감과 종이, 솜이 서로 겹쳐지고 공기층이 여러 겹 생겨 두께가 얇아도 추위를 잘 막아 줄 수 있었다. 이뿐만 아니라 종이의 거칠거칠한 표면이 마찰을 일으켜 솜이 미끄러져 아래쪽으로 늘어지는 것을 막아 변방에서 군사들이 추위를 막는 데 큰 도움이 되었다.

하지만 과거에 솜만큼이나 귀한 것이 종이였다. 종이를 만드는 과정에 많은 정성과 노고가 필요했기 때문이다. 이런 상황에서 나랏일에 필요한 문서나 책을 만들 때를 제외하고는 새 종이를 마음껏 쓰는 것도 쉽지 않았다. 한 번 사용한 종이도 재활용하는 것은 당연한 일이었다. 군사들에게 보낸 종이 옷도 낙폭지를 재활용한 것이다. 낙폭지는 과거 시험에 떨어진 사람의 답안지를 말하는 것으로 먹물로 쓴 글자로 지저분해도 옷감 안쪽에 넣기 때문에 아무런 문제가 없었다.

『조선왕조실록』에는 낙폭지로 만든 종이 옷에 관한 기록이 자주 등장한다. 특히 선조부터 광해군, 인조에 이르기까지 외국의 침략에 시달렸던 시기의 왕들은 겨울이 되면 낙폭지를 구해 변방의 군사들에게 보내고는 하였다. 백성들과 함께 외국 군대의 침입을 막은 왕들인지라 나라를 지키는 군사들의 중요함과 백성들에 대한 고마움을 더욱 간절히 느낀 것이다. 이처럼 종이 옷은, 군사들이 무사히 겨울을 보낼 방법을 찾으려고 왕이 수없이 고민한 결과로 탄생한 ㉠지혜의 산물이라고 할 수 있다.

✦**변방**(가 邊, 모 方) 나라의 경계가 되는 변두리의 땅.
✦**마찰**(갈 摩, 비빌 擦) 두 물체가 서로 닿아 비벼짐.
✦**노고**(수고로울 勞, 괴로울 苦) 힘들여 수고하고 애씀.
✦**산물**(낳을 産, 만물 物) 어떤 것에 의하여 생겨나는 사물이나 현상을 비유적으로 이르는 말.

1 윗글을 통해 알 수 있는 내용이 **아닌** 것은?

① 먹물로 글자를 쓴 종이도 옷을 만드는 데 사용되었다.

② 조선 시대에 솜과 종이는 모두 구하기 힘든 물건이었다.

③ 조선의 왕들은 변방을 지키는 군사들에게 많은 관심을 기울였다.

④ 조선 시대에는 외국의 침략으로 어려움을 겪었던 시기가 있었다.

⑤ 인조가 변방의 군사들에게 보낸 종이 옷은 옷감의 밖에 종이를 덧대어 만든 것이었다.

2 윗글의 내용 전개 방식으로 가장 적절한 것은?

① 종이 옷을 처음 만든 사람에 관해 질문을 한 후 그에 답하고 있다.

② 추위로 고생하던 군사들의 모습을 그림을 그리듯이 설명하고 있다.

③ 왕이 군사들에게 종이 옷을 보낸 이유를 시대 상황을 통해 설명하고 있다.

④ 솜옷과 종이 옷의 장단점을 비교해 종이 옷이 솜옷보다 뛰어남을 설명하고 있다.

⑤ 다양한 종류의 옷을 나열하고 그중 추위를 가장 잘 막는 옷에 대해 설명하고 있다.

3 글쓴이가 '종이 옷'을 ㉠과 같이 표현한 이유로 가장 적절한 것은?

① 낭비되는 종이를 재활용할 수 있는 방법을 찾았기 때문에

② 겨울이 되면 변방의 군사들을 통해 낙폭지를 구할 수 있는 방법을 찾았기 때문에

③ 종이를 사용하지 않아도 추운 바람을 효과적으로 막을 수 있는 방법을 찾았기 때문에

④ 군사들이 따뜻하게 겨울을 닐 수 있을 만큼 많은 솜을 구할 수 있는 방법을 찾았기 때문에

⑤ 물건의 생산이 어려운 환경 속에서 군사들이 추운 겨울을 따뜻하게 날 수 있는 방법을 찾았기 때문에

어휘 공략하기

1 〈보기〉를 참고하여 십자말풀이를 완성하시오.

보기

가로 열쇠
❶ 마음의 작용과 의식 상태.
❸ 헤아려서 갖춤.
❹ 나라의 경계가 되는 변두리의 땅.

세로 열쇠
❷ 도저히 설명하거나 이해할 수 없는 이상야릇한 일이나 사건.
❸ 두 물체가 서로 닿아 비벼짐.
❺ 어떤 일을 해 나가거나 목적을 이루기 위하여 취하는 수단이나 방식.

2 다음 괄호 안의 말 중 올바른 표기에 ○표 하시오.

(1) 오랫동안 앓았던 병이 다 (낳아서 / 나아서) 다행이다.

(2) 친구는 나에게만 비밀을 (가르쳐 / 가리켜) 주겠다고 속삭였다.

(3) 동생은 자신의 터진 옷가지를 (꿰매 / 꿰메) 달라며 내 방에 들어왔다.

3 다음 문장의 빈칸에 들어갈 알맞은 어휘를 〈보기〉의 뜻을 참고하여 쓰시오.

보기

• 수거: 거두어 감.
• 완치: 병을 완전히 낫게 함.
• 산물: 어떤 것에 의하여 생겨나는 사물이나 현상을 비유적으로 이르는 말.
• 접목: 둘 이상의 다른 현상 따위를 알맞게 조화하게 함을 비유적으로 이르는 말.

(1) 나는 그 병이 (   )이/가 가능하다는 사실을 알고 안심했다.

(2) 엄마는 새벽마다 쓰레기를 (   )해 가는 분들을 위해 간식을 준비했다.

(3) 이번에 학교에서 상을 받게 된 것은 정우의 꾸준한 노력의 (   )(이)다.

(4) 국악과 대중가요를 (   )한 그 노래는 사람들에게 좋은 반응을 얻고 있다.

4 〈보기〉를 참고하여 다음 문장에서 띄어쓰기가 올바른 것에 ○표 하시오.

> **보기**
>
> '뿐'은 앞말에 붙여 쓰는 경우와, 앞말과 띄어 쓰는 경우가 있다. '오직 실력뿐이다.'와 같이 명사 뒤에 '뿐'이 오면 앞말과 '뿐'을 붙여 쓴다. 한편 '웃고만 있을 뿐이다.'처럼 '−을' 뒤에 '뿐'이 오거나, '시간만 보냈다 뿐이지 한 일은 없다.'처럼 '−다 뿐이지'와 같은 구성으로 쓰일 때에는 앞말과 '뿐'을 띄어 쓴다.

(1) 사업이 망한 그 남자에게 남은 것은 (가족뿐 / 가족 뿐)이다.

(2) 모두 구경만 하고 (있을뿐 / 있을 뿐) 싸움을 말릴 생각을 하지 않았다.

(3) 소문이 나지 (않았다뿐이지 / 않았다 뿐이지) 그들의 비밀을 모두 눈치채고 있었다.

(4) 연기에 두려움이 생긴 그 배우는 (무대뿐 / 무대 뿐) 아니라 집에서도 활기를 잃었다.

배경지식 확장하기

🏷 **실전 1과 엮어 읽기**

행동 경제학에서 바라본 구매 심리

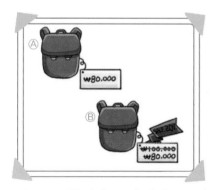

　인간의 심리를 활용해 병을 효과적으로 고칠 수 있듯이 인간의 심리를 활용해 소비 욕구를 끌어올릴 수도 있다. 행동 경제학에서 이와 관련된 연구를 하고 있는데, 행동 경제학은 심리학, 사회학 등 다양한 학문의 관점에서 인간의 행동을 해석하는 경제학의 한 분야이다.

　행동 경제학에서는 배가 떠내려가지 않게 하거나 어딘가에 머무르도록 하기 위해 닻을 내려 배를 고정하듯이, 사람들도 자신이 인식하는 특정한 기준점을 고정하고 어떠한 판단을 한다고 보았다. 예를 들어 똑같은 가방을 A 쇼핑몰에서는 8만 원에, B 쇼핑몰에서는 10만 원에서 20% 할인한 8만 원에 판매한다고 해 보자. 각각의 경우 소비자가 내는 비용은 같지만, 행동 경제학자들은 소비자들이 B 쇼핑몰에 더 큰 구매 욕구를 느낀다고 한다. 그 이유는 소비자가 10만 원이라는 원래의 가격을 마음속의 닻으로 고정한 상태에서 8만 원이라는 가격을 보게 되었고, 이로 인해 2만 원의 할인을 받았다고 생각하기 때문이다. 이러한 현상을 닻 내림 효과라고 하는데, 자동차를 사려는 소비자에게 판매원이 비싼 차를 먼저 보여 준 후, 갈수록 저렴한 모델을 보여 주는 것도 이를 이용한 판매 전략이라고 할 수 있다. 소비자가 처음에 본 모델의 가격을 기준점으로 삼은 상태에서 마지막에 본 모델이 '비교적 저렴하다.'라는 느낌을 받도록 하는 것이다. 이러한 판매 전략은 정보를 제공하는 순서만 바꾸었을 뿐인데 소비자의 판단에 영향을 미치게 된다.

독해 실전 문제로 깨우자!

독서·예술
실전 훈련

다음 글을 읽고 물음에 답하시오.

 목표 7분

선인(先人)들의 독서 목적은 지혜를 얻는 데 있었지, 지식을 획득하는 데 있지 않았다. 세상을 읽는 안목과 세상을 꿰뚫어 보는 힘이 모두 독서에서 나왔다. 책 속의 구절 하나하나는 그대로 자신의 삶 속에 체화되어 자신을 간섭하고 통제하고 영향력을 발휘했다. 그들이 읽은 책은 권수로 헤아린다면 몇 권 되지 않았으나, 그들은 그 몇 권 되지 않는 책을 읽고 또 읽었다. 읽다 못해 아예 통째로 다 외웠다. 그리고 그 몇 권의 독서가 그들의 삶을 결정했다.

요즘 학생들은 배우지 않는 과목이 없다. 모르는 것이 없어 묻기만 하면 척척 대답한다. 중학교나 고등학교의 숙제를 보면 몇 년 전까지만 해도 상상도 할 수 없던 어려운 내용들을 다룬다. 어떤 주제를 내밀어도 학생들은 인터넷을 뒤져서 용하게 정보를 찾아낸다. 그런데 그 학생들이 정작 스스로 판단하고 제힘으로 할 줄 아는 것은 별로 없다. 시켜야 하고, 해 줘야 한다. 판단 능력은 없이 그저 많은 정보가 담긴 컴퓨터 같다. 그 많은 독서와 정보들은 다만 시험 문제를 푸는 데 유용한 도구일 뿐, 삶의 문제로 오면 쓸모없는 것이 되고 만다.

도대체 왜 이런 일이 생긴 걸까? 사람들은 입만 열면 지식 기반 사회를 말하고 정보화 사회를 되뇐다. 너나없이 초고속 인터넷을 사용하고, 정보 사냥에 혈안이 되어 있다. 사랑이라는 단어를 검색했더니 몇십만 개의 정보가 뜨더라는 어느 광고의 문구처럼, 쏟아지는 정보의 홍수 속에서 사람들은 방향도 모르고 휩쓸려 간다.

이제 컴퓨터만 잘하고 영어만 잘하면 하지 못할 일이 없을 것만 같다. 하지만 정말 그러한가? 오늘날 우리의 삶에서 정말 중요한 것은 그 정보를 선택하고 판단하고 제어하는 능력이다. 그 능력은 컴퓨터를 잘 만지고 영어를 원어민처럼 한다고 해서 저절로 생기는 것이 아니다.

도스토옙스키는 "세상에는 인간을 다루는 방법에 관한 책만 있고, 인간에 관한 책은 없다."라고 안타까워했다. 오늘날에는 지혜에서 나오는 목소리는 찾아볼 수가 없고, 얄팍한 상술과 손잡은 정보만 차고 넘친다. 이제 더 이상 시대를 뛰어넘는 고전은 나오지 않는다. 쓰고 버리는 일회용품처럼 몇 달만 지나면 휴지가 되고 말 정보들로 온 서점이 차고 넘친다. 도구로써만 활용되는 지식이 판을 치는 사회에는 깊이가 없다. 깊이가 만들어 내는 그늘도 없다. 우주를 읽고 사물을 관찰할 줄 알았던 선인들의 안목이 더없이 소중하게 여겨진다.

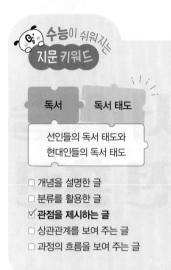

+ **체화**(몸 體, 될 化)**되다** 생각, 사상, 이론 따위가 몸에 배어서 자기 것이 되다.

+ **유용**(있을 有, 쓸 用)**하다** 쓸모가 있다.

+ **제어**(억제할 制, 말 부릴 馭)**하다** 목적에 알맞은 작용을 하도록 조절하다.

+ **상술**(장사 商, 꾀 術) 장사를 하는 재능이나 솜씨.

+ **고전**(옛 古, 법 典) 오랫동안 많은 사람에게 널리 읽히고 모범이 될 만한 문학이나 예술 작품.

1 윗글의 내용과 일치하지 <u>않는</u> 것은?

① 선인들은 독서를 통해 삶의 지혜를 얻으려고 하였다.

② 선인들은 읽었던 책을 반복하여 읽는 독서 방법을 취했다.

③ 요즘 학생들의 독서는 삶의 문제를 푸는 데 유용하지 않다.

④ 읽은 책의 권수가 적을수록 삶의 방향성을 잃어버리게 된다.

⑤ 요즘 학생들이 습득하는 정보의 양은 선인들에 비해 훨씬 많다.

2 윗글을 참고할 때 고전 의 의미로 가장 적절한 것은?

① 인간을 다루는 방법에 관한 책

② 삶의 지혜를 갖추는 데 도움이 되는 책

③ 우주의 원리를 과학적으로 설명하고 있는 책

④ 과거 사람들의 독서 방법을 소개하고 있는 책

⑤ 정보화 사회에 유용한 도구적 지식을 담고 있는 책

3 윗글과 〈보기〉를 비교한 내용으로 가장 적절한 것은?

> **보기**
>
> 현대인에게 정보 검색 능력은 필수적인 능력이다. 이 능력을 키우기 위해서는 무엇보다 직접 인터넷에 접속하는 경험을 늘려야 한다. 왜냐하면 단순히 인터넷 검색과 관련한 책을 몇 권 읽는다고 정보 검색 능력이 길러지지는 않기 때문이다. 또한 정보 검색 능력은 학습의 도구이면서도 학습 능력 향상과 관련이 있다. 실제로 학생들의 자기 주도적 학습 능력이 정보 검색 능력 및 빈도와 높은 상관관계를 지닌다는 연구 결과도 있나.

① 윗글은 〈보기〉와 달리 도구적 지식의 중요성을 강조하고 있다.

② 윗글과 〈보기〉는 모두 신뢰할 만한 기관의 연구 결과를 인용하고 있다.

③ 윗글과 〈보기〉는 모두 인터넷에 접속하는 경험의 중요성을 강조하고 있다.

④ 윗글과 달리 〈보기〉는 학생들이 독서를 통해 학습 능력을 향상시킬 수 있다고 주장하고 있다.

⑤ 윗글은 현대인의 독서 태도가 바뀌어야 함을 주장하고, 〈보기〉는 현대인에게 정보 검색 능력이 중요함을 강조하고 있다.

다음 글을 읽고 물음에 답하시오.

 목표 8분

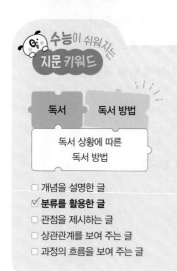

수능이 쉬워지는 지문 키워드

| 독서 | 독서 방법 |

독서 상황에 따른 독서 방법

☐ 개념을 설명한 글
☑ 분류를 활용한 글
☐ 관점을 제시하는 글
☐ 상관관계를 보여 주는 글
☐ 과정의 흐름을 보여 주는 글

우리가 소설을 읽을 것인지, 연구 자료를 분석할 것인지에 따라 글을 읽는 전략은 조금씩 다르지만, 능숙한 독자는 어떤 성격의 글을 읽든 일반적으로 '읽기 전 – 읽는 중 – 읽은 후'의 과정을 거친다. 독자는 자신이 선택한 책을 읽기 전에 글을 읽는 목적을 확인하고, 글의 내용을 예측하며, 글에 대한 배경지식 등을 떠올린다. 읽는 중에는 읽기 전 예측한 내용이 맞는지 확인하고 글의 구조를 파악해 나간다. 읽은 후에는 읽기 과정이 적절했는지 확인하거나 읽은 내용을 ✦내면화하기도 한다.

이러한 읽기의 과정이 의미 있고 효과적으로 이루어지려면 독자는 자신이 처한 독서 상황을 잘 파악해야 한다. 독서 상황에는 크게 독자 ✦요인, 글 요인, 독서 목적 요인이 있다. 독자 요인은 독자가 이 글과 관련하여 어떤 배경지식이 있는지, 독자의 독서 습관은 어떠한지 등을 포함한다. 글 요인은 어떤 종류의 글인지, 내용이 쉬운지 어려운지 등을 포함한다. 독서 목적 요인은 지식과 정보를 얻기 위한 것인지, 교양을 쌓기 위한 것인지 등을 바탕으로 생각해 볼 수 있다.

한편, 같은 사람도 어떤 독서 상황에 놓여 있는지에 따라 다른 독서 방법을 사용한다. 독서 방법은 먼저, 글을 읽을 때 소리를 내서 읽는 음독과 소리를 내지 않고 읽는 묵독으로 나뉜다. 도서관 같은 곳에서 개인이 혼자 글을 읽을 때는 대체로 묵독이 사용된다. 잘 이해되지 않는 부분의 뜻을 파악하거나 두 사람 이상이 함께 읽을 때는 음독이 사용되기도 한다. 다음으로, 빠르게 읽는 속독과 느리게 꼼꼼히 읽는 정독으로 나뉜다. 속독은 주로 가벼운 내용이 담긴 글을 읽거나 글을 읽을 시간이 부족하여 대강의 내용을 먼저 파악하고자 할 때 사용된다. 반면 전문적인 내용이 담긴 학술 서적을 읽을 때는 정독을 통해 내용을 파악한다. 마지막으로, 글을 읽는 범위에 따라 통독과 발췌독으로 나뉜다. 통독은 글 전체를 처음부터 끝까지 훑어 읽는 방법이며, 발췌독은 글에서 필요한 부분만 찾아 읽는 방법이다. 통독은 주로 글 전체의 내용이나 줄거리를 파악하고자 할 때 사용되며, 발췌독은 필요한 부분만 선택하여 특정 정보를 찾을 때 사용된다.

다른 사람이 쓴 글을 읽고 그 내용을 이해하는 독서는 매우 복잡하고 힘든 정신 활동이다. 읽기 과정에 따라 독자가 사용하는 방법이나 전략은 눈에 보이지 않고 앞에서 설명한 것처럼 다양하기 때문에 이를 독서에 적용하는 것은 어려운 일이다. 하지만 운동을 하면 근육이 생기듯이 끊임없이 독서를 하며 훈련을 하다 보면 능숙한 독자로 성장해 나갈 수 있다.

✦**내면화**(안 內, 낯 面, 될 化)**하다** 정신적·심리적으로 깊이 마음속에 자리 잡히다. 또는 그렇게 되게 하다.

✦**요인**(중요할 要, 인할 因) 사물이나 사건이 성립되는 까닭. 또는 조건이 되는 요소.

내용 이해하기

1 문단: 독서 **❶**◻◻ 에 따라 이루 어지는 활동

2 문단: 독서 **❷**◻◻ 을/를 이루는 요인

3 문단: 독서 상황에 따라 달라지는 독서 **❸**◻◻

4 문단: 꾸준한 독서를 통한 **❹**◻◻ 한 독자로의 성장

주제 파악하기

❺◻◻ 상황에 따라 적절한 독서 방법을 선택해야 함.

확인 문제

❻ '글의 내용 예측하기'는 독서의 과정 중 읽은 후 활동에 해당한다. (○ , ×)

❼ '독서 습관'은 독서 상황 요인 중 글 요인에 해당한다. (○ , ×)

❽ 속독은 주로 가벼운 내용의 글을 읽을 때 활용할 수 있는 독서 방법이다. (○ , ×)

답 ❶ 과정 ❷ 상황 ❸ 방법
❹ 능숙 ❺ 독서 ❻ ×
❼ × ❽ ○

1 윗글에 대한 이해로 가장 적절한 것은?

① 독서 상황의 요인들을 비유적 표현을 활용하여 제시하고 있다.

② 독서의 방법을 분류하여 효과적인 독서 활동에 관한 이해를 돕고 있다.

③ 전문가의 견해를 인용하여 독서가 복잡하고 힘든 정신 활동임을 밝히고 있다.

④ 좋은 독서 습관과 나쁜 독서 습관을 대조하여 바람직한 독서 태도를 설명하고 있다.

⑤ 읽기 전, 읽는 중, 읽은 후의 활동을 나열하여 글의 내용을 내면화하는 구체적인 방법을 소개하고 있다.

2 윗글을 참고할 때 읽는 중 활동의 사례로 가장 적절한 것은?

① 포유류의 특징을 찾으며 읽었는지 점검하며 읽기 과정을 확인해야겠어.

② 제목이 『사랑의 기술』이니 사랑을 받을 수 있는 구체적인 방법도 나오겠지.

③ 과제를 해결해야 하니까 '발해의 역사' 부분을 중점적으로 살펴봐야겠군.

④ 수업 시간에 배운 인류의 역사를 떠올리며 책의 목차를 보니 어떤 내용의 글일지 짐작이 가네.

⑤ 책의 본문을 보니 1970년대부터 현재에 이르기까지 우리 경제의 발전 과정을 순서대로 제시하고 있군.

3 윗글을 바탕으로 〈보기〉의 독서 과정과 상황을 이해한 것으로 적절하지 않은 것은?

> **보기**
>
> 저는 과학 칼럼을 쓰는 작가로, 자료를 찾기 위해 독서를 합니다. 주로 도서관에서 책을 찾아서, 필요한 부분을 골라 읽는 합니다. 또한 시간을 절약하기 위해 지하철과 버스 안에서 꼭 책을 읽습니다.

① 지식과 정보의 획득을 목적으로 하는 독서를 주로 하고 있다.

② 읽은 후의 활동으로 자신의 읽기 과정이 적절했는지 확인하고 있다.

③ 자료를 찾기 위해 책에서 필요한 부분만 찾아 읽는 발췌독을 하고 있다.

④ 도서관에서 책을 찾아본다는 점에서 묵독의 방법을 활용한다고 볼 수 있다.

⑤ 대중교통으로 이동하면서 책을 읽는 독서 습관을 가지고 있다고 볼 수 있다.

어휘 공략하기

1 다음 어휘의 뜻을 읽고, 빈칸에 들어갈 알맞은 말을 쓰시오.

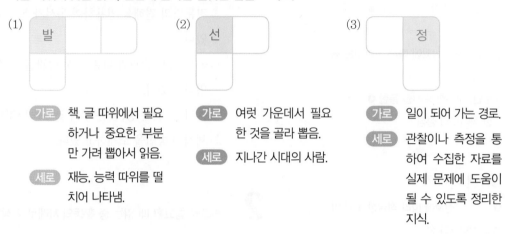

(1)

발	

가로 책, 글 따위에서 필요하거나 중요한 부분만 가려 뽑아서 읽음.

세로 재능, 능력 따위를 떨치어 나타냄.

(2)

선	

가로 여럿 가운데서 필요한 것을 골라 뽑음.

세로 지나간 시대의 사람.

(3)

	정

가로 일이 되어 가는 경로.

세로 관찰이나 측정을 통하여 수집한 자료를 실제 문제에 도움이 될 수 있도록 정리한 지식.

2 다음 괄호 안의 말 중 올바른 표기에 ○표 하시오.

(1) 그는 지갑 속에 있는 동전을 모두 (헤아려 / 해아려) 보았다.

(2) 떡국에는 떡을 (얇팍하게 / 얄팍하게) 썰어서 넣어야 맛이 좋다.

(3) 그 사람은 돈을 버는 데에 (혈안 / 혈한)이 되어 친구도 몰라봤다.

3 〈보기〉를 참고하여 올바른 어휘에 ○표 하시오.

> 보기
>
> 낱말 뒤에 붙는 '–로서'는 지위나 신분, 자격을 나타내고, '–로써'는 어떤 일의 수단이나 도구를 나타낸다.

(1) 그들은 과연 (대화로서 / 대화로써) 갈등을 풀 수 있을까?

(2) 자식을 보호하는 것은 (부모로서 / 부모로써) 당연히 해야 하는 일이다.

4 다음 문장의 빈칸에 들어갈 알맞은 어휘를 〈보기〉의 뜻을 참고하여 쓰시오.

> **보기**
>
> • 상술: 장사하는 재주나 꾀.
> • 제어: 목적에 알맞은 작용을 하도록 조절함.
> • 체화: 생각, 사상, 이론 따위가 몸에 배어서 자기 것이 됨.
> • 요인: 사물이나 사건이 성립되는 까닭. 또는 조건이 되는 요소.

⑴ 주행 중이던 자동차가 갑자기 (   )이/가 되지 않아 큰 사고가 날 뻔했다.

⑵ 이번 사업의 실패 (   )을/를 아는 것이 앞으로의 삶에 큰 도움이 될 것이다.

⑶ 거짓 (   )(으)로 소비자들을 속인 업체의 이름을 밝히라는 사람들의 항의가 빗발쳤다.

⑷ 김 교수는 철학은 추상적인 개념을 말하는 것이 아니라 몸을 통한 (   )의 과정임을 강조했다.

배경지식 확장하기   **✏ 실전 1과 엮어 읽기**

독서왕 김득신 선생의 삶

　백곡 김득신 선생은 조선 중기의 문인이자 뛰어난 시인이다. 김득신 선생의 태몽에 중국의 위대한 사상가인 노자가 나왔고, 집안사람들은 학식이 높고 대대로 높은 벼슬을 했기 때문에 그의 부모는 김득신 선생에게 많은 기대를 했다. 하지만 그는 어릴 때 천연두를 심하게 앓게 되었다. 당시 천연두는 걸리면 열에 아홉은 죽게 될 만큼 치료하기가 어려운 병이었다. 다행히 김득신 선생은 목숨은 건졌으나 회복한 이후 총기를 잃고 머리가 아둔해졌다. 10살이 되어서야 글을 깨우쳤고, 당시 초등학교 수준의 교재를 공부하고도 첫 구절조차 기억하지 못할 정도였다. 김득신 선생은 까마귀라는 소리를 들을 정도로 아둔했으며, 집안 어른들은 김득신 선생의 아버지에게 공부를 포기시키는 게 좋을 것 같다고 하였다. 그러나 그러한 상황 속에서도 김득신 선생의 아버지는 그를 믿고 끝까지 지지해 주었다. 김득신 선생 역시 좌절하지 않고, 밥을 먹거나 가족의 장례를 치르는 중에도 손에서 책을 놓지 않았다. 백 번 읽어서 외우지 못하면 천 번 읽고, 천 번 읽어서 깨우치지 못하면 만 번 읽으면 된다는 마음가짐으로 같은 내용의 글을 반복해서 읽었으며, 이를 부끄럽게 여기지도 않았다. 그는 오히려 그런 자신의 노력을 가상히 여겨 '고문삼십육수독수기(古文三十六首讀數記)'를 지어 자신이 만 번 이상 읽은 책을 목록에 넣고 각 책을 몇 번 읽었는지 그 횟수를 기록하기까지 하였다. 이렇게 끊임없이 독서를 하며 부단히 노력한 김득신 선생은 1661년(59세)에 이르러 과거에 합격하고, 이후 벼슬에까지 올랐다. 백곡 김득신 선생이 스스로 지은 묘비명의 글귀는 오늘날까지 우리에게 많은 것을 느끼게 해 준다.

　"나보다 어리석고 둔한 사람도 없겠지만 결국엔 이룸이 있었다. 모든 것은 힘쓰는 데에 달려 있을 따름이다."

다음 글을 읽고 물음에 답하시오.

 (목표) 8분

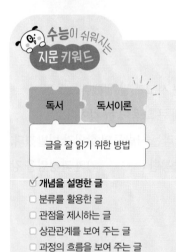

독서   독서이론

글을 잘 읽기 위한 방법

☑ 개념을 설명한 글
☐ 분류를 활용한 글
☐ 관점을 제시하는 글
☐ 상관관계를 보여 주는 글
☐ 과정의 흐름을 보여 주는 글

읽기는 ㉠'글쓴이와 읽는 이의 생각과 느낌의 만남'으로 볼 수 있다. 이 말 속에서 우리는 '어떻게 읽을 것인가'에 대한 비밀을 엿볼 수 있는데 그 비밀의 주인공은 바로 글쓴이와 읽은 이이다. 다시 말해 글을 잘 읽으려면 읽는 이는 글쓴이의 생각을 파악하는 동시에 읽는 이 자신의 생각과 느낌을 적극적으로 활용해야 하는 것이다. 이 말을 좀 더 쉽게 풀어서 설명하자면 다음과 같다.

첫째로, 글을 잘 읽기 위해서는 글쓴이의 생각을 제대로 이해해야 한다. 이를 위해서 우선 글을 구성하는 단어와 문장의 뜻을 파악해야 한다. 모르는 단어가 있으면 사전을 찾아보고, 비유적인 표현은 그것이 나타내려는 본래의 뜻을 파악해야 한다. 다음으로는 문단의 내용을 정확하게 이해하는 것이 중요하다. 한 편의 글은 문단들의 결합으로 이루어지기 때문이다. 문단의 내용을 이해할 때는 문단을 구성하는 중심 문장과 뒷받침 문장을 구별해야 하고, 문단들이 서로 어떤 의미 관계를 맺으면서 구조화되어 있는지를 파악해야 한다. 이 과정에서 글의 중심 내용과 세부 내용을 구분하여 파악하고, 중심 내용과 세부 내용이 어떻게 조직되어 있는지를 파악해야 한다.

다음으로, 글쓴이의 글쓰기 의도나 목적을 파악해야 한다. 글쓴이가 글을 쓴 의도와 목적에 따라 적절한 읽기의 방법도 달라진다. 몇 가지 예를 살펴보자. 의학이나 법률, 또는 과학 서적과 같이 ✦정보성이 강한 글은 글 속에 제시된 정보를 체계적이고 정확히 파악하면서 읽는 것이 좋다. 설득적 성격이 강한 광고문이나 주장하는 글은 그 속에 담긴 정보와 의도를 파악하고, 이를 비판적으로 받아들여야 한다. 그리고 소설, 시와 같은 글은 그 안에 담긴 가치를 파악하고 감동을 느끼며 읽으려고 노력해야 한다.

마지막으로, 글을 잘 읽기 위해서는 읽는 이가 자신의 배경지식과 경험을 되돌아보고, 이를 적극적으로 활용해야 한다. 글의 내용을 깊이 있게 이해하기 위해서는 글에 제시된 정보를 단순히 수용하기보다는 자신의 지식과 경험에 비추어 숨겨진 내용이나 생략된 내용을 추측하며 읽어야 한다. 즉 글의 결말, 글의 구조, 글쓴이의 주장과 의도, 글이 ✦공동체에 미칠 효과 등을 예측하며 읽어야 한다는 것이다. 경우에 따라서는 글 속에 담긴 글쓴이의 생각을 비판하거나, 대안을 제시하면서 읽는 것도 좋다.

오늘날 우리는 무수히 많은 정보 속에 파묻혀 살아가고 있다. 그 속에서 나에게 필요한 정보를 정확하게 파악하려면 글을 잘 읽는 방법을 알고 이를 적용할 수 있어야 한다.

✦정보성(뜻 情, 갚을 報, 성품 性) 관찰이나 측정을 통하여 수집한 자료를 실제 문제에 도움이 될 수 있도록 정리하여 지식이나 그 자료가 된 성질.
✦공동체(함께 共, 같을 同, 몸 體) 생활이나 행동 또는 목적 따위를 같이하는 집단.
✦대안(대답할 對, 책상 案) 어떤 일에 대처할 방안.

⑪ 내용 이해하기

1 문단: 글을 잘 읽기 위해서는 ❶ ☐☐☐와/과 읽는 이에 주목해야 함.

2 문단: 글을 잘 읽기 위한 방법 ① - 글쓴이의 ❷ ☐☐을/를 제대로 이해해야 함.

3 문단: 글을 잘 읽기 위한 방법 ② - 글쓴이의 의도나 ❸ ☐☐을/를 파악해야 함.

4 문단: 글을 잘 읽기 위한 방법 ③ - 읽는 이가 자신의 배경지식과 ❹ ☐☐을/를 적극적으로 활용해야 함.

5 문단: 글을 잘 읽는 방법을 알아야 하는 ❺ ☐☐을/를 제시함.

☺ 주제 파악하기

자신에게 필요한 정보를 정확하게 파악하기 위해 글을 잘 읽는 ❻ ☐☐을/를 알아야 함.

☺ 확인 문제

❼ 읽기 과정에서는 읽는 이보다는 글쓴이의 역할이 더 중요하다 (○ , ×)

❽ 글을 읽을 때에는 중심 내용과 세부 내용을 구분하여 파악해야 한다. (○ , ×)

❾ 읽는 이가 글쓴이의 생각을 비판하는 것은 바람직하지 않다. (○ , ×)

답 ❶ 글쓴이 ❷ 생각 ❸ 목적
❹ 경험 ❺ 이유 ❻ 방법
❼ × ❽ ○ ❾ ×

---

1 ㉠의 의미로 가장 적절한 것은?

① 읽는 이는 글쓴이에 대한 배경지식을 미리 쌓아야 한다는 것
② 글쓴이는 글을 쓰기 전에 읽는 이와 대화를 나누어야 한다는 것
③ 읽는 이는 글쓴이를 직접 찾아가 글쓴이의 생각을 알아내야 한다는 것
④ 글쓴이는 자신의 생각을 쉽게 풀어서 읽는 이의 이해를 도와야 한다는 것
⑤ 읽는 이는 자신의 생각과 느낌을 활용하여 글쓴이의 생각을 파악해야 한다는 것

2 윗글의 문단 간의 관계를 구조도로 가장 잘 표현한 것은?

3 윗글을 참고할 때 〈보기〉의 ⓐ에 들어갈 내용으로 적절하지 않은 것은?

| 보기 |
학생: 선생님, 글을 잘 읽고 싶은데 어떻게 해야 할지 모르겠어요.
선생님: _____ ⓐ _____ 글을 읽어 나가다 보면 잘 읽을 수 있어요.

① 숨겨진 내용이나 생략된 내용을 예측하며
② 광고문은 그 속에 담긴 정보를 비판적으로 바라보며
③ 모르는 단어가 나올 때는 사전을 통해 정확한 뜻을 찾으며
④ 주장하는 글은 글쓴이가 전달하고자 하는 가치와 감동을 느끼며
⑤ 비유적인 표현이 나올 때는 글쓴이가 나타내려는 본래의 뜻을 파악하며

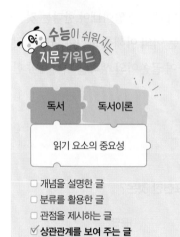

수능이 쉬워지는 지문 키워드

| 독서 | 독서이론 |

읽기 요소의 중요성

☐ 개념을 설명한 글
☐ 분류를 활용한 글
☐ 관점을 제시하는 글
☑ 상관관계를 보여 주는 글
☐ 과정의 흐름을 보여 주는 글

지문 난이도 ★★★ | 교과 연계 국어

(목표) 9분

다음 글을 읽고 물음에 답하시오.

글을 읽는 능력을 키우려면 읽기에 필요한 요소를 잘 갖추어야 한다. 글을 읽을 때 필요한 요소에는 글자를 읽을 수 있는 능력, 요약할 수 있는 능력, 추론할 수 있는 능력, 어휘력, 읽기 흥미나 동기 등이 있다.

[A] 읽기 요소 중 어휘력 발달에 관한 연구들에 따르면, 학년이 올라가면서 어휘력이 높은 학생들과 어휘력이 낮은 학생들 간의 어휘력은 점점 그 차이가 커진다고 한다. 학생들 간의 어휘력 차이는 읽는 글의 양과 관련된다. 즉 어휘력이 높으면 이를 바탕으로 점점 더 많이 글을 읽게 되고, 글을 많이 읽을수록 글 속의 어휘를 습득할 기회가 많아지며, 이것이 다시 어휘력을 높인다는 것이다. 반대로, 어휘력이 부족하면 글을 읽는 양도 적어지고 어휘 습득의 기회도 줄어 어휘력이 부족하게 됨으로써, 나중에는 커져 버린 어휘력의 차이를 극복하는 데에 많은 노력이 필요하게 된다.

읽기 요소를 잘 갖춘 독자는 점점 더 잘 읽게 되어 그렇지 않은 독자와의 차이가 갈수록 커지게 되는데, 이를 매튜 효과로 설명하기도 한다. 매튜 효과란 사회적 명성이 높거나 재산이 많을수록 그로 인해 더 많이 가지게 되고, 그 결과 그렇지 않은 사람과의 차이가 점점 커지는 현상을 일컫는다. 이는 주로 사회학에서 사용되었으나 읽기에도 적용된다.

그러나 ⊙글을 읽는 능력을 매튜 효과로만 설명하는 데에는 문제가 있다. 읽기와 관련된 요소 중 인지나 정서의 발달은 개인마다 그 시기와 속도가 다르기 때문이다. 예를 들면 읽기에 대한 흥미나 동기에서 차이를 보이는 두 아이가 있다고 하자. A는 어릴 때부터 읽기에 흥미를 느끼며 많은 글을 읽었고, B는 그 시기에 읽기에 흥미를 느끼지 못해 상대적으로 적은 양의 글을 읽었다. 그런데 어느 날부터 A가 읽기에 흥미를 잃고, B는 읽기에 흥미를 느끼면서 둘의 읽기 능력 차이가 좁혀졌다. 결국 B의 읽기 능력이 A보다 더 우수해졌다. 매튜 효과에 따르면 어릴 때부터 읽기에 흥미를 느꼈던 A가 B보다 읽기 요소를 잘 갖추었기 때문에 시간이 지났어도 A가 B보다 읽기 능력이 뛰어나야 하는데, 그렇지 않은 결과를 낳기도 하는 것이다. 이처럼 읽기 요소들은 서로 영향을 미치면서 매튜 효과와 다른 결과를 낳기도 한다. 가령 요약할 수 있는 능력, 추론할 수 있는 능력이 부족한 독자라 하더라도 읽기 흥미나 동기가 높은 경우 꾸준한 읽기 활동을 통해 읽기 능력을 발달시킬 수 있다.

모든 글 읽기 상황을 매튜 효과로 설명할 수는 없지만 그럼에도 불구하고 매튜 효과로 글을 읽는 능력에 관해 설명하는 연구는 단순히 지능의 차이에 따라 읽기 능력이 달라진다고 보던 관점에서 벗어나, 개인이 가진 다양한 읽기 요소들이 글을 잘 읽도록 하는 데에 중요한 역할을 한다는 사실을 인식하게 하였다.

✦**어휘력**(말씀 語, 무리 彙, 힘 力) 어휘를 마음대로 부리어 쓸 수 있는 능력.
✦**인지**(알 認, 알 知) 어떤 사실을 인정하여 앎.

1

[A]의 내용을 〈보기〉와 같이 정리할 때, ⓐ에 들어갈 내용으로 가장 적절한 것은?

┌─ 보기 ─

학생마다 어휘력에 차이가 있음. → (ⓐ)에 차이가 생김. → 어휘력의 차이가 더 커짐.

① 글을 읽는 양

② 글을 읽는 속도

③ 글을 읽는 동기

④ 글 읽기의 발달 시기

⑤ 글 읽기에 흥미를 느끼는 정도

2

윗글의 전개 방식으로 가장 적절한 것은?

① 질문과 답변을 통해 글의 화제를 제시하고 있다.

② 구체적인 사례를 제시하여 독자의 이해를 돕고 있다.

③ 개념을 설명하기 위해 실험의 과정을 보여 주고 있다.

④ 신뢰할 수 있는 전문가의 견해를 빌려 와 주제를 강조하고 있다.

⑤ 특정한 일이 발생한 순서에 따라 내용을 제시하여 글쓴이의 관점을 강조하고 있다.

3

㉠에 대한 근거로 적절하지 않은 것은?

① 읽기 흥미와 동기의 발달 속도는 개인마다 다르다.

② 읽기 요소들은 서로 영향을 미치며 읽기 능력을 발달시킨다.

③ 읽기 요소를 잘 갖춘 독자는 시간이 지날수록 더 잘 읽게 된다.

④ 저학년 때 읽기에 흥미를 느낀다고 해서 고학년까지 그 흥미가 유지된다고 볼 수는 없다.

⑤ 요약하기 능력이 부족해도 읽기 흥미가 높으면 꾸준한 읽기 활동으로 읽기 능력을 발달시킬 수 있다.

07 어휘 공략하기

1

다음 사다리를 타서 뜻풀이에 알맞은 어휘를 〈보기〉에서 골라 빈칸에 쓰시오.

보기

| 공동체 | 대안 | 어휘력 | 인지 |

생활이나 행동 또는 목적 따위를 같이하는 집단.

어떤 일에 대처할 방안.

어떤 사실을 인정하여 앎.

어휘를 마음대로 부리어 쓸 수 있는 능력.

(1)　　　　(2)　　　　(3)　　　　(4)

2

다음 밑줄 친 어휘의 뜻에 해당하는 기호를 〈보기〉에서 찾아 쓰시오.

보기

'보다'
㉠ 자신의 실력이 나타나도록 치르다.
㉡ 어떤 결과나 관계를 맺기에 이르다.
㉢ 눈으로 대상의 존재나 형태적 특징을 알다.

(1) 그는 이번에 시험을 잘 <u>봐서</u> 기분이 좋았다. (　　)

(2) 그는 어떤 일이든 한번 시작하면 끝장을 <u>보는</u> 성미를 지녔다. (　　)

(3) 길을 건널 때에는 휴대 전화를 <u>보지</u> 말고 신호등과 좌우를 살피며 건너야 한다. (　　)

3 다음에 제시된 어휘와 뜻이 비슷한 어휘에 ○표 하시오.

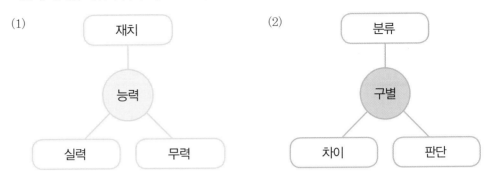

(1) 재치 — 능력 — 실력 / 무력

(2) 분류 — 구별 — 차이 / 판단

4 〈보기〉의 밑줄 친 부분 가운데 맞춤법이 잘못된 어휘를 찾아 바르게 고쳐 쓰시오.

> **보기**
>
> 지영이는 그 문제를 해결하는 데 시간이 얼마나 걸릴지 한참 고민하다 자신의 경험에 비치어 일주일 정도 걸릴 것이라 결론을 지었다.

(   ) → (   )

배경지식 확장하기   🔖 실전 2와 엮어 읽기

부자는 더욱 부자가 되고, 가난한 자는 더욱 가난해지는 현상을 가리키는 말, 매튜 효과

매튜 효과는 마태 효과라고도 한다. 이는 '매튜'가 바로 성경의 마태복음의 한 구절인 "무릇 있는 자는 받아 풍족하게 되고 없는 자는 그 있는 것까지 빼앗기리라(25장 29절)."라는 구절에서 따온 이름이기 때문이다. 매튜 효과는 유명한 연구자가 더 많은 지원금을 가져가고 잘 알려지지 않은 연구자는 그렇지 못함으로써 점점 두 연구자의 연구 결과에 차이가 벌어지는 현상을 설명하기 위해 로버트 머튼이 자신의 책에서 처음 언급한 말이다.

한 심리학자는 이 매튜 효과를 학생들의 읽기 문제에 적용하여 학생들의 학습 결과에 관한 연구를 진행했다. 그의 연구에 따르면 읽기 능력이 부족한 학생들은 학년이 올라감에 따라 점점 더 읽는 것에 어려움을 겪게 된다. 이러한 연구는 글을 읽고 내용을 이해하는 것은 모든 공부의 기초이기 때문에 이러한 학생들은 다른 교과목에서도 시간이 지나면 지날수록 좋은 성적을 거두기가 더욱 어려워진다는 시각으로 이어진다.

이 외에도 선진국과 후진국 간의 소득 격차, 특정한 분야에 영향을 미치는 대기업의 영향력이 갈수록 커지는 현상 등을 매튜 효과로 설명할 수 있는데, 이처럼 매튜 효과는 사회나 개인이 겪는 문제를 분석하는 데 자주 활용된다.

08강 실전1

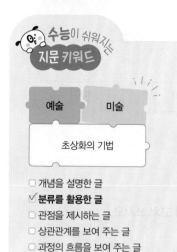

수능이 쉬워지는
지문 키워드

| 예술 | 미술 |

초상화의 기법

☐ 개념을 설명한 글
☑ 분류를 활용한 글
☐ 관점을 제시하는 글
☐ 상관관계를 보여 주는 글
☐ 과정의 흐름을 보여 주는 글

다음 글을 읽고 물음에 답하시오.

(목표) 9분

초상화는 사람의 얼굴을 중심으로 그린 그림을 말하는데, 초상화 중에는 흔히 '프로필(profile)'이라고 부르는 그림이 있다. 이 프로필 초상화는 사람의 측면을 묘사함으로써 인물의 핵심적인 특징을 뽑아낸 그림을 가리킨다. 서양에서는 중세 말에서 르네상스 무렵에 이런 프로필 초상화가 많이 그려졌다. 그러나 우리나라를 비롯한 동양에서는 프로필 초상화가 거의 그려지지 않았다. 대상의 인품과 특징을 압축적으로 나타내려면 정면상이 더 적합하다고 생각했기 때문이다. 서양에서도 정면상을 그리긴 했지만, 동양에 비해서는 그 빈도가 낮다.

측면과 정면 중 인물의 특징을 더 잘 나타내는 것은 어느 쪽일까? 우선 동물들의 이미지를 떠올려 보자. 동물들을 그릴 때 정면, 측면, 윗면 가운데 어느 면이 제일 먼저 떠오르는가? 먼저 말을 그린다고 생각해 보자. 말은 일반적으로 옆에서 본 이미지가 가장 먼저 떠오른다. 물고기를 그린다고 해도 옆에서 본 이미지가 떠오른다. 도마뱀을 그려 본다면? 위에서 본 이미지가 제일 먼저 떠오를 것이다. 이런 것들이 우리의 머릿속에 각인된 '대표 이미지'이다.

그렇다면 사람은 어떤가? 사람은 다른 동물과 달리 두 개의 경쟁적인 이미지 면을 동시에 갖고 있다. 고대 이집트의 벽화가 이를 잘 보여 준다. 이집트 벽화 중에 ⊙귀족 '네바문'을 그린 그림이 있다. 이 그림은 얼굴과 다리는 측면에서 본 모습을, 가슴과 눈은 정면에서 본 모습을 그린 것이다. 이 그림뿐 아니라 고대 이집트 벽화 대부분이 이런 식으로 그려졌다. 이러한 그림으로부터 우리가 확인할 수 있는 것은, 인간은 신체 부위에 따라 정면이 먼저 떠오르기도 하고 측면이 먼저 떠오르기도 하는 존재라는 사실이다.

왜 유독 인간의 이미지만이 정면과 측면이 모두 떠오를까? 인류의 진화 과정 속에 단서가 있다. 우리가 네 발로 지상을 돌아다닐 때는 아마도 측면이 우리의 대표적인 이미지 면이었겠지만, 진화를 하여 직립 보행을 하게 되면서 가슴과 배가 드러나 측면과 정면이 동시에 대표적인 이미지 면이 된 것이다.

이처럼 인간이 두 개의 이미지 면을 동시에 갖고 있기 때문에 프로필과 정면상 외에 동양과 서양에서는 두 이미지 면을 한꺼번에 나타내는 '부분 측면상'이 발달했다. 부분 측면상은 사람을 완전히 옆에서 보는 것이 아니라 비스듬히 옆에서 보는 것이다. 부분 측면상은 정면과 측면의 특징을 동시에 드러낼 수 있다. 고대 이집트 벽화가 신체 부위에 따라 정면과 측면을 편의로 합친 혼합 형식을 이용한 것도 인간의 두 이미지 면을 동시에 나타내기 위해서이다.

✦**측면**(곁 側, 낯 面) 앞뒤에 대하여 왼쪽이나 오른쪽의 면.

✦**이미지** 어떤 사람이나 사물로부터 받는 느낌.

✦**각인**(새길 刻, 도장 印) 머릿속에 새겨 넣듯 깊이 기억됨.

✦**직립 보행**(곧을 直, 설 立, 걸음 步, 다닐 行) 두 팔과 두 다리를 가지는 동물이 뒷다리만을 사용하여 등을 꼿꼿하게 세우고 걷는 일.

✦**편의**(편할 便, 마땅할 宜) 형편이나 조건 등이 편하고 좋음.

1

윗글의 내용으로 적절하지 <u>않은</u> 것은?

① 프로필 초상화는 동양보다 주로 서양에서 더 발달하였다.

② 프로필 초상화는 인물의 특징을 측면에서 표현하려는 의도를 담고 있다.

③ 인간이 직립 보행을 시작하게 되면서 측면이 인간의 새로운 대표적 이미지가 되었다.

④ 사람을 완전히 옆에서 보는 것보다 비스듬히 옆에서 본 모습을 그리는 것이 정면과 측면의 특징을 모두 잘 드러낼 수 있다.

⑤ 말을 떠올릴 때 측면에서 바라본 이미지가, 도마뱀을 떠올릴 때 윗면에서 바라본 이미지가 떠오르는 것은 각 동물의 대표 이미지 때문이다.

2

㉠에 해당하는 그림으로 가장 적절한 것은?

3

윗글을 읽고 〈보기〉에 제시된 질문에 답할 때 가장 적절한 것은?

> **보기**
>
> 5~9세 아이들 중 대부분이 자동차를 그릴 때 자동차의 정면이나 후면이 아닌, 측면을 그리는 것을 목격할 수 있다. 왜 이 아이들은 자동차의 측면을 그리는 것일까?

① 자동차의 후면이 그리기 어렵게 생겼기 때문이다.

② 아이들이 자동차의 정면과 후면을 볼 기회가 없었기 때문이다.

③ 아이들이 그림을 그릴 때 서로가 서로의 그림을 따라서 그리기 때문이다.

④ 아이들이 생각하는 자동차의 특성이 측면에 가장 잘 드러나기 때문이다.

⑤ 인류의 진화 과정을 고려할 때 인간은 사물의 측면을 더 잘 관찰하기 때문이다.

다음 글을 읽고 물음에 답하시오.

목표 8분

수능이 쉬워지는
지문 키워드

| 예술 | 미술 |

공공 디자인의 기능

✓ 개념을 설명한 글
☐ 분류를 활용한 글
☐ 관점을 제시하는 글
☐ 상관관계를 보여 주는 글
☐ 과정의 흐름을 보여 주는 글

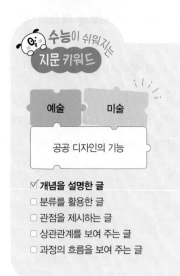

공공 디자인은 우리 주변의 공공 시설물을 디자인하는 행위나 그 결과물을 의미한다. 우리를 둘러싼 수많은 공공 디자인은 다양한 방식으로 우리 삶에 영향을 미치기 때문에 공공 디자인에 대한 사람들의 관심이 점차 높아지고 있다. 그러나 최근 설문 조사에 따르면 공공 디자인에 대해 만족하지 않는다는 시민들의 응답이 매우 많은 것으로 나타났다. 공공 디자인에 대한 시민들의 만족도를 높이려면 실용적 기능과 미적 기능의 균형은 물론, 안전성이나 정서적 기능까지 고려해야 한다.

실용적 기능과 미적 기능이 균형을 이룬 예로 '솔라 트리'를 들 수 있다. 솔라 트리는 태양열을 이용한 나무 모양의 가로등으로 온실가스를 뿜지 않는다. 도시나 공원 등에서 주변을 밝히는 가로등으로 사용되는 솔라트리는 실용적 기능에 자연의 아름다움을 더해 사람들로 하여금 만족감과 편안함을 느끼게 한다.

[솔라 트리]

초등학교 앞의 횡단보도에 설치된 '옐로 카펫'은 아이들이 길을 건너기 전에 안전하게 대기하도록 만든 공간이다. 이 공간을 운전자의 눈에 잘 띄는 노란색으로 칠하여 아이들의 교통사고를 예방하고자 하였다. 옐로 카펫에는 만화 캐릭터를 그려 넣기도 하는데 이는 옐로 카펫이 아이들에게 친숙한 공간으로 느껴지게 하는 효과를 가진다. 이러한

[옐로 카펫]

옐로 카펫은 미적 기능은 물론 안전성까지 더한 좋은 공공 디자인의 사례이다.

실용적 기능에 정서적 기능을 고려한 공공 디자인도 있다. 전주에는 남원과의 경계를 알리는 '전주 연돌 탑'이 있다. 연돌이란 불을 땔 때 연기가 밖으로 빠져나가도록 만든 구조물로, 연돌 탑에서는 밥을 짓는 때에 맞춰 하루 세 번 연기가 난다. 이는 밥을 짓는 사람의 사랑이 담긴 '밥상'을 상징적으로 표현한 것이다. 이처럼 공공 디자인에 인간미를 더하면 사람들에게 정서적 안정을 주는 좋은 디자인이 된다.

이와 같이 공공 디자인은 실용적 기능과 미적 기능이 균형을 이루고, 안전성이나 정서적 기능까지 더해질 때 사람들에게 더 큰 만족감을 줄 수 있다. 많은 사회 구성원들에게 만족감을 줄 수 있는 공공 디자인이 지금보다 우리 주변에 더 많아질 수 있도록 관심을 가지고 주변을 둘러보는 자세를 갖추어야 한다.

◆ **공공**(공변될 公, 함께 共) 국가나 사회의 구성원에게 두루 관계되는 것.

◆ **실용적**(열매 實, 쓸 用, 과녁 的) 실제로 쓰기에 알맞은 것.

◆ **미적**(아름다울 美, 과녁 的) 사물의 아름다움에 관한 것.

◆ **정서적**(뜻 情, 실마리 緖, 과녁 的) 사람의 마음에 일어나는 여러 가지 감정을 불러일으키는 것.

◆ **온실가스** 지구 대기를 오염시켜 온실 효과를 일으키는 가스를 모두 이르는 말.

내용 이해하기

1 문단: ❶ ☐☐ 디자인의 개념과 공공 디자인에 대한 사람들의 만족도를 높이는 방법

2 문단: 실용적 기능과 미적 기능이 ❷ ☐☐을/를 이룬 솔라 트리

3 문단: ❸ ☐☐☐와과 미적 기능을 갖춘 옐로 카펫

4 문단: 실용적 기능에 ❹ ☐적 기능을 더한 연돌 탑

5 문단: 공공 디자인에 대한 관심 강조

주제 파악하기

공공 디자인의 개념과 ❺ ☐☐

확인 문제

❻ 공공 디자인에 대한 사람들의 관심이 높아지고 있으나, 공공 디자인에 대한 시민들의 만족감은 낮은 편이다.
(○ , ×)

❼ '옐로 카펫'은 태양열을 이용한 공공 디자인에 해당한다. (○ , ×)

❽ 전주에 있는 연돌 탑은 밥을 짓는 사람의 사랑이 담긴 밥상을 상징적으로 표현한 것이다. (○ , ×)

1 윗글에 대한 설명으로 적절하지 <u>않은</u> 것은?

① 우리 주변의 공공 디자인에 관심을 가져야 한다.

② 옐로 카펫은 안전성과 미적 기능을 갖춘 공공 디자인이다.

③ 사람의 마음을 편안하게 해 주는 공공 디자인이 존재한다.

④ 공공 디자인은 우리 주변의 시설물의 안전성을 높이는 행위를 뜻한다.

⑤ 공공 디자인에 대한 사람들의 만족도를 높이려면 여러 기능을 고려해야 한다.

2 윗글의 문단 간의 관계를 구조도로 가장 잘 표현한 것은?

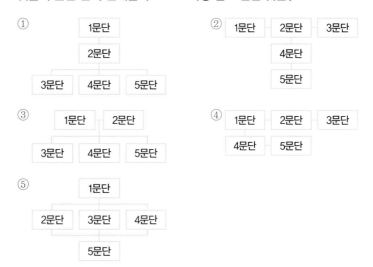

3 윗글에 제시된 자료에 대한 설명으로 가장 적절한 것은?

① '솔라 트리' 시각 자료를 통해 실용적 기능보다 미적 기능을 강조한 공공 디자인의 필요성을 확인할 수 있다.

② '솔라 트리' 시각 자료를 제시함으로써 태양열을 통해 가로등에 불이 들어오게 하는 원리를 확인할 수 있다.

③ '솔라 트리' 시각 자료를 제시함으로써 공공 디자인이 자연에서는 느낄 수 없는 아름다움을 표현할 수 있음을 강조하고 있다.

④ '옐로 카펫' 시각 자료를 통해 길을 건너기 전의 아이들이 기다릴 공간 주변에 노란색이 칠해져 있음을 확인할 수 있다.

⑤ '옐로 카펫' 시각 자료를 제시함으로써 운전자들이 횡단보도라는 공간에 친숙함을 느껴야 교통사고를 예방할 수 있음을 보여 주고 있다.

08강 어휘 공략하기

1 〈보기〉를 참고하여 십자말풀이를 완성하시오.

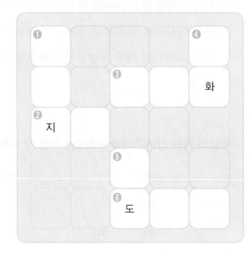

보기

가로 열쇠
2 땅의 위.
3 사람의 얼굴을 중심으로 그린 그림.
6 온몸이 비늘로 덮이고 짧은 네 발이 있는 짐승.

세로 열쇠
1 어떤 사람이나 사물로부터 받는 느낌.
4 건물이나 동굴, 무덤 따위의 벽에 그린 그림.
5 같은 현상이나 일이 반복되는 정도.

2 〈보기〉의 밑줄 친 부분 가운데 맞춤법이 잘못된 어휘를 찾아 바르게 고쳐 쓰시오.

보기

잘지도 굵지도 않게 썬 감자를, 연한 밤색으로 국물이 <u>우러난</u> 냄비에 칼날을 <u>비스듬이</u> 세워 <u>썰어</u> 넣었을 때 먼저 불 위에 올려놓은 압력 밥솥이 소리를 내며 김을 뿜었다.

(   ) → (   )

3 어휘와 어휘의 뜻을 바르게 연결하시오.

(1) 때다   ㉮ 때나 기회를 기다리다.

(2) 진화하다   ㉯ 아궁이 따위에 불을 지피어 타게 하다.

(3) 대기하다   ㉰ 일이나 사물 따위가 점점 발달하여 가다.

4 다음 문장의 빈칸에 들어갈 알맞은 어휘를 〈보기〉의 뜻을 참고하여 쓰시오.

┌─ 보기 ───┐
• 보행: 걸어 다님.
• 편의: 형편이나 조건 등이 편하고 좋음.
• 각인: 머릿속에 새겨 넣듯 깊이 기억됨. 또는 그 기억.
• 안전성: 안전하거나 안전을 보장하는 성질.
└──┘

(1) 그 흔한 말이 그때처럼 나의 가슴에 (   )된 적은 없었다.

(2) 그의 딱한 사정을 고려해 최대한의 (   )을/를 봐 주었다.

(3) 지하철 노선 공사 관계로 (   )에 불편을 드려 죄송합니다.

(4) 자동차의 (   )을/를 높이기 위해 에어백의 성능을 실험했다.

배경지식 확장하기

🏷 실전 1과 엮어 읽기

국보로 지정된 자화상이 있다고?

초상화 중에서 화가가 스스로 자신을 그린 것을 자화상이라고 한다. 우리나라에서 자화상이 언제부터 그려졌는가에 대해서는 분명하게 밝혀진 바가 없다. 조선 시대에 고려 공민왕이 스스로를 보고 그린 자화상의 존재를 언급한 기록이 있어 고려 시대에 자화상이 존재했음을 기록으로나마 확인할 수 있다. 예부터 오늘날까지 전해오는 초상화는 많지만, 자화상은 매우 적은 편이다. 이런 상황 속에 국보로 지정된 자화상이 있는데, 그 그림의 주인공은 바로 화가인 윤두서이다.

윤두서는 조선의 천재 화가 중 한 사람으로, 그의 자화상은 우리나라 초상화 가운데 최고라고 평가받는다. 독특하게 얼굴 부분만 나타나 있어 보는 사람에게 긴장감을 느끼게 하는 윤두서의 자화상은 윗부분을 생략한 탕건을 쓰고 눈은 마치 자신과 대결하듯 앞면을 보고 있으며 두툼한 입술에 수염은 터럭 한 올 한 올까지 섬세하게 표현되어 있다. 화폭의 윗부분에 얼굴이 배치되어 있고, 얼굴 아래에 길게 늘어져 있는 수염이 얼굴을 위로 떠받치는 듯한 느낌을 준다.

지금까지 윤두서의 자화상은 얼굴만 그려져 있는 것으로 알려져 있었으나 1937년 「조선사료집진속」 제3집에 수록된 윤두서의 자화상 사진에서는 가슴 부분의 옷깃, 옷 주름까지 표현되어 있었음이 드러났다. 세월이 흐르면서 많은 부분이 지워진 것으로 추측할 수 있다.

다음 글을 읽고 물음에 답하시오.

 목표 9분

'아름다움이란 무엇인가'에 대한 정의는 시대와 지역 등에 따라 달라진다. 사람들에게 무엇을 보고 아름답다고 느끼는지를 묻는다면 사람마다의 대답은 다를 것이다. 누군가는 직선을 보고 아름다움을 느끼기도 하고, 누군가는 부드러운 곡선을 보고 아름다움을 느끼기도 하기 때문이다. 그렇다면 고대에는 어떤 것을 아름답다고 여겼을까?

고대에는 전체를 이루는 부분들의 크기와 *배열, 질서, 수 등에서 아름다움을 느낄 수 있다고 보았다. 철학자인 아우구스티누스는 '미(美)만이 즐거움을 주며, 미에는 형태가 있고, 형태에는 *비례가 있으며, 비례에는 수가 있다.'라고 했다. 아우구스티누스의 이러한 생각은 오랜 시간 이어져 내려오며 많은 사람들에게 영향을 미쳤다. 한편 건축가 비트루비우스는 건축물은 모든 부분들 사이의 높이와 폭 간에 적절한 비례가 이루어져 있어야 하며, 균형의 모든 요구 조건을 충족시켜야만 미를 이룰 수 있다고 주장하였다. 그는 사람 몸의 비례에 대해 '턱에서부터 이마 윗부분까지의 길이는 *신장의 10분의 1이 되어야 하며, 발의 길이는 신장의 6분의 1이 되어야 하며, 팔뚝은 신장의 4분의 1이어야 한다. 다른 부분들 역시도 각각 일정한 비율을 갖고 있다.'라고도 하였다.

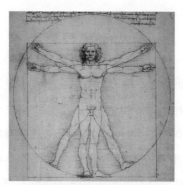

〈비트루비우스의 원리에 따른 인간 연구〉

그림, 건축, 과학 등 여러 분야에 걸쳐 다양한 연구를 했던 레오나르도 다빈치는 ㉠「비트루비우스의 원리에 따른 인간 연구」를 통해 인간의 미를 표현하였다. 이는 다빈치가 '우주의 원리는 인간 안에 있기 때문에 아름다운 건축은 인체의 비례를 따라야 한다.'라고 말한 비트루비우스의 의견을 고려해 만든 작품이다. 다빈치는 원과 사각형으로 인체의 비례를 연구하면서 인간의 몸을 수학으로 측정할 수 있다고 생각했다. 이러한 그의 생각이 반영된 「비트루비우스의 원리에 따른 인간 연구」에서는 배꼽 위치에 컴퍼스를 놓고 원을 그리면 두 손의 손가락 끝과 발가락 끝이 원에 닿는다. 또 그는 정사각형을 활용하여 인체의 비례를 표현하기도 했는데, 발바닥에서부터 정수리까지 범위를 잡고 이 범위를 뻗은 손에 적용하면, 정사각형이 나타난다고 보았다.

다빈치는 신(神) 중심의 사상에서 벗어나 인간에게서 아름다운 비율을 찾으려고 시도했다. 다빈치 외에도 많은 사람들이 인간과 자연에서 아름다운 비율을 찾기 위해 노력했는데, 그리스의 *신전이 바로 그러한 사람들의 노력을 바탕으로 지어진 건축물이다. 그리스의 신전들은 크기, 기둥들 간의 간격 등을 수학적으로 계획하여 아름다운 질서와 조화를 갖춘 건축물로, 오늘날까지 많은 영향을 끼쳐 이를 본뜬 건축물들이 세계 곳곳에 건설되어 있다.

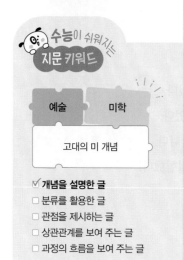

✦**배열**(짝 配, 벌일 列) 일정한 차례나 간격에 따라 벌여 놓음.
✦**비례**(견줄 比, 법식 例) 한쪽의 양이나 수가 증가하는 만큼 그와 관련 있는 다른 쪽의 양이나 수도 증가함.
✦**신장**(몸 身, 길 長) 사람이나 동물이 똑바로 섰을 때에 발바닥에서 머리 끝에 이르는 몸의 길이.
✦**신전**(귀신 神, 큰 집 殿) 신령을 모신 커다란 집.

😊 내용 이해하기

1 문단: '❶ ☐☐☐☐'을/를 정의하는 일의 어려움

2 문단: 적절한 ❷ ☐☐와/과 균형이 '미'를 이룬다고 본 고대의 인물들

3 문단: ❸ ☐☐☐의 작품에 나타난 미

4 문단: 오늘날의 미 개념에 영향을 미친 고대의 ❹ ☐☐☐

😊 주제 파악하기

고대 사람들의 ❺ ☐에 대한 개념

😊 확인 문제

❻ 비트루비우스는 사람 몸의 각 부분들이 각각 일정한 비율을 가지고 있다고 하였다. (○ , ✕)

❼ 다빈치는 인체의 비례를 따른 건축물을 만들었다. (○ , ✕)

❽ 수학적으로 계획하여 지어진 그리스의 신전은 아름다운 질서와 조화를 갖춘 건축물로 평가받는다. (○ , ✕)

답 ❶ 아름다움   ❷ 비례
❸ 다빈치   ❹ 건축물   ❺ 미
❻ ○   ❼ ✕   ❽ ○

1 윗글을 통해 알 수 있는 내용으로 적절하지 않은 것은?

① 그리스 신전은 아우구스티누스가 만든 건축물을 본떠서 만든 것이다.

② 미에 대한 아우구스티누스의 생각은 오랜 시간 사람들에게 영향을 미쳤다.

③ 고대부터 현대에 이르기까지 아름다움에 대한 정의는 다양하게 존재한다.

④ 고대 사람들은 어떤 것이 배열되고, 질서 있게 놓인 모습 등에서 아름다움을 느꼈다.

⑤ 비트루비우스는 건축물의 모든 부분들 사이의 높이와 폭 간의 적절한 비례를 중시했다.

2 윗글에 사용된 전개 방식으로 가장 적절한 것은?

① 현대 건축가의 말을 제시하여 신전을 짓는 어려움을 전하고 있다.

② 질문의 형식을 통해 고대 사람들이 생각한 아름다움에 관해 독자의 관심을 끌고 있다.

③ 레오나르도 다빈치가 만든 작품들을 열거하며 작품의 예술성을 높이 평가하고 있다.

④ 비트루비우스가 지은 건축물에 대한 그림 자료를 제시하여 독자의 이해를 돕고 있다.

⑤ 비트루비우스의 건축물과 그리스 신전의 모습을 비교하여 오늘날 건축물의 형태를 설명하고 있다.

3 ㉠에 대한 이해로 가장 적절한 것은?

① 다빈치가 아우구스티누스의 의견을 고려해 그린 것이다.

② 신에게서 아름다운 비율을 찾으려 한 다빈치의 생각이 드러나 있다.

③ 인간의 신체를 수학적으로 측정할 수 있다는 다빈치의 생각이 드러나 있다.

④ 인체가 지니고 있는 비례를 구하고자 노력한 비트루비우스가 그린 것이다.

⑤ 부드러운 곡선에서 아름다움을 느꼈던 고대 사람들이 남겨 놓은 기록이다.

다음 글을 읽고 물음에 답하시오.

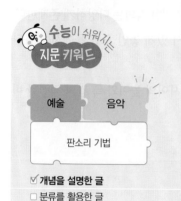

판소리에서 갓을 쓰고 서서 노래 부르는 사람을 '창자'라 하고, 앉아서 북으로 장단을 맞춰 주는 사람을 '고수'라 한다. 그런데 판소리 판이 창자와 고수, 두 사람으로만 구성되는 것은 아니다. 모든 연행 예술이 그렇듯 들어주는 청중이 있어야 한다. 판소리에서도 부르는 사람과 듣는 사람의 호흡이 매우 중요하다. 소리 잘하는 창자를 '명창'이라 높여 부르듯, 판소리를 제대로 감상할 줄 아는 청중을 특별히 '귀 명창'이라 높여 부르는 것은 이 때문이다. 판소리를 부르는 현장에 가면 청중이 '얼쑤', '잘한다', '그렇지' 등의 감탄사를 내며 판소리가 행해지는 곳의 분위기를 띄워 주는 것을 볼 수 있다. 이것을 추임새라 하는데 귀 명창은 추임새를 알맞은 때에 넣을 줄 아는 고급 청중인 것이다.

창자가 판소리 한 작품을 다 부르는 데는 적어도 두세 시간 정도는 걸린다. 청중이 몇 시간씩 소리를 듣는 것은 웬만한 참을성을 가지고는 불가능한 일이다. 판소리 창자들도 그 점을 알고 있었다. 그래서 중간중간 이야기를 섞어 가면서 소리를 하는 방식을 생각해 냈다. 즉 판소리는 노래로 부르는 부분인 '창'과 이야기로 풀어 나가는 '아니리'의 반복으로 구성된다. 소리 높여 창을 하며 힘을 쏟아붓고 긴장감을 끌어올린 창자는 아니리에서 이야기를 섞어 가며 잠시 지친 목을 달랜다. 청중 또한 긴장을 풀고 편하게 들을 수 있는 시간이 필요했기에 아니리 부분에서 잠시 휴식을 취할 수 있었다. 판소리의 구성은 이처럼 ㉠'긴장'과 ㉡'이완'을 적절하게 교체하는 방식으로 이루어져 있다.

창과 아니리의 반복으로 거둔 효과는 이것만이 아니다. 판소리의 예술적 감동을 흔히 '울리고 웃긴다'라고 표현한다. 어느 부분은 슬프기 그지없는가 하면, 어느 부분은 한없이 즐겁다. 전문적인 용어로 바꿔 말하면 '비장'과 '골계'의 반복이라고 할 수 있다. 창은 주로 비장한 내용이 나오는 부분을 맡고, 아니리는 주로 골계적인 내용이 나오는 부분을 맡는다. 다시 말하면 창과 아니리의 반복은 비장과 골계의 반복이라 말할 수도 있다. 슬픈 이야기로 슬픈 감정으로만 몰아가지도 않고, 흥겨운 사연으로 기쁜 감정으로만 몰아가지도 않는 그야말로 절묘한 배치인 것이다.

판소리의 예술적 기법은 이처럼 복잡하면서도 세련되게 발전되어 왔다. 얼핏 보기에 판소리는 고수의 장단에 맞춰 창자 혼자 소리하는 소박한 연행 예술처럼 보인다. 그러나 자세히 들여다보면 다양한 방법으로 듣는 사람, 즉 청자를 깊은 음악적 감동에 빠져들게 만든다. 판소리가 오늘날까지도 사랑받는 것은 이러한 예술적인 모습을 밑바탕에 깔고 있기 때문이다.

✦ 연행(멀리 흐를 演, 다닐 行) 배우가 연기를 함.
✦ 이완(늦출 弛, 느릴 緩) 바짝 조였던 정신이 풀려 늦추어짐.
✦ 비장(슬플 悲, 씩씩할 壯) 슬프면서도 그 감정을 억눌러 씩씩함.
✦ 골계(익살스러울 滑, 헤아릴 稽) 익살을 부리는 가운데 어떤 교훈을 주는 일.

ⓤ 내용 이해하기

1 문단: ❶☐☐☐의 참여자와 그 역할

2 문단: '창'과 '❷☐☐☐'의 반복을 통한 판소리의 긴장과 이완

3 문단: '창'과 '아니리'의 반복을 통한 판소리의 ❸☐☐와/과 골계

4 문단: 판소리의 ❹☐☐적인 모습

ⓤ 주제 파악하기

❺☐☐의 다양한 예술적 기법

ⓤ 확인 문제

❻판소리 판은 '창자'와 '고수'만으로 구성된다. (○ , ×)

❼판소리 공연에서 창과 아니리는 '창자'가 하고, 추임새는 '청중'이 넣는다. (○ , ×)

❽판소리를 제대로 감상할 줄 아는 고급 청중을 '귀 명창'이라고 한다.
(○ , ×)

1 ㉠과 ㉡을 비교하여 이해한 것으로 가장 적절한 것은?

	㉠	㉡
①	공연 시간이 길어질 때 느껴짐.	공연 시간과 관계 없이 느껴짐.
②	청중이 추임새를 넣을 때 느껴짐.	고수가 장단을 맞출 때 느껴짐.
③	창자가 잠시 지친 목을 달래는 부분과 관련이 있음.	창자가 힘을 쏟아붓는 부분과 관련이 있음.
④	고수가 북으로 장단을 맞출 때 느껴짐.	청중이 추임새를 할 때 느껴짐.
⑤	노래를 부르는 부분인 '창'과 관련이 있음.	이야기로 풀어 나가는 '아니리'와 관련이 있음.

2 윗글을 읽고, 판소리 '청중'이 하는 일을 추측한 것으로 적절하지 <u>않은</u> 것은?

① '얼쑤' 등의 감탄사를 넣는다.

② 적당한 때에 추임새를 넣는다.

③ 판소리가 행해지는 장소의 분위기를 띄운다.

④ 창자와의 호흡을 고려하며 판소리를 감상한다.

⑤ 창자와 고수 사이의 의사소통이 잘 이루어지도록 돕는다.

3 울리고 웃긴다 에 관해 이해한 내용으로 적절하지 <u>않은</u> 것은?

① 민지: 울리는 것은 '비장'과, 웃기는 것은 '골계'와 관련이 있어.

② 창민: 사람들을 울리는 부분은 주로 '창'으로, 웃기는 부분은 '아니리'로 표현돼.

③ 세영: '창'과 '아니리'의 반복으로 인해 거둘 수 있는 판소리의 예술적 감동이야.

④ 지숙: 판소리 공연이 초반에는 사람들을 기쁘게 했다가, 후반에는 슬프게 만든다는 의미야.

⑤ 현우: 판소리 공연이 슬프거나 기쁜 감정 중 한쪽으로만 치우치지 않게 흘러가는 것과 관련이 있어.

09강 어휘 공략하기

1

다음 사다리를 타서 뜻풀이에 알맞은 어휘를 〈보기〉에서 골라 빈칸에 쓰시오.

보기

균형   배열   연행   이완

바짝 조였던 정신이 풀려 늦추어짐.

배우가 연기를 함.

어느 한쪽으로 기울거나 치우치지 아니하고 고른 상태.

일정한 차례나 간격에 따라 벌여 놓음.

(1)   (2)   (3)   (4)

2

다음 어휘의 뜻을 읽고 빈칸에 들어갈 알맞은 말을 쓰시오.

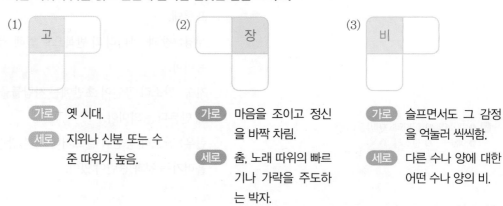

(1) 고

가로 옛 시대.
세로 지위나 신분 또는 수준 따위가 높음.

(2) 장

가로 마음을 조이고 정신을 바짝 차림.
세로 춤, 노래 따위의 빠르기나 가락을 주도하는 박자.

(3) 비

가로 슬프면서도 그 감정을 억눌러 씩씩함.
세로 다른 수나 양에 대한 어떤 수나 양의 비.

3 어휘의 의미 관계가 바르게 연결된 것은 ○표, 바르게 연결되지 않은 것은 ✕표 하시오.

(1) 폭 ←—반대되는 말—→ 너비 ( )

(2) 신장 —비슷한 말— 키 ( )

(3) 교체 —비슷한 말— 대체 ( )

4 다음 괄호 안의 말 중 올바른 표기에 ○표 하시오.

(1) 관객들은 박수로 장단을 (맞추며 / 맞히며) 공연을 즐겼다.

(2) 내 동생은 얼굴 (위부분 / 윗부분)이 아버지를 쏙 배닮았다.

(3) 그 사건은 (웬만한 / 왠만한) 사람은 다 아는 일이 되어 버렸다.

배경지식 확장하기　　　　　🏷 실전 2와 엮어 읽기

조선의 명창, 이날치

　이날치는 전라남도 담양에서 태어나 19세기 조선 시대에 판소리꾼으로 활동한 인물이다. 남사당패에서 줄을 타던 광대였던 그는 줄을 타는 모습이 날쌔고 날렵하다 하여 이날치라는 이름을 얻었다는 이야기와 줄을 타는 날쌘 모습처럼 날카로운 성격을 가지고 있다고 하여 이날치라는 이름을 얻었다는 이야기가 전해져 온다.

　그는 줄을 타지 않고 소리꾼으로 활동하게 되면서 천부적인 재능을 뽐내기 시작했다. 이러한 이날치에 관한 유명한 일화가 있다. 평소 자신의 감정을 절대 드러내지 않던 한 재상 앞에서 이날치가 「심청가」에서 심청이가 공양미 삼백 석에 팔려 인당수로 끌려가는 장면, 인당수에 몸을 던지는 장면 등을 처절하고 애절하게 불렀고, 이에 눈물을 흘린 재상이 이날치에게 금 천 냥을 상으로 내렸다고 한다.

　한편 이날치는 걸걸하고 쉰 듯한 목소리를 내는 소리꾼으로, 특히 새타령을 잘 불렀다. 그가 새타령을 부르면 실제로 새가 날아들 정도로 새 울음소리를 매우 비슷하게 흉내 내었다고도 한다. 이뿐 아니라 「춘향가」의 어사출두 대목에 나오는 나팔 소리와 같은 사물의 소리를 흉내 내는 능력이 탁월하여 자신만의 개성 있는 판소리 공연을 이어 나갔다. 이러한 특기를 가진 그는 조선 후기 8대 판소리 명창으로 꼽히며 사람들에게 큰 사랑을 받았다.

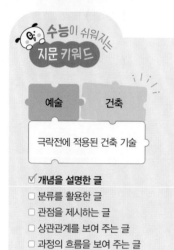

다음 글을 읽고 물음에 답하시오.

나무는 가벼우면서도 ⁺내구성이 뛰어난 건축 ⁺자재이다. 옛날부터 우리나라 조상들은 나무로 지은 건물인 목조 건물을 선호하였다. 그렇다면 우리나라에 남아 있는 가장 오래된 목조 건축물은 무엇일까? 경상북도 안동에 있는 절인 봉정사의 극락전이 바로 그 주인공이다. 고려 시대에 지어진 봉정사의 극락전은 절의 중심이 되는 곳에 위치하고 있는 부처님을 모신 집으로, 정면이 세 칸, 측면이 네 칸으로 구성되어 있다. 봉정사의 극락전은 1962년에 국보로 지정되었을 만큼 소중한 문화재이기도 하다.

봉정사에 있는 극락전의 지붕 모양은 옆에서 볼 때 사람 인(人)을 닮았다. 이런 모양의 지붕 형태를 ㉠'맞배지붕'이라고 한다. 한편 그리스 파르테논 신전의 기둥처럼 가운데가 불룩하고 위와 아래로 갈수록 점점 가늘어지는 형태를 배흘림 형태라고 하는데, 극락전에는 ㉡'배흘림' 형태의 기둥이 있다. 즉 극락전의 기둥은 ⁺단면이 원형인 원기둥 중 기둥의 중간 정도 위치의 지름을 가장 크게 하고 기둥머리와 기둥뿌리로 갈수록 지름을 줄인 항아리 모양을 하고 있는 것이다. 이러한 기둥의 모양을 서양에서는 ㉢엔타시스(entasis)라고 부른다.

배흘림 형태의 기둥은 인간의 ⁺착시 현상과 관련이 있다. 일반적으로 사람의 눈으로 기다란 기둥을 올려다보면 가운데 부분이 홀쭉하게 들어간 것처럼 보이는 착시가 일어난다. 그래서 기둥의 가운데 부분을 약간 불룩하게 만듦으로써, 사람 눈으로 보기에 기둥과 건물이 안정감 있는 모양새를 갖고 있다고 느끼게 만드는 것이다.

한편 극락전의 기둥 중 양 끝의 기둥은 약간 안으로 기울어져 있는데, 이는 극락전에 적용된 또 다른 건축 기법과 관련이 있다. 사람의 눈높이에서 보면 기둥 위에는 커다란 지붕이 있기 때문에 기둥이 바깥쪽으로 펴져 보여 그것을 보는 사람으로 하여금 불안한 느낌을 받게 한다. 그래서 사람들이 안정감을 느끼게 하기 위해 양 끝의 기둥을 약간 안쪽으로 기울인, ㉣'안쏠림' 기법을 사용한 것이다. 이는 그리스 파르테논 신전이 양측 모서리에 있는 기둥머리 부분을 안쪽으로 기울인 것과 많이 닮아 있다.

그리스의 건축가와 우리나라의 건축가가 모두 중요하게 생각했던 것은 건축물을 통해 사람이 편안함을 느끼는 것이었다. 그래서 그리스 파르테논 신전과 우리나라 봉정사 극락전의 기둥에 다양한 건축 기법이 적용된 것이다. 그 덕에 우리는 옛날 건축물을 감상하면서 편안함과 아름다움을 느낄 수 있는 것이다. 진정으로 아름다운 건축이란 우리에게 마음의 평온을 가져다주는 것이 아닐까?

⁺**내구성**(견딜 耐, 오래 久, 성품 性) 물질이 원래의 상태에서 변질되거나 변형됨이 없이 오래 견디는 성질.
⁺**자재**(재물 資, 재목 材) 무엇을 만들기 위한 기본적인 재료.
⁺**단면**(끊을 斷, 낯 面) 물체의 잘라 낸 면.
⁺**착시**(섞일 錯, 볼 視) 시각적인 착각 현상.

내용 이해하기

1 문단: 우리나라에서 가장 오래된 건
축물인 봉정사의 ❶ ☐☐☐

2 문단: 봉정사에 있는 극락전의 지붕
과 ❷ ☐☐의 모양

3 문단: ❸ ☐☐☐ 형태의 기둥을
활용한 이유

4 문단: 봉정사의 극락전 기둥에 사용
된 ❹ ☐☐☐ 기법

5 문단: 아름다운 ❺ ☐☐의 참된 의미

주제 파악하기

❻ ☐☐☐에 사용된 건축 기술과
극락전이 지닌 가치

확인 문제

❼ 우리나라의 극락전과 그리스의 파르
테논 신전의 기둥의 겉모습은 닮아
있다. (○ , X)

❽ 안쏠림 기법을 활용한 건축물을 바
라보는 사람은 불안함을 느끼게 된
다. (○ , X)

❾ 배흘림 형태의 기둥은 인간의 착시
현상을 활용한 것이다. (○ , X)

답 ❶ 극락전 ❷ 기둥 ❸ 배흘림
❹ 안쏠림 ❺ 건축 ❻ 극락전
❼ ○ ❽ X ❾ ○

---

1 윗글에서 설명하고 있는 배흘림 형태의 기둥 모습으로 가장 적절한 것은?

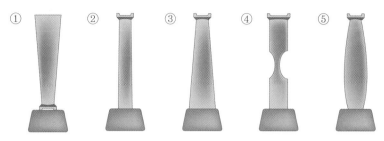

2 ㉠~㉣에 대한 설명으로 적절하지 <u>않은</u> 것은?

① ㉠과 ㉡은 봉정사의 극락전에서 볼 수 있다.

② 파르테논 신전에 ㉡과 비슷한 기둥이 있다.

③ 서양에서는 ㉡을 ㉢으로 부른다.

④ ㉡, ㉣은 모두 건축물이 안정감 있게 보이도록 만들어 준다.

⑤ ㉣은 우리나라만의 독특한 건축 기술이다.

3 〈보기〉는 윗글을 읽은 독자의 반응이다. ⓐ~ⓔ 중 적절하지 <u>않은</u> 것은?

> ┌─ 보기 ─
> 이 글을 읽고 봉정사의 극락전에 어떤 건축 기술이 숨어 있는지 알게 되었
> 다. ⓐ극락전의 기둥은 건물을 더 안정적으로 보이게 하는 효과가 있고, 또
> 한 ⓑ극락전의 지붕을 맞배지붕으로 만든 것도 그 나름대로의 과학적 근거
> 가 있다고 한다. 새삼 조상의 지혜에 놀라게 됐다. 한편 ⓒ안쏠림 기법은 서
> 양 건축에서도 사람의 시선을 편안하게 하기 위해 사용되었다고 하니, ⓓ건
> 축 기술 분야에서 서양과 동양에 비슷한 부분이 오래전부터 있어 왔다는 것
> 이 신기하기도 했다. ⓔ글쓴이의 말처럼 건축물의 참다운 아름다움은 건축
> 물의 겉모습보다는 건축물이 사람에게 주는 편안함에 있는 듯하다.

① ⓐ   ② ⓑ   ③ ⓒ   ④ ⓓ   ⑤ ⓔ

목표 9분

다음 글을 읽고 물음에 답하시오.

영화에서 조명은 단지 영화 속에서 일어나는 행위들이 잘 보이도록 하기 위해서 빛을 비추는 것만이 아닌, 그 이상의 역할을 한다. 화면 내의 밝고 어두운 부분은 각 숏의 전체적인 구성을 만들어 내고, 이를 통해 관객의 시선을 특정한 대상과 행위로 이끈다. 밝은 부분은 관객의 주의를 끌고 주요한 움직임을 드러내는 반면에, 그림자가 져 어두운 부분은 관객들로 하여금 그곳에 무엇이 있는지에 대한 궁금증을 불러일으킨다.

영화의 조명은 조명의 성격, 조명의 방향, 광원에 따라 각각 나누어 설명할 수 있다. 먼저 조명의 성격은 밝기의 강도에 따라 달라진다. 매우 강한 빛인 경조광은 뚜렷한 경계가 있는 그림자, 빳빳한 질감, 날카로운 모서리를 만들어 내는 반면, 매우 약한 빛인 연조광은 빛을 분산시켜 윤곽과 질감을 부드럽게 만들어 준다. 대낮의 햇빛은 경조광이지만 구름에 덮인 햇빛은 연조광에 해당한다고 할 수 있다. 경조광과 연조광 사이에는 빛의 강도에 따라 많은 종류의 조명이 있다.

둘째, 조명의 방향은 광원에서 빛이 나오는 방향, 혹은 빛이 사물을 비추는 방향을 의미한다. 정면 조명은 흔히 그림자를 제거하기 위해 사용된다. 인물들의 모습을 선명하게 드러내고자 할 때는 강한 측면 조명이 사용되기도 한다. 후면 조명은 촬영이 되고 있는 대상의 뒷면에서 비춰지는 조명이다. 후면 조명만 사용할 경우 피사체의 형태만이 강조될 수 있다. 또한 후면 조명에 정면 조명을 함께 사용하면 윤곽이 두드러지지 않는 영상을 보여 줄 수 있다. 이와 같은 후면 조명을 윤곽 조명이라고 한다. 하부 조명은 피사체의 밑에서부터 빛이 나오는 조명을 말한다. 하부 조명은 형태를 사실과 달라 보이게 하는 효과가 있기 때문에 공포심을 유발할 때 사용되기도 한다.

셋째, 광원에 따라 영화의 조명을 설명할 수도 있다. 영화를 촬영할 때 영화 감독과 촬영 감독은 어떤 피사체를 찍든 일반적으로 주광과 보조광이라는 두 개의 광원을 필요로 한다. 주광은 영상의 중심이 되는 광원으로 지배적인 밝기와 그림자를 만든다. 주광은 가장 직접적인 조명이며, 보조광은 주광으로 인해 생긴 그림자를 부드럽게 하거나 제거하는 역할 등을 한다.

이처럼 조명은 우울하고 어두운 분위기, 유쾌하고 낭만적인 분위기 등을 만들어 내며 영화 속에서 다양한 기능을 하고 있다.

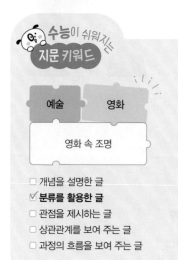

◆숏 한 번의 연속 촬영으로 찍은 장면을 이르는 말.
◆광원(빛 光, 근원 源) 빛을 내는 물체.
◆강도(강할 强, 법도 度) 센 정도.
◆윤곽(바퀴 輪, 외성 廓) 사물의 테두리나 대강의 모습.
◆질감(바탕 質, 느낄 感) 어떤 재료에서 느껴지는 독특한 느낌.
◆피사체(입을 被, 베낄 寫, 몸 體) 사진을 찍는 대상이 되는 물체.
◆유발(꾈 誘, 필 發)하다 어떤 것이 다른 일을 일어나게 하다.

내용 이해하기

1 문단: 영화 속 ❶[   ]의 역할

2 문단: 조명의 ❷[   ]에 따른 조명
의 종류와 역할

3 문단: 조명의 ❸[   ]에 따른 조명
의 종류와 역할

4 문단: ❹[   ]에 따른 조명의 종류
와 역할

5 문단: 영화 촬영 시 다양한 기능을
하는 조명

주제 파악하기

영화 속 조명의 종류와 그 ❺[   ]

확인 문제

❻영화에서 조명은, 관객의 시선을 이
끌고 관객들을 집중시키는 역할을
한다. (○ , ×)

❼영화에서 관객들에게 공포심을 주고
자 할 때 주로 정면 조명을 사용한
다. (○ , ×)

❽주광으로 인해 생긴 그림자를 부드
럽게 하는 역할을 하는 조명은 보조
광이다. (○ , ×)

답 ❶ 조명   ❷ 성격   ❸ 방향
❹ 광원   ❺ 역할   ❻ ○
❼ ×   ❽ ○

1 윗글의 전개 방식으로 가장 적절한 것은?

① 구체적인 영화 작품을 예로 들어 독자의 관심을 끌고 있다.

② 영화 감독이 촬영 시에 조명을 사용하는 장면을 묘사하고 있다.

③ 영화 촬영 감독이 조명에 대해 한 말을 인용하여 제시하고 있다.

④ 영화 조명의 종류를 나누는 기준을 나열하며 독자의 이해를 돕고 있다.

⑤ 영화의 조명 기술이 발전해 온 과정을 시간의 순서에 따라 설명하고 있다.

2 윗글을 읽고, 영화를 찍을 때 조명을 사용할 계획을 세운 것으로 적절하지 않은
것은?

① 빨래가 빳빳하게 마른 모습을 표현할 때에는 경조광을 사용하자.

② 관객이 무서움을 느끼게 만들고 싶을 때에는 하부 조명을 사용하자.

③ 배우 표정을 선명하게 드러내야 할 때에는 강한 측면 조명을 사용하자.

④ 새벽에 안개가 낀 모습을 찍을 때에는 경조광보다 연조광을 사용하자.

⑤ 인물의 그림자를 부드럽게 만들고 싶을 때에는 보조광보다 주광을 사용
하자.

3 윗글을 〈보기〉와 연관 지어 이해한 것으로 적절하지 않은 것은?

> **보기**
>
> 조명에는 여러 가지 스타일이 있다. 조명의 스타일은 보통 조명의 키(key)
> 라고 부른다. 조명의 키(key)는 만들고 싶은 분위기뿐 아니라, 영화의 장르와
> 도 연관된다. 하이키(high-key)는 가족 영화, 코미디 등 주로 즐거운 영화를
> 만들 때 쓰이는데, 눈에 띄는 그림자가 거의 없다. 로키(low-key)는 미스터
> 리, 스릴러 영화 등에서 어둡고 무서운 분위기를 만들 때 쓰인다.

① 코미디 영화에서는 주광을 사용하고, 보조광을 필요로 하지 않겠군.

② 조명의 성격, 방향, 광원 등은 모두 조명의 스타일에 영향을 미치겠군.

③ 하이키와 경조광을 적절하게 섞어 쓰면 밝은 분위기를 잘 표현할 수 있
겠군.

④ 로키와 하부 조명을 적절히 섞어 쓰면 관객들에게 큰 공포감을 줄 수 있
겠군.

⑤ 하이키와 로키는 모두 조명을 활용해 촬영장의 특정한 분위기를 만들 때
사용하는 것이군.

어휘 공략하기

1 다음에 제시된 어휘와 뜻이 비슷한 어휘에 ○표 하시오.

(1)
편안

평온

원활   곤란

(2)
범위

윤곽

폭   테두리

2 다음 밑줄 친 어휘의 뜻에 해당하는 기호를 〈보기〉에서 찾아 쓰시오.

> **보기**
>
> **'끌다'**
> ㉠ 바닥에 댄 채로 잡아당기다.
> ㉡ 남의 관심 따위를 쏠리게 하다.
> ㉢ 시간이나 일을 늦추거나 미루다.

(1) 그는 사람들의 주의를 <u>끌기</u> 위해 갖은 노력을 했다. (   )

(2) 신을 <u>끌면서</u> 걸어다니면 주변 사람들이 공부하는 데 방해가 된다. (   )

(3) 나는 어떤 일이든지 계획대로 진행하지 않고 미적미적 <u>끄는</u> 것을 싫어한다. (   )

3 〈보기〉의 밑줄 친 부분 가운데 맞춤법이 잘못된 어휘를 찾아 바르게 고쳐 쓰시오.

> **보기**
>
> 새로운 법을 만들기 위해 힘을 <u>쏟은</u> 그는 결국 그 법을 <u>만듬으로써</u> 많은 사람이 혜택을 <u>누릴</u> 수 있게 하였다.

(   ) → (   )

4 다음 문장의 빈칸에 들어갈 알맞은 어휘를 〈보기〉의 뜻을 참고하여 쓰시오.

> **보기**
>
> • 착시: 시각적인 착각 현상.
> • 기법: 기교를 나타내는 방법.
> • 선호: 여럿 가운데서 특별히 가려서 좋아함.
> • 질감: 어떤 재료에서 느껴지는 독특한 느낌.

(1) 그 작품은 새로운 공예 (   )을/를 보여 주는 작품이다.

(2) 이 가구는 자연적인 나무의 (   )을/를 살려 만든 것이다.

(3) 저 집의 지붕에는 (   )을/를 일으키는 문양이 새겨져 있다.

(4) 생활 수준이 높아지면서 사람들이 무공해 식품을 (   )하는 경향이 있다.

배경지식 확장하기
실전 1과 엮어 읽기

봉정사의 극락전이 우리나라에서 제일 오래된 목조 건물이라는 증거는 무엇일까?

봉정사의 극락전은 고려 시대에 만들어진 것으로, 경상북도 안동시에 있는 사찰 건물이다. 이 봉정사에는 신비한 이야기가 얽혀 있다. 한 승려가 종이로 봉황을 접어 바람에 날려 보냈는데 이 종이 새가 실제 봉황처럼 날아서 지금의 봉정사 자리에 앉았다는 것이다. 그 승려는 봉황이 앉은 자리에 절을 짓고, 절의 이름을 봉정사라고 지었다는 설화가 있다. 오랜 세월을 견디며 그 자리를 지키던 봉정사의 극락전은 국보로 지정되었다.

한편 1972년에 봉정사의 극락전을 해체하여 수리할 때, 새로 짓거나 고친 집의 과정 등을 적어 둔 글인 상량문이 발견되었다. 이 상량문에는 1363년 공민왕 때 극락전의 지붕을 수리한 기록이 남아 있었다. 우리나라 전통 목조 건축물은 보통 건축한 지 100년이나 150년이 지나야 지붕을 수리하므로 상량문의 기록을 고려하면 극락전이 세워진 시기는 고려 중기인 1200년대 초 정도라고 볼 수 있다. 즉 극락전의 상량문 덕분에 극락전이 우리나라에 남아 있는 목조 건축물 중 가장 오래된 것임을 알게 된 것이다. 이 기록이 없었다면 봉정사 극락전이 지어진 시기를 제대로 알기 어려웠을 것이다. 극락전의 상량문은 살아가면서 기록을 남긴다는 것이 얼마나 중요한지를 다시 한번 생각해 보게 한다.

독해 실전 문제로 깨우자!

사회
실전 훈련

다음 글을 읽고 물음에 답하시오.

 (목표)8분

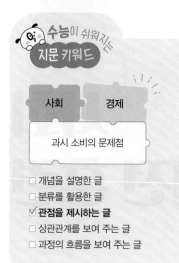

수능이 쉬워지는
지문 키워드

| 사회 | 경제 |

과시 소비의 문제점

☐ 개념을 설명한 글
☐ 분류를 활용한 글
☑ 관점을 제시하는 글
☐ 상관관계를 보여 주는 글
☐ 과정의 흐름을 보여 주는 글

과시 소비란 자신이 경제적 또는 사회적으로 우월한 위치에 있음을 여러 사람들 앞에서 보여 주려는 욕구에서 하는 소비를 말한다. 이 소비 형태는 현대 사회에만 존재하는 것은 아니다. '선진국'인 중국에서 건너온 고가의 서화와 골동품, 벼루와 연적 등의 물건을 소유하고자 했던 조선 시대 사람들의 ㉠서화·골동품 수집 문화도 조선 시대에 과시 소비가 존재했음을 보여 주는 예이다. 조선 사회에 몰아쳤던 서화·골동품 수집 문화에는 사람들의 소비를 통한 과시 욕망이 숨어 있었다.

사람들이 과시 소비를 하려고 하는 이유에는 여러 가지가 있지만 경제학자 베블런은 사람의 본능적 욕구에서 그 원인을 찾으려고 한다. 그는 "사람에게는 무엇인가 자기 것을 만들고 창조하려는 본능이 있고, 그런 다음에는 남의 것을 빼앗고 지배하려는 본능이 있다."라고 말한다. 사람들은 먹고살기 위해서 이리저리 뛰어다니지만, 어느 정도 먹고살 만하면 '지배 본능'을 통해 자신의 능력과 존재 가치를 과시하려고 한다는 것이다. 과거의 지배 본능이 다른 사람들에게 칼을 휘두르는 것이었다면, 오늘날의 지배 본능은 옛날처럼 칼을 휘둘러 대는 것이 아니라 돈을 많이 버는 것을 과시하는 형태로 드러난다는 것이 베블런의 생각이다.

하지만 문제는 정도에 지나친 소비 생활을 하는 사람들을 비판하는 것이 아니라 오히려 그들을 부러워하고 모방하려고 애쓰는 사람들이 늘어나는 것에 있다. 이는 사람들의 모방 본능 때문에 나타나며, 모방 본능은 사람들에게 모방 소비를 부추긴다. 모방 소비란 내게 꼭 필요하지는 않지만 남들이 하니까 나도 무작정 따라 하는 식의 소비이다. 이는 마치 남들이 시장에 가니까 나도 장바구니를 들고 덩달아 나서는 격이다. 이러한 모방 소비는 참여하는 사람들의 수가 대단히 많다는 점에서 과시 소비 못지않게 사회적으로 문제가 될 수 있는 현상이라고 할 수 있다.

물론 이와 같은 과시 소비나 그에 대한 모방 소비가 인간의 본능적인 행동이라고 본다면 그것이 좋다거나 나쁘다고 단정 지어 말하기는 어려운 측면이 있다. 인간의 본능을 강제로 다스린다는 것은 어려운 일이기 때문이다. 다만 사회에서 밀려나고 싶지 않은 욕망으로 인해 정작 중요한 문제를 무시하고 오로지 소비를 통한 경쟁에만 몰두하는 모습은 개인의 건강한 정체성 형성에 도움이 되지 않을뿐더러 사회의 건전한 문화 형성에 해를 끼칠 수 있다는 점을 생각해 보아야 한다.

✦**과시**(자랑할 誇, 보일 示) 자랑하여 보임.

✦**서화**(글 書, 그림 畫) 글씨와 그림을 아울러 이르는 말.

✦**정도**(단위 程, 법도 度) 알맞은 한도.

✦**모방**(베낄 摹, 본받을 倣)**하다** 다른 것을 본뜨거나 본받다.

✦**정체성**(바를 正, 몸 體, 성품 性) 변하지 아니하는 존재의 본질을 깨닫는 성질.

☺ 내용 이해하기

1 문단: 과거부터 있어 온 ❶ [　] 소비

2 문단: 돈을 과시하는 형태로 드러나는 오늘날의 ❷ [　] 본능

3 문단: 과시 소비를 따라 하는 ❸ [　] 소비의 문제점

4 문단: ❹ [　] 와/과 사회에 바람직하지 않은 영향을 끼치는 과시 소비와 모방 소비

☺ 주제 파악하기

과시 소비의 이유와 ❺ [　][　][　]

☺ 확인 문제

❻ 과시 소비란 여러 사람들에게 자신이 사회·경제적으로 우월하다는 것을 보여 주려는 욕구에서 하는 소비를 말한다. (○ , ×)

❼ 과시 소비는 현대에서만 찾아볼 수 있는 현상이다. (○ , ×)

❽ 오늘날의 지배 본능은 돈을 과시하는 형태로 드러난다. (○ , ×)

❾ 소비 경쟁에 몰두하는 것은 개인이 건강한 정체성을 형성하는 것에 도움이 된다. (○ , ×)

답 ❶ 과시　❷ 지배　❸ 모방
❹ 개인　❺ 문제점　❻ ○
❼ ×　❽ ○　❾ ×

---

1 윗글에 대한 설명으로 적절하지 <u>않은</u> 것은?

① 모방 소비의 개념을 설명하고 있다.

② 과거에 행해진 과시 소비의 예를 제시하고 있다.

③ 과시 소비로 인해 발생할 수 있는 문제를 이야기하고 있다.

④ 구체적 사례를 통해 모방 소비의 긍정적인 면을 보여 주고 있다.

⑤ 전문가의 말을 인용하여 과시 소비가 생긴 이유를 설명하고 있다.

2 윗글에서 ㉠을 이야기한 까닭으로 가장 적절한 것은?

① 조선 시대가 과시 소비가 시작한 시대였음을 알려 주기 위해

② 현대 사회에는 서화와 골동품 수집이 쓸모없음을 알려 주기 위해

③ 현대 사회보다 조선 시대에 과시 소비가 심했음을 알려 주기 위해

④ 조선 시대에는 서화와 골동품의 인기가 높았음을 알려 주기 위해

⑤ 인간은 예부터 소비를 통해 과시하려는 욕망이 있었음을 알려 주기 위해

3 윗글과 〈보기〉의 내용을 비교한 것으로 가장 적절한 것은?

┌─ 보기 ─┐

　필요하지 않은데도 생각 없이 소비를 하는 것은 경쟁 사회에 나타나는 하나의 소비 형태라고 할 수 있다. 특히 타인과의 비교를 부추기는 사회일수록 직업과 물질을 중시하고 과시적 소비 경향도 강해진다. 그리고 이러한 상황에 많이 노출될수록 사람들의 행복감 및 삶의 만족도는 낮아진다.

① 윗글과 〈보기〉는 모두 개인의 소비 형태가 사회와는 관련이 없다고 지적하고 있다.

② 윗글과 〈보기〉는 모두 과시 소비가 늘어나는 현실에는 문제가 없다고 주장하고 있다.

③ 윗글은 과시 소비의 긍정적 결과를, 〈보기〉는 과시 소비의 부정적 결과를 이야기하고 있다.

④ 윗글은 소비의 장점을, 〈보기〉는 소비가 사회에 미치는 부정적 영향을 중점적으로 설명하고 있다.

⑤ 윗글은 인간의 본능과 욕망을 바탕으로, 〈보기〉는 사회가 지닌 특성을 바탕으로 과시 소비에 관해 설명하고 있다.

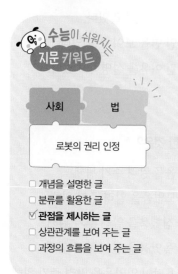

다음 글을 읽고 물음에 답하시오.

　기술의 발전으로 로봇에 ⁺인공 지능이 적용됨에 따라 로봇들이 무엇인가를 창작하거나 발명을 하는 분야가 늘어나고 있다. 2018년, 뉴욕의 한 경매장에서 오비어스라는 이름의 인공 지능(AI)이 그린 에드몽 드 벨라미의 초상화가 43만 2500달러(약 5억 원)에 낙찰된 것이 대표적 사례이다. 그렇다면 오비어스는 자신의 그림에 대한 ⁺저작권을 주장할 수 있을까? 그럴 수는 없다. (㉠) 로봇에게는 권리가 인정되지 않는다. 그렇다면 인간이 아닌 로봇은 영원히 권리를 인정받지 못하는 것일까?

　로봇이 인간과 동등한 법적 권리를 갖기 위해서는 로봇도 인간이 지니고 있는 속성을 가져야 한다. 가장 필수적으로 갖추어야 하는 것은 스스로 의사를 결정할 수 있는 능력이다. 현재 로봇에게 적용되는 인공 지능은 제한된 범위 내에서 인간의 판단을 보조할 뿐이지, 인간의 ⁺자유 의지나 합리성에는 이르지 못하고 있다. 사람들은 아직까지 로봇이 스스로 논리적으로 판단하고 계획하고 설계하는 능력을 갖지 못하여, 자기 자신에 대해 생각하거나 어떤 행동을 할지 등에 대한 의사 결정을 자율적으로 수행할 수 없다고 본다.

　로봇이 정서적으로 다른 대상과 교류하고 스스로 어떤 것을 욕망할 수 있는지도 로봇의 권리 인정과 관련이 있다. 인간은 지적인 능력 못지않게 감정과 욕구를 갖춘 존재이기 때문이다. 만약 로봇이 인간처럼 다른 대상을 사랑하고 이해하고 존중할 수 있다면 로봇과 인간은 정서적으로 교류도 할 수 있을 것이다. 또한 로봇이 권력이나 명예에 대한 욕심을 가진다면, 로봇은 인간에게 위협이 될 수도 있겠지만 인간과 다를 바 없기 때문에 이러한 점은 ⁺역설적으로 로봇의 권리를 인정해야 하는 근거가 된다.

　물론 로봇이 앞서 이야기한 요소들과 인간의 외모를 갖추었어도 인간의 자기중심적 사고는 로봇이 권리를 얻고자 할 때 방해가 될 것이다. 인간의 자기중심적인 사고는 마치 예전에 노예나 피부색이 다른 사람들에게 인간의 권리를 주어서는 안 된다고 주장하는 일부 사람들의 모습을 떠올리게 한다. 로봇은 생명체가 아니기에 권리를 얻을 수 없다는 생각, 인공 지능과 로봇이 아무리 발전해도 결국 '인간다운 척'을 하는 프로그램일 뿐이라는 사람들의 생각의 바탕에는 낯선 다른 존재에 대한 거부감이 있는 것이다.

　이제는 예술 작품의 창작과 같이 인간만이 할 수 있다고 여겨졌던 일들도 로봇이 조금씩 실현해 나가는 세상으로 변화하고 있다. 아마도 우리는 머지않은 미래에 로봇의 권리를 인정하고 로봇과 더불어 살아가는 법에 대한 고민을 하게 될 것이다.

⁺**인공 지능**(사람 人, 장인 工, 알 知, 능할 能) 인간의 지능이 가지는 학습, 추리 등의 기능을 갖춘 컴퓨터 시스템.

⁺**저작권**(나타날 著, 지을 作, 권세 權) 창작물에 대해 저작자나 그 권리를 이어받은 사람이 가지는 권리.

⁺**자유 의지**(스스로 自, 말미암을 由, 뜻 意, 뜻 志) 외부의 제약이나 구속을 받지 아니하고 어떤 목적을 스스로 세우고 실행할 수 있는 의지.

⁺**역설적**(거스를 逆, 말씀 說, 과녁 的) 어떤 주장이나 이론이 겉보기에는 모순되는 것 같으나 그 속에 중요한 진리가 함축되어 있는 것.

내용 이해하기

1 문단: 인공 지능의 창작물에 대한 ❶ ☐☐☐ 인정 문제

2 문단: 로봇이 권리를 인정받기 위해 갖추어야 하는 요소 ① – 스스로 ❷ ☐☐ 을/를 결정하는 능력

3 문단: 로봇이 권리를 인정받기 위해 갖추어야 하는 요소 ② – 정서적으로 다른 대상과 ❸ ☐☐ 하고 어떤 것을 욕망할 수 있는 능력

4 문단: 로봇의 권리 인정을 방해하는 인간의 ❹ ☐☐☐ 적 사고

5 문단: 로봇의 권리 인정에 대한 ❺ ☐☐

주제 파악하기

❻ ☐☐ 의 권리 인정 문제와 전망

확인 문제

❼ 오비어스의 그림은 로봇의 저작권을 인정하기 시작한 계기가 되었다.
(○, ×)

❽ 현재 로봇에게 적용되는 인공 지능은 어떤 것을 욕망하는 능력을 가시고 있지는 않다. (○, ×)

❾ 인간의 지기중심적 사고는 로봇에 대한 거부감으로 이어질 수도 있다.
(○, ×)

답 ❶ 저작권 ❷ 의사 ❸ 교류
❹ 자기중심 ❺ 전망
❻ 로봇 ❼ × ❽ ○
❾ ○

1 윗글에 대한 이해로 적절하지 <u>않은</u> 것은?

① 인간과 겉모습이 비슷하다는 이유로 인간은 로봇에게 거부감을 느낀다.

② 오비어스는 자신의 작품에 대한 저작권을 현재로서는 인정받을 수 없다.

③ 스스로 의사를 결정하는 능력은 로봇의 권리와 관련된 요소의 하나이다.

④ 인간의 자기중심적 사고는 로봇의 권리를 인정하는 것에 영향을 미친다.

⑤ 로봇이 할 수 없을 것이라 여겨졌던 일들이 이제는 로봇을 통해 실현되기도 한다.

2 ㉠에 들어갈 내용으로 가장 적절한 것은?

① 로봇이 인간과 동등하기 때문에

② 오비어스가 저작권을 포기했기 때문에

③ 로봇이 스스로 의사 결정을 할 수 있기 때문에

④ 인간이 로봇의 창의성을 인정하지 않기 때문에

⑤ 법에서 로봇은 인간과 동등한 법적 권리를 갖고 있다고 인정하지 않았기 때문에

3 윗글의 글쓴이가 〈보기〉를 읽고 보일 수 있는 반응으로 가장 적절한 것은?

> **보기**
>
> 인간의 모습을 한 로봇이 등장하면서 몇몇 사람들이 로봇의 능력과 로봇에 적용되는 인공 지능 기술을 지나치게 높게 평가하고 있다. 현재 로봇이 뛰어난 능력을 보이는 영역은 많지 않으며 로봇의 능력은 스스로의 의지로 발휘되는 것이 아니라, 프로그램화된 것일 뿐이다. 로봇이 인간의 겉모습을 하더라도 로봇은 인간과 다른 존재인 것이다.

① 로봇이 인간에게 항상 도움을 준다는 생각은 고정관념 아닐까요?

② 사람들이 로봇의 능력을 지나치게 높이 평가한다는 것에 동의합니다.

③ 로봇은 생명체가 아니기 때문에 인간과 같은 권리를 주장할 수 없습니다.

④ 로봇과 인공 지능 기술을 분리해서 보아야 로봇의 권리를 인정할 수 있습니다.

⑤ 인간과 다른 존재에 대한 거부감 때문에 로봇을 부정적으로 평가하는 것은 아닐까요?

어휘 공략하기

1 다음 어휘의 뜻을 읽고, 빈칸에 들어갈 말을 쓰시오.

(1)

가로 남의 일을 간섭하고 막아 해를 끼침.

세로 다른 것을 본뜨거나 본받음.

(2)

가로 창작물에 대해 저작자나 그 권리를 이어받은 사람이 가지는 권리.

세로 어떤 일을 행하거나 타인에 대하여 당연히 요구할 수 있는 힘이나 자격.

(3)

가로 사물의 존재 의의나 가치를 알아주지 아니함.

세로 자랑하여 보임.

2 어휘와 어휘의 뜻을 바르게 연결하시오.

(1) 교류

(2) 욕구

(3) 단정

㉮ 딱 잘라서 판단하고 결정함.

㉯ 문화나 사상 따위가 서로 통함.

㉰ 무엇을 얻거나 무슨 일을 하고자 바라는 일.

3 다음 문장의 빈칸에 들어갈 알맞은 어휘를 〈보기〉의 뜻을 참고하여 쓰시오.

| 보기 |

• 우월: 다른 것보다 나음.
• 측면: 사물이나 현상의 한 부분, 또는 한쪽 면.
• 정체성: 변하지 아니하는 존재의 본질을 깨닫는 성질.

(1) 그가 죄를 지었다고 보기에는 어려운 (　　　　)이/가 있다.

(2) 청소년기는 자신의 (　　　　)을/를 세워 나가야 하는 시기이다.

(3) 내가 남보다 낫다는 (　　　　) 의식에 사로잡혀 있는 것은 바람직하지 않다.

4 〈보기〉를 참고하여 다음 문장에서 띄어쓰기가 올바른 것에 ○표 하시오.

보기

'데'는 경우에 따라서 앞말과 띄어 쓰기도 하고 앞말에 붙여 쓰기도 한다.

1. 띄어 쓰는 경우
① '의지할 데 없는 사람'처럼 '곳'이나 '장소'라는 뜻으로 쓰인 경우
② '그 사람은 졸업장을 따는 데 목적이 있다.'처럼 '일'이나 '것'이라는 뜻으로 쓰인 경우
③ '머리 아픈 데 먹는 약'처럼 '경우'라는 뜻으로 쓰인 경우

2. 붙여 쓰는 경우
'저분은 우리 삼촌인데 정이 많아.'에서처럼 앞의 문장과 뒤의 문장을 연결하는 '-ㄴ데'로 쓰인 경우

---

(1) 그 책을 다 (읽는 데 / 읽는데) 삼 일이 걸렸다.

(2) 저분이 그럴 분이 (아닌 데 / 아닌데) 큰 실수를 하셨다.

배경지식 확장하기 🏷 실전 2와 엮어 읽기

팬 문화와 저작권

인터넷 공간에서는 연예인의 팬들이 직접 제작한 동영상부터 팬픽, 팬 아트에 이르기까지 다양한 팬 제작물들을 쉽게 발견할 수 있다. 이는 연예인에 대한 팬들의 사랑을 보여 주는 것이기도 하지만, 저작권과 관련한 문제를 일으키기도 한다. 팬 제작물을 만들 때 저작물의 원작자나 미디어 기업 등 저작권을 보유한 사람들의 허락 없이 창작하는 경우가 많아 저작권을 침해할 위험이 있기 때문이다.

이러한 현실에 대해 팬들의 생각은 몇 가지로 구분된다. 팬 제작물은 저작권법을 위반한 것이므로 불법이라고 보는 입장과 팬 제작물이 저작권자에게 피해를 입히는 것은 아니기 때문에 법적으로 처벌받을 정도의 행위는 아니라고 보는 입장이 그것이다. 한편 팬 제작물들이 상업적으로 판매되지 않는다면 저작권 침해가 아니며, 나아가 이를 소비하는 팬들의 당연한 권리임을 주장하는 입장도 존재한다.

이처럼 팬 제작물의 저작권 침해 여부를 둘러싸고 다양한 입장이 존재하지만 아직 법적으로 판단이 내려지지 않았다.

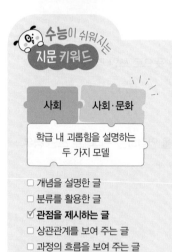

수능이 쉬워지는 지문 키워드

사회	사회·문화

학급 내 괴롭힘을 설명하는
두 가지 모델

☐ 개념을 설명한 글
☐ 분류를 활용한 글
☑ 관점을 제시하는 글
☐ 상관관계를 보여 주는 글
☐ 과정의 흐름을 보여 주는 글

지문 난이도 ★☆☆ | 교과 연계 사회

다음 글을 읽고 물음에 답하시오.

목표 7분

학급에서 A라는 학생이 B라는 학생을 괴롭히는 문제가 일어났다고 생각해 보자. 이러한 문제 상황의 원인과 대책을 분석하는 이론 중에는 '가해자 – 피해자 모델'이 있다. 이 모델에서는 학급 내 괴롭힘을 학생 개인 사이에서 벌어지는 문제로 보기 때문에 괴롭힘의 원인을 학생들의 개인적인 특성으로 파악한다. 그리고 이 문제에 대한 해결 방안은 다른 학생을 괴롭힌 가해 학생은 *선도하고 피해 학생은 치유 프로그램에 참여하도록 하는 개인적인 *처방이 중심이 된다.

그러나 실제 학급 내 괴롭힘의 상황에는 가해 학생인 A와 피해 학생인 B만 있는 것이 아니다. 주변에서 이 상황을 보고도 아무 말도 하지 않거나 모르는 척하는 학생이 존재하는데 이를 *방관자라고 한다. 이처럼 방관자를 고려해서 문제 상황을 분석하는 모델을 '가해자 – 피해자 – 방관자 모델'이라고 한다.

'가해자 – 피해자 – 방관자 모델'은 학급에서 일어난 괴롭힘 상황을 가해 학생 A와 피해 학생 B 사이의 문제로만 여기고 '나는 저 문제에 끼어들지 않겠다.' 또는 '나는 남을 괴롭히지 않으니까 괜찮아.'라고 회피하는 주변 학생들의 태도는 가해자를 돕는 것이나 마찬가지라고 본다. A가 B를 괴롭히는 상황을 지켜만 보던 학생들이 적극적으로 나선다면 그 상황을 멈출 수 있고, 피해자는 보호받고 가해자는 자신의 행동을 되돌아볼 수 있기 때문이다. 하지만 방관하는 학생들이 이와 같은 상황을 모르는 척하거나 무관심하게 대하면 괴롭힘의 상황은 지속된다.

이 모델에서는 괴롭힘을 방관하는 행동이 그 상황을 계속되게 하는 근본적인 원인이라고 생각한다. 다시 말해 방관자 역시 가해자와 마찬가지로 A가 B를 괴롭히는 상황에 책임이 있다고 보는 것이다. 물론 이 모델에서 방관하는 학생들을 가해 학생들과 똑같이 처벌하자고 주장하지는 않는다. 그보다는 방관자가 괴롭힘을 당하는 학생들을 도울 수 있도록 학급의 환경을 바꾸는 것이 문제의 해결 방안임을 강조한다. 이 모델에서는 A가 B를 괴롭히는 상황이 발생했을 때 학급의 모든 구성원이 이 상황을 깨닫고 역할극이나 회의를 통해 문제의 심각성을 느끼도록 하는 것이 문제 해결의 한 방법이 될 수 있다고 설명한다. 또한 피해 학생을 돕고는 싶지만 여러 가지 두려움 때문에 방관만 하던 학생들이 피해자를 적극적으로 도울 수 있도록 그들을 *지원하는 것에도 힘써야 함을 강조한다. 이 모델에서는 이러한 프로그램들을 통해 학생들은 방관하는 행동이 문제임을 깨닫게 되고, 앞으로 누군가가 괴롭힘을 당할 때 피해자를 도우려는 자세를 갖게 된다고 본다.

✦**가해자**(더할 加, 해로울 害, 사람 者) 다른 사람의 생명이나 신체, 재산, 명예 따위에 해를 끼친 사람.

✦**선도**(착할 善, 이끌 導)**하다** 올바르고 좋은 길로 이끌다.

✦**처방**(곳 處, 모 方) 일정한 문제를 처리하는 방법.

✦**방관자**(곁 傍, 볼 觀, 사람 者) 어떤 일에 직접 나서서 관여하지 않고 곁에서 보기만 하는 사람.

✦**지원**(지탱할 支, 도울 援)**하다** 물질이나 행동으로 돕다.

⑪ 내용 이해하기

1문단: ❶ ⬜⬜ 내 괴롭힘 상황을 설명하는 '가해자 – 피해자 모델'

2문단: '가해자 – 피해자 – ❷ ⬜⬜ ⬜ 모델'의 개념

3문단: 학급 내 ❸ ⬜⬜⬜ 상황을 설명하는 '가해자 – 피해자 – 방관자 모델'

4문단: '가해자 – 피해자 – 방관자 모델'에서 제안하는 문제 ❹ ⬜⬜ 방법

☺ 주제 파악하기

학급 내 괴롭힘 상황의 ❺ ⬜⬜ 와/과 해결 방안

☺ 확인 문제

❻ '가해자 – 피해자 모델'에서는 학급 내 괴롭힘이 발생하는 원인을 학급의 환경으로 파악한다. (○ , ×)

❼ 학급 내 괴롭힘 상황에 끼어들지 않겠다는 일부 학생들의 태도는 문제 상황을 지속되게 만든다. (○ , ×)

❽ 학급 내 괴롭힘 상황을 해결하려면 학급의 모든 구성원이 상황의 심각성을 알 필요가 있다. (○ , ×)

답 ❶ 학급 ❷ 방관자 ❸ 괴롭힘
❹ 해결 ❺ 원인 ❻ ×
❼ ○ ❽ ○

1

윗글의 내용과 일치하지 <u>않는</u> 것은?

① 학급 내 괴롭힘의 상황에는 가해 학생과 피해 학생분만 아니라 방관자도 존재한다.

② '가해자 – 피해자 – 방관자 모델'에서는 방관하는 태도는 가해자를 돕는 것과 마찬가지라고 본다.

③ '가해자 – 피해자 – 방관자 모델'에서는 방관하는 행동이 괴롭힘의 상황을 계속되게 만든다고 본다.

④ '가해자 – 피해자 모델'에서는 학급 내에서 발생하는 괴롭힘의 상황을 학생 개인 간에 생긴 문제로 본다.

⑤ '가해자 – 피해자 모델'에서는 학급의 모든 구성원이 문제 상황의 심각성을 느끼는 것이 중요하다고 여긴다.

2

'가해자 – 피해자 – 방관자 모델'에서 제안하는 학급 내 괴롭힘 상황의 문제 해결 방안으로 가장 적절한 것은?

① 다른 학생을 괴롭힌 학생을 선도하기

② 괴롭힘을 당한 학생을 치유 프로그램에 참여하게 하기

③ 문제 상황을 방관하는 학생에게 교내 봉사 활동을 하게 하기

④ 학교에 경찰관을 두고 학교 내 괴롭힘의 상황이 생기지 않는지 감시하기

⑤ 문제 상황을 방관하는 학생들의 태도가 달라질 수 있게 학급 환경을 바꾸기

3

윗글의 구조도로 가장 적절한 것은?

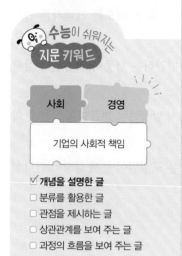

다음 글을 읽고 물음에 답하시오.

목표 8분

우리는 신문에서 한 기업의 창업주가 전 재산을 사회에 기부하기로 결정했다는 기사를 보게 된다. 이후 이 기사를 본 사람들이 그 기업에 대해 갖는 호감도가 올라가고, 이는 매출이 오르는 것으로 이어지기도 하는 것을 종종 볼 수 있다. 이 창업주가 사회 구성원인 다른 사람들에게 호감을 산 이유는 무엇일까?

기업은 본래 이윤 추구를 목적으로 생산 활동을 하지만, 기업의 활동은 그 사회 전체에 영향을 미친다. 위 사례의 창업주 역시 사회 전체에 긍정적 영향을 미쳤기 때문에 사람들의 호감을 얻을 수 있었다. 이러한 이유에서 요즈음의 기업은 공동체에 대한 책임을 다하는 것이 중요한데, 이를 기업의 사회적 책임이라고 한다. 기업이 직원들의 삶과 사회, 환경 등에 긍정적인 영향을 미치기 위해 노력하는 것도 바로 사회적 책임을 다하기 위해서이다.

기업의 사회적 책임에는 어떠한 것이 있을까? 우선, 기업은 직원, 고객, 직원, 거래처 등에게 투명하고 정당한 경영을 바탕으로 기업이 운영되고 있음을 보여 주어야 한다. 이는 기업에 대한 사회 구성원의 신뢰감을 형성하는 데 중요한 역할을 한다. 또한 환경 보호에 힘쓰는 일도 기업이 사회적 책임을 다하기 위해 해야 하는 일이다. 세계적인 음료 기업 중 한 곳에서는 세계 4대 하천의 오염을 줄이는 프로젝트를 진행함으로써 소비자들에게 이 기업의 음료에 사용되는 물에 대한 신뢰감을 심어 주고, 기업의 브랜드 이미지도 긍정적으로 인식시키고 있다. 사회적 약자를 위한 사회 공헌 활동도 기업의 사회적 책임 활동 가운데 하나이다. 장애인, 노인, 어린이, 경제적 약자 등을 위한 다양한 형태의 기부 및 지원 활동이 이에 해당한다. 예를 들면 (　　　　　　㉠　　　　　　)을 들 수 있다.

이와 같은 기업의 사회적 책임에 법적인 강제력이 있지는 않다. 그럼에도 기업의 사회적 책임과 관련된 활동은 계속해서 늘어나고 있는 상황이다. 기업들은 사회적 책임과 관련된 활동이 단기적으로는 기업의 이익을 감소시킬 수도 있지만, 장기적으로는 기업이 소비자들에게 높은 신뢰와 좋은 평판을 얻어 지속적으로 발전하는 것을 가능하게 만든다고 판단하고 있다. 사회 구성원들이 사회적 책임을 다하는 기업의 가치를 높게 평가하기 때문이다. 실제로 소비자들은 사회적 책임을 다하는 기업에 호감을 느끼고 그 기업의 물건을 구입하기도 한다. 즉, 기업의 사회적 책임과 관련된 활동이 소비자들이 물건을 구매하는 것에도 영향을 주기도 한다.

이처럼 기업이 사회적 책임을 다할 때 소비자들은 그 기업을 긍정적으로 인식하고, 그 기업을 신뢰하는 모습을 보인다. 따라서 기업은 이러한 점을 명심하고 사회적 책임을 다하기 위해 더욱 노력해야 할 것이다.

✦**창업주**(비롯할 創, 업 業, 주인 主) 회사 따위를 처음으로 세워 사업을 시작하는 데에 주체가 되는 사람.

✦**매출**(팔 賣, 날 出) 물건 따위를 내다 파는 일.

✦**이윤**(이로울 利, 윤택할 潤) 장사 따위를 하여 남은 돈.

✦**강제력**(강할 強, 억제할 制, 힘 力) 남의 자유의사를 억눌러 원하지 않는 일을 억지로 시키는 힘.

✦**평판**(품평 評, 판가름할 判) 세상 사람들의 비평.

내용 이해하기

1 문단: 전 재산을 사회에 기부한 한 창업주의 사례

2 문단: 기업의 ❶ □□□ 책임의 의미

3 문단: 기업의 사회적 책임 활동의 ❷ □□

4 문단: 사회적 책임을 다한 기업에 대한 ❸ □□□의 긍정적 평가

5 문단: 사회적 책임을 다하기 위한 기업의 ❹ □□ 당부

주제 파악하기

사회적 ❺ □□ 을/를 다하기 위한 기업의 활동

확인 문제

❻ 기업이 투명하게 경영을 하고 이를 사람들에게 보여 주는 것은 사회적 책임을 다하는 것에 해당한다.
(○ , ×)

❼ 기업은 사회적 책임 활동을 통해 사람들에게 기업에 대한 긍정적인 이미지를 심어 줄 수 있다. (○ , ×)

❽ 기업의 사회적 책임 활동은 장기적으로는 기업의 이익을 감소시킨다.
(○ , ×)

```
답 ❶ 사회적  ❷ 종류  ❸ 소비자
   ❹ 노력    ❺ 책임  ❻ ○
   ❼ ○      ❽ ×
```

1

윗글에서 이야기한 내용으로 적절하지 <u>않은</u> 것은?

① 기업 활동의 목적
② 기업의 사회적 책임의 개념
③ 기업의 사회적 책임 활동의 종류
④ 기업의 사회적 책임 활동의 효과
⑤ 기업의 사회적 책임에 관련된 법률

2

㉠에 들어갈 내용으로 적절하지 <u>않은</u> 것은?

① IT 기업이 노인을 대상으로 스마트폰 사용 방법을 교육하는 것
② 제약 회사가 가난한 사람들에게 치료 약을 무료로 나누어 주는 것
③ 의류 기업이 수익금의 일부를 해양 생태계를 살리는 데 기부하는 것
④ 식품 회사가 재단을 설립하여 심장병 어린이들의 수술을 지원하는 것
⑤ 자동차 회사가 이동 보조 기구를 만들어 움직임이 불편한 사람들의 외출을 돕는 것

3

윗글을 참고하여 〈보기〉를 활용하는 방안으로 가장 적절한 것은?

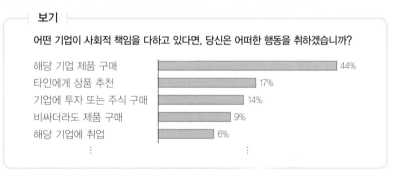

보기

어떤 기업이 사회적 책임을 다하고 있다면, 당신은 어떠한 행동을 취하겠습니까?

해당 기업 제품 구매 44%
타인에게 상품 추천 17%
기업에 투자 또는 주식 구매 14%
비싸더라도 제품 구매 9%
해당 기업에 취업 6%

① 기업의 사회적 책임 활동이 제품의 가격을 비싸게 만든다는 것을 보여 주는 자료로 활용한다.
② 기업의 사회적 책임 활동이 기업의 생산 비용을 증가시킨다는 것을 보여 주는 자료로 활용한다.
③ 기업의 사회적 책임 활동이 창업주의 기부 활동으로 이어지는 것을 보여 주는 자료로 활용한다.
④ 기업의 사회적 책임 활동이 소비자가 물건을 구매할 때 영향을 미친다는 것을 보여 주는 자료로 활용한다.
⑤ 기업의 사회적 책임 활동이 그곳에서 일하는 직원들에게 부담을 줄 수 있다는 것을 보여 주는 자료로 활용한다.

어휘 공략하기

1 다음 사다리를 타서 뜻풀이에 알맞은 어휘를 〈보기〉에서 골라 빈칸에 쓰시오.

보기

| 보호하다 | 인식하다 | 지원하다 | 회피하다 |

지지하며 돕다.

사물을 분별하고 판단하여 알다.

일하기를 꺼리어 선뜻 나서지 않다.

위험이나 곤란 따위가 미치지 아니하도록 잘 보살펴 돌보다.

(1)　(2)　(3)　(4)

2 〈보기〉를 참고하여 십자말풀이를 완성하시오.

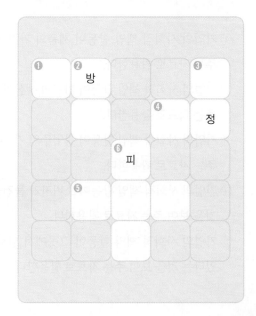

보기

가로 열쇠

① 병을 치료하기 위하여 증상에 따라 약을 짓는 방법 혹은 일정한 문제를 처리하는 방법.

④ 행동이나 태도를 분명하게 정함.

⑤ 다른 사람의 생명이나 신체, 재산, 명예 따위에 해를 끼친 사람.

세로 열쇠

② 어떤 일에 직접 나서서 관여하지 않고 곁에서 보기만 함.

③ 그러하다고 생각하여 옳다고 인정함.

⑥ 자신의 생명이나 신체, 재산, 명예 따위에 침해 또는 위협을 받은 사람.

3 다음 문장에서 밑줄 친 부분과 바꾸어 쓰기에 적절한 말을 〈보기〉에서 찾아 쓰시오.

┌─ 보기 ─┐

나누었다　　　반성했다　　　열중했다

(1) 그는 과거의 잘못을 <u>되돌아보았다</u>. (　　　　　)

(2) 나는 승리의 기쁨을 친구들과 <u>공유했다</u>. (　　　　　)

(3) 그는 식사하는 것도 잊어버리고 일에 <u>몰두했다</u>. (　　　　　)

4 〈보기〉의 설명을 참고하여, 빈칸에 알맞은 어휘를 넣으시오.

┌─ 보기 ─┐

　주어가 동작을 자신의 힘으로 하는 것을 표현한 문장을 능동문이라고 하고, 주어가 다른 주체에 의해서 동작을 당하게 되는 것을 표현한 문장을 피동문이라고 한다. 능동문을 피동문으로 만드는 방법에는 능동사에 접미사 '-이-, -히-, -리-, -기-'를 넣어서 문장을 재구성하는 것이 있다.
　ⓔ 경찰이 도둑을 <u>잡다</u>. → 도둑이 경찰에게 잡히다.

(1) 엄마가 우는 아기를 <u>안다</u>. → 우는 아기가 엄마에게 (　　　　).

(2) 사자가 초원을 달리는 얼룩말을 <u>물다</u>. → 초원을 달리는 얼룩말이 사자에게 (　　　　).

배경지식 확장하기

🔖 실전 1과 엮어 읽기

무엇이 학교 폭력인가요?

　같은 반 친구인 A와 B가 있다고 하자. A는 B의 거절에도 몸이 약한 자신을 대신하여 숙제를 해 달라고 B에게 계속해서 부탁했다. 그렇다면 A가 B에게 한 행동은 학교 폭력일까? 답은 '그렇다'이다.

　교육부는 학교 폭력을 신체 폭력, 언어폭력, 강요, 따돌림, 성폭력, 사이버 폭력, 그리고 돈이나 옷을 빌린다고 하면서 돌려주지 않는 행위인 금품 갈취로 나누고 있다. 위 사례에서 A가 B에게 한 부탁은 '강요'로, 학교 폭력에 해당한다.

　흔히 학교 폭력이라고 하면 상대의 몸을 때리거나 따돌리는 것만을 떠올리는데, 교육부에서는 상대가 불편함이나 불쾌감을 느낄 만한 것들을 학교 폭력으로 분류하고 있다. 상대방을 속여 일정한 장소로 데리고 가거나 장난인 척하면서 꼬집는 것, SNS 등으로 상대에 대한 안 좋은 소문을 퍼뜨리는 것, 공포심을 느끼게 하는 문자를 휴대폰으로 반복적으로 보내는 것 등은 모두 학교 폭력에 해당한다.

　학교 폭력은 피해자에게 씻을 수 없는 상처를 줄 뿐만 아니라 법적으로도 처벌을 받을 수 있는 범죄라는 사실을 명심하며 학교 구성원 모두가 학교 폭력이 없는 건강한 학교 생활을 하기 위해 노력해야 한다.

다음 글을 읽고 물음에 답하시오.

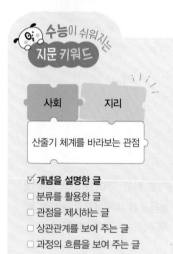

수능이 쉬워지는
지문 키워드

| 사회 | 지리 |

산줄기 체계를 바라보는 관점

☑ 개념을 설명한 글
☐ 분류를 활용한 글
☐ 관점을 제시하는 글
☐ 상관관계를 보여 주는 글
☐ 과정의 흐름을 보여 주는 글

산줄기는 사람들이 산을 연결하여 인식하는 선으로, 이에 대한 관점은 ㉠산맥 체계에 따른 관점과 ㉡백두 대간을 중심으로 하는 관점이 있다. 우리나라는 그동안 산줄기를 산맥 체계 중심으로 인식해 왔는데, 1980년대에 조선 후기 지리서 『산경표(山經表)』가 발견되면서 산줄기 체계를 이 책의 내용과 같이 백두 대간을 중심으로 하자는 의견이 제기되었다.

현재 우리나라에서 사용되는 대부분의 지도는 산맥 체계로 산줄기를 나타내는데, 이는 지질 구조를 기준으로 한 것이다. 이 관점에서는 산줄기를 '산맥'으로 부르고, 산의 인접성과 지질 구조를 강조하여 강이 사이에 있더라도 하나의 산맥으로 본다. '땅 위'가 아니라 '땅 아래'의 지질 구조를 기준으로 산맥을 표시했기 때문에 지도상에서 〈그림 1〉과 같이 굵은 선으로 표현된 산맥들이 가는 선으로 표현된 강줄기를 지나갈 수도 있다. 실제로 지도상의 산맥을 따라가다 보면 중간에 강이 가로막혀 끊기는 곳이 생기게 된다. 또한 각각의 산맥은 하나의 선으로 표현되지만 다른 산맥과는 연결되지 않고 끊어져 표현되기도 한다. 이 관점에 따른 지도는 지금까지 100년 이상 사용되고 있다.

〈그림 1〉

반면 백두 대간을 중심으로 하는 『산경표』의 지도는 산의 등줄기인 산등성이의 연속성을 기준으로 산줄기를 파악한다. 이 관점에서는 산줄기는 강을 가로지를 수 없다고 본다. 그래서 지도상에서 보면 〈그림 2〉와 같이 산줄기는 강과 교차되는 부분 없이 하나로 연결된다. 이 관점에서는 백두산에서 지리산까지 이어지는 큰 산줄기를 '백두 대간(白頭大幹)'이라 하고 이것을 중심으로 나머지 작은 산줄기들이 연결되어 있다고 본다. 이를 바탕으로 그린 지도는 '산줄기 지도'이며, 「대동여지도」가 대표적이다.

〈그림 2〉

산맥 체계에 따른 관점은 국제적인 관행에 부합하고 산맥 형성의 원인을 파악하기 쉬워 지질학적 연구에 적절하다. 반면에 백두 대간을 중심으로 하는 관점은 지표상에 나타난 산천(山川)의 모양과 방향을 기초로 하기 때문에 하천, 산줄기 등을 파악하기 쉬워 산지(山地) 이용 계획과 생태계 보호 계획을 세울 때 편리하다. 따라서 어느 한쪽의 관점을 따르기보다는 두 가지 관점을 함께 고려하여 우리의 산줄기 체계를 이해해 나가야 한다.

✦ **지질 구조**(땅 地, 바탕 質, 얽을 構, 지을 造) 지각을 이루고 있는 암석이나 지층의 구조 및 그 상호 관계.
✦ **인접성**(이웃 鄰, 접할 接, 성품 性) 가까이 있거나 서로 이웃하여 있는 성질.
✦ **관행**(버릇 慣, 다닐 行) 오래전부터 해 오는 대로 함. 또는 관례에 따라서 함.
✦ **지표**(땅 地, 겉 表) 지구의 표면.

내용 이해하기

1 문단: 우리나라 산줄기 체계에 관한
　두 ❶ ☐☐ 소개

2 문단: ❷ ☐☐ 체계에 따라 산줄기
　를 인식하는 관점의 특징

3 문단: ❸ ☐☐☐☐ 을/를 중심
　으로 산줄기를 인식하는 관점의 특징

4 문단: 두 가지 관점을 함께 고려한
　산줄기 체계의 ❹ ☐☐ 의 필요성

주제 파악하기

우리나라 ❺ ☐☐☐ 체계를 이해
하는 관점

확인 문제

❻ 그동안 우리나라는 주로 산맥 체계
　에 따른 관점으로 산줄기를 인식해
　왔다. (○ , ×)

❼ 『산경표』는 산맥 체계로 산줄기 체계
　를 표시한 자료이다. (○ , ×)

❽ 백두 대간을 중심으로 한 관점이 산
　맥 체계에 따른 관점보다 지질학적
　연구에 더 알맞다. (○ , ×)

답 ❶ 관점　　❷ 산맥
　❸ 백두 대간　❹ 이해
　❺ 산줄기　❻ ○　❼ ×
　❽ ×

1

윗글에 대한 설명으로 적절한 것을 〈보기〉에서 골라 바르게 묶은 것은?

　보기

ㄱ. 산줄기 체계를 인식하는 관점을 비교하여 설명하고 있다.
ㄴ. 우리나라 산줄기 체계 연구의 역사를 바탕으로 글을 시작하고 있다.
ㄷ. 구체적인 수치를 통해 산줄기 체계 인식 방법의 타당성을 확인하고 있다.
ㄹ. 기존의 산줄기 체계 연구를 비판하고 새로운 연구가 필요함을 제시하고
　있다.

① ㄱ, ㄴ　　② ㄱ, ㄷ　　③ ㄱ, ㄹ　　④ ㄴ, ㄹ　　⑤ ㄷ, ㄹ

2

㉠과 ㉡에 대한 글쓴이의 생각으로 적절하지 않은 것은?

① ㉠은 산의 인접성을 강조한다.
② ㉠은 산맥 형성의 원인을 파악하기 쉽다.
③ ㉡은 산줄기가 강을 가로지를 수 없다고 본다.
④ ㉡은 오래전부터 국제 사회에서 사용한 산줄기 인식 방법에 해당한다.
⑤ ㉠과 ㉡의 장점을 모두 고려하여 우리의 산줄기 체계를 이해해야 한다.

3

윗글을 바탕으로 〈보기〉를 이해한 내용으로 가장 적절한 것은?

　보기

　우리나라 산지(山地)의 지속 가능한 발전을 위해 체계적인 계획을 세워야 한
다. 구체적으로는 파괴된 산지의 복원, 멸종 위기 야생 동·식물의 관리 및 실태
파악 등을 해 나가야 하는데 이를 위해서 생태 지도의 작성은 필수적이다.

① 산맥 체계로 산줄기를 나타낸 지도가 생태계 연구에 더 효율적이겠군.
② 백두 대간을 중심으로 산줄기를 인식하는 관점이 지닌 단점이 드러나 있군.
③ 산맥 체계에 따라 만든 산줄기 지도가 생태 연구에 미치는 부정적인 영
　향을 강조하고 있군.
④ 백두 대간을 중심으로 산줄기를 인식하는 관점으로 만든 지도를 생태 지
　도로 활용할 수 있겠군.
⑤ 산맥 체계나 백두 대간이 아닌 새로운 기준의 관점에서 산줄기를 파악해
　야 함을 주장하고 있군.

다음 글을 읽고 물음에 답하시오.

대중 매체 속 영웅의 이미지는 현대 사회에서 대중의 욕구를 충족시켜 준다. 미디어에 등장하는 연예인 중에는 상품이자 재화로서의 영웅 이미지를 가진 경우도 있고, 유명인 중에는 영웅으로 인식되어 사람들이 공경하는 대상이 되는 경우도 있다. 텔레비전과 같은 대중 매체를 통해 영웅 이야기가 퍼져 나가며, 대중은 그 영웅을 자신으로 바꾸어 생각하기도 한다. 영웅은 희망, 욕망, 고통의 느낌을 대중과 나누고 대중은 대중 매체의 영웅 이야기 구조 속에서 감정의 동일화를 경험하며 시청자로서 즐거움을 느낀다.

[A]
동서양을 통틀어 문학 작품에 등장하는 영웅 신화에 대한 연구에 의하면, 영웅 신화의 구체적인 내용은 조금씩 달라도, 큰 틀에서는 비슷한 이야기 구조를 바탕으로 한다. 주인공은 알에서 태어난다거나 첩의 아들로 태어나는 것처럼 평범하지만은 않은 출생 과정을 거쳐 일상을 살아가다가 고난을 겪고 방황을 한다. 이후 조력자를 만나면서 뛰어난 능력을 갖추고 영웅적 능력을 발휘하며 살다 최후에는 일상으로 돌아가는 것이 기본적인 영웅 이야기의 틀이다. 이런 이야기 구조는 영웅이 일상적인 삶에서 비현실적인 세계로 떠나고, 위기를 이겨 낸 승리자가 되어 신비로운 모험에서 얻은 힘을 가지고 현실 세계로 돌아온다는 과정으로 요약된다. 일상 세계에서는 어려움을 이겨 내는 것이 어렵지만 비현실적 세계 속에서는 승리를 경험할 수 있다는 것, 그런 경험이 다시 일상을 변화시키는 계기가 될 수 있다는 것이 영웅 이야기의 핵심인 것이다.

시청자는 이러한 영웅의 이야기 구조 속에 등장하는 다양한 영웅들과 자신을 동일하게 여기며 만족감을 느낀다. ㉠오디션 쇼를 한번 떠올려 보자. 실제 인물과 상황을 바탕으로 만들어진 리얼리티 프로그램인 오디션 쇼는 일반인을 대상으로 한 경쟁과 도전의 과정을 보여 주고 그 과정에서 승리자가 나온다는 점에서 영웅 이야기 구조를 지닌다고 볼 수 있다. 오디션 쇼에 나오는 출연자는 방송에 출연하고 대중의 관심을 받는 것에 성취감을 느끼고, 시청자는 평범한 사람이 특별한 일상을 경험하는 과정을 보면서 대리 만족을 느끼며 영웅의 이야기를 자신에게 투영한다. 또한 시청자는 프로그램 출연자가 자신의 단점을 극복하고 최종적으로 우승을 하는 과정이 공정하다고 믿으며 오디션 쇼에 열광하게 된다. 이러한 시청자의 반응은 오디션 쇼의 중요한 구성 요소이기도 하다.

이러한 오디션 쇼를 비롯한 대중 매체 속 영웅 이야기는 자신이 놓인 현실이 불공평하다고 느끼거나 삶에서 부딪힐 다양한 문제를 해결하고 싶어 하는 대중의 심리와 맞물리면서 세대와 국적을 넘어 대중의 관심을 끌게 된다.

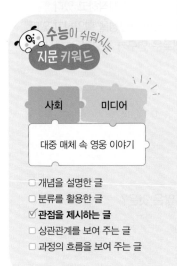

사회 **미디어**

대중 매체 속 영웅 이야기

☐ 개념을 설명한 글
☐ 분류를 활용한 글
☑ 관점을 제시하는 글
☐ 상관관계를 보여 주는 글
☐ 과정의 흐름을 보여 주는 글

✦재화(재물 財, 재화 貨) 사람이 바라는 바를 충족시켜 주는 모든 물건.
✦동일화(같을 同, 하나 一, 될 化) 둘 이상의 것을 똑같은 것으로 봄.
✦조력자(도울 助, 힘 力, 사람 者) 도와주는 사람.
✦비현실적(아닐 非, 나타날 現, 열매 實, 과녁 的) 현실과는 동떨어진 것.
✦대리(대신할 代, 다스릴 理) 남을 대신하여 일을 처리함.
✦투영(던질 投, 그림자 影)하다 (비유적으로) 어떤 일을 다른 일에 반영하여 나타내다.

😊 내용 이해하기

1 문단: ❶ ☐☐☐ 속 영웅 이
야기가 대중에게 미치는 영향

2 문단: 영웅 이야기의 기본 ❷ ☐
☐

3 문단: 영웅 이야기를 통해 ❸ ☐
☐☐을/를 느끼는 시청자

4 문단: 세대와 국적을 넘어 ❹ ☐☐
의 관심을 받는 영웅 이야기

😊 주제 파악하기

❺ ☐☐ 이야기에 열광하는 대중의
심리

😊 확인 문제

❻ 대중은 영웅 이미지를 가지고 있는
유명인을 공경하기도 한다. (O , X)

❼ 영웅 이야기는 대체로 영웅이 고난을
이겨 내는 구조를 지닌다. (O , X)

❽ 시청자들은 오디션 쇼를 보며 출연
자가 영웅이 되어 가는 과정이 공정
하지 않다고 생각한다. (O , X)

답 ❶ 대중 매체   ❷ 구조
❸ 대리 만족   ❹ 대중
❺ 영웅   ❻ O   ❼ O
❽ X

1 윗글을 통해 이끌어 낸 내용으로 가장 적절한 것은?

① 영웅 이야기의 구조는 동양과 서양에서 큰 차이를 보인다.

② 시청자들은 대중 매체 속 영웅을 통해 자신의 한계를 깨닫기도 한다.

③ 사람들은 현실 문제에서 벗어나고 싶은 심리로 인해 영웅 이야기에 주목하게 된다.

④ 리얼리티 프로그램에 출연하는 일반인이 지닌 단점은 시청자들을 불편하게 만든다.

⑤ 대중 매체에서 영웅 역을 맡은 배우는 영웅과의 동일화를 통해 대리 만족을 느끼게 된다.

2 ㉠에 대한 이해로 적절하지 않은 것은?

① 일반인을 대상으로 하는 텔레비전 프로그램이다.

② 시청자는 출연자를 자신의 경쟁자로 여기게 된다.

③ 출연자는 대중에게 관심받는 것에 성취감을 느낀다.

④ 출연자는 경쟁과 도전을 통해 특별한 경험을 하게 된다.

⑤ 시청자들은 프로그램을 보면서 대리 만족을 느끼기도 한다.

3 [A]를 바탕으로 〈보기〉를 이해한 내용으로 적절하지 않은 것은?

> 보기
>
> 「홍길동전」에서 홍길동은 양반인 홍 판서와 그의 여종인 춘섬 사이에서 태어난다. 홍길동은 재주가 뛰어났으나, 종에게서 태어났다는 이유로 가족들에게 차별을 받는다. 이후 그는 '활빈당'이라는 무리를 만들어 탐관오리의 재물을 훔쳐서 가난한 이들을 도와준다. 그러던 중 임금에게 잡힌 길동은 도술을 써서 탈출하고, 율도국이라는 나라를 만들어 그곳의 왕이 된다.

① 홍길동이 '활빈당'을 만든 것은 조력자를 만났기 때문에 가능했겠군.

② 홍길동이 도술을 부리는 것은 뛰어난 능력을 갖추었음을 의미하겠군.

③ 홍길동이 가족 내에서 차별을 받는 것은 고난의 과정으로 볼 수 있겠군.

④ 홍길동이 양반과 종 사이의 아들로 태어난 점은 평범하지 않은 탄생을 보여 주는 것이겠군.

⑤ 홍길동이 율도국의 왕이 되는 것은 승리자가 된 영웅의 모습과 관련지어 이해할 수 있겠군.

13강 어휘 공략하기

1 다음 사다리를 타서 뜻풀이에 알맞은 어휘를 〈보기〉에서 골라 빈칸에 쓰시오.

> **보기**
>
> 공경하다   교차하다   충족하다   투영하다

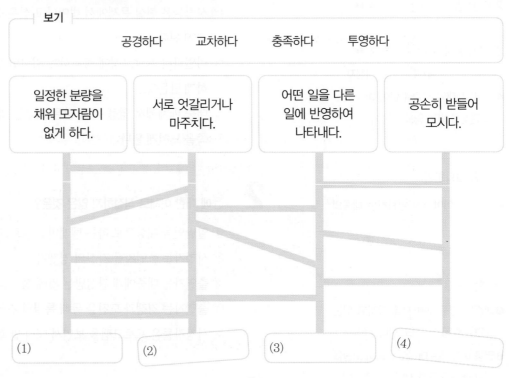

일정한 분량을 채워 모자람이 없게 하다.

서로 엇갈리거나 마주치다.

어떤 일을 다른 일에 반영하여 나타내다.

공손히 받들어 모시다.

(1)　　　　(2)　　　　(3)　　　　(4)

2 어휘와 어휘의 뜻을 바르게 연결하시오.

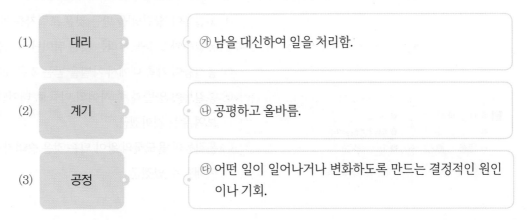

(1) 대리　　　　㉮ 남을 대신하여 일을 처리함.

(2) 계기　　　　㉯ 공평하고 올바름.

(3) 공정　　　　㉰ 어떤 일이 일어나거나 변화하도록 만드는 결정적인 원인이나 기회.

3 다음 문장의 빈칸에 들어갈 알맞은 어휘를 〈보기〉의 뜻을 참고하여 쓰시오.

> **보기**
> • 동일화: 둘 이상의 것을 똑같은 것으로 봄.
> • 인접성: 가까이 있거나 서로 이웃하여 있는 성질.
> • 관행: 오래전부터 해 오는 대로 함. 또는 관례에 따라서 함.
> • 체계: 일정한 원리에 따라 낱낱의 부분이 잘 짜여져 통일된 전체.

⑴ 관객은 배우와 감정의 (   )을/를 경험했다.

⑵ 일반인에게는 물리학의 이론 (   )이/가 복잡하게 느껴질 것이다.

⑶ 한자리에 오래 있는 사람들은 대개 (   ) 대로만 일을 처리하려고 한다.

⑷ 그 백화점은 호텔과 백화점의 (   )을/를 활용해 호텔 고객을 상대로 한 마케팅을 진행하고 있다.

4 다음 괄호 안의 말 중 올바른 표기에 ○표 하시오.

⑴ 몸집이 점점 커지다 보니 이제 그 옷은 나에게 (작다 / 적다).

⑵ (재화 / 제화)는 시장에서 성립하는 가격을 가진 상품으로 거래되고는 한다.

⑶ 작은 톱니바퀴가 큰 톱니바퀴와 (맏물려서 / 맞물려서) 재빠르게 돌고 있다.

배경지식 확장하기   🔖 실전 2와 엮어 읽기

여성 영웅 소설의 등장

우리나라 고전 소설에는 뛰어난 능력을 가진 여성이 국가를 위기에서 구하는 전쟁 영웅으로 등장하는 작품이 많다. 이 소설들은 대개 임진왜란과 병자호란 이후에 등장했다. 임진왜란의 결과로 국토가 망가졌고, 병자호란은 임금이 청나라에 패배를 인정한 전쟁이었다. 당시 사회는 남성 중심 사회로, 임진왜란과 병자호란을 막아 내지 못한 남성 사회에 대한 비판이 자연스럽게 일어나게 되었다. 그리고 이러한 비판은 여성이 전쟁의 위기에서 국가를 구해 낸다는 여성 영웅 소설의 창작으로 이어진다.

그중 대표적인 작품에는 「박씨전」이 있다. 주인공인 박씨 부인은 도술을 부려 가정을 풍족하게 만들고 남편 이시백이 장원 급제를 할 수 있게 돕는다. 이후 청나라와의 전쟁이 터지면서 박씨 부인은 도술을 이용해 적군의 목을 베고, 조선을 위기에서 구해 낸다. 여성인 박씨 부인이 이렇게 활약하는 모습에는 남성 중심 사회에 대한 불만이 담겨 있었고, 당시 백성들은 이 소설을 읽으며 병자호란 때 당한 고통과 아픔을 씻어 내는 대리 만족 또한 경험할 수 있었다.

1⁴강
실전 1

지문 난이도 ★★☆ | 교과 연계 사회

목표 8분

다음 글을 읽고 물음에 답하시오.

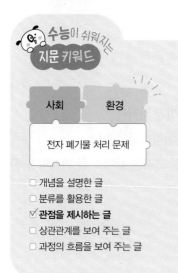

수능이 쉬워지는
지문 키워드

| 사회 | 환경 |

전자 폐기물 처리 문제

☐ 개념을 설명한 글
☐ 분류를 활용한 글
☑ 관점을 제시하는 글
☐ 상관관계를 보여 주는 글
☐ 과정의 흐름을 보여 주는 글

전자 폐기물이란 낡고 수명이 다해 더 이상 가치가 없어진 여러 가지 형태의 전기·전자 제품을 뜻한다. 유엔(UN)의 환경 보고서에 따르면 2019년 한 해 동안 버려진 전 세계 전자 폐기물의 양은 5,360만 톤으로 5년 전에 비해 21% 증가했을 정도로 폐기물의 증가 속도가 가파르다. 유엔은 현재의 증가 속도가 유지된다면 2030년에는 전자 폐기물 양이 연간 7,470만 톤이 될 것이라 보고 있다. 하지만 현재 전자 폐기물은 17% 정도만이 재활용되고 있다.

전자 폐기물이 제대로 처리되지 않으면 환경과 우리의 건강에 나쁜 영향을 미친다. 전자 제품은 건전지와 수천 개의 부품으로 구성되어 있는데, 각 부품은 플라스틱, 금속, 유리와 같은 물질로 이루어져 있다. 그런데 이러한 부품들과 건전지를 땅에 묻거나 방치하게 되면 그것에 포함되어 있는 수은, 납 등의 중금속이 토양과 물을 오염시킨다. 그뿐만 아니라 전자 폐기물을 낮은 온도에서 태우면 유독성 화학 물질이 나오는데, 이 물질은 생물의 지방 조직에 쌓여 신경계 장애를 유발할 수 있다.

한편 선진국의 전자 폐기물이 개발 도상국으로 이동하는 것은 전자 폐기물 처리의 큰 문제점 가운데 하나이다. 선진국에서는 전자 폐기물을 전자 부품으로 위장하거나, 개발 도상국에 기증하는 것으로 처리하여 개발 도상국의 전자 폐기물 재활용 센터로 보낸다. 제대로 된 시설을 갖추고 있지 않은 그곳의 작업 환경에서 전자 폐기물이 올바르게 처리되지 않는 일이 흔하게 발생한다. 개발 도상국의 값싼 노동력과 엄격하지 않은 환경법을 이용하여 ㉠선진국의 전자 폐기물을 자신들보다 가난한 나라의 사람들에게 떠넘기고 있는 것이다.

전자 폐기물의 급격한 증가 속에 자원이 낭비되는 상황도 생각해 보아야 할 문제이다. 유엔의 조사에 의하면 개인용 컴퓨터 한 대를 생산하기 위해서는 적어도 240kg의 화석 연료와 22kg의 화학 물질, 1.5톤의 물이 소비된다고 한다. 이렇게 많은 자원이 사용된 전자 제품이 많이 폐기된다는 것은 많은 자원이 낭비되고 있음을 의미한다.

전자 폐기물 처리 문제를 해결하기 위해서는 무엇보다 전자 폐기물에 대한 관리 체계를 마련하고 전자 폐기물을 줄이려고 노력해야 한다. 국가는 전자 폐기물에 관한 법을 체계적으로 만들어 기업과 개인이 이를 따르도록 할 필요가 있다. 기업은 쓰레기를 활용한 새로운 소재의 개발, 제품 수명을 연장하려는 노력, 제품의 재활용 등의 방안을 통해 이 문제를 해결해 나가야 한다. 개인 역시 불필요한 전자 제품은 구매하지 않거나 제품을 오래 사용하고자 노력해야 한다. 제품을 버리기 전에 재활용의 가능성을 고민하고, 전자 제품을 버리더라도 환경을 오염시키지 않는 방법을 찾아 실천하는 등의 노력을 해야 한다.

✦**폐기물**(폐할 廢, 버릴 棄, 만물 物) 못 쓰게 되어 버리는 물건.
✦**중금속**(무거울 重, 쇠 金, 무리 屬) 철, 금, 백금 등의 무거운 금속.
✦**유독성**(있을 有, 독 毒, 성품 性) 독이 있는 성질.
✦**개발 도상국**(열 開, 필 發, 길 途, 위 上, 나라 國) 산업의 근대화와 경제 개발이 선진국에 비해 뒤떨어진 나라.
✦**위장**(거짓 僞, 꾸밀 裝)**하다** 본래의 정체나 모습이 드러나지 않도록 거짓으로 꾸미다.

98 깨독 독해 1 기본편

😀 내용 이해하기

1 문단: 전자 폐기물 문제의 ❶ ☐☐ ☐

2 문단: 환경과 ❷ ☐☐에 나쁜 영향을 미치는 전자 폐기물

3 문단: ❸ ☐☐☐에서 개발 도상국으로 이동하는 전자 폐기물

4 문단: ❹ ☐☐ 낭비 문제를 일으키는 전자 폐기물

5 문단: 전자 폐기물 처리 문제를 ❺ ☐☐하기 위한 방안

😊 주제 파악하기

전자 ❻ ☐☐☐ 처리의 문제점과 해결 방안

😃 확인 문제

❼ 현재 전자 폐기물의 50% 정도가 재활용되고 있다. (○ , ×)

❽ 전자 폐기물은 낮은 온도에서 소각해야 독성 물질이 나오지 않는다.
(○ , ×)

❾ 전자 폐기물 처리 문제를 개선하기 위해 전자 제품의 재활용률을 높일 필요가 있다. (○ , ×)

답	❶ 심각성	❷ 건강	❸ 선진국
	❹ 자원	❺ 해결	❻ 폐기물
	❼ ×	❽ ×	❾ ○

1 윗글에 대한 설명으로 가장 적절한 것은?

① 첨단 기술의 발전 과정을 시대 순으로 나열하고 있다.

② 다양한 이론을 제시하고 각각의 장단점을 언급하고 있다.

③ 새롭게 도입하는 기술을 구체적인 예를 들어 소개하고 있다.

④ 현실의 문제 상황을 제시하고 이에 대한 해결책을 제시하고 있다.

⑤ 과학적인 실험 결과를 근거로 앞으로 일어날 문제를 예측하고 있다.

2 선진국이 ㉠과 같은 모습을 보이는 이유를 추측한 것으로 가장 적절한 것은?

① 선진국의 국민들은 전자 폐기물의 심각성을 잘 인식하고 있기 때문에

② 선진국에서 발생한 전자 폐기물은 개발 도상국으로 이동할 수 없기 때문에

③ 전자 폐기물을 처리하는 기술은 개발 도상국이 선진국보다 뛰어나기 때문에

④ 선진국에서는 값비싼 노동력과 엄격한 법으로 인해 전자 폐기물의 처리가 어렵기 때문에

⑤ 선진국이 전자 폐기물을 효과적으로 처리하는 기술을 개방 도상국에 알려 주고 있기 때문에

3 전자 폐기물 처리 문제를 해결하기 위한 노력의 예로 적절하지 않은 것은?

① 국가는 법적으로 기업이 전자 제품을 재활용하는 방침을 세우도록 만든다.

② 개인은 폐건전지를 전용 수거함을 통해 처리하여 환경이 오염되지 않도록 한다.

③ 기업은 전자 제품이 쉽게 고장 나는 이유를 찾아 문제점을 개선한다.

④ 기업은 바다에 버려진 어망을 재활용해 만든 소재를 IT 기기의 부품에 적용한다.

⑤ 기업은 소비자가 휴대 전화 배터리를 쉽게 교체할 수 있도록 배터리 교체 방법을 설명한 안내서를 제공한다.

다음 글을 읽고 물음에 답하시오.

목표 7분

매년 전국적으로 1,000여 개 안팎의 지역 축제가 열리고 있다. 지역 축제는 지역을 홍보하고 지역 경제를 활성화시키는 수단이 될 수 있기에 지방 자치 단체에서는 축제에 많은 비용을 투입하여 행사를 개최하고는 한다. 그러나 실제로 많은 수의 지역 축제가 실패로 돌아가 사라지기 일쑤이다.

실패하는 지역 축제는 축제의 개성이 없다. 지역 축제에 많이 보이는 풍경 가운데 하나는 대중 가수가 공연하고 기념품과 먹거리의 판매가 진행되는 모습이다. 문제는 이를 위해 축제의 많은 비용이 들어가는데 이러한 모습이 다른 축제와의 차별점을 없애고 있다는 것이다. 또한 지방 자치 단체장의 공적을 쌓고자 다른 지역의 성공한 축제를 흉내 내기에 급급한 모습도 문제로 지적된다. 이는 지역 축제를 여는 목적에서 벗어난 모습이기도 하다. 이와 같은 문제가 발생하는 까닭은 지역 축제가 지역 특색에 대한 진지한 고민에서 출발한 것이 아니라 일회성의 행사로 기획되었기 때문이다. 대부분의 축제가 전문성이 떨어진다는 점도 지역 축제를 실패하게 만든다. 지역 축제를 논의할 수 있는 전담 조직이 없이 축제가 기획되다 보니 이벤트 관련 업체에 행사를 맡기는 경우가 많고, 축제를 거듭하면서도 축제의 노하우는 쌓이기 힘들고 지역 주민의 적극적인 참여를 이끌어 내기도 쉽지 않다.

이를 개선하기 위해 지역 축제의 개성을 살리기 위한 방안을 마련해야 한다. 지역의 자연환경, 전통 문화 등을 활용하여 해당 지역에서만 경험할 수 있는 축제를 만들어야 한다. 예를 들어 '강릉 단오제'는 지역의 전통 문화인 강릉 단오굿을 활용하여 성공하였고, 전라남도 함평의 '나비 축제'는 다른 지역보다 자연환경이 잘 보존되어 있는 지역 특성을 바탕으로 나비 이미지를 결합하여 축제를 성공적으로 이끌고 있다. 축제의 전문성을 강화하는 것도 지속 가능한 축제를 위해 필요한 일이다. 지방 자치 단체가 지역 주민과의 소통 없이 일방적으로 축제를 이끌기보다는 민간 기업과 지방 자치 단체가 협력하여 축제 운영을 위한 조직을 구성할 필요가 있다. 이를 통해 전문적인 교육을 시행하여 해당 지방 자치 단체만의 경쟁력 있고 가치 있는 축제다운 축제를 만들어야 한다.

지방의 생존이 위태로운 현실에서 지역 축제는 지방 자치 단체의 지역 홍보 수단을 넘어 지역의 사활이 걸린 문제가 되고 있다. 그러므로 당장의 보여 주기식의 행사가 되지 않도록 장기적인 안목에서 지역 축제를 내실화할 수 있는 방안을 고민해야 한다. 지역 축제를 살리는 일이 곧 지역 경제를 살리는 길이 될 수 있음을 명심해야 한다.

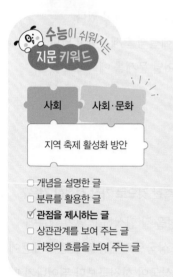

+**일쑤** 흔히 또는 으레 그러는 일.

+**공적**(공 功, 길쌈할 績) 노력과 수고를 들여 이루어 낸 일의 결과.

+**전담**(온전할 全, 멜 擔) 어떤 일이나 비용의 전부를 도맡아 하거나 부담함.

+**민간**(백성 民, 사이 間) 정부 기관에 속하지 않음.

+**경쟁력**(다툴 競, 다툴 爭, 힘 力) 경쟁할 만한 힘.

+**사활**(죽을 死, 살 活) 죽기와 살기라는 뜻으로, 어떤 중대한 문제를 비유적으로 이르는 말.

+**내실화**(안 內, 열매 實, 될 化) 안에 담겨 있는 가치나 충실성을 다짐.

내용 이해하기

1 문단: 실패하는 지역 ❶ ☐☐이/가
많은 현실

2 문단: 지역 축제가 ❷ ☐☐하는
이유

3 문단: 지역 축제를 살리기 위한
❸ ☐☐

4 문단: 지역 축제를 살리는 일의
❹ ☐☐☐ 강조

주제 파악하기

지역 축제가 실패하는 ❺ ☐☐와/과
문제 개선 방안

확인 문제

❻ 지역 축제는 먹거리 판매에 초점을
두어야 성공할 가능성이 높아진다.
(○, ×)

❼ 지역 축제를 전담하는 조직이 없이
지역 주민의 참여를 끌어내는 것은
쉽지 않다. (○, ×)

❽ 지역 축제의 성공을 위해 지방 자치
단체는 비용만을 지원해야 한다.
(○, ×)

답 ❶ 축제 ❷ 실패 ❸ 방안
❹ 중요성 ❺ 이유 ❻ ×
❼ ○   ❽ ×

1 글쓴이의 견해로 가장 적절한 것은?

① 지방 자치 단체의 참여를 막아야 지역 축제가 성공할 수 있다.
② 지역 축제가 성공하려면 축제의 개성과 전문성을 강화해야 한다.
③ 지역 축제의 개최 수를 줄이기 위해 정부가 적극적으로 개입해야 한다.
④ 지역 축제를 통해 지역의 경제를 살리는 것에는 근본적인 한계가 있다.
⑤ 지역 주민이 참여하는 지역 축제를 개최하려면 이벤트 업체를 필수적으로 활용해야 한다.

2 윗글을 읽으면서 떠올릴 수 있는 질문으로 적절하지 **않은** 것은?

① 글쓴이는 왜 대부분의 지역 축제가 전문성이 떨어진다고 판단했을까?
② 글쓴이가 '강릉 단오제'를 성공한 지역 축제로 생각한 이유는 무엇일까?
③ 경제가 활성화된 지역의 축제가 사람들에게 인기가 많은 이유는 무엇일까?
④ 매년 전국적으로 1,000여 개의 지역 축제가 열리고 있다고 했는데, 이 자료의 출처는 어디일까?
⑤ 민간 기업과 지방 자치 단체의 협력이 어떤 점에서 축제의 전문성을 강화하는 방안이 되는 걸까?

3 윗글과 관련지어 〈보기〉를 이해한 내용으로 가장 적절한 것은?

| 보기 |

○○시는 깨끗한 자연 환경을 보존하고 있는 지역의 이미지를 높이고자 맑은 물에만 사는 가재를 활용한 '가재 축제'를 기획하였다. '함평 나비 축제'의 성공 사례를 참고한 것인데, 시는 이 축제를 위해 공무원들에게 가재 1,000여 마리를 잡게 한 뒤 여러 곳에 풀어 놓았다. 그러나 환경 단체와 주민들은 이를 두고 가재의 생태를 파괴하는 행위라고 비판하면서 논란이 일고 있다.

① 진지한 고민 없이 개최하는 지역 축제는 실패할 수 있음을 보여 주는군.
② 성공한 지역 축제를 참고하는 것이 지역 축제 성공의 요소가 될 수 있군.
③ 가수의 공연과 먹거리 위주의 지역 축제가 실패할 수 있음을 보여 주는군.
④ 지역의 환경적 요소를 고려한 지역 축제가 성공할 수 있음을 보여 주는군.
⑤ 지역의 전통 문화를 고려하지 않고 기획된 지역 축제는 실패할 수 있음을 보여 주는군.

14강 어휘 공략하기

1 다음 어휘의 뜻을 읽고 빈칸에 들어갈 알맞은 말을 쓰시오.

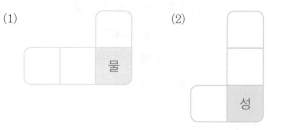

(1) 물
- 가로 못 쓰게 되어 버리는 물건.
- 세로 생명을 가지고 스스로 생활 현상을 유지하여 나가는 물체.

(2) 성
- 가로 다른 사람이나 개체와 구별되는 고유의 특성.
- 세로 독이 있는 성질.

(3) 사
- 가로 어떤 일을 시행함. 또는 그 일.
- 세로 사물의 내용을 명확히 알기 위하여 자세히 살펴보거나 찾아봄.

2 〈보기〉의 밑줄 친 부분 가운데 맞춤법이 잘못된 어휘를 찾아 바르게 고쳐 쓰시오.

> **보기**
>
> 지역 축제가 <u>개수</u>를 헤아릴 수 없을 정도로 많이 열린다. 하지만 공연 위주의 축제가 되어 버리는 <u>희한한</u> 상황이 연출되기 <u>일수</u>이다. 일회성 행사가 되지 않게 장기적인 안목에서 축제를 <u>기획할</u> 필요가 있다.

(   ) → (   )

3 어휘의 의미 관계가 바르게 연결된 것은 ○표, 바르게 연결되지 않은 것은 ✕표 하시오.

(1) 사라지다 ←반대되는 말→ 생겨나다 ( )
(2) 논의하다 ←반대되는 말→ 토론하다 ( )
(3) 생산하다 —비슷한 말— 제조하다 ( )
(4) 소비하다 ←반대되는 말→ 소모하다 ( )

4 다음 문장의 빈칸에 들어갈 알맞은 어휘를 〈보기〉의 뜻을 참고하여 쓰시오.

┌─ 보기 ┐

• 중금속: 철, 금, 백금 등의 무거운 금속.
• 노동력: 일을 하는 데 쓰이는 사람의 정신적 능력과 육체적 능력.
• 사활: 죽기와 살기라는 뜻으로, 어떤 중대한 문제를 비유적으로 이르는 말.
• 위장: 본래의 정체나 모습이 드러나지 않도록 거짓으로 꾸밈. 또는 그런 수단이나 방법.

(1) (   )은/는 땅에 묻히면 토양과 수질을 오염시킨다.

(2) 은행 직원으로 (   )을/를 하고 돈을 훔친 범인이 붙잡혔다.

(3) 우리는 (   )을/를 걸고 그 사업을 성공시키기 위해 노력했다.

(4) 김 사장은 정부 관계자에게 회사에 처리해야 할 일은 넘치는데 (   )이/가 부족하다
고 하소연하였다.

배경지식 확장하기 ✎ 실전 1과 엮어 읽기

우주에도 쓰레기가 있다고?

지구로 우주의 정보를 보내 주는 인공위성이 고장 나거나 수명이 다하면 어떻게 될까? 이러한 인공위성은 우주 공간을 떠도는 쓰레기가 되고 만다. 인공위성에서 흘러나오는 아주 작은 입자들, 로켓 몸체에서 떨어져 나온 페인트 조각 등도 우주 쓰레기가 될 수 있다. 이 우주 쓰레기들은 매우 빠른 속도로 움직이기 때문에 인공위성이나 우주인과 충돌하게 되면 큰 피해를 줄 수 있다.

지구 주위의 우주 공간을 떠도는 우주 쓰레기는 약 6,000톤에 가까운 것으로 추정되고 있다. 우주 탐구를 위한 기술이 급속하게 발전한 최근 몇 년 사이에 우주 쓰레기의 양은 크게 늘었다. 일부 전문가들은 '케슬러(Kessler) 증후군'이 현실화되지는 않을지 걱정을 하고 있다. '케슬러 증후군'이란 우주 쓰레기나 인공위성이 서로 부딪치면서 더 많은 우주 쓰레기가 계속해서 발생하여 우주 쓰레기 때문에 인공위성을 쏘아 올리거나 인공위성이 작동하지 못할 지경이 될 것이라는 전망을 말한다.

실제로 나사(NASA)는 이러한 문제를 걱정하여 1990년에 우주 왕복선을 이용해 우주 쓰레기를 치운 적이 있었다. 앞으로 계속해서 늘어날 우주 쓰레기는 우주 탐사 환경을 위협할 것이기 때문에 특정 국가나 기관이 해결하기에는 한계가 있다. 따라서 최근에는 국제 사회가 힘을 모아 이 문제를 해결해 나가려는 움직임을 보이고 있다.

다음 글을 읽고 물음에 답하시오.

목표 8분

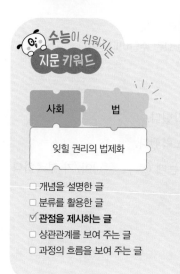

　오늘날은 누구든지 인터넷 검색을 통해 원하는 정보를 손쉽게 얻을 수 있다. 그러나 이러한 정보를 삭제할 수 있는 권한은 특정 기업에 있기 때문에 개인이 자신과 관련된 정보를 삭제·폐기하는 데는 많은 시간과 노력이 필요하다. '잊힐 권리'는 바로 이러한 인터넷 환경에서 나온 개념이다. 잊힐 권리란 인터넷에서 생성·저장되는 개인 정보에 대해 유통 기한을 정하거나 수정·삭제·폐기를 요청할 수 있는 권리를 말한다.

　이러한 잊힐 권리의 법제화에 대해 찬성과 반대 의견이 부딪치고 있다. 찬성하는 입장은 무엇보다 개인의 인권 보호를 위해 잊힐 권리를 법제화해야 한다고 주장한다. 인쇄 매체 시대에는 시간이 지나면 기사가 사람들의 기억 속에서 점차 잊혔기 때문에 그로 인한 피해가 일시적이었다. 반면 인터넷 시대에 한번 보도된 기사는 언제든지 다시 찾을 수 있기 때문에 기사와 관련된 사람이 소위 '신상 털기'로 인한 피해를 계속해서 입을 수 있다. 또한 인터넷 환경에서는 개인에 대한 정보를 쉽게 검색할 수 있어서 한 개인의 신원을 종합적으로 파악하는 이른바 '프로파일링'도 가능해졌다. 이러한 행위들이 계속해서 이루어진다면 피해자는 매우 큰 정신적 충격과 물질적 피해를 입을 수 있기 때문에 이를 방지할 수 있는 법이 필요하다는 것이다.

　반면 또 다른 권리의 측면에서 법제화를 반대하는 입장도 있다. 표현의 자유를 제한하고 알 권리를 침해할 가능성이 있다는 것이다. 잊힐 권리가 법제화되면 언론사는 삭제나 폐기를 요구받을 만한 민감한 기사를 보도하는 데 조심스러워질 수밖에 없어 표현의 자유가 제한될 수 있다. 그리고 기사나 자료가 지나치게 삭제될 경우 정부나 기업, 특정인과 관련된 정보에 대한 국민의 알 권리가 침해될 수 있다. 또한 반대 측은 현실적인 면에서도 문제가 있다고 본다. 인터넷에 퍼져 있는 개인의 정보를 찾아 지우는 것은 기술적으로 대단히 어렵기 때문이다. 게다가 잊힐 권리를 현실에 적용할 때 발생하는 비용 문제 역시 기업에는 큰 부담이 될 수 있다.

　인터넷 환경에 둘러싸인 현대인에게 잊힐 권리는 중요한 문제라고 볼 수 있다. 잊힐 권리가 나쁜 일에 쓰이는 경우가 없게 하기 위해서는 아직도 세부적으로 고려하고 논의해야 할 사항이 많다. 잊힐 권리를 둘러싼 문제들이 앞으로 어떻게 해결되어 나가는지 계속 관심을 갖고 지켜볼 필요가 있다.

내용 이해하기

1 문단: '❶ ☐☐☐☐'의 등장 배경 및 개념

2 문단: '잊힐 권리'의 법제화를 ❷☐☐ 하는 의견

3 문단: '잊힐 권리'의 법제화를 ❸☐☐ 하는 의견

4 문단: '잊힐 권리'에 대한 ❹☐☐ 요구

주제 파악하기

'잊힐 권리'의 개념 및 ❺☐☐☐에 대한 찬반 논쟁

확인 문제

❻ 인터넷에서의 개인 정보 삭제는 당사자가 원할 때 언제든지 가능하다. (○ , ×)

❼ '잊힐 권리'가 법제화되면 국민의 알 권리가 일부 침해될 가능성이 있다. (○ , ×)

❽ '잊힐 권리'가 법제화되면 언론사는 민감한 기사를 보도하는 데 조심스러워져 표현의 자유가 제한될 수 있다. (○ , ×)

답 ❶ 잊힐 권리   ❷ 찬성
❸ 반대   ❹ 관심   ❺ 법제화
❻ ×   ❼ ○   ❽ ○

---

1 윗글을 읽고 답할 수 있는 질문으로 적절하지 <u>않은</u> 것은?

① '잊힐 권리'가 나온 배경은 무엇일까?

② 인터넷에서의 '신상 털기'는 어떤 문제를 가져오는 것일까?

③ 인터넷에서 정보를 삭제할 수 있는 권한은 누구에게 있을까?

④ '잊힐 권리'를 현실에 적용하는 것이 어려운 이유는 무엇인가?

⑤ '잊힐 권리'가 인쇄 매체 시대 때부터 꾸준히 문제가 되어 온 이유는 무엇일까?

2 윗글의 구조를 나타낸 것으로 가장 적절한 것은?

3 글쓴이가 윗글을 쓴 의도로 적절하지 <u>않은</u> 것은?

① '잊힐 권리'가 나쁜 일에 이용되는 일이 없도록 하기 위해

② '잊힐 권리'를 보장받을 수 있는 '프로파일링'의 확대를 주장하기 위해

③ '잊힐 권리'의 문제가 해결되는 과정에 독자가 관심을 갖도록 하기 위해

④ '잊힐 권리'의 법제화가 가져올 장점과 단점 모두를 독자에게 알리기 위해

⑤ '잊힐 권리'가 가진 중요한 논쟁거리에 대한 정보를 독자에게 전달하기 위해

15강

실전2

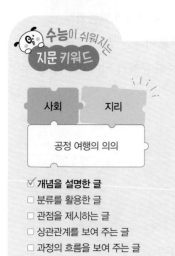

수능이 쉬워지는
지문 키워드

| 사회 | 지리 |

공정 여행의 의의

☑ 개념을 설명한 글
☐ 분류를 활용한 글
☐ 관점을 제시하는 글
☐ 상관관계를 보여 주는 글
☐ 과정의 흐름을 보여 주는 글

다음 글을 읽고 물음에 답하시오.

목표 8분

지난 50년 동안 여행을 다니는 사람들은 서른여섯 배가 늘었다. 세계 노동 인구의 약 8퍼센트가 관광과 관련한 산업에서 일을 하고 있고, 신혼 여행지로 유명한 몰디브는 무려 전체 인구의 83퍼센트가 관광 산업 관련 일을 한다. 오늘날의 관광 산업은 그야말로 거대한 산업으로 성장했다.

'굴뚝 없는 공장'이라고도 불리는 관광 산업은 공장을 짓지 않고도 외국의 돈을 벌어들일 수 있다. 다른 산업보다 자연 자원을 그대로 이용할 수 있어 환경 오염의 피해가 적고, 경제력과 상관없이 어느 나라나 시도할 만한 산업이다. 하지만 현실은 다르다. 여행자가 늘어나면 여행지는 개발되기 마련이다. 풍경이 아름다운 곳에는 호텔, 상점가 등이 지어지면서 아름다운 자연이 파괴되고, 현지인들이 삶의 터전을 빼앗기기도 한다. 여행자를 태우고 다니는 비행기는 이산화 탄소를 많이 생산하기 때문에 기후 변화에 부정적 영향을 미쳐 문제가 되고 있다. 승객 한 명이 움직일 때 1킬로미터당 배출하는 이산화 탄소의 양이 철도는 약 27그램, 지하철은 약 38그램인데, 항공은 약 150그램으로 다른 교통수단보다 훨씬 많다. 우리가 여행을 떠나려고 비행기를 타는 순간 환경은 심각하게 오염되는 것이다.

그렇다면 우리 모두 여행을 포기해야 할까? 여행의 긍정적인 면도 무시할 수 없다. 그래서 환경을 지키면서 여행을 다니고 싶은 사람들이 여행지의 현지인들과 환경을 생각하는 여행 방법을 찾기 시작했다. 그들은 여행을 다니며 발생할 수 있는 환경 파괴를 최소화하고, 여행지에서 사용된 돈이 현지인들에게 돌아가도록 하는 '공정 여행'을 제안했다. 공정 여행은 많은 양의 이산화 탄소를 배출하는 비행기 이용을 줄이고, 버스, 배 등을 타거나 걸어 다니며 여행지의 아름다움을 느끼는 것이다. 또 큰 기업에서 운영하는 호텔이나 식당 대신 현지인들이 제공하는 숙소를 이용하고, 현지인들이 운영하는 식당을 찾는다. 이러한 여행은 다른 문화에 대해 알게 되고, 다른 이를 배려하며 새로운 체험을 할 수 있는 소중한 기회가 된다.

공정 여행은 여행자들의 여행을 위해 자신들의 노동력과 자연 자원을 제공해 주는 현지인들에게 그에 맞는 대가를 지급하는 것이다. 공정 여행을 해야 한다고 이야기하는 사람들은 여행자가 어떤 지역을 찾아가 즐거움을 누렸다면, 그곳에 사는 사람들도 행복해지는 것이 옳다고 여긴다. 여행은 낯선 문화와 사람들, 환경과의 '관계 맺음'이다. 이러한 관계를 유지해 나갈 수 있는 여행이야말로 바람직한 여행이라 할 수 있다.

✦ **경제력**(경서 經, 건널 濟, 힘 力) 경제 행위를 하여 나가는 힘.

✦ **현지인**(나타날 現, 땅 地, 사람 人) 그 지역에 터전을 두고 사는 사람.

✦ **배출**(물리칠 排, 날 出)**하다** 안에서 밖으로 밀어 보내다.

✦ **노동력**(수고로울 勞, 움직일 動, 힘 力) 생산품을 만드는 데에 소요되는 인간의 정신적·육체적인 모든 능력.

✦ **지급**(지탱할 支, 줄 給)**하다** 돈이나 물품 따위를 정하여진 몫만큼 내주다.

내용 이해하기

1문단: 관광 산업의 ❶ □□

2문단: 관광 산업의 장점과 ❷ □□

3문단: 환경을 지키고 현지인들을 배려하는 ❸ □□□□

4문단: '❹ □□'을/를 맺는 여행을 가능하게 하는 공정 여행

주제 파악하기

공정 여행의 ❺ □□와/과 의의

확인 문제

❻ 기차는 비행기보다 이산화 탄소를 많이 배출하는 운송 기구이다.
(○ , ×)

❼ '공정 여행'은 여행자들이 현지에서 쓴 돈이 현지인들에게 돌아가도록 한다. (○ , ×)

❽ 관광 산업은 공장을 짓지 않아도 돈을 벌어들일 수 있어 '굴뚝 없는 공장'으로 불린다. (○ , ×)

❾ 관광지의 자연환경을 생각하며 공정 여행을 하는 사람들은 비행기 이용을 자제한다. (○ , ×)

답 ❶ 성장 ❷ 단점
❸ 공정 여행 ❹ 관계
❺ 개념 ❻ × ❼ ○
❽ ○ ❾ ○

1

윗글에 쓰인 글쓰기 전략으로 가장 적절한 것은?

① 전문가의 말을 인용하여 문제 상황의 심각성을 알린다.

② 비유적 표현을 통해 문제 상황에 대한 독자들의 이해를 돕는다.

③ 통계 자료와 같은 구체적인 수치를 활용하여 글의 신뢰성을 높인다.

④ 주요 개념의 시대적 변화 과정을 제시하여 독자들의 관심을 유도한다.

⑤ 대상을 구성하는 요소를 분석하며 미래 상황을 독자가 짐작하도록 한다.

2

윗글의 '공정 여행'을 실천한 사람으로 볼 수 없는 것은?

① 도윤: 나는 제주도에 갈 때 비행기 대신 배를 탔어.

② 가람: 나는 여행지에서 현지인이 운영하는 민박을 찾아서 묵었어.

③ 소진: 나는 여행지에서 일회용품 사용을 최대한 줄이려고 노력했어.

④ 지영: 나는 여행지의 풍경을 기록으로 남기려고 많은 사진을 찍었어.

⑤ 희수: 나는 여행지에서 현지인이 하는 식당을 찾아다니며 식사를 했어.

3

〈보기〉의 ⊙에 들어갈 말로 적절하지 않은 것은?

> **보기**
>
> 선생님: 윗글을 바탕으로 할 때 공정 여행의 특징으로는 어떤 것이 있을까요?
> 학생: _____ ⊙ _____

① 아픈 지구를 지키는 여행이에요.

② 저렴한 가격으로 마음껏 여행을 즐겨요.

③ 현지인에게도 만족감을 주는 여행이에요.

④ 여행지의 문화를 가까이에서 느낄 수 있어요.

⑤ 걸으며 여행지의 아름다운 풍경을 여유롭게 즐겨요.

어휘 공략하기

1 다음 사다리를 타서 뜻풀이에 알맞은 어휘를 〈보기〉에서 골라 빈칸에 쓰시오.

보기

방지하다　　성장하다　　제한하다　　파괴하다

사물의 규모나 세력 따위가 점점 커지다.	때려 부수거나 깨뜨려 헐어 버리다.	어떤 일이나 현상이 일어나지 못하게 막다.	일정한 한도를 정하거나 그 한도를 넘지 못하게 막다.

(1)　　　(2)　　　(3)　　　(4)

2 다음에 제시된 어휘와 뜻이 비슷한 어휘에 ◯표 하시오.

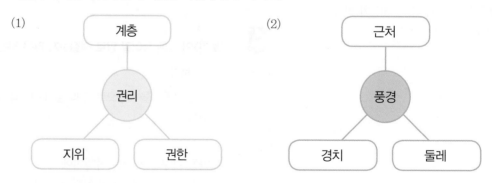

(1) 계층 — 권리 — 지위 / 권한

(2) 근처 — 풍경 — 경치 / 둘레

3 다음 괄호 안의 말 중 올바른 표기에 ◯표 하시오.

(1) 노동의 (대가 / 댓가)로 임금을 받다.

(2) 포대기를 아기 몸에 (둘러쌓고 / 둘러싸고) 집 밖으로 나갔다.

4 다음 문장의 빈칸에 들어갈 알맞은 어휘를 〈보기〉의 뜻을 참고하여 쓰시오.

> ┌─ 보기 ─┐
>
> • 침해: 침범하여 해를 끼침.
> • 신원: 개인의 성장 과정과 관련된 자료.
> • 인권: 인간으로서 당연히 가지는 기본적 권리.
> • 피해: 생명이나 신체, 재산, 명예 따위에 손해를 입음. 또는 그 손해.

(1) 국가는 국민의 (   )을/를 보호해야 한다.

(2) 그 기자가 한 질문은 사생활을 (   )하는 무례한 질문이다.

(3) 섬에 많은 비가 오기는 했지만 다행히 큰 (   )은/는 없었다.

(4) 경찰은 그가 교통 법규를 어겼다며 (   ) 조회를 위해 그에게 신분증을 보여 줄 것을 요구했다.

배경지식 확장하기   🏷 **실전 1과 엮어 읽기**

디지털 세탁소의 등장

 디지털 세탁소는 온라인상의 개인 정보와 관련된 것을 없애 주는 서비스이다. 최근 '잊힐 권리'에 대한 인식이 높아지면서 디지털 세탁소를 찾는 이들이 늘었다. 대중의 시선에 민감한 연예인을 비롯해, 최근에는 직원을 뽑는 과정에서 지원자가 인터넷에 올린 게시물을 회사 측에서 검색해 보기도 한다는 사실이 알려지면서 취업 준비생 등 일반인도 디지털 세탁소를 찾고 있다. 개인뿐만 아니라 기업이나 단체에서도 디지털 세탁소에 자신들을 근거 없이 비난하는 게시물 등을 삭제해 달라고 요청하기도 한다. 디지털 세탁소가 개인과 기업 등의 이러한 요청을 받아 정보를 지워 주면 개인은 인간으로서의 존엄성을 회복하고, 기업과 단체는 사회적으로 긍정적인 이미지를 유지해 나갈 수 있다.

 그러나 한편에서는 디지털 세탁소가 '과거 세탁' 등에 이용될 수 있다는 우려의 목소리도 나오고 있다. 디지털 세탁소가 자칫 범죄 사실 등 개인이나 단체의 나쁜 과거를 지우는 데 쓰일 수 있다는 것이다. 빠르게 발전하는 디지털 기술만큼이나 디지털 범죄도 늘어나는 요즈음, 잊힐 권리와 더불어 디지털 세탁소의 역할과 기능에 관해서도 관심을 가져야 할 필요가 있다.

15강까지 학습을 마쳤으면 QR 코드를 찍어 진단 평가를 해 보세요.

진단 평가

독해 실전 문제로 깨우자!

과학
실전 훈련

다음 글을 읽고 물음에 답하시오.

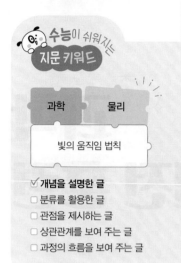

수능이 쉬워지는
지문 키워드

| 과학 | 물리 |

빛의 움직임 법칙

☑ 개념을 설명한 글
☐ 분류를 활용한 글
☐ 관점을 제시하는 글
☐ 상관관계를 보여 주는 글
☐ 과정의 흐름을 보여 주는 글

'천 길 물속은 알아도 한 길 사람 속은 모른다'라는 속담이 있다. 그런데 정말 천 길 물속이 생각처럼 그렇게 쉽게 들여다 보이는 것일까? 사실 물속은 우리가 알고 있는 것보다 그렇게 진실하지 않다. 예를 들어 욕조에 발을 담그면 다리가 짧아 보인다거나 국에 젓가락을 넣으면 굽어 보이는 것처럼 말이다. 이러한 현상을 ⁺굴절이라고 하는데, 이는 빛의 움직임 법칙과 관련이 있다.

빛의 움직임 법칙에는 세 가지가 있다. 직진과 굴절, 반사가 그것이다. 일반적으로 빛은 공기 중에서 다른 것에 부딪히지 않는 한 직진하려는 성질이 있다. 그러다가 다른 물질을 만나면 꺾이거나 되돌아오려는 성질을 갖는다. 이를 빛의 굴절과 반사라고 한다. 이러한 굴절과 반사는 안경 렌즈와 거울의 차이를 만들어 낸다. 즉 렌즈는 빛의 굴절을 이용한 것이고, 거울은 빛의 반사를 이용한 것이다. 앞서 이야기한 물속에서 물체가 ⁺왜곡되어 보이는 현상 역시 빛의 굴절 때문에 일어나는 것이다.

그렇다면 빛의 굴절은 왜 일어날까? 빛은 직진을 하는 성질을 가지고 있는데, 빛이 이동 중 어떤 물질을 만나게 되면 빛의 이동 속도는 느려지게 된다. 이는 우리가 공기 중에서는 잘 달릴 수 있지만, 수영장이나 바닷물에서 달리려면 물의 ⁺저항으로 인해 움직이기가 힘들어지는 것과 같은 원리이다. 빛도 기체만 있는 상태에서는 방해받지 않고 빠르게 이동하지만, 물과 같은 액체와 만나면 느리게 움직이게 되는 것이다. 그런데 빛은 이동 속도가 느려지는 쪽으로 꺾이는 성질을 지니고 있기 때문에 빛의 굴절이 생긴다.

빛이 만나게 되는 물질에 따라 빛의 꺾임의 정도가 다 다른데, 이를 굴절률이라고 한다. 가령 ⁺진공 상태와 비교할 때 물에서 빛의 굴절률은 3/4이다. 빛이 물을 만나면 이와 같이 굴절하기 때문에 물속에 있는 물건은 실제보다 가까이에 있는 것처럼 보이고, 물은 실제의 깊이보다 얕아 보이기 때문에 물놀이를 가서는 조심해야 한다.

빛의 굴절과 반사는 건축에 활용되기도 하였다. 독일의 한 건축가가 자연과 건물 공간의 하나 됨을 강조하기 위해 유리를 활용해 주택을 만들었다. 유리가 주는 투명함에 많은 사람들이 매력을 느꼈지만 건물 내부에 있는 사람의 ⁺프라이버시는 지키지 못했다. 사람들은 이 문제를 빛의 굴절과 반사 원리를 이용해 해결하였다. 건물의 내부에는 렌즈 상태인 유리를 설치하여 안에서는 밖이 투명하게 보이게 하고, 밖에는 빛을 반사하는 거울과 같은 유리를 설치하여 건물 밖에서는 내부가 보이지 않는 건축물을 만든 것이다.

이처럼 우리가 사용하는 물건, 자주 찾는 건물 등에는 빛의 움직임 법칙이 담겨 있다. 그동안 무심코 지나쳤던 것들을 주의 깊게 살펴보며 빛의 움직임을 관찰해 보는 것은 어떨까?

⁺**굴절**(굽을 屈, 꺾을 折) 휘어서 꺾임.

⁺**왜곡**(비뚤 歪, 굽을 曲) 사실과 다르게 해석하거나 사실에서 멀어지게 함.

⁺**저항**(거스를 抵, 막을 抗) 물체의 운동 방향과 반대 방향으로 작용하는 힘.

⁺**진공**(참 眞, 빌 空) 공기가 거의 없는 상태.

⁺**프라이버시** 개인의 사생활이나 집안의 사적인 일. 또는 그것을 남에게 간섭받지 않을 권리.

1

이 글을 읽은 학생의 반응으로 적절하지 않은 것은?

① 수영장 물속에서 달리기 힘든 것은 물의 저항 때문이군.

② 욕조에 담근 발이 짧게 보이는 것은 빛의 반사와 관련된 것이군.

③ 빛은 직진을 하다가 특정한 물질과 만나게 되면 속도가 느려지는군.

④ 국에 젓가락을 넣었을 때 굽어 보이는 것은 빛의 굴절과 관련된 것이군.

⑤ 빛의 반사 현상을 이용하여 만든 유리는 프라이버시를 지켜 주는 건축물
을 지을 때 활용되는군.

2

윗글에 사용된 설명 방식으로 적절한 것을 〈보기〉에서 골라 바르게 묶은 것은?

┌─ 보기 ─

ㄱ. 속담을 활용하여 독자의 흥미를 유도하고 있다.

ㄴ. 특정 법칙을 설명할 때 구체적인 사례를 들어 설명하고 있다.

ㄷ. 질문을 던지고 답을 하는 형식을 사용하여 화제를 설명하고 있다.

ㄹ. 중심 화제에 대한 개념이 등장한 배경을 시간 순으로 제시하고 있다.

① ㄱ, ㄴ   ② ㄱ, ㄴ, ㄷ   ③ ㄱ, ㄴ, ㄷ, ㄹ

④ ㄴ, ㄷ, ㄹ   ⑤ ㄷ, ㄹ

3

윗글의 내용을 참고할 때 〈보기〉의 ⓐ에 들어갈 말로 가장 적절한 것은?

┌─ 보기 ─

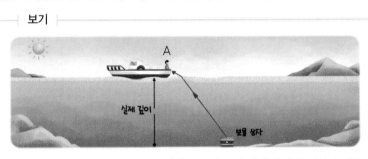

A 지점에서 물속에 있는 보물 상자를 보면 물과 만난 빛이 굴절되기 때문
에 보물 상자는 (ⓐ   ).

① 실제보다 더 선명하게 보인다.

② 실제 크기보다 더 작게 보인다.

③ 실제보다 더 가까이 있는 것처럼 보인다.

④ 실제보다 빠르게 이동하는 것처럼 보인다.

⑤ 실제보다 더 깊이 잠겨 있는 것처럼 보인다.

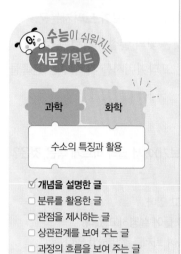

다음 글을 읽고 물음에 답하시오. (목표) 9분

영국의 과학자 헨리 캐번디시는 1776년 영국 왕립 학회에서 새로운 기체에 대한 실험 결과를 발표하였다. 묽은 황산과 염산에 아연, 철 등의 금속을 넣어 반응을 살펴보았더니 불에 타기 쉬운 기체가 발생하였고, 그 기체가 다른 기체보다 가볍다는 내용이었다. 캐번디시는 자신이 발견한 기체에 '가연성 기체'라는 이름을 붙였다. 그리고 '가연성 기체'와 '생명 유지 기체'라고 불리는 기체를 전기 불꽃으로 결합하여 물방울을 만드는 데 성공하였다. 이 실험을 바탕으로 사람들은 그동안 하나의 물질이라고 생각했던 물이 두 물질의 결합으로 이루어진 것임을 알게 되었다.

이후 1785년 프랑스의 화학자 라부아지에는 캐번디시가 했던 실험을 다시 해 본 뒤, 물을 구성하는 '가연성 기체'를 '수소', '생명 유지 기체'를 '산소'라고 이름 붙였다. 오늘날 화석 연료를 대체할 다양한 대체 에너지 중 하나로 주목받고 있는 물질이 수소라고 명명되는 순간이었다.

수소는 물뿐만 아니라 모든 동식물, 석탄 등을 이루고 있는 중요한 원소 중 하나로 지구 표면의 70%를 구성하고 있다. 색깔과 냄새가 없으면서 가장 가벼운 원소이기도 하다. 수소는 대체로 다른 원소와 합쳐진 모습으로 존재한다. 따라서 수소를 얻기 위해서는 물과 같이 수소를 포함하는 물질에서 수소를 뽑아내야 한다. 그렇게 뽑아낸 수소는 새어 나가기 쉬워서 150~200기압으로 압축하거나 영하 253도에서 얼려 액체로 만들거나 금속에 수소를 흡수시킨 형태로 만들어서 저장해야 한다.

한편 수소를 다룰 때에는 아주 조심스럽게 다루어야 한다. 수소는 공기나 산소를 만나면 쉽게 불이 붙는 성질이 있기 때문이다. 수소와 산소를 섞어 높은 온도로 가열하거나 불꽃을 붙이면 강하게 폭발하기도 한다. 이러한 수소의 폭발력을 이용하여 도시가스와 같은 에너지원으로 사용할 수 있다.

이산화 탄소를 배출하지 않아 지구 온난화를 막는 데 도움이 되는 에너지로 평가받는 수소는 우리가 예상하는 것보다 훨씬 오래전부터 다양한 용도로 사용되어 왔다. 1794년 프랑스에서는 정찰 기구를 띄우기 위해 수소 발생기를 설치했고, 1800년대 초반에는 유럽과 미국에서 수소를 난방과 조명 기구의 연료로 사용하기 시작했다. 20세기에 들어서는 비행기 연료, 버스 연료, 우주선의 연료로까지 사용하였다. 또한 수소는 에너지 분야뿐만 아니라 비료, 알코올, 비누, 심지어 양초를 만드는 데에도 중요한 재료로 사용된다. 나아가 반도체 산업, 유리 공업, 금속 산업 등에서도 널리 사용되고 있다.

✦가연성(옳을 可, 사를 燃, 성품 性) 불에 잘 탈 수 있거나 타기 쉬운 성질.

✦결합(맺을 結, 합할 合)**하다** 둘 이상의 사물이나 사람이 서로 관계를 맺어 하나가 되다.

✦명명(목숨 命, 이름 名)**되다** 사람, 사물, 사건 등의 대상에 이름이 지어져 붙여지다.

✦에너지원 에너지를 만들어 내는 근원.

✦정찰(염탐할 偵, 살필 察) 작전에 필요한 자료를 얻으려고 적의 움직임이나 지형을 살피는 일.

내용 이해하기

1 문단: 실험을 통해 ❶☐☐을/를 처음 발견한 캐번디시

2 문단: ❷☐의 구성 물질을 수소와 산소로 명명한 라부아지에

3 문단: 수소의 특징 ①: 쉽게 새어 나감.

4 문단: 수소의 특징 ②: 공기나 산소와 만나면 쉽게 ❸☐이/가 붙거나 폭발함.

5 문단: ❹☐☐☐ 분야 및 다양한 분야에서 널리 사용되는 수소

주제 파악하기

수소의 ❺☐☐와/과 활용 분야

확인 문제

❻헨리 캐번디시는 가연성 기체에 전기 불꽃을 결합하여 수소를 얻었다. (○ , ×)

❼수소는 냄새와 색깔이 없는 원소이다. (○ , ×)

❽수소 에너지는 이산화 탄소를 배출하지 않아 지구 온난화 방지에 도움이 된다. (○ , ×)

답 ❶ 수소 ❷ 물 ❸ 불
❹ 에너지 ❺ 특징 ❻ ×
❼ ○ ❽ ○

1 윗글의 중심 화제로 가장 적절한 것은?

① 과거 화학자들의 삶
② 수소의 발견과 그 쓰임
③ 지구 온난화를 막기 위한 방법
④ 수소의 잘못된 사용과 그 피해
⑤ 대체 에너지의 다양한 종류와 장점

2 윗글을 바탕으로 추론할 수 있는 내용이 아닌 것은?

① 헨리 캐번디시의 실험 이전에는 수소의 존재를 몰랐겠군.
② 수소는 처음 발견된 후 50년도 지나지 않아 프랑스에서 사용되었군.
③ 라부아지에 이전에는 수소와 산소를 부르는 이름이 현재와 달랐겠군.
④ 수소를 액체로 만들거나 금속 형태로 저장하는 것은 불이 잘 붙는 수소의 성질 때문이겠군.
⑤ 수소는 지구 표면에 흔히 존재하고 있으나 대체로 다른 원소와 합쳐져 있으므로 별도로 뽑아내는 과정을 거쳐야 얻을 수 있겠군.

3 윗글을 바탕으로 〈보기〉를 이해한 내용 중 적절하지 않은 것은?

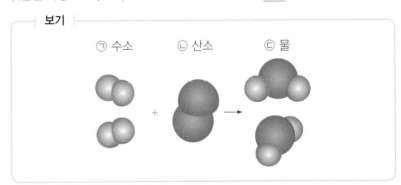

① 묽은 황산과 염산에 아연, 철 등의 금속을 넣으면 ㉠이 발생한다.
② 전기 불꽃을 이용하면 ㉠과 ㉡을 결합할 수 있다.
③ ㉠은 가연성 기체, ㉡은 생명 유지 기체에 해당한다.
④ ㉠과 ㉡이 만나서 이루어진 ㉢은 다른 공기와 만나면 불이 붙는 성질이 있다.
⑤ 헨리 캐번디시의 실험 이전에는 ㉢이 하나의 물질이라고 생각했다.

1 다음 어휘의 뜻을 읽고, 빈칸에 들어갈 알맞은 말을 쓰시오.

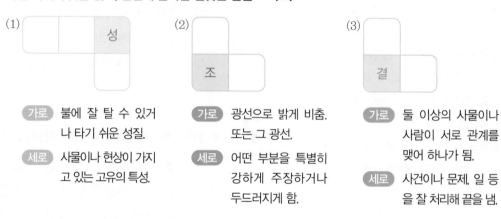

(1)
		성

가로 불에 잘 탈 수 있거나 타기 쉬운 성질.

세로 사물이나 현상이 가지고 있는 고유의 특성.

(2)
조	

가로 광선으로 밝게 비춤. 또는 그 광선.

세로 어떤 부분을 특별히 강하게 주장하거나 두드러지게 함.

(3)
결	

가로 둘 이상의 사물이나 사람이 서로 관계를 맺어 하나가 됨.

세로 사건이나 문제, 일 등을 잘 처리해 끝을 냄.

2 다음 문장의 빈칸에 들어갈 알맞은 어휘를 〈보기〉의 뜻을 참고하여 쓰시오.

┌ 보기 ┐
- 진공: 공기가 거의 없는 상태.
- 왜곡: 사실과 다르게 해석하거나 사실에서 멀어지게 함.
- 정찰: 작전에 필요한 자료를 얻으려고 적의 움직임이나 지형을 살피는 일.
- 반사: 빛이나 전파 등이 다른 물체의 표면에 부딪혀서 나아가던 방향이 반대 방향으로 바뀌는 현상.

(1) 교실 뒤에 걸린 거울에 햇빛이 (   )되어서 눈이 부셨다.

(2) 이 기사는 한쪽의 말만 듣고 쓴 것이라서 (   )이/가 심하다.

(3) 나는 소고기가 공기와 만나 상하게 될까 봐 (   ) 포장을 했다.

(4) 사고가 발생한 건물 안으로 (   ) 로봇이 들어가서 밖에서는 알 수 없는 정보를 알려 주었다.

3 다음 문장에서 밑줄 친 말과 뜻이 비슷한 말을 〈보기〉에서 찾아 문맥에 맞게 쓰시오.

┌ 보기 ┐

부르다   여기다   지니다

(1) 그 선수는 세계 기록을 보유하고 있다. (   )

(2) '생명 유지 기체'를 '산소'라고 명명하였다. (   )

(3) 과거에 사람들은 물을 하나의 물질이라고 생각했다. (   )

4 〈보기〉의 설명을 참고하여, 다음 중 알맞은 어휘에 ◯표 하시오.

> **보기**
>
> '부딪치다'와 '부딪히다'는 모두 사용할 수 있는 표현이지만, 문맥에 따라 구분해서 써야 한다. 두 어휘는 모두 '무엇과 무엇이 힘 있게 마주 닿거나 마주 대다, 예상치 못한 일이나 상황 따위에 직면하다'라는 뜻을 지닌 '부딪다'의 의미가 담긴 말로, '부딪치다'는 '부딪다'를 강조하여 이르는 말이다. 그리고 '부딪히다'는 '부딪다'의 피동사로, 부딪음을 당한 상황에서 사용해야 한다.
>
> 예 • 스스로 벽에 부딪는 경우: 몸을 벽에 부딪친다.
> • 어떤 상황으로 인해 행인에게 부딪음을 당하는 경우: 지나가는 행인에게 부딪혀 뒤로 넘어졌다.

(1) 배가 파도에 쓸려 온 빙산에 (부딪혀 / 부딪쳐) 망가지고 말았다.

(2) 경제적 난관에 (부딪힌 / 부딪친) 회사는 결국 문을 닫고 말았다.

(3) 그가 자신의 머리를 문에 (부딪히는 / 부딪치는) 행동을 반복하자 그의 어머니가 달려왔다.

배경지식 확장하기　　　　　　　　　　　🏷 실전 2와 엮어 읽기

대체 에너지로 주목받는 수소

　　최근 미세먼지가 사회적으로 심각한 문제를 일으키게 되면서 친환경 자동차에 대한 관심이 높아지고 있다. 이 중에서 수소를 연료로 한 수소 연료 전지 차가 문제를 해결할 대안으로 떠오르고 있다. 수소 연료 전지 차는 수소를 연료로 해서 전기를 만들고, 이 전기를 이용하여 운전할 수 있도록 한 친환경 자동차이다. 수소와 산소를 반응시키면 전기가 만들어지는데, 이 원리를 활용한 것이다.

　　일반 자동차가 기름을 넣기 위해 주유소에 가듯이, 수소 연료 전지 차는 수소를 충전하기 위해 충전소에 간다. 탱크로 들어온 수소가 연료 전지로 이동하면 전기 에너지가 만들어지고, 이 전기 에너지가 모터를 작동시켜 자동차는 움직일 수 있게 된다. 전기 에너지로 자동차를 운행하게 하는 수소는 산소만큼이나 많은 양이 지구에 존재하는 풍부한 자원이다. 또 자동차의 에너지원으로 사용될 때, 이산화 탄소 같은 오염 물질을 만들지 않기 때문에 미래의 친환경 대체 에너지원으로 주목받고 있다.

　　이처럼 수소는 지구에 매장되어 있는 양이 정해져 있어서 앞으로 40~60년 정도밖에 쓸 수 없는 석유, 200~300년 정도밖에 쓸 수 없는 석탄을 대체할 수 있는 새로운 에너지원으로 중요한 가치를 지닌다.

다음 글을 읽고 물음에 답하시오.

 목표 9분

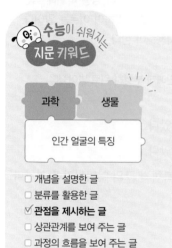
일반적으로 '얼굴'이란 '눈, 코, 입이 있는, 동물의 머리 앞쪽 면'을 의미한다. 척추동물에 따라 꼬리나 팔다리 등은 사라진 것도 있으나, 얼굴만큼은 모든 척추동물이 가지고 있으며 그 생김새는 천차만별이다. 그런데 얼굴 구조에 관한 연구 분야에서 권위 있는 학자인 도널드 엔로는 인간의 얼굴을 두고 "일반적인 포유류의 기준에서 인간의 얼굴은 매우 특이하고, 전문화되었으며, 어떻게 보면 기이하기까지 하다."라고 하였다. 그렇다면 다른 포유류와 구별되는, 인간의 얼굴이 지닌 특징은 무엇일까?

포유류를 기준으로 인간의 얼굴이 갖는 특징은 다음 그림을 통해 찾아볼 수 있다. 먼저

여우의 얼굴과 인간의 얼굴을 비교해 보자. 여우는 긴 주둥이와 머리덮개뼈 쪽으로 부드러운 경사를 이루는 생김새를 하고 있다. 이는 대부분의 포유류 얼굴에서 보이는 특징이다. 반면에 인간의 얼굴은 주둥이가 줄어들어 돌출된 흔적만 남아 있고 둥글납작하며 수직으로 솟은 이마가 있다. 또한 여우의 얼굴은 털로 덮여 있고 촉촉한 코를 가지고 있지만, 인간의 얼굴은 피부가 노출되어 있고 마른 코를 가지고 있다. 한편, 침팬지의 얼굴은 여우와 인간, 두 종의 특징이 섞여 있으면서도 여우보다는 인간의 얼굴과 더 비슷하다.

인간의 얼굴은 다른 포유류와 생김새뿐만 아니라 표현력 면에서도 구별된다. 인간, 여우, 침팬지가 다른 대상과 소통하는 모습을 관찰해 보면 모두 얼굴에 표정 변화가 나타나지만, 인간의 얼굴 표정이 훨씬 다양함을 알 수 있다. 여우나 침팬지와는 달리, 대화를 나눌 때 인간은 표정을 순식간에 만들어 말의 의미를 보충한다. 예를 들면 실눈을 뜨면서 살짝 찌푸리는 표정은 이해하지 못해 혼란한 상태임을 의미하기도 하고, 입꼬리를 살짝 내린다면 회의적임을 나타내기도 한다. 입꼬리가 살짝 위로 올라간 모습은 행복함이나 즐거움의 표현인 반면, 꽉 다문 입술은 불신을 의미하기도 한다. 이렇게 다양한 얼굴 표정은 말을 주고받는 행위에 덧붙여져서 대화의 일부가 되고, 대화 내용에 담긴 중요한 감정 상태를 전달한다. 이처럼 인간의 얼굴 표정은 매우 정교한 의사소통의 도구인 것이다.

지금까지 살펴본 것처럼 인간의 얼굴은 생김새 면에서 다른 포유류의 얼굴과는 구별되는 특징을 가지고 있다. 또한 다양하고 섬세한 표정을 지을 수 있어 의사소통 과정에서 중요한 역할을 하기도 한다. 이러한 점을 생각하면서 우리 주변의 다양한 '얼굴'을 관찰해 보자. 인간의 얼굴을 이해하는 꽤나 흥미로운 일이 될 것이다.

☺ 내용 이해하기

1문단: 일반적인 포유류의 얼굴과 다른 인간의 ❶▢▢

2문단: ❷▢▢, 침팬지와 구별되는 인간의 얼굴 생김새

3문단: 정교한 의사소통의 도구인 인간의 얼굴 ❸▢▢

4문단: ❹▢▢의 얼굴이 지닌 특징에 대한 요약·정리

☺ 주제 파악하기

다른 ❺▢▢▢와/과 구별되는 인간의 얼굴이 가지는 특징

☺ 확인 문제

❻침팬지의 얼굴 생김새는 인간보다는 여우의 얼굴과 더 유사하다. (○ , ×)

❼여우의 얼굴은 피부가 그대로 노출되어 있다. (○ , ×)

❽인간의 얼굴 표정은 말의 의미를 보충하는 역할을 한다. (○ , ×)

> 답 ❶ 얼굴　❷ 여우　❸ 표정
> ❹ 인간　❺ 포유류　❻ ×
> ❼ ×　　❽ ○

---

1 윗글을 〈보기〉와 같이 정리할 때, ㉮~㉺ 중 적절하지 <u>않은</u> 것은?

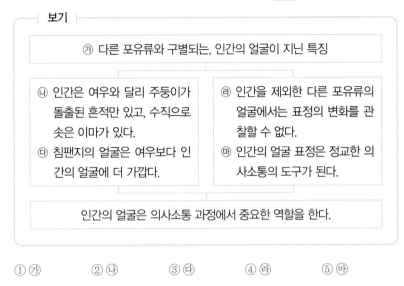

보기

> ㉮ 다른 포유류와 구별되는, 인간의 얼굴이 지닌 특징
>
> ㉯ 인간은 여우와 달리 주둥이가 돌출된 흔적만 있고, 수직으로 솟은 이마가 있다.
> ㉰ 침팬지의 얼굴은 여우보다 인간의 얼굴에 더 가깝다.
>
> ㉱ 인간을 제외한 다른 포유류의 얼굴에서는 표정의 변화를 관찰할 수 없다.
> ㉲ 인간의 얼굴 표정은 정교한 의사소통의 도구가 된다.
>
> 인간의 얼굴은 의사소통 과정에서 중요한 역할을 한다.

① ㉮　　② ㉯　　③ ㉰　　④ ㉱　　⑤ ㉲

---

2 윗글에 대한 설명으로 적절하지 <u>않은</u> 것은?

① 1문단에서는 학자의 말을 인용하여 독자의 관심을 끌고 있다.

② 1문단에서는 질문 형식을 사용하여 중심 화제를 제시하고 있다.

③ 2문단에서는 대상 간의 차이점과 유사성을 중심으로 설명하고 있다.

④ 3문단에서는 구체적인 사례를 들어 대상의 특징을 설명하고 있다.

⑤ 4문단에서는 대상의 사전적인 정의를 사용하여 의미를 드러내고 있다.

---

3 윗글을 통해 추론할 수 있는 내용으로 가장 적절한 것은?

① 모든 척추동물은 공통적으로 촉촉한 코를 가지고 있겠군.

② 인간은 대화 중 표정만으로도 자신의 감정을 드러낼 수 있겠군.

③ 여우의 다양한 표정 변화는 얼굴에 있는 털 때문에 관찰할 수 없는 것이겠군.

④ 침팬지는 다양한 표정을 지을 수 있다는 점에서 인간의 얼굴과 비슷하다고 볼 수 있겠군.

⑤ 도널드 엔로는 주둥이와 머리덮개뼈 쪽으로 부드러운 경사를 이룬 인간의 생김새가 특이하다고 본 것이겠군.

다음 글을 읽고 물음에 답하시오.

(목표) 9분

사람마다 그 기준이 다르기 때문에 '아름답다'와 같은 주관적인 표현은 수학으로 증명하기 어렵다. 1965년 미국 버클리 대학교의 자데 교수는 불분명한 상황을 수학으로 표현하기 위한 이론을 만들었다. 그는 복잡하고 애매한 것들이 많은 현실 세계를 '예' 또는 '아니요'라는 단순한 논리로 모두 설명할 수는 없다고 생각했다. 그래서 '보통이다', '나름 괜찮다', '제법 괜찮다'와 같은 주관적인 표현들을 일정한 값으로 나타냈다. 예를 들어 '나름 괜찮다' 대신 '0.7 정도 괜찮다'라고 표현한 것이다.

자데 교수는 이 이론을 '애매하다'라는 뜻의 '퍼지(fuzzy)'라는 단어를 사용해서 '㉠퍼지 이론'이라고 불렀다. 그러나 수학자들은 애매하고 모호한 것은 수학이 될 수 없다며 이 이론을 수학으로 인정하지 않았다. 하지만 퍼지 이론이 전자 제품에 응용되면서 상황은 정반대로 변했다. '예' 또는 '아니요'만 처리할 수 있었던 전통적인 컴퓨터 프로그램과는 달리, 퍼지 이론이 적용된 컴퓨터 프로그램은 다양한 명령어를 처리할 수 있었기 때문이다.

예를 들어 전통적인 컴퓨터 프로그램은 '실내를 시원하게 만들어라.'처럼 애매한 명령어는 처리하기 어려웠다. 퍼지 이론이 적용된 에어컨은 현재 실내 온도를 측정하는 기술을 이용하여 명령어를 처리한다. 만약 실내 온도가 30도일 때, 에어컨 설정 온도가 29도이면 사람들이 시원함을 느낄 확률은 0.25, 18도이면 대부분의 사람들이 확실히 시원함을 느끼므로 확률은 1이다. 따라서 30도에서 '실내가 시원하게 에어컨을 틀어라.'라는 명령을 받으면, 퍼지 이론이 응용된 에어컨은 대부분의 사람들이 시원함을 느낄 수 있는 18도로 온도를 설정한다.

퍼지 이론은 또 다른 분야에도 응용되고 있다. 과거에는 지하철 운행 시 '출발'과 '멈춤' 두 가지 명령어만 있어서 승객들은 지하철이 갑자기 출발하거나 멈춘다고 느꼈는데, 퍼지 이론을 적용하면서 '출발'과 '멈춤' 사이에 기준을 여러 개 입력해 속도를 다양하게 조절할 수 있게 된 것이다. 이처럼 수학 이론은 일상 속에서 다양하게 활용되면서 우리의 생활을 더욱 편리하게 만들어 주고 있다.

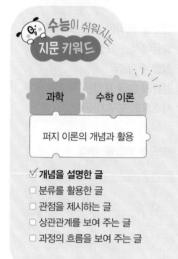

✚**증명**(증거 證, 밝을 明)**하다** 어떤 사항이나 판단 따위에 대하여 그 것이 진실인지 아닌지 증거를 들어 밝히다.

✚**논리**(논의할 論, 다스릴 理) 말이나 글에서 사고나 추리 따위를 이치에 맞게 이끌어 가는 과정이나 원리.

✚**응용**(응할 應, 쓸 用)**되다** 어떤 이론이나 이미 얻은 지식이 구체적인 개개의 사례나 다른 분야의 일에 적용되어 이용되다.

✚**명령어**(목숨 命, 명령할 令, 말씀 語) 컴퓨터에 연산이나 일정한 동작을 명령하는 기계어.

내용 이해하기

1 문단: ❶ ☐☐☐ 인 표현을 수학
으로 나타낸 자데 교수의 이론 소개

2 문단: ❷ ☐☐☐ 들에게 인정받
지 못하던 퍼지 이론이 주목받게 된
과정

3 문단: 퍼지 이론이 응용된 ❸ ☐☐
제품의 사례

4 문단: 우리의 ❹ ☐☐ 에서 활용되
는 퍼지 이론

주제 파악하기

❺ ☐☐☐☐ 의 특징과 활용 분야

확인 문제

❻ 기존의 수학자들은 퍼지 이론이 발
표되었을 때 이를 환영하였다.
(○ , ×)

❼ 전통적 컴퓨터 프로그램에서는 '예'
와 '아니요'만 처리할 수 있었다.
(○ , ×)

❽ 퍼지 이론을 지하철 운행에 적용하
여 지하철의 속도를 다양하게 조절
할 수 있다. (○ , ×)

답 ❶ 주관적 ❷ 수학자 ❸ 전자
❹ 일상 ❺ 퍼지 이론
❻ × ❼ ○ ❽ ○

1 윗글을 읽고 심화 학습을 하기 위해 떠올린 생각으로 가장 적절한 것은?

① 퍼지 이론을 만든 사람이 누구인지 찾아보자.

② 과거보다 지하철 이용률이 얼마나 늘어났는지 확인해 보자.

③ 자데 교수가 지하철에 퍼지 이론을 적용하려고 한 노력을 찾아보자.

④ 전통적 컴퓨터 프로그램이 다양한 명령어를 처리하게 된 과정을 알아보자.

⑤ 전기밥솥의 온도와 열을 세밀하게 조절하는 기능이 퍼지 이론과 관련이
있는지 알아보자.

2 윗글을 바탕으로 〈보기〉를 이해한 내용으로 적절하지 않은 것은?

보기

〈A 세탁기 사용 방법 안내〉

모드	기본 세탁	질긴 옷감	연한 옷감	찌든 때
물의 세기	보통	보통	약함	강함
세탁 시간	중간	긺	짧음	긺
탈수 강도	중간	강함	약함	중간

① A 세탁기는 퍼지 이론이 응용된 전자 제품의 예라고 할 수 있군.

② '강력하게 세탁해'라는 명령어는 '질긴 옷감' 모드로 실행되겠군.

③ A 세탁기는 '세탁 시간'과 '탈수 강도'에 여러 개의 기준이 입력되어 있겠군.

④ A 세탁기는 '물의 세기'를 다양하게 조절하며 사용할 수 있도록 만들었군.

⑤ 세탁 시간이 길어 옷감이 변형되는 것을 걱정하는 사용자는 '찌든 때' 모
드를 활용하면 되겠군.

3 ㉠에 대한 설명으로 가장 적절한 것은?

① 수학자들의 방해를 받아 발표되지 못했다.

② 전자 제품에 해당 이론을 응용하는 데에는 한계가 있었다.

③ 현실 세계를 단순한 논리로 설명할 수 있다는 생각을 바탕으로 만들어졌다.

④ 사람들마다 기준이 달라 불분명한 표현을 일정한 값으로 나타낸 이론이다.

⑤ 활용 가능한 분야가 분명하지 않아 수학자들에게 이론으로 인정받지 못했다.

어휘 공략하기

1 다음 어휘의 뜻을 읽고, 빈칸에 들어갈 알맞은 말을 쓰시오.

(1)

가로 어떤 분야에서 사회적으로 인정을 받을 만한 지식, 기술 또는 실력.

세로 사람이 의지를 가지고 하는 짓.

(2)

가로 컴퓨터에 연산이나 일정한 동작을 명령하는 기계어.

세로 어떤 사항이나 판단 따위에 대하여 그것이 진실인지 아닌지 증거를 들어서 밝힘.

(3)

가로 실처럼 가늘게 뜬 눈.

세로 방이나 건물 따위의 안.

2 다음 밑줄 친 어휘의 뜻에 해당하는 기호를 〈보기〉에서 찾아 쓰시오.

> **보기**
>
> **'가지다'**
> ㉠ 모임을 치르다.
> ㉡ 손이나 몸 따위에 있게 하다.
> ㉢ 아이나 새끼, 알을 배 속에 지니다.

(1) 갑자기 비가 쏟아져 나는 우산을 <u>가지고</u> 동생의 학교로 갔다. (   )

(2) 야생에서 살아가는 동물들은 새끼를 <u>가지면</u> 무척 예민해진다. (   )

(3) 내일 오후에 잠시 회의를 <u>가질</u> 예정이라는 안내 방송이 회사에 울려 퍼졌다. (   )

3 다음 문장의 빈칸에 들어갈 알맞은 어휘를 〈보기〉의 뜻을 참고하여 쓰시오.

> **보기**
>
> • 불신: 믿지 아니함. 또는 믿지 못함.
> • 회의적: 어떤 일에 의심을 품는 것.
> • 응용: 어떤 이론이나 이미 얻은 지식을 구체적인 개개의 사례나 다른 분야의 일에 적용하며 이용함.

(1) 말과 다른 그의 행동으로 인해 그에 대한 (   )이/가 더욱 커졌다.

(2) 이렇게 비가 오는데 소풍을 갈 수 있을지에 대해서는 모두들 (   )(이)었다.

(3) 수학을 공부할 때는 공식을 암기하는 것보다 (   )하는 능력이 더 중요하다.

4 〈보기〉를 참고하여 다음 문장에서 띄어쓰기가 올바른 것에 ◯표 하시오.

> **보기**
>
> '시'는 경우에 따라서 앞말과 띄어 쓰기도 하고 앞말에 붙여 쓰기도 한다.
>
> 1. 띄어 쓰는 경우
> ① '지금은 세 시가 조금 넘었다.'처럼 '차례가 정하여진 시각'을 이를 경우
> ② '비행 시에는 휴대 전화를 사용하면 안 된다.'처럼 '어떤 일이나 현상이 일어날 때'를 이를 경우
>
> 2. 붙여 쓰는 경우
> '같은 동료끼리 경쟁하며 적대시하는 것은 옳지 않아.'에서처럼 '그렇게 여김 또는 그렇게 봄'을 뜻하는 경우

(1) 회사에서 벌어진 비리가 직원들에게 (문제시 / 문제 시)되었다.

(2) 이 타이어는 겨울철 (운행시 / 운행 시) 탁월한 성능을 보여 준다.

배경지식 확장하기　　　　　　　　　🖊 실전 1과 엮어 읽기

물속에 사는 포유류, 고래

　책이나 매체를 통해 고래가 힘차게 물 위로 올라왔다가 다시 물속으로 들어가는 것을 본 적이 있을 것이다. 고래를 잡는 것은 불법이지만 법을 어기고 고래를 잡는 사람들이 있는데, 그들은 고래가 물 위로 솟아오르는 것을 보고 고래의 위치를 파악하기도 한다. 이처럼 물 위로 올라오는 것은 고래가 위험을 무릅쓰고 하는 행동이라고도 볼 수 있는데, 고래는 왜 물 위로 솟아오르는 것일까?

　고래의 이러한 행동을 이해하려면 고래의 생물학적 특징을 이해해야 한다. 물속에서 생활하고 지느러미를 가지고 있으며 전체적인 생김새가 물고기와 비슷하다는 점에서 고래는 어류에 가까워 보이지만, 호흡 방법이나 새끼를 낳아 기르는 과정 등을 살펴보면 고래는 포유류에 해당한다. 어류인 상어는 물속에 녹아 있는 산소를 흡수하기 위해 아가미를 통해 호흡하지만, 고래는 인간과 마찬가지로 폐로 호흡을 하기 때문에 산소를 마시는 호흡을 하기 위해 물 위로 올라와야 하는 수고를 해야 하는 것이다. 또 알을 낳는 상어와 달리, 고래는 새끼를 낳아 젖을 먹여 키우는데 새끼 고래가 물속에서 젖을 먹으면 숨을 쉴 수 없어 익사할 수 있기 때문에 어미 고래는 새끼에게 젖을 줄 때 물 위로 올라와 몸을 뒤집어 눕기도 한다. 이에 따라 고래는 어류가 아닌 포유류로 분류되어, 생김새가 더 비슷한 상어보다 생김새는 다르지만 폐로 호흡하고, 아기에게 젖을 먹이는 인간과 더 가까운 관계에 있다고 할 수 있다.

다음 글을 읽고 물음에 답하시오.

目標 9분

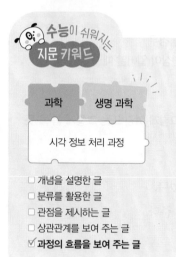

수능이 쉬워지는
지문 키워드

| 과학 | 생명 과학 |

시각 정보 처리 과정

☐ 개념을 설명한 글
☐ 분류를 활용한 글
☐ 관점을 제시하는 글
☐ 상관관계를 보여 주는 글
☑ 과정의 흐름을 보여 주는 글

우리 눈에 보이는 것들은 정말 '눈에 보이는 대로'만 존재할까? 하버드 대학교 심리학과 연구자들은 흰옷과 검은 옷을 입은 학생들을 두 조로 나누어 같은 조끼리만 농구공을 주고받게 하고, 그 장면을 동영상으로 찍었다. 연구자들은 이 영상을 사람들에게 보여 주면서 검은 옷을 입은 조는 무시하고, 흰옷을 입은 조의 패스 횟수만 세어 달라고 요구하였다. 실제 이 영상에는 고릴라 의상을 입은 학생이 가슴을 치고 퇴장하는 장면이 있었는데, 영상을 본 사람들의 절반은 이것을 전혀 인지하지 못했다. 도대체 그들은 왜 고릴라를 보지 못했을까? 이것은 무주의 맹시 때문이다. 무주의 맹시란 시각이 손상되어 물체를 보지 못하는 것과 달리, 물체를 보면서도 주의를 기울이지 않아서 인지하지 못하는 경우를 말한다.

인간은 눈을 통해 빛과 사물을 보지만 눈 자체로 세상을 인식하는 것은 아니다. 눈으로 들어온 빛이 ㉠망막의 시각 세포에 의해 전기적 신호로 바뀌고, 이를 뇌에 전달하는 ㉡시신경을 통해 전기적 신호가 뇌의 ㉢시각 피질로 들어올 때 세상을 본다고 느끼는 것이다. 시각 피질은 약 30개의 영역으로 구성된 복합적인 영역으로, 물체의 기본적인 이미지를 구분하는 영역, 형태를 구성하는 영역, 색을 담당하는 영역, 운동을 인지하는 영역 등 다양한 영역이 종합적으로 기능하여 사물을 인지하게 한다.

이들 각 영역은 각각 따로따로 의미 있는 존재가 아니다. 여러 개의 악기가 모여 각자가 정확한 순간에 정확한 음을 연주해야 제대로 된 음악을 전할 수 있는 오케스트라처럼, 모든 영역이 각자의 역할에 맞게 기능해야 세상을 바라볼 수 있다. 예를 들어 시각 피질에서 색을 담당하는 영역이 제 기능을 하지 못하면 세상이 흑백으로 보이거나, 운동을 감지하는 영역이 손상되면 질주하는 자동차가 느리게 움직이는 것처럼 보일 수 있다.

뇌의 많은 영역이 시각이라는 감각을 처리하게 되어 있음에도, 세상은 워낙 빠르게 변화하기 때문에 눈으로 받아들이는 모든 정보를 뇌가 빠짐없이 처리하기는 어렵다. 그래서 뇌가 취한 전략은 선택과 집중, 적당한 무시와 엄청난 융통성이다. 이처럼 감각 기관으로 들어오는 정보를 고스란히 받아들이지 않고 제 입맛에 맞는 부분만 편식하는 것은 뇌의 일반적인 특성이다. 우리의 뇌가 이런 식으로 세상을 본다는 것을 인정한다면, 서로 시각이 다른 현실에서 내가 본 것만이 옳다며 다투는 일은 줄어들 것이다.

✦맹시(소경 盲, 볼 視) 사물을 보되 그것을 인지하지 못하는 일.
✦망막(그물 網, 꺼풀 膜) 눈 안쪽에 있으며 빛을 받아들이는 중요한 기관으로 시각 신경이 퍼져 있는 막.
✦시각 피질(볼 視, 깨달을 覺, 가죽 皮, 바탕 質) 대뇌 겉질의 뒤통수엽에서 시각에 관여하는 부분.
✦융통성(녹을 融, 통할 通, 성품 性) 그때그때의 사정과 형편을 보아 일을 처리하는 재주.

내용 이해하기

1 문단: ❶ ☐☐☐ 맹시의 의미

2 문단: ❷ ☐ 을/를 통해 들어온 정보
를 인식하는 과정

3 문단: ❸ ☐☐ ☐☐ 의 각 영역
별 역할의 중요성

4 문단: 시각 정보를 ❹ ☐☐☐ (으)
로 처리하는 뇌의 특성

주제 파악하기

뇌의 특성으로 인해 발생하는 무주의
❺ ☐☐

확인 문제

❻ 무주의 맹시는 뇌의 손상으로 사물
을 인지하지 못하는 현상이다.
(○ , ×)

❼ 망막의 시각 세포는 빛을 전기적 신
호로 바꾸는 역할을 한다. (○ , ×)

❽ 세상이 흑백으로 보인다면 시각 피
질의 손상을 의심해 볼 수 있다.
(○ , ×)

답 ❶ 무주의 ❷ 눈
❸ 시각 피질 ❹ 선택적
❺ 맹시 ❻ × ❼ ○
❽ ○

1

편식하는 것 에 대한 설명으로 적절하지 않은 것은?

① 무주의 맹시가 일어나는 원인에 해당한다.

② 눈에 들어온 모든 사물을 인식하기 위한 뇌의 전략이다.

③ 뇌에서 정보를 처리할 때 융통성을 발휘한다는 의미이다.

④ 여러 정보 중 특정한 정보를 선택적으로 처리하는 것이다.

⑤ 모든 정보를 받아들이는 것이 어렵기 때문에 일어나는 것이다.

2

윗글에 대한 설명으로 적절한 것을 〈보기〉에서 골라 바르게 묶은 것은?

보기

ㄱ. 무주의 맹시로 인해 발생하는 문제를 나열하고 있다.

ㄴ. 뇌의 일반적인 특성을 전문가의 말을 인용하여 전달하고 있다.

ㄷ. 눈에 들어온 정보가 뇌에 인식되기까지의 과정을 제시하고 있다.

ㄹ. 오케스트라에 비유하여 시각 피질에 대한 독자의 이해를 돕고 있다.

① ㄱ, ㄴ   ② ㄱ, ㄷ   ③ ㄴ, ㄷ   ④ ㄴ, ㄹ   ⑤ ㄷ, ㄹ

3

㉠~㉢에 대해 올바르게 이해한 사람은?

① 현수: ㉠에서는 빛이 띠는 색에 따라 필요한 정보만 선택하여 뇌에 전달
하겠군.

② 가연: ㉡에는 전기적 신호를 뇌에 전달하는 '시각 피질'이 포함되겠군.

③ 원희: ㉡에서는 물체의 이미지를 구분하는 영역의 기능이 중요하겠군.

④ 수연: ㉢에서 빛이 전기적 신호로 바뀌겠군.

⑤ 예진: ㉢에서 다양한 영역이 종합적으로 기능하여야 사물을 제대로 인지
할 수 있겠군.

다음 글을 읽고 물음에 답하시오.

깊은 밤 하늘을 바라보고 있노라면 가끔 별똥별을 보는 경우가 있다. 별똥별은 ✦유성을 달리 부르는 말이다. 우주 공간을 떠도는 암석이 유성체라면, 이 암석이 지구 중력에 이끌려서 ✦대기로 들어오면 유성이 된다. 유성은 대기와의 마찰로 빛을 내며 녹게 되고, 그 남은 덩어리가 땅에 떨어져 운석이 된다.

운석은 초당 10~20km의 엄청난 속도로 지구로 떨어진다. 큰 운석은 지구 표면에 커다란 구덩이를 만들고 사람을 다치게 하거나 건물을 부수기도 하는데, 이는 운석이 떨어지는 속도 때문이다. 운석이 지구 대기에 진입할 때는 저항을 받는데, 저항으로 인해 속도가 줄어드는 정도는 운석의 크기에 따라 달라진다. 크기가 매우 큰 운석은 거의 초기 속도를 유지한 채 지구의 땅에 충돌해 거대한 구덩이를 만들지만, 크기가 작은 경우에는 속도가 빨리 줄어 땅에 구덩이를 만들지 못한다.

㉠한편, 운석은 대기에 진입할 때 대기와 마찰을 일으킨다. 이때 발생하는 높은 열 때문에 운석 표면이 녹는다. 그러나 지구의 표면에 가까워져 속도가 대폭 줄면 충분한 열이 형성되지 않아 운석이 더 이상 녹지 않는다. 이 과정에서 마지막으로 녹았던 표면이 식어서 검은 색 껍질인 용융각이 된다. 사람들은 보통 운석이 녹았다가 식은 것이라고 생각하지만, 실제로 용융각을 제외하면 전혀 녹지 않은 물질이다.

지구 밖에서 온 운석은 ✦태양계와 지구의 비밀을 풀 수 있는 중요한 자료가 된다. 태양계가 탄생할 때 생겨난 운석에는 태양계가 탄생할 당시에 어떤 일이 있었는지를 알 수 있는 정보가 담겨 있고, 태양계가 생성된 이후에 생겨난 운석에는 소행성이나 화성과 같은 행성에 대한 기록이 보존되어 있다. 그리고 소행성의 핵에서 떨어져 나온 운석은 지구의 내부 중심인 핵이 어떤 물질로 구성되어 있는지 연구하는 데 소중한 자료가 된다.

이런 가치를 지닌 운석을 연구하기 위해서는 많은 운석이 필요한데, 지구에서 ✦회수된 운석의 상당수가 남극에서 발견되고 있다. 왜냐하면 얼어붙은 남극 대륙의 춥고 건조한 환경이 빙하 속에 운석을 오래 보존하는 데 도움이 되기 때문이다. 빙하는 꾸준히 낮은 곳으로 이동하고, 이동 중에 산맥에 의해 가로막히면 앞부분의 빙하가 밀려서 위로 상승하게 된다. 매년 여름마다 상승한 빙하가 점차 녹으면서 그 속에 있던 운석들이 발견되고 있는 것이다. 그래서 세계 각국은 앞다투어 남극을 ✦탐사하며 운석을 찾고 있다.

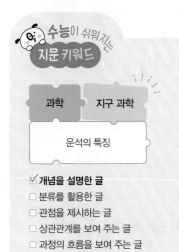

✦유성(흐를 流, 별 星) 지구를 둘러싼 공기 안으로 들어와 빛을 내며 떨어지는 작은 물체.

✦대기(큰 大, 기운 氣) 지구를 둘러싸고 있는 모든 공기.

✦태양계(클 太, 볕 陽, 이을 系) 태양과 그것을 중심으로 돌고 있는 지구를 비롯한 천체의 집합.

✦회수(돌아올 回, 거둘 收)되다 도로 거두어들여지다.

✦탐사(찾을 探, 사실할 査)하다 알려지지 않은 사물이나 사실 따위를 샅샅이 더듬어 조사하다.

1 윗글의 내용과 일치하지 <u>않는</u> 것은?

① 운석은 우주를 떠도는 암석이 지구에 떨어진 것이다.

② 남극의 기후 환경은 운석을 보존하는 데에 적합하다.

③ 운석은 지구 대기로 진입할 때 전부 녹았다가 다시 굳은 물질이다.

④ 운석의 크기가 작을수록 지구로 떨어지는 속도가 빨리 줄어든다.

⑤ 소행성의 핵에서 떨어져 나온 운석은 지구의 핵을 연구하는 자료가 된다.

2 ㉠의 역할로 가장 적절한 것은?

① 앞 문단의 내용을 반박하는 내용이 이어짐을 나타낸다.

② 앞 문단에서 주장하는 내용의 근거가 제시됨을 나타낸다.

③ 앞 문단에서 설명하는 화제의 구체적인 예가 제시됨을 나타낸다.

④ 앞 문단에서 설명하는 화제에 대한 부연 설명이 이어짐을 나타낸다.

⑤ 앞 문단에서 설명하는 화제에서 다른 화제로 전환하게 됨을 나타낸다.

3 윗글을 바탕으로 〈보기〉를 이해한 것으로 적절하지 <u>않은</u> 것은?

> **보기**
>
> 운석으로 인해 만들어진 구덩이 중, 세계에서 가장 유명한 베린저 크레이터보다 5배나 더 큰 구덩이가 우리나라에서 발견되었습니다. 경상남도 ○○군에 위치한 곳에서 운석의 파편으로 보이는 것들이 많이 발견되었다고 합니다. 많은 학자들은 이곳의 연구 가치가 매우 높다고 평가하고 있습니다.

① 운석이 떨어진 곳 주변의 생물들이 운석으로 인해 큰 피해를 봤을 수도 있겠군.

② 과거에 지구 대기에 들어온 유성에서 녹고 남은 일부가 땅에 떨어져 구덩이를 만든 것이겠군.

③ 베린저 크레이터를 만든 운석보다 우리나라에 떨어진 운석이 더 빠른 속도로 떨어졌다고 볼 수 있군.

④ 베린저 크레이터보다 훨씬 큰 구덩이인 것으로 보았을 때 한반도에 떨어진 운석은 대기와의 마찰을 겪지 않았겠군.

⑤ 많은 학자들은 경상남도에 있는 운석 파편에 대한 연구를 통해 태양계나 지구에 관한 다양한 정보를 얻을 수 있을 것이라고 생각하겠군.

어휘 공략하기

1 다음 사다리를 타서 뜻풀이에 알맞은 어휘를 〈보기〉에서 골라 빈칸에 쓰시오.

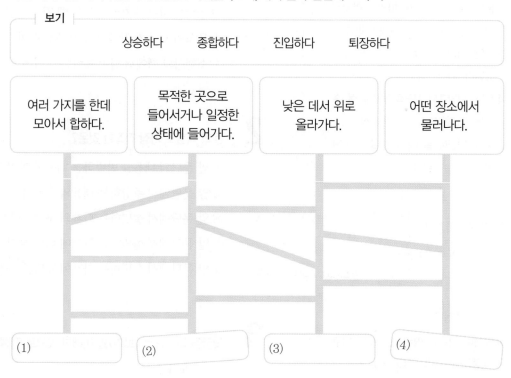

보기

상승하다   종합하다   진입하다   퇴장하다

| 여러 가지를 한데 모아서 합하다. | 목적한 곳으로 들어서거나 일정한 상태에 들어가다. | 낮은 데서 위로 올라가다. | 어떤 장소에서 물러나다. |

(1) (2) (3) (4)

2 다음 어휘의 뜻을 읽고, 빈칸에 들어갈 알맞은 말을 쓰시오.

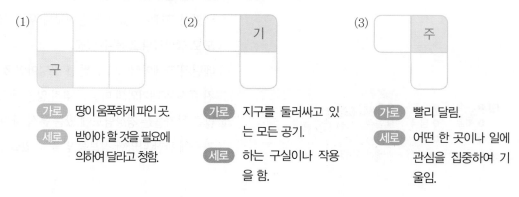

(1) 구

가로 땅이 움푹하게 파인 곳.
세로 받아야 할 것을 필요에 의하여 달라고 청함.

(2) 기

가로 지구를 둘러싸고 있는 모든 공기.
세로 하는 구실이나 작용을 함.

(3) 주

가로 빨리 달림.
세로 어떤 한 곳이나 일에 관심을 집중하여 기울임.

3 다음에 제시된 어휘와 뜻이 비슷한 어휘에 ○표 하시오.

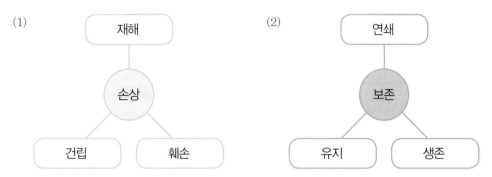

(1) 재해 — 손상 — 건립 / 훼손

(2) 연쇄 — 보존 — 유지 / 생존

4 〈보기〉의 밑줄 친 부분 가운데 띄어쓰기가 잘못된 것을 찾아 바르게 고쳐 쓰시오.

> **보기**
>
> 할아버지는 곶감 <u>세 개</u>를 <u>따로 따로</u> 봉지에 잘 <u>싸 가지고</u> 자신을 도와주었던 청년이 일하는 면사무소를 <u>찾아갔다</u>.

(   ) → (   )

배경지식 확장하기
🏷 **실전 1과 엮어 읽기**

특정한 것에만 관심을 기울이는 현상, 선택적 주의

차들이 빵빵거리고 인파로 북적거리는 장소에서도 사람들은 누군가 자기의 이름을 부르는 소리가 들리면 그 방향으로 고개를 돌리게 된다. 또 커다란 음악 소리나 응원 소리로 가득 찬 시끄러운 공간에서도 사람들은 친구들과 대화를 이어 갈 수 있다. 이렇게 여러 사람의 목소리와 잡음이 섞인 상황에서도 자신과 관련된 소리나 자신이 흥미를 느끼는 이야기를 들을 수 있는 것은 선택적 주의에 따른 것이다.

선택적 주의는 인간의 뇌가 한꺼번에 처리할 수 있는 정보의 양이 한정되기 때문에 나타난다. 인간에게 전달되는 수많은 정보를 모두 처리해야 한다면 인간의 뇌는 과부하가 걸리고 말 것이다. 이에 인간의 뇌는 눈에 보이고 귀에 들리는 수많은 정보가 있어도 현재 자신에게 필요하거나 자신이 원하는 정보에만 집중하여 그것을 선택한다. 배가 고플 때 어디선가 풍기는 음식 냄새에 민감해지거나 다른 가게들보다 음식점의 간판이 먼저 눈에 들어오는 것도 이러한 뇌의 특성 때문이다.

다음 글을 읽고 물음에 답하시오.

 목표 9분

올림픽의 정식 종목인 양궁은 일정한 거리에 있는 과녁을 향해 화살을 쏘아 맞힌 결과로 승패를 가르는 운동이다. 양궁은 선수가 가만히 서서 화살을 과녁에 정확히 맞히기만 하는 단순한 운동으로 오해받지만 알고 보면 매우 섬세하고 복잡한 기술을 필요로 하는 종목이다.

양궁 선수들은 화살을 쏠 때 화살을 약간 위로 조준하는데, 이는 화살이 *포물선 운동을 하는 것을 염두에 둔 행동이다. 마치 축구 경기에서 골키퍼가 공을 멀리 보내려고 공을 띄우듯이 차서 포물선을 그리며 날아가게 하는 것과 같다. 이때 화살이나 축구공이 포물선 운동을 하는 이유는 지구에서 모든 물체는 지구 중심 쪽으로 향하는 중력의 영향을 받기 때문이다. 그런데 화살이 받는 중력의 영향은 우리가 느끼지 못할 정도로 작고, 오히려 다른 요인이 화살의 포물선 운동에 더 직접적인 영향을 끼친다. 하나는 *초기 발사 속도이고 다른 하나는 발사 각도이다. 양궁 선수가 활시위를 세게 당길수록 화살의 발사 속도가 빨라지고, 화살의 발사 속도가 빠를수록 중력의 영향을 적게 받아 밑으로 낙하할 수 있는 시간이 줄어들어 화살이 과녁에 빨리 도착한다. 또 화살을 발사하는 각도에 따라 화살의 포물선 운동이 달라지기 때문에 화살이 날아가는 이동 거리를 조절할 수 있다. 공기의 저항 등 중력 이외의 힘이 작용하지 않을 때 지면과 45도의 각도를 이루도록 발사하면 가장 멀리 날아간다는 사실은 수학적으로 증명되었다.

양궁 선수들은 오랜 훈련을 통해 활시위를 당기는 힘을 조절하여 초기 발사 속도를 정하고 과녁까지의 거리를 참고해 발사 각도를 조절하는 감각을 익히게 된다. 하지만 실외에서 진행되는 양궁은 공기의 저항과 바람의 영향을 크게 받는 종목이기 때문에 선수들이 쏜 화살이 전혀 의도치 않게 과녁의 중심을 벗어나서 꽂히기도 한다. 그래서 공기의 저항을 줄이기 위해 화살의 뒷부분에 화살 깃을 만들어 붙인다. 화살 깃은 화살이 날아갈 때의 흔들림을 방지하고 동시에 화살을 회전시켜 비행의 안전성을 높인다.

[A] 또 양궁 선수들은 바람을 극복하기 위해 *오조준하는 연습을 한다. 바람의 방향과 세기에 따라 과녁에서 원래 목표 지점이 아닌 곳을 의도적으로 조준하여 바람의 영향을 받은 화살이 과녁의 중앙에 가서 꽂히게 하는 것이다. 이러한 양궁 선수들의 오조준은 화살과 바람의 힘의 *합성이라는 원리에 따른 것이다. 예를 들어 바람이 과녁의 오른쪽에서 왼쪽으로 분다면 양궁 선수는 과녁 중앙의 오른쪽을 겨냥할 것이다. 활에서 떠난 화살이 앞으로 나아가려는 힘과 오른쪽에서 왼쪽으로 부는 바람의 힘이 합쳐지면 두 힘의 *합력이 가리키는 왼쪽 방향으로 날아가 과녁 중앙에 꽂히기 때문이다. 두 힘의 합력을 활용할 줄 아는 양궁 선수들은 운동 실력뿐 아니라 과학적 지식을 몸으로 배웠다고 할 수 있다.

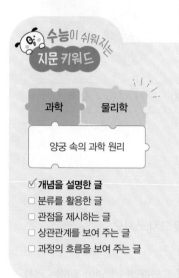

+**포물선**(던질 抛, 만물 物, 선 線) 물체가 반원 모양을 그리며 날아가는 선.

+**초기**(처음 初, 기약할 期) 어떤 기간의 처음이 되는 시기.

+**오조준**(그릇할 誤, 비출 照, 법도 準)하다 총이나 포 따위를 잘못 겨냥하다.

+**합성**(합할 合, 이룰 成) 힘 따위의 방향성이 있는 양을 둘 이상 합침.

+**합력**(합할 合, 힘 力) 둘 이상의 힘이 동시에 작용할 때와 똑같은 효과를 나타내는 하나의 힘.

내용 이해하기

1 문단: 섬세하고 복잡한 기술이 필요한 운동인 ❶[ ][ ]

2 문단: 화살의 포물선 운동에 영향을 주는 초기 발사 ❷[ ][ ]와/과 발사 각도

3 문단: 화살에 미치는 공기의 ❸[ ][ ]을/를 줄이기 위한 방법

4 문단: ❹[ ][ ][ ]에 담긴 과학적 원리

주제 파악하기

양궁 기술에 담긴 ❺[ ][ ]적 원리

확인 문제

❻화살이 포물선 운동을 하는 것은 중력의 영향 때문이다. (○ , ×)

❼화살의 초기 발사 속도가 느릴수록 화살이 과녁에 도착하는 시간이 빨라진다. (○ , ×)

❽양궁은 공기의 저항과 바람의 영향을 크게 받는 운동이다. (○ , ×)

답 ❶ 양궁   ❷ 속도   ❸ 저항
❹ 오조준   ❺ 과학   ❻ ○
❼ ×   ❽ ○

1 윗글의 내용과 일치하지 <u>않는</u> 것은?

① 양궁 선수들은 화살을 쏠 때 화살을 약간 위로 조준한다.

② 양궁에서 화살 깃은 화살 비행의 안정성을 높이는 역할을 한다.

③ 양궁 선수가 활시위를 세게 당길수록 중력의 영향을 크게 받는다.

④ 양궁 선수들은 바람의 방향과 세기에 따라 화살의 조준 위치를 바꾼다.

⑤ 양궁은 일정한 거리에 있는 과녁을 향해 화살을 쏘아 맞히는 운동 종목이다.

2 [A]에 대한 설명으로 가장 적절한 것은?

① 대조의 방법을 통해 주제를 강조하고 있다.

② 사례를 제시하여 독자의 이해를 돕고 있다.

③ 대상을 구성하는 요소를 분석하여 내용을 구조화하고 있다.

④ 중심 화제의 변화 과정을 밝히며 미래 상황을 예측하고 있다.

⑤ 문제 상황과 여러 가지의 해결 방안을 제시하여 문제 해결의 어려움을 강조하고 있다.

3 윗글을 바탕으로 할 때, 〈보기〉의 상황에 대한 코치의 조언으로 가장 적절한 것은?

┌ 보기 ┐
바람이 과녁의 오른쪽에서 왼쪽으로 강하게 불고 있는 상황에서 한 양궁 선수가 쏜 화살이 과녁이 'x' 표시가 된 부분에 꽂혔다. 양궁 선수는 다시 화살을 쏘기 위한 준비를 하고 있고, 바람은 계속해서 오른쪽에서 왼쪽으로 강하게 불고 있다.

① 첫 번째 발사 때보다 활시위를 조금 더 약하게 당겨야 합니다.

② 첫 번째 발사 때보다 조금 앞으로 나와 화살을 쏘아야 합니다.

③ 공기의 저항을 많이 받도록 화살을 회전시키며 쏘아야 합니다.

④ 첫 번째 발사 때보다 조금 더 과녁 중앙의 오른쪽을 겨냥해야 합니다.

⑤ 발사할 때 화살의 각도는 반드시 지면과 45도를 이루도록 해야 합니다.

19강 실전2

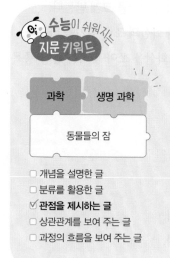

수능이 쉬워지는
지문 키워드

| 과학 | 생명 과학 |

동물들의 잠

- ☐ 개념을 설명한 글
- ☐ 분류를 활용한 글
- ☑ 관점을 제시하는 글
- ☐ 상관관계를 보여 주는 글
- ☐ 과정의 흐름을 보여 주는 글

✦**가설**(거짓 假, 말씀 說) 연구에서 어떤 내용을 설명하려고 예상한 것으로 아직 증명되지 않은 가정.

✦**열량**(더울 熱, 헤아릴 量) 음식이나 연료 등으로 얻을 수 있는 에너지의 양. 단위는 보통 칼로리로 표시한다.

✦**진화**(나아갈 進, 될 化)**하다** 생물이 생명이 생긴 후부터 조금씩 발전해 가다.

✦**파장**(물결 波, 길 長) 전파나 음파의 파동에서, 같은 위상을 가진 서로 이웃한 두 점 사이의 거리.

지문 난이도 ★★☆ | 교과 연계 과학

 8분

다음 글을 읽고 물음에 답하시오.

동물이 잠을 자는 이유는 무엇일까? 그 이유에 대해 학자들은 여러 가지 가설을 제시한다. 그중 하나는 ㉠회복설이다. 동물은 깨어 있는 동안 손상된 몸과 뇌를 회복하기 위해 잠을 잔다는 것이다. 또 ㉡에너지 보존설이 제기되기도 한다. 마치 겨울잠처럼 수면은 에너지를 보존하는 행동이라는 것이다. 실제 사람은 잠을 자는 동안 에너지를 절약할 수 있다. 몸무게가 80킬로그램인 사람이 8시간을 잔다면 자지 않고 가만히 앉아 있을 때보다 120칼로리 정도의 에너지를 절약할 수 있다고 한다. 우리는 병에 걸리면 잠을 오래 자는데, 이는 에너지를 절약하는 행동이기도 하면서 동시에 손상된 몸을 회복하고 보호하기 위한 행동으로 볼 수 있다.

그런데 잠을 자는 시간은 동물에 따라 크게 다르다. 말은 2~3시간 정도 자면 충분하지만, 개나 고양이는 10~13시간 정도 자고, 다람쥐는 13~14시간 정도 잔다. 사람은 성인의 경우 7~8시간 정도 자는데, 이는 9~10시간 정도 자는 개코원숭이나 돌고래보다 약간 적거나 비슷하다. 회복설은 이렇게 동물의 종류에 따라 수면 시간에 차이가 나는 이유를 제대로 설명하지는 못한다. 그렇다고 에너지 보존설로 잠을 자는 이유를 충분히 설명할 수 있는 것도 아니다. 왜냐하면 120칼로리 정도의 먹이를 구하는 일은 어렵지 않은데 그 정도의 열량을 절약하기 위해 많은 시간을 자야 한다는 것이 경제적으로 효율적이지는 않기 때문이다.

이 세상의 모든 생물이 환경에 맞게 진화해 왔듯이 잠 역시 그런 것으로 볼 수 있다. 그 예로 돌고래를 들 수 있다. 잠을 자고 있는 돌고래의 뇌 활동을 검사해 보니, 한쪽 뇌에서 느린 파장이 나타나면 반대쪽 뇌에서는 빠른 파장이 나타난다. 양쪽 뇌 모두에서 느린 파장이 나오는 경우는 결코 없다. 즉 다른 동물과는 달리 돌고래는 뇌의 반만 잠을 자는 것인데, 이는 돌고래가 수면 중에 호흡을 하기 위해 간혹 바다 위로 떠올라야 하기 때문이다.

동물마다 수면 시간의 차이가 있는 것도 동물이 처한 환경과 관련이 있는 듯하다. 얼룩말이나 기린은 잠을 아주 조금 자는데, 이들은 주로 졸린 상태로 있거나 잠을 자더라도 동료가 주변을 감시하도록 한 상태에서 잠을 잔다. 이는 사자와 같은 동물이 공격하면 신속히 피하기 위해서이다. 반면에 적의 공격으로부터 안전한 굴속 천장에 매달려 사는 박쥐는 하루에 무려 18시간이나 잠을 잔다는 점도 이를 뒷받침한다.

내용 이해하기

1 문단: ❶ [　　] 이/가 잠을 자는 이유에 대한 두 가지 가설

2 문단: 두 가지 ❷ [　　] 이/가 지닌 한계

3 문단: 환경에 맞게 ❸ [　] 해 온 동물들의 잠

4 문단: 처한 환경에 따라 차이가 있는 동물들의 ❹ [　][　][　][　]

주제 파악하기

동물이 ❺ [　] 을/를 자는 이유와 동물마다 수면 시간이 다른 이유에 대한 가설

확인 문제

❻ 인간과 말의 수면 시간은 비슷하다.
(○ , ×)

❼ 에너지 보존설로 잠을 자는 이유를 완벽하게 설명할 수 있다. (○ , ×)

❽ 동물들마다 수면 시간이 다른 것은 동물들이 서로 다른 환경에 적응하며 나타난 결과로 볼 수 있다.
(○ , ×)

답 ❶ 동물　❷ 가설　❸ 진화
❹ 수면 시간　❺ 잠
❻ ×　❼ ×　❽ ○

1 윗글에 대한 이해로 적절하지 <u>않은</u> 것은?

① 동물에 따라 수면 시간은 크게 달라진다.

② 사람이 자는 시간은 돌고래보다 약간 적거나 비슷하다.

③ 돌고래는 적의 공격을 피하기 위해 뇌의 반만 잠을 잔다.

④ 가만히 앉아 있을 때보다 잠을 잘 때 몸의 에너지를 더 절약할 수 있다.

⑤ 동물이 잠을 자는 이유에 대해 학자들 사이에 다양한 의견이 존재한다.

2 윗글에 대한 설명으로 가장 적절한 것은?

① 동물들이 자면서 겪는 문제점을 제기한 뒤 해결책을 제시하고 있다.

② 동물들이 환경에 적응할수록 길게 자는 이유에 관해 설명하고 있다.

③ 동물들의 수면 과정에 대한 대립적인 의견을 제시한 뒤 절충하고 있다.

④ 동물들의 잠을 여러 유형으로 나누어 제시한 뒤 좋은 수면 습관에 관해 설명하고 있다.

⑤ 동물들의 잠에 관한 가설이 지닌 한계를 제시한 뒤 이와는 다른 관점에서 의견을 제시하고 있다.

3 ㉠과 ㉡에 대한 설명으로 가장 적절한 것은?

① ㉠은 ㉡과 달리 병에 걸리면 잠을 오래 자는 현상을 설명할 수 있다.

② ㉠은 ㉡과 달리 몸을 원래의 상태로 돌리기 위해 동물이 잠을 잔다고 본다.

③ ㉡은 ㉠과 달리 동물이 잠을 자는 것은 경제적으로 효율적이라고 본다.

④ ㉡은 ㉠과 달리 손상된 몸과 뇌에 주목하여 잠의 필요성을 설명한 가설이다.

⑤ ㉠은 모든 동물에게 적용되는 반면, ㉡은 사람에게만 적용되는 가설이다.

어휘 공략하기

1 다음 사다리를 타서 뜻풀이에 알맞은 어휘를 〈보기〉에서 골라 빈칸에 쓰시오.

보기

가르다   겨냥하다   증명하다   진화하다

생물이 생명이 생긴 후부터 조금씩 발전해 가다.

어떤 사물을 활이나 총 등으로 맞추려고 겨누다.

옳고 그름을 구분하거나 결과를 정하다.

어떤 사건이나 내용이나 판단이 진실인지 아닌지를 증거를 들어서 밝히다.

(1)   (2)   (3)   (4)

2 어휘와 어휘의 뜻을 바르게 연결하시오.

(1) 가설　　　　㉮ 연구에서 어떤 내용을 설명하려고 예상한 것으로 아직 증명되지 않은 가정.

(2) 회복　　　　㉯ 총이나 포 따위를 잘못 겨냥함.

(3) 오조준　　　㉰ 원래의 상태로 돌이키거나 원래의 상태를 되찾음.

3

다음 밑줄 친 어휘의 뜻에 해당하는 기호를 〈보기〉에서 찾아 쓰시오.

> **보기**
>
> **'따르다'**
> ㉠ 어떤 것에 의하다.
> ㉡ 앞선 것을 좇아 같은 수준에 이르다.
> ㉢ 다른 사람이나 동물의 뒤에서, 그가 가는 대로 같이 가다.

(1) 갈등을 겪던 두 사람은 법에 <u>따라</u> 일을 처리하기로 협의했다. (　　　)

(2) 아무리 음식 솜씨가 뛰어나다고 해도 우리 할머니의 솜씨를 <u>따를</u> 수는 없다. (　　　)

(3) 경찰이 몰래 범인의 뒤를 <u>따랐으나</u> 이를 눈치챈 범인은 어디론가 숨어 버렸다. (　　　)

4

〈보기〉의 내용을 참고하여, 다음 중 알맞은 어휘에 ○표 하시오.

> **보기**
>
> 학생 1: 퀴즈의 답을 '맞히다'가 맞을까? '맞추다'가 맞을까?
> 학생 2: '퀴즈의 답을 맞히다.'가 옳은 표현이야. '적중하다'의 의미가 있어서 '맞히다'는 정답을 골라 낸다는 의미를 가져. '맞추다'는 '대상끼리 서로 비교한다.'는 의미를 지녀서 '답안지와 정답을 맞추다.', '친구와 시간이 비는 날을 맞추어 보았다.'와 같은 경우에 쓸 수 있어.

(1) 사람들과 일정을 (맞춰 / 맞혀) 보았지만 모두 바빠서 이번 연말에는 만나지 못할 것 같다.

(2) 나는 이번 시험 공부를 열심히 했지만 열 문제 중 겨우 세 개만 (맞춰서 / 맞혀서) 기분이 무척 상했다.

배경지식 확장하기   🏷 실전 1과 엮어 읽기

3점 슛 성공의 비밀

농구 선수들이 수년간의 훈련을 통해 몸에 익힌 움직임으로 3점 슛을 성공시키는 것에는 과학 법칙이 숨어 있다. 6.25m나 떨어진 거리에서 지름 45cm의 작은 골대에 공을 정확히 넣으려면 공의 낙하 각도가 중요한데, 이를 위해 선수들은 본능적으로 '포물선 운동' 법칙에 따라 3점 슛을 쏜다. 이 법칙에 따르면 힘을 가장 적게 들이고 물체를 멀리 던질 수 있는 각도는 45도이다. 하지만 점수를 내려면 45도보다 조금 더 높은 각도로 공을 던져야 한다. 공의 출발 지점인 손보다 도착 지점인 골대가 더 높은 곳에 있기 때문이다. 45도나 이보다 낮은 각도로 공을 던지면 공이 골대에 떨어질 때 각도가 45도보다 작아져 공이 튕겨 나오거나 골대에 못 미치고 떨어지는 상황이 벌어질 수 있다. 그렇기 때문에 45도보다 5도 정도 높은 각도로 공을 던지는 것이 가장 좋다.

다음 글을 읽고 물음에 답하시오. (목표) 8분

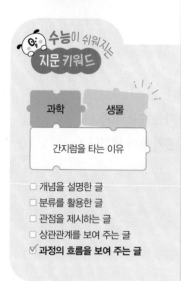

수능이 쉬워지는
지문 키워드

| 과학 | 생물 |

간지럼을 타는 이유

☐ 개념을 설명한 글
☐ 분류를 활용한 글
☐ 관점을 제시하는 글
☐ 상관관계를 보여 주는 글
☑ 과정의 흐름을 보여 주는 글

　몸을 간지럽히는 자극만으로 사람이 간지럼을 느낀다는 것에 많은 이가 호기심을 가져 왔다. 웃음이 나는 간지럼은 외부 자극에 의한 가려움과는 다른 현상이다. 가려움이 몸 전체에서 나타나고 아주 약한 움직임으로 발생하는 반면에, 간지럼은 몸의 특정 부위에서 더 강한 촉감 때문에 생겨난다. 가려움에 관한 연구는 아토피 등 피부 질환과 관련해 진행되어 왔는데, 최근에는 간지럼에 대한 연구도 지각과 관련하여 활발하게 수행되고 있고 이는 인공 지능 개발에도 응용되고 있다.

　과거에는 간지럼은 약한 세기의 통각과 관련된다고 보았다. 1939년의 한 실험에서 솜털로 고양이를 간지럽히면 고양이의 통각과 관련된 신경이 활발해지는 것을 관찰하기도 하였다. 하지만 ㉠1990년의 한 실험에서는 척추 속 신경의 손상으로 통증을 느끼지 못하는 환자들도 간지럼을 타는 것을 발견하게 되면서 간지럼의 원인이 통각이라는 주장은 설득력을 잃게 되었다. 현재는 촉각과 통각의 혼합을 간지럼의 원인으로 꼽거나 간지럼을 심리적인 요인으로도 설명하려 하고 있다.

　최근에서는 진화론적으로 간지럼을 타는 이유를 설명한다. 가려움이 벌레나 기생충 등을 일차적으로 막기 위해 필요한 것처럼 간지럼도 두 가지 진화적 이점이 있다는 것이다. 하나는 가족 간에 간지럼을 통해 서로 간에 친밀감과 유대감을 높일 수 있고, 다른 하나는 간지럼을 통해 방어 능력을 학습할 수 있다는 것이다. 즉 부모가 아이의 목, 겨드랑이, 옆구리 등 신체적으로 약한 부분을 가볍게 건드리는 것을 통해 아이와의 유대감을 증진하고, 아이가 자기 신체의 약한 부분에 대한 방어 능력을 학습하게 하는 이점 때문에 간지럼이 진화되어 온 것으로 설명할 수 있다.

　그런데 간지럼의 독특한 특성과 관련해 주목할 것은 자신이 스스로를 간질이기는 어렵다는 점이다. 실제로 1998년에 실시한 한 실험에서 남이 자신을 간질일 때와 자신이 스스로를 간질일 때 어떤 감각의 결과를 예측하는 역할을 하는 소뇌가 보인 반응은 분명한 차이를 보였다. 자신이 스스로를 간질일 때에는 어디를, 얼마나 세게, 얼마나 오랫동안 간질일지 예측할 필요가 없었기에 소뇌의 반응도 적었던 것이다. 이는 로봇으로 간질이는 실험의 예를 통해서도 확인할 수 있다. 실험 참가자들이 로봇의 간질이는 움직임을 예측할 수 있는 경우에는 로봇으로 간질여도 참가자들은 간지럼을 타지 않았다. 그런데 로봇이 간지럽히는 속도나 위치를 변화시켜서 참가자들의 예상을 벗어나도록 간지럽히면 참가자들이 간지럼을 타는 모습을 보였다. 이는 간지럼이 예측 불가능할 때 타게 되는 특성이 있음을 보여 주는 것이다.

◆**지각**(알 知, 깨달을 覺) 외부의 사물이나 세계를 감각 기관을 통해 인식함.

◆**통각**(아플 痛, 깨달을 覺) 아픔을 느끼는 감각.

◆**진화론**(나아갈 進, 될 化, 논의할 論) 생물은 생명이 시작된 이후부터 점점 변해 가는 것이라는 주장.

◆**이점**(이로울 利, 점 찍을 點) 이익이 되는 점.

◆**유대감**(맬 紐, 띠 帶, 느낄 感) 서로 밀접하게 연결되어 있는 공통된 느낌.

내용 이해하기

1 문단: ❶ ☐☐☐ 와/과 다른 간지
럼의 특성

2 문단: 간지럼의 ❷ ☐☐ 에 대한 과
거와 현재의 연구 내용

3 문단: ❸ ☐☐ 적 관점에서 바
라본 간지럼

4 문단: ❹ ☐☐ 불가능해야 느낄 수
있는 간지럼

주제 파악하기

❺ ☐☐☐ 을/를 타는 이유와 간지
럼이 지닌 특성

확인 문제

❻간지럼은 가려움보다 더 약한 촉
각적 자극에 의해서 생겨난다.(◯, ✕)

❼최근에 간지럼은 통각이 원인이라는
것이 새롭게 밝혀졌다. (◯, ✕)

❽진화론적 관점에서 간지럼은 유대감
을 형성하는 데 도움이 된다.

(◯, ✕)

답 ❶ 가려움 ❷ 원인 ❸ 진화론
❹ 예측 ❺ 간지럼 ❻ ✕
❼ ✕ ❽ ◯

---

1 윗글을 읽고 보인 반응으로 적절하지 <u>않은</u> 것은?

① 가려움은 간지럼보다 몸의 넓은 범위에서 느껴지는 것이겠군.

② 친밀하지 않은 사이에서 간질일 경우는 간지럼이 아닌 가려움을 느끼겠군.

③ 신체의 약한 부분을 간질이는 것은 아이와 부모의 관계에 영향을 미치겠군.

④ 남이 간질이는 것과 똑같은 자극으로 스스로를 간질인다고 해도 웃음이 나지 않겠군.

⑤ 로봇이 예측 가능하도록 사람을 간질인다면 그 사람의 소뇌는 별다른 반응을 하지 않겠군.

2 윗글에 대한 설명으로 가장 적절한 것은?

① 간지럼에 관한 연구 사례를 제시하며 간지럼의 특성을 강조하고 있다.

② 간지럼에 대한 전문가의 견해를 제시하여 글의 신뢰성을 높이고 있다.

③ 고양이가 간지럼 타는 모습을 묘사하여 간지럼이 감각과 관련된 것임을 전달하고 있다.

④ 간지럼을 느끼지 못하는 생물들을 나열하여 간지럼이 발생하는 이유를 강조하고 있다.

⑤ 아이와 성인이 느끼는 간지럼의 정도를 비교하여 아이가 간지럼을 더 잘 타는 이유를 제시하고 있다.

3 ㉠을 통해 알 수 있는 내용으로 가장 적절한 것은?

① 통증을 느끼지 못하는 환자는 간지럼을 느끼지 못하기 때문에 가려움 또한 느낄 수 없다.

② 통증을 느끼지 못하는 환자가 간지럼을 탈 수 있는 것으로 볼 때 통각이 간지럼을 느끼게 하는 원인은 아니다.

③ 통증을 느끼지 못하는 환자가 간지럼을 탈 수 있는 것으로 볼 때 간지럼은 예측 불가능한 상황에서 발생한다.

④ 통증을 느끼지 못하는 환자가 간지럼을 탈 수 있는 것으로 볼 때 통각은 간지럼에 관한 연구에서 가장 중요한 감각이다.

⑤ 통증을 느끼지 못하는 환자가 통증을 느끼는 사람보다 간지럼을 더 잘 타는 것으로 볼 때 간지럼은 통각이라는 감각과 깊은 관련이 있다.

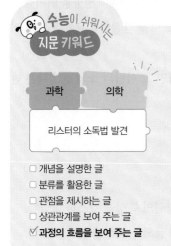

다음 글을 읽고 물음에 답하시오.

목표 8분

1860년대까지 의사들은 감염을 일으키는 원인을 공기 속의 산소가 상처로 들어가는 것 때문이라고 생각했다. ⁺외과 의사인 리스터도 수술을 할 때에 산소와의 접촉을 막기 위해 상처를 ㉠붕대로 꽁꽁 감쌌다. 하지만 수술은 성공해도 수술 후 상처가 세균에 감염되어 열이 나고 숨을 제대로 쉬지 못하는 ⁺패혈증으로 환자를 잃고는 했다. 당시의 수술 환자 중 절반 이상이 이처럼 감염으로 인한 패혈증으로 목숨을 잃고 있었다.

감염의 원인을 밝히기 위해 노력하던 리스터는 프랑스의 화학자인 루이 파스퇴르가 쓴 연구 논문을 접하게 되었다. 파스퇴르의 논문은 생명이 썩거나 발효되는 것은 ⁺미생물인 세균에 의한 것이고, 미생물은 자연적으로 발생하는 것이 아니라 특정 세균에 의해 늘어난다는 내용이었다. 이 논문에서 영감을 얻은 리스터는 감염을 방지하기 위해 산소가 아니라 세균을 막을 수 있는 화학 제품들을 실험하기 시작했다. 그러나 세균에 대한 정보가 부족하였기 때문에 세균을 막을 수 있는 소독제를 찾는 것은 쉽지 않았다. 그러던 중 리스터는 우연한 기회에 기생충 때문에 목장의 소가 죽어 가자 목장 주변에 석탄산을 뿌려서 효과를 본 한 목장 주인의 이야기를 신문에서 보게 된다. 당시 석탄산은 주로 하수구의 악취를 없애는 데 쓰던 약물이었다.

마차에 깔린 한 소년을 수술하게 된 리스터는 이 석탄산의 소독 효과를 확인해 보고자 했다. 상처를 석탄산 용액으로 소독한 뒤 석탄산 용액에 담가 두었던 ㉡붕대로 꼼꼼 감았다가 며칠 후 풀어 보니 상처는 고름도 없이 잘 아물어 있었다. 6주 뒤 소년은 스스로 걸어서 퇴원할 정도로 완치되었다. 이 일로 소독법의 효과를 확신하게 된 리스터는 수술하는 의사와 간호사의 손과 수술 도구, 붕대를 석탄산으로 소독하고 분무기를 이용해 벽과 공중에도 석탄산 증기를 뿌리도록 했다. 그러자 수술 후 감염으로 인한 사망률은 급격히 줄어들게 되었다.

이후 병원에서 리스터의 소독법을 널리 사용하자 상처의 감염과 이로 인해 발생하는 질병이 크게 감소하게 되었다. 현대에는 독성이 강한 석탄산 대신에 인체에 해를 끼치지 않으면서도 훨씬 효과가 좋은 다른 소독약을 사용해 수술복과 수술 장갑을 소독 처리해 사용하고 있다. 그 결과 수술 성공률은 과거와 비교할 수 없을 정도로 높아졌고, 외과 수술의 범위도 크게 확대되었으며, 오늘날 병원은 가장 위생적인 공간으로 탈바꿈했다.

⁺**외과**(바깥 外, 품등 科) 주로 수술로 몸의 상처나 내장 기관의 질병을 치료하는 의학 분야.
⁺**패혈증**(패할 敗, 피 血, 증세 症) 곪아서 고름이 생긴 상처 등에서 병균이나 독소가 계속 혈관으로 들어가 심한 중독 증상이나 급성 염증을 일으키는 병.
⁺**미생물**(작을 微, 날 生, 만물 物) 눈으로는 볼 수 없는 아주 작은 생물.

내용 이해하기

1 문단: 과거 의사들은 ❶ [   ]이/
가 상처에 감염을 일으킨다고 생각함.

2 문단: 리스터는 감염을 막기 위해
❷ [   ]을/를 소독할 수 있는 방법
을 찾고자 노력함.

3 문단: 리스터가 소독법을 발견한 뒤
수술 후 ❸ [   ](으)로 인한 사망
률이 줄어듦.

4 문단: 소독법의 확산으로 현대의 병
원은 ❹ [   ]적인 공간이 됨.

주제 파악하기

감염을 막는 ❺ [   ]을/를 발견
해 병원을 위생적인 공간으로 만든 리
스터의 업적

확인 문제

❻리스터가 소독법을 발견하기 전에는
수술이 성공해도 수술 후 감염으로
생명을 잃는 환자가 많았다.

(○ , ×)

❼리스터는 생명이 썩거나 발효되는
것은 세균에 의한 것이라는 내용의
논문을 발표했다. (○ , ×)

❽현대 병원은 석탄산을 활용해 감염
을 막아 높은 수술 성공률을 보이고
있다. (○ , ×)

답 ❶ 산소   ❷ 세균   ❸ 감염
❹ 위생   ❺ 소독법 ❻ ○
❼ ×   ❽ ×

1 윗글에서 답을 찾을 수 있는 질문에 해당하지 **않는** 것은?

① 의사들이 산소가 감염을 일으킨다고 본 이유는 무엇인가?

② 오늘날에는 병원에서 석탄산이 사용되지 않는 까닭은 무엇인가?

③ 리스터가 석탄산의 소독 효과를 검증하고자 선택한 방법은 무엇인가?

④ 리스터가 세균을 막을 수 있는 소독제를 찾기 어려웠던 이유는 무엇인가?

⑤ 리스터가 병원에서 일할 당시 수술 환자 중 절반 이상의 목숨을 앗아간
병의 이름은 무엇인가?

2 윗글에 대한 설명으로 가장 적절한 것은?

① 수술 후 감염이 일어나는 원인에 대한 논쟁 과정을 설명하고 있다.

② 리스터가 당시의 다른 의사들과 협력하게 된 원인을 설명하고 있다.

③ 리스터가 감염을 막기 위한 소독법을 만들게 된 과정을 설명하고 있다.

④ 질병의 원인에 대한 이론의 변화 과정을 시간의 흐름에 따라 설명하고
있다.

⑤ 리스터가 발견한 여러 소독제 중에서 석탄산의 효과가 가장 컸던 이유를
설명하고 있다.

3 ㉠과 ㉡에 대한 설명으로 가장 적절한 것은?

① ㉠은 수술 성공률을 높이고 병원이 위생적인 환경이 되도록 만든 것이다.

② ㉠은 감염의 원인으로 알려져 있던 물질로부터 상처를 보호하기 위해 리
스터가 선택한 방법과 관련된 것이다.

③ ㉡은 수술 후 사망하게 되는 환자의 수를 높이는 원인이 된 것이다.

④ ㉡은 파스퇴르가 제안한 치료 방법을 의사들이 활용했음을 보여 주는 것
이다.

⑤ ㉠과 ㉡은 모두 석탄산을 환자의 상처 부위와 접촉하게 하여 소독 여부
를 실험해 보고자 한 의사들이 사용한 것이다.

어휘 공략하기

1 〈보기〉를 참고하여 십자말풀이를 완성하시오.

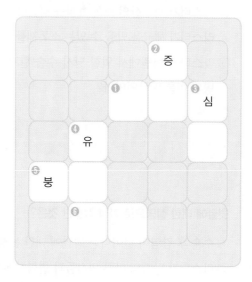

보기

가로 열쇠

❶ 새롭고 신기한 것을 좋아하거나 모르는 것을 알고 싶어 하는 마음.
❺ 상처나 부스럼 따위에 감는 소독한 헝겊.
❻ 병균이 식물이나 동물의 몸 안으로 들어가 퍼짐.

세로 열쇠

❷ 기체 상태로 되어 있는 물.
❸ 마음의 작용과 의식의 상태.
❹ 서로 밀접하게 연결되어 있는 공통된 느낌.

2 다음에 제시된 어휘와 뜻이 비슷한 어휘에 ○표 하시오.

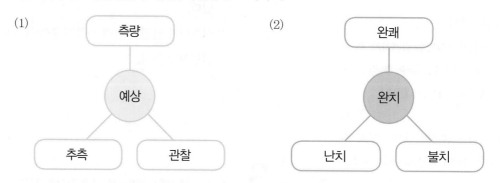

(1) 측량 — 예상 — 추측 / 관찰

(2) 완쾌 — 완치 — 난치 / 불치

3 〈보기〉를 참고하여 다음 문장에서 표기가 올바른 것에 ○표 하시오.

보기

한자음 '-율', '-률'의 표기

| 모음이나 'ㄴ' 받침 뒤에 이어지는 경우 | -율 | 예 소화율, 백분율 |
| 'ㄴ'을 제외한 받침 뒤에 이어지는 경우 | -률 | 예 법률, 사망률 |

(1) ○○시의 인구 (증가율 / 증가률)이 높게 나타났다.

(2) 우리 팀이 높은 슛 (성공율 / 성공률)로 이번 경기에서 승리했다.

4 다음 문장의 빈칸에 들어갈 알맞은 어휘를 〈보기〉의 뜻을 참고하여 쓰시오.

┌─ 보기 ┤
- 통각: 아픔을 느끼는 감각.
- 방어: 상대편의 공격을 막음.
- 영감: 신기하고 묘한 예감이나 느낌.
- 발효: 효모나 미생물에 의해 생물의 몸을 이루는 물질이 분해되고 변화하는 작용.

(1) 돌이 날아오자 군사들은 (   ) 본능으로 얼굴을 돌렸다.

(2) 그 영화는 이 책을 쓴 작가에게 (   )을/를 준 작품이다.

(3) 김치는 대표적인 (   ) 식품으로 세계인들의 사랑을 받는 식품이다.

(4) 사람이 매운맛을 느끼는 것은 혀가 고통을 느낀다는 점에서 (   )와/과 관련이 있다.

배경지식 확장하기 🏷 실전 2와 엮어 읽기

손 씻기로 산모의 사망률을 줄이다

19세기 중반까지만 해도 출산을 앞둔 여성들 사이에는 '산욕열'에 대한 두려움이 널리 퍼져 있었다. 이는 세균이 아이를 낳은 산모의 상처로 들어가 생기는 감염병으로, 당시에는 산모 4명 중 1명이 이 병으로 목숨을 잃을 만큼 흔했기 때문이다.

헝가리의 의학자 제멜바이스는 산모들이 이러한 두려움에서 해방될 수 있도록 산욕열의 원인을 알아내고자 했다. 그는 산부인과에 근무하던 의대생들이 해부 실습을 시작한 뒤부터 산모가 산욕열로 사망하는 사례가 많아졌음을 알아내고, 해부실에서 분만실로 가는 의사들에게 염소 처리된 용액으로 장비와 손을 씻을 것을 부탁했다. 이듬해인 1848년, 산모의 사망률은 놀라울 정도로 떨어졌고 이를 통해 제멜바이스는 산모와 접촉하는 모든 사람이 철저하게 손을 소독한다면 산모가 세균에 감염되는 것을 예방할 수 있다는 사실을 증명해 냈다.

이후 위생과 소독이 얼마나 중요한 것인지가 의학계에 널리 퍼지면서 오늘날에 이르러서는 일상에서도 수시로 손을 잘 씻는 것만으로 크고 작은 병을 예방할 수 있다는 것이 상식으로 자리 잡게 되었다.

독해 실전 문제로 깨우자!

기술
실전 훈련

다음 글을 읽고 물음에 답하시오.

세계 문화유산인 수원 화성은 총 길이 5.7킬로미터, 면적 1.2제곱킬로미터에 달한다. 정조는 화성의 건축을 당시 30세인 다산 정약용에게 맡겼다. 정약용은 10년이 걸릴 것으로 예상했던 공사를 과학 기술의 힘을 빌려 2년 반이라는 단기간에 끝낼 수 있었다. 그렇다면 수원 화성에 숨어 있는 과학적, 기술적 원리에는 무엇이 있을까?

우선 정약용은 당대 최신 기구를 사용하는 데 주저하지 않았다. 대표적인 것이 거중기다. 거중기의 가장 큰 특징은 단순히 고정 도르래만 사용하지 않고 움직도르래를 도입하여 복합 도르래를 구성한 것이다. 고정 도르래는 물건의 무게에 해당하는 힘을 주어야만 물건을 들어 올릴 수 있지만, 움직도르래가 1개 있으면 절반의 힘만으로도 들어 올릴 수 있다. 사용하는 움직도르래가 1개 늘어날 때마다 필요한 힘은 절반으로 줄어든다. 거중기 덕분에 화성을 건설하는 동안 노동력을 아끼고 무거운 물체를 수월하게 다루어서 사고율을 대폭 줄일 수 있었다.

정약용이 화성을 과학적으로 만들었다는 사실은 화성 성벽과 성의 담 사이에 검은색 벽돌이 끼어 있다는 점으로도 알 수 있다. 이 벽돌은 생김새가 눈썹 같다고 해서 눈썹돌 또는 미석(楣石)이라고 부른다. 미석을 성벽과 담 사이에 끼워 넣으면 비나 눈이 왔을 때 물이 미석을 타고 땅으로 떨어지게 된다. 즉 미석은 물이 성벽으로 스며들지 않게 하는 것이다. 미석을 설치하지 않았다면 성벽의 틈 사이로 물이 스며들고, 그 물이 겨울에 얼면서 성벽에 틈을 만들어 성벽이 쉽게 무너졌을 것이다.

한편 화성의 성벽을 자세히 보면 전체 형태가 구불구불하다. 성벽을 이러한 형태로 만든 것은 성벽을 구불구불하게 하여 아치 모양을 만들면 단단하게 쌓을 수 있기 때문이다. 또한 성벽의 허리 부분은 돌과 돌 사이가 단단히 맞물린 상태로 잘록한 모양을 하고 있는데, 이는 적이 성벽을 쉽게 타고 오를 수 없도록 한 조치와 관련이 있다.

성벽의 재료도 기존 성과는 사뭇 다르다. 기존 성들을 화강암을 주요 재료로 쌓았다면 화성은 화강암뿐만 아니라 벽돌로도 성을 쌓았다. 이는 대포의 공격을 방어하기 위함이었다. 화강암은 그 자체로 단단하지만 화강암으로만 성벽을 만들면 돌과 돌의 이음새가 들어맞지 않아 강한 충격에도 쉽게 성벽이 부숴질 수 있다. 반면 벽돌과 흙을 활용해 성벽을 쌓으면 외부의 충격에도 쉽게 무너지지 않는 성벽을 만들 수 있다. 이처럼 수원 화성은 전쟁 상황을 고려해 만들어진 첨단 건축물이었다.

수능이 쉬워지는 지문 키워드

기술	건축

수원 화성의 건설 원리

☑ 개념을 설명한 글
☐ 분류를 활용한 글
☐ 관점을 제시하는 글
☐ 상관관계를 보여 주는 글
☐ 과정의 흐름을 보여 주는 글

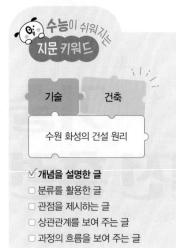

✦ 세계 문화유산 유네스코에서 인류 전체를 위하여 보호해야 할 가치가 있다고 인정한 문화유산.
✦ 화성(빛날 華, 재 城) 조선 정조 때에, 경기도 수원시에 쌓은 성.
✦ 거중기(들 擧, 무거울 重, 그릇 器) 예전에, 무거운 물건을 들어 올리는 데에 쓰던 기계.
✦ 아치 건축물에서 서로 떨어져 있는 두 기둥이나 벽의 위쪽 끝을 둥글게 이어 그 위의 무게를 받치는 구조물.
✦ 이음새 두 물체를 이은 모양새.

🙂 내용 이해하기

1문단 : 과학 기술을 활용하여 지은
❶ ☐☐☐☐

2문단 : ❷ ☐☐☐ 사용으로 노동력
을 아끼고 무거운 물체를 쉽게 다룸.

3문단 : ❸ ☐☐ 설치를 통해 성벽에
물이 스며들지 않게 함.

4문단 : ❹ ☐☐을/를 단단히 맞물
리게 쌓아 적의 침입을 막고자 함.

5문단 : ❺ ☐☐을/를 활용하여 성
벽을 쌓아 적의 공격에 대비함.

😊 주제 파악하기

수원 화성 ❻ ☐☐에 담긴 과학·기
술적 특징

😃 확인 문제

❼ 수원 화성은 정약용이 정조의 명을
받아 지었다. (○ , ×)

❽ 고정 도르래를 사용하면 물체의 무
게보다 적은 힘으로 물건을 들어 올
릴 수 있다. (○ , ×)

❾ 화강임으로만 싱을 쌓으면 이음새가
딱 맞지 않아 외부의 충격에 쉽게 무
너질 수 있다. (○ , ×)

```
📋 ❶ 수원 화성     ❷ 거중기
   ❸ 미석   ❹ 성벽   ❺ 벽돌
   ❻ 건축   ❼ ○   ❽ ×
   ❾ ○
```

1 윗글을 통해 답할 수 있는 질문이 <u>아닌</u> 것은?

① 수원 화성의 규모는 어느 정도일까?

② 화강암이 벽돌보다 단단한 이유는 무엇일까?

③ 미석이 있을 때와 없을 때에는 어떤 차이가 있을까?

④ 건축에서 움직도르래를 사용하면 어떤 효과가 있을까?

⑤ 정약용이 수원 화성의 공사 기간을 줄일 수 있었던 이유는 무엇일까?

2 윗글의 짜임을 도식화한 것으로 가장 적절한 것은?

3 〈보기〉의 ㉮~㉱에 대한 글쓴이의 반응으로 적절하지 <u>않은</u> 것은?

> **보기**
>
> 멀리서 바라본 화성의 모습은 웅장했다. ㉮이렇게 커다란 돌을 어떻게 하
> 나 하나 쌓을 수 있었을까? 옛사람들의 깊은 지혜를 느낄 수 있었다. 성곽길
> 은 ㉯구불구불한 성벽이 따라 이어져 있었다. 성벽을 바라보니 ㉰마치 눈썹
> 처럼 군데군데 박혀 있는 신기한 검은 돌이 눈에 띄었다. 성벽은 전체적으로
> ㉱허리가 안으로 들어가 있는 형태였고, 바윗돌로 구성된 아랫부분과 달리
> ㉲윗부분은 벽돌로 차곡차곡 쌓여 있었다.

① ㉮ : 거중기의 도르래 원리를 이용하여 보다 쉽고 빠르게 쌓을 수 있었다.

② ㉯ : 성벽을 단단하게 쌓을 수 있어 건축 현장의 사고율을 크게 줄였다.

③ ㉰ : 물이 성벽 사이로 스며드는 것을 방지하기 위한 조치였다.

④ ㉱ : 적이 성벽을 쉽게 타고 오르지 못하도록 만든 방식이다.

⑤ ㉲ : 적의 공격과 같은 외부의 충격에 대비해 선택한 방법이다.

다음 글을 읽고 물음에 답하시오.

목표 9분

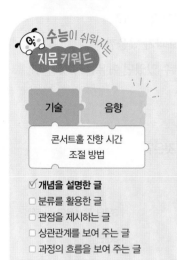

수능이 쉬워지는
지문 키워드

기술	음향

콘서트홀 잔향 시간
조절 방법

☑ 개념을 설명한 글
☐ 분류를 활용한 글
☐ 관점을 제시하는 글
☐ 상관관계를 보여 주는 글
☐ 과정의 흐름을 보여 주는 글

콘서트홀에서 감미로운 노래와 웅장한 *오케스트라 연주에 휩싸이는 경험은 정말 매력적이다. 하지만 모든 콘서트홀이 늘 최고의 소리를 들려주는 것은 아니다. 어떤 콘서트홀에서 공연을 감상하느냐에 따라서 공연의 만족도가 달라질 수 있다. 왜냐하면 오케스트라와 가수 외에도 콘서트홀의 다양한 요소들이 공연의 질에 영향을 미치기 때문이다.

[A] 공연의 질을 결정하는 중요한 요소 중 하나는 음이 지속되는 *잔향 시간이다. 잔향 시간은 소리 에너지가 최대인 상태에서 일백만 분의 일만큼의 에너지로 줄어드는 데 걸리는 시간을 말한다. 콘서트홀 종류마다 알맞은 잔향 시간이 다르다. 오케스트라 전용 콘서트홀은 청중들이 풍성하고 웅장한 감동을 느낄 수 있도록 잔향 시간을 1.6~2.2초로 길게 설계하고, *오페라 전용 콘서트홀은 이보다는 소리가 덜 울려야 청중들이 대사를 잘 들을 수 있기 때문에 잔향 시간을 1.3~1.8초로 짧게 만든다.

그러면 콘서트홀의 잔향 시간을 조절하는 방법을 살펴보자. 잔향 시간을 조절하는 방법에는 콘서트홀의 크기를 고려하는 방법이 있다. 잔향 시간은 콘서트홀의 크기에 따라 달라지기 때문이다. 작은 콘서트홀에서는 무대에서 나가는 소리가 벽에 부딪히기까지의 시간이 짧다. 따라서 소리가 벽에 부딪히는 횟수가 많아지므로 소리 에너지가 빨리 줄어들어 잔향 시간이 짧아진다. 큰 콘서트홀은 작은 콘서트홀에 비해 무대에서 나가는 소리가 벽에 부딪히기까지의 시간이 길다. 따라서 소리가 벽에 부딪히는 횟수가 적으므로 소리 에너지가 천천히 줄어들어 잔향 시간이 길어진다.

콘서트홀의 건축 재료를 활용하여 잔향 시간을 조절하는 방법도 있다. 콘서트홀의 벽면과 바닥, 객석 등에 쓰이는 재료가 잔향 시간에 영향을 미치기 때문이다. 합성 섬유와 같은 푹신한 재료는 소리를 잘 흡수하므로 *흡음재로 쓰인다. 반면 돌이나 두꺼운 널빤지는 소리를 거의 흡수하지 않고 튕겨 내기 때문에 반사재로 쓰인다. 흡음재와 반사재를 적절히 조합하면 원하는 잔향 시간을 만들 수 있다. 무대 바닥이나 벽은 반사재를 붙여 반사의 정도를 조절한다. 객석 주변의 벽은 흡음재를 사용하여 소리를 잘 흡수할 수 있도록 한다.

또 다른 방법으로 음향 장치를 활용하기도 한다. 공연이 열릴 때 반사판을 더하면 잔향 시간을 조절할 수 있다. 피아노 연주처럼 작은 소리를 울리게 해야 할 때 피아노 뒤편 무대에 음향 반사판을 세운다. 그리고 이런 방법으로 잔향 시간을 많이 늘리기 어려울 때에는 전기 음향 시스템을 활용하기도 한다. 곳곳에 숨겨진 마이크가 음을 받아 알맞은 잔향 시간만큼 늘린 뒤 다시 스피커로 들려주는 것이다.

✦ **오케스트라** 관현악을 연주하는 단체.
✦ **잔향**(쇠잔할 殘, 소리 울릴 響) 실내의 발음체에서 내는 소리가 울리다가 그친 후에도 남아서 들리는 소리.
✦ **오페라** 배우가 대사의 전부를 노래로 부르는, 음악과 연극과 춤 등을 종합한 무대 예술.
✦ **흡음재**(숨 들이쉴 吸, 소리 흡, 재목 材) 소리를 잘 흡수하는 재료.

내용 이해하기

1 문단: ❶ [   ] 의 질에 영향을 미치는 콘서트홀

2 문단: 공연의 성격에 따라 달라지는 알맞은 ❷ [   ][   ][   ]

3 문단: 콘서트홀의 ❸ [   ] 을/를 고려하여 잔향 시간을 조절하는 방법

4 문단: 콘서트홀의 건축 ❹ [   ] 을/를 활용하여 잔향 시간을 조절하는 방법

5 문단: ❺ [   ] 장치를 활용하여 잔향 시간을 조절하는 방법

주제 파악하기

콘서트홀의 잔향 시간을 조절하는 ❻ [   ]

확인 문제

❼ 오페라 전용 콘서트홀은 관중에게 대사를 잘 전달해야 하므로 잔향 시간이 길어야 한다. (○ , ✕)

❽ 돌이나 두꺼운 널빤지는 소리를 잘 흡수한다. (○ , ✕)

❾ 음향 반사판을 세우면 작은 소리를 울리게 하여 잔향 시간을 늘릴 수 있다. (○ , ✕)

답 ❶ 공연   ❷ 잔향 시간
❸ 크기   ❹ 재료   ❺ 음향
❻ 방법   ❼ ✕   ❽ ✕
❾ ○

---

1 윗글의 내용을 다음과 같이 정리할 때에 적절하지 <u>않은</u> 것은?

> 콘서트홀의 다양한 요소가 공연의 질에 영향을 미친다. – ①

> 공연의 성격에 따라 서로 다른 잔향 시간이 요구된다. – ②

> | 콘서트홀의 벽 모양을 적절히 변화시킴으로써 잔향 시간을 조절할 수 있다. – ③ | 콘서트홀의 건축에 사용되는 흡음재와 반사재를 적절히 조합하면 잔향 시간을 조절할 수 있다. – ④ | 음향 반사판이나 전기 음향 시스템을 적절히 사용하여 잔향 시간을 조절할 수 있다. – ⑤ |

2 [A]에 사용된 서술 방식으로 적절한 것을 〈보기〉에서 골라 바르게 묶은 것은?

보기

ㄱ. 소리 에너지를 익숙한 대상에 빗대어 설명하고 있다.
ㄴ. 사전적 정의를 바탕으로 잔향 시간에 대해 설명하고 있다.
ㄷ. 콘서트홀의 종류를 나누어 적절한 잔향 시간을 설명하고 있다.
ㄹ. 잔향 시간에 대한 청중과 공연자의 생각을 대조하여 설명하고 있다.

① ㄱ, ㄴ   ② ㄱ, ㄷ   ③ ㄱ, ㄹ   ④ ㄴ, ㄷ   ⑤ ㄴ, ㄹ

3 윗글의 내용을 읽고 난 뒤의 반응으로 적절하지 <u>않은</u> 것은?

① 객석 주변의 벽은 푹신한 재료를 활용해 만들겠구나.

② 공연의 종류에 따라 잔향 시간을 고려하여 콘서트홀을 선택하겠구나.

③ 오케스트라 전용 콘서트홀은 오페라 전용 콘서트홀에 비해 크기가 작겠구나.

④ 피아노 공연을 할 때에는 공연 전에 잔향 시간을 늘리기 위한 조치를 해야겠구나.

⑤ 콘서트홀 곳곳에 마이크를 숨겨 놓는 이유는 잔향 시간을 길게 하기 위해서이겠구나.

21강 어휘 공략하기

1 다음 사다리를 타서 뜻풀이에 알맞은 어휘를 〈보기〉에서 골라 빈칸에 쓰시오.

보기

설계하다   수월하다   웅장하다   조절하다

건축·토목·기계 등에 관한 계획을 세우거나 그 계획을 그림 등으로 나타내다.

규모 따위가 거대하고 성대하다.

균형이 맞게 바로잡다. 또는 적당하게 맞추어 나가다.

까다롭거나 힘들지 않아 하기가 쉽다.

(1)   (2)   (3)   (4)

2 다음 문장의 빈칸에 들어갈 알맞은 어휘를 〈보기〉의 뜻을 참고하여 쓰시오.

보기
- **조합**: 여럿을 한데 모아 한 덩어리로 짬.
- **첨단**: 시대나 학문, 유행 등의 가장 앞서는 자리.
- **기능**: 어떤 역할이나 작용을 함. 또는 그런 역할이나 작용.
- **조치**: 벌어진 사태에 대하여 적절한 대책을 세워서 행함. 또는 그 대책.

(1) 여러 색의 꽃을 (   )하여 운동장을 꾸미니 학교 분위기가 달라졌다.

(2) 숲은 우리가 필요로 하는 자원을 제공해 주고, 휴식처로 (   )하는 공간이다.

(3) 날이 점점 추워져서 빨리 (   )을/를 취하지 않으면 수도관이 터질 수도 있다.

(4) 전자 기기 전시회에서 관람객들은 (   ) 기기를 이용한 가상 현실 게임을 즐길 수 있었다.

3 다음 괄호 안의 말 중 올바른 표기에 ◯표 하시오.

⑴ 그 마을은 안개에 (휩쌓여 / 휩싸여) 사람들이 고립되었다.

⑵ 이 가방은 기존에 만들어진 가방들과는 재료가 (사뭇 / 사묻) 다르다.

⑶ 간밤에 잠을 설치고 점심시간이 되어서야 간신히 눈을 (붙였다 / 부쳤다).

4 어휘의 의미 관계가 바르게 연결된 것은 ◯표, 바르게 연결되지 않은 것은 ✕표 하시오.

⑴ 복합 ←반대되는 말→ 종합 (   )

⑵ 충격 —비슷한 말— 타격 (   )

⑶ 흡수 —비슷한 말— 배출 (   )

⑷ 공격 ←반대되는 말→ 방어 (   )

배경지식 확장하기   🏷 실전 1과 엮어 읽기

정조와 수원 화성

젊은 나이에 죽은 아버지 사도 세자(장헌 세자, 장조)를 늘 그리워했던 정조는 아버지의 묘를 수원으로 옮기고 그 지역 일대에 새로운 도시를 건설하기로 마음먹었다. 정조가 이러한 마음을 먹은 데에는 정치적인 의도도 있었다. 왕권을 더욱 강화하려면 정치적인 분위기를 새롭게 할 필요가 있다고 판단하고 화성 건설을 이용한 것이다. 또 정조는 자신의 아버지가 왕이 되지 못했다는 것이 자신에게 약점이 되었기 때문에 아버지의 묘도 옮겨야 한다고 생각했다.

수원으로 묘를 옮긴 후 정조는 그곳에 계획 도시인 화성을 세우고 아버지 묘에 성묘를 하기 위해 거의 매년 수원을 찾았는데, 이런 정조의 모습은 「화성행차도」라는 그림으로 남아 있다. 또한 정조의 어머니인 혜경궁 홍씨가 지은 『한중록』에는 정조가 세자에게 왕위를 물려주고 어머니와 함께 아버지의 능이 있는 수원에서 살고 싶어 했다는 기록이 있다. 하나의 도시가 아버지에 대한 왕의 그리움과 효심이 계기가 되어 만들어졌음을 알 수 있다.

다음 글을 읽고 물음에 답하시오.

 9분

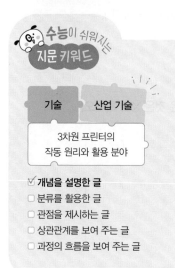

기술   산업 기술

3차원 프린터의
작동 원리와 활용 분야

☑ 개념을 설명한 글
☐ 분류를 활용한 글
☐ 관점을 제시하는 글
☐ 상관관계를 보여 주는 글
☐ 과정의 흐름을 보여 주는 글

요즘 3차원 프린터가 주목받고 있다. 약 30년 전에 이 프린터가 처음 등장했을 때에는 가격이 비싸 전문가들이 산업용으로만 사용해 왔다. 그러나 3차원 프린터의 판매 가격이 떨어지고 생산량이 증가하면서 일반 가정에서도 접할 수 있게 되었다.

3차원 프린터는 종이에 인쇄되는 일반 프린터와 어떤 차이가 있을까? 일반 프린터는 잉크를 종이에 분사하여 인쇄를 하여 2차원의 이미지 제작만 가능하다. 반면 3차원 프린터는 잉크 대신 일반적으로 열에 잘 녹는 플라스틱, 금속 등의 다양한 재료를 활용한다. 이러한 특수 재료를 가루나 액체, 실의 형태로 바꾸어 분사하며 층층이 쌓아 올리는 방식이기 때문에 건축물 모형, 스마트폰 케이스 등과 같은 물건도 만들 수 있다.

3차원 프린터의 인쇄는 설계도에 따라 입체적으로 그려진 물건을 가로로 1만 개 이상 잘게 잘라 분석하고 물건의 바닥부터 꼭대기까지 '레이어'라 불리는 아주 얇은 막을 한 층씩 쌓아 올리는 과정으로 이루어진다. 이때 레이어가 얇으면 얇을수록 더욱 정교한 물건을 만들어 낼 수 있다. 이 기술은 주로 새로운 제품을 개발하기 위해 시험 삼아 만들어 보는 제품, 즉 시제품을 만드는 데 사용된다. 그동안 시제품을 만들 때 여러 복잡한 단계를 거쳐야 했던 것과 달리 3차원 프린터는 만들 물건의 데이터만 있으면 그 자리에서 즉석으로 만들 수 있다.

3차원 프린터는 사용이 간편할 뿐만 아니라, 한 대의 기계로는 만들어 낼 수 없는 복잡한 모양의 물건을 신속하고 정확하게 만들 수 있다. 또한 설계 오류를 찾아내고 직접 확인한 후 곧바로 데이터를 수정하여 출력하기도 편리하다. 그러나 하나의 제품을 만들기 위해서 아주 많은 층을 출력해야 하므로 시간이 오래 걸린다는 단점이 있다.

이러한 3차원 프린터는 여러 분야에 다양하게 활용될 수 있다. 의료 분야에서는 3차원 프린터를 활용하여 인공 턱, 인공 귀 등과 같이 인간의 신체에 이식할 수 있는 복잡하고 정교한 물체를 생산하고 있다. 우주 항공 분야에서는 실험 장비나 건축물 등을 3차원 프린터를 활용하여 우주에서 제작할 계획이다. 지구에서 힘들게 물건을 운반할 필요 없이 3차원 프린터로 데이터를 보내면 바로 우주에서 제작이 가능하기 때문이다. 3차원 프린터의 적용 분야는 앞으로의 기술 발전에 따라 무한히 확대될 수 있을 것이다.

✦3차원 공간을 상하, 좌우, 전후의 세 방향으로 나타낼 수 있음을 이르는 말.

✦분사(뿜을 噴, 쏠 射)하다 액체나 기체 따위에 압력을 가하여 세차게 뿜어 내보내다.

✦데이터 컴퓨터가 처리할 수 있는 문자, 숫자, 소리, 그림 따위의 형태로 된 정보.

◑ 바른답·알찬풀이 43쪽

ⓦ 내용 이해하기

1 문단: 널리 쓰이게 된 3차원 프린터

2 문단: 3차원 프린터와 일반 프린터
의 ❶ ☐☐

3 문단: 3차원 프린터의 ❷ ☐☐ 원
리

4 문단: 3차원 프린터의 장점과 ❸ ☐
☐

5 문단: 3차원 프린터의 다양한 ❹ ☐
☐

☺ 주제 파악하기

❺ ☐☐☐☐☐의 작동 원
리와 활용 분야

☺ 확인 문제

❻3차원 프린터는 다양한 재료를 가루,
액체, 실의 형태로 분사한다.

(○ , ×)

❼일반 프린터는 잉크를 종이에 층층
이 쌓아 올린다. (○ , ×)

❽3차원 프린터는 레이어가 얇을수록
물건을 정교하게 만들어 낼 수 있다.

(○ , ×)

❾3차원 프린터는 일반 프린터보다 짧
은 시간 안에 대상을 복사할 수 있
다. (○ , ×)

답	❶ 차이	❷ 작동	❸ 단점
	❹ 활용	❺ 3차원 프린터	
	❻ ○	❼ ×	❽ ○
	❾ ×		

1 **윗글의 내용으로 적절하지 않은 것은?**

① 기업에서 새로운 제품을 만들 때 3차원 프린터를 유용하게 쓸 수 있다.

② 3차원 프린터는 현재 비싼 가격 때문에 일반 가정에서는 쓰지 않고 있다.

③ 일반 프린터는 종이에 잉크를 뿌려서 이미지를 출력하는 방식의 인쇄 기
계이다.

④ 3차원 프린터는 만들고자 하는 물건의 데이터가 있으면 바로 그 물건을
만들 수 있다.

⑤ 우주 항공 분야에서는 실험 장비를 3차원 프린터를 통해 우주에서 제작
할 계획을 세우고 있다.

2 **윗글을 참고하여 〈보기〉를 이해한 내용으로 가장 적절한 것은?**

> **보기**
>
> 　최근 들어 3차원 프린터를 이용해 인공 관절 수술의 정확성을 높이고 수명
> 연장까지 기대할 수 있는 수술법이 개발되어 주목을 받고 있다. 이 기술은 이
> 미 제작된 인공 관절을 환자의 무릎에 끼워 넣는 기존의 방식과 달리, 환자의
> 무릎 모양을 가상으로 만든 뒤 3차원 프린터를 이용해 두께, 모양 등이 환자
> 의 무릎에 잘 맞도록 인공 관절 모형을 제작하는 방식이다. 이 외에도 3차원
> 프린터는 인공 장기 제작 등에 적극적으로 활용되고 있다.

① 의료 기술에서 3차원 프린터에 대한 활용도가 더욱 높아질 것이다.

② 3차원 프린터를 이용해 인공 관절 수술을 하므로 수술 시간이 단축될 것
이다.

③ 환자 무릎 모양을 가상으로 만들어 제작하기 때문에 정교한 인공 관절을
만들기는 힘들 것이다.

④ 3차원 프린터를 활용한 인공 관절 수술은 이미 제작된 인공 관절을 환자
의 무릎에 끼워 넣는 것이다.

⑤ 3차원 프린터를 이용한 인공 관절 수술의 발전은, 아직 만들지 못하고 있
는 인공 턱을 만드는 데에도 기여할 것이다.

다음 글을 읽고 물음에 답하시오.

목표 9분

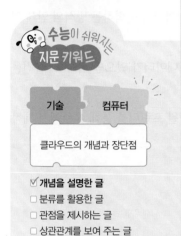
많은 사람들이 컴퓨터에서 작업한 자료를 저장하기 위해 이동형 기억 장치인 ㉠USB와 같은 보조 장치를 사용하고 있다. 이는 인터넷이 안 되는 환경에서도 사용이 가능하지만 분실이나 파손의 위험이 있다는 문제가 있다. 이러한 문제점을 해결하기 위하여 ㉡클라우드(Cloud)를 사용하는 사람들이 늘고 있다.

컴퓨터로 작업한 파일을 해당 컴퓨터의 내부 공간에 저장하는 것이 아니라, 인터넷을 통하여 특정 공간에 저장할 수 있는데, 이 공간을 클라우드라고 한다. 여러 장소에서 같은 구름을 볼 수 있듯이 클라우드에 올린 자료를 인터넷이 되는 컴퓨터가 있다면 언제 어디서나 불러올 수 있는 것이다. 예를 들어 학교에 제출해야 할 숙제를 집에 있는 컴퓨터로 작성하고, 이 숙제를 클라우드에 올리면 학교에 있는 컴퓨터 중 인터넷 사용이 가능한 컴퓨터로도 숙제 파일을 열어 볼 수 있다.

기존에도 인터넷상의 자료 저장 공간으로 사용되는 ㉢웹하드가 있었다. 그렇다면 웹하드와 클라우드는 어떤 점에서 차이가 있을까? 웹하드는 일정한 용량의 저장 공간에 인터넷 연결이 되어 있는 컴퓨터로 작업한 문서나 파일을 저장하고 많은 사람과 그 문서나 파일을 함께 볼 수 있는 인터넷 파일 관리 시스템이다. 한편 클라우드는 이러한 웹하드의 장점을 포함하고, 저장된 정보를 스마트폰과 같은 각종 IT 기기를 통하여 언제 어디서든 이용하게 하여 다른 사람과 실시간으로 문서 작업까지 함께 할 수 있는 서비스를 제공한다. 이와 같은 클라우드는 컴퓨터 관련 자원을 필요한 만큼 빌려 쓰는 것이기 때문에 사용 요금을 내야 한다.

한편 클라우드는 평소에 남는 서버를 활용하므로 클라우드 환경을 제공하고 이를 운영하는 사람에게도 유용하지만, 이를 사용하는 입장에서는 더욱 유용하다. 컴퓨터로 작업한 자료를 개인적인 저장 공간에 따로 저장할 필요가 없기에 저장 공간에 대한 걱정 없이 컴퓨터를 활용할 수 있기 때문이다. 또한 클라우드 서비스를 활용하는 기업 또는 개인은 컴퓨터 시스템을 유지하고 관리하기 위하여 쓰는 비용과 서버의 구매 및 설치 비용, 업데이트 비용 등 엄청난 비용과 시간을 줄일 수 있다.

그러나 서버가 해킹당할 경우 개인 정보가 새어 나갈 수 있고, 서버 장애가 발생하면 자료 이용이 불가능하다는 단점도 있다. 따라서 클라우드를 사용하는 사람들이 안전한 환경에서 서비스를 이용할 수 있도록 보안에 대한 대책을 마련하고 해킹의 위험성을 줄일 수 있는 방안을 찾아야 한다.

✦파손(깨뜨릴 破, 덜 損) 깨어져 못 쓰게 됨.
✦실시간(열매 實, 때 時, 사이 間) 실제 흐르는 시간과 같은 시간.
✦서버 주된 정보의 제공이나 작업을 수행하는 컴퓨터 시스템.
✦해킹 다른 사람의 컴퓨터 시스템에 침입하여 저장된 정보나 프로그램을 없애거나 망치는 일.

내용 이해하기

1 문단: 이동형 기억 장치의 문제점을 해결한 ❶ ☐☐☐

2 문단: 클라우드의 ❷ ☐☐

3 문단: ❸ ☐☐☐와/과 클라우드 의 차이점

4 문단: 클라우드의 ❹ ☐☐

5 문단: 클라우드의 단점과 ❺ ☐☐ ☐☐

주제 파악하기

클라우드의 개념과 ❻ ☐☐

확인 문제

❼ 컴퓨터로 작업한 파일을 인터넷을 통하여 특정 공간에 저장할 때 사용 하는 공간을 클라우드라고 한다.

(○ , ×)

❽ 클라우드는 웹하드와 달리 인터넷으 로 연결된다. (○ , ×)

❾ 클라우드는 개인 정보가 새어 나갈 수 있다는 문제점을 지니고 있다.

(○ , ×)

1 윗글을 통해 답할 수 있는 질문이 <u>아닌</u> 것은?

① 클라우드를 이용할 때의 장점에는 무엇이 있나요?

② 클라우드 서버가 해킹되지 않게 하기 위한 기술에는 무엇이 있나요?

③ 웹하드는 가지고 있지 않은 클라우드만의 기능에는 어떤 것이 있나요?

④ 컴퓨터에서 작업한 자료를 저장하기 위한 보조 장치에는 어떤 것이 있나요?

⑤ 클라우드가 나오기 전 인터넷상의 자료 저장 공간으로 사용되던 것에는 무엇이 있나요?

2 윗글에 사용된 글의 전개 방법으로 적절한 것을 〈보기〉에서 골라 바르게 묶은 것은?

┌─ 보기 ───

㉮ 웹하드의 특징을 학교 숙제에 빗대어 설명한다.

㉯ 클라우드에 대해 정의를 내리며 클라우드가 하는 기능을 설명한다.

㉰ 클라우드와 웹하드의 차이점을 중심으로 클라우드의 특징을 설명한다.

㉱ 클라우드의 관련 기술이 변화해 가는 과정을 시간적 순서로 구분하여 설 명한다.

└──

① ㉮, ㉯   ② ㉮, ㉰   ③ ㉮, ㉱   ④ ㉯, ㉰   ⑤ ㉰, ㉱

3 윗글을 바탕으로 ㉠∼㉢에 대해 이해한 내용 중 적절하지 <u>않은</u> 것은?

① ㉠은 분실이나 파손의 위험이 크다.

② ㉡은 서버에 장애가 발생하면 자료 이용이 불가능하다.

③ ㉡은 ㉢과 달리 많은 사람이 파일을 공유할 수 있도록 하는 기능을 갖추 었다.

④ ㉡과 ㉢은 ㉠과 달리 인터넷 사용이 가능한 환경이 필요하다.

⑤ ㉠, ㉡, ㉢은 모두 컴퓨터에서 작업한 자료를 저장하는 기능과 관련이 있다.

어휘 공략하기

1 다음 뜻에 알맞은 어휘를 말 상자에서 찾아 쓰시오.

예 어떤 상태나 상황 등을 그대로 이어 나가다.

→ (　유지하다　)

(1) 수나 양, 크기, 공간이나 시간의 끝이나 제한이 없다.

→ (　　　　　)

(2) 일이나 감정 따위가 갈피를 잡기 어려울 만큼 여러 가지가 얽혀 있다. → (　　　　　)

상	건	축	물	측	소
혈	신	박	수	치	하
유	단	무	한	하	다
지	형	말	채	보	파
하	추	오	조	라	해
다	병	복	잡	하	다

2 어휘와 어휘의 뜻을 바르게 연결하시오.

(1) 요금

(2) 운영

(3) 생산량

㉮ 어떠한 것이 일정한 기간 동안 생산되는 수량.

㉯ 조직이나 기구, 사업체 등을 관리하고 이끌어 나감.

㉰ 남의 힘을 빌리거나 사물을 사용·소비·관람한 대가로 치르는 돈.

3 〈보기〉의 밑줄 친 부분 가운데 맞춤법이 잘못된 어휘를 찾아 바르게 고쳐 쓰시오.

보기

불빛이 밖으로 세어 나가지 않도록 양철로 갓을 씌운 등이 벽 쪽에 걸려 있고 그 아래 조그만 책상과 의자가 놓여 있었다.

(　　　) → (　　　)

4 다음 문장의 빈칸에 들어갈 알맞은 어휘를 〈보기〉의 뜻을 참고하여 쓰시오.

┌ 보기 ┐

- 파손: 깨어져 못 쓰게 됨.
- 분사: 액체나 기체 따위에 압력을 가하여 세차게 뿜어 내보냄.
- 이식: 몸의 일부 조직이나 몸속 기관을 같은 몸의 다른 부위나 다른 몸에 옮겨 붙이는 일.
- 자원: 광물, 수산물 등과 같이 사람이 생활하거나 경제적인 생산을 하는 데 이용되는 원료.

(1) 로켓이 추진력을 얻기 위해서는 액체 연료를 (   )해야 한다.

(2) 해양 식물은 미래의 식량 (   )(으)로서의 가치를 충분히 지니고 있다.

(3) 태풍의 피해로 건물의 출입문이 (   )되어 경비 업체의 직원이 부상을 입었다.

(4) 장기 (   )을/를 원하는 환자의 수에 비해 기증하는 사람의 수가 턱없이 부족하다.

배경지식 **확장하기** 🏷 실전 2와 엮어 읽기

사이버 범죄의 심각성과 대처 방안

우리는 인터넷으로 친구들과 게임을 하거나 대화를 나눈다. 인터넷 속에서 사람들이 활동하는 공간을 사이버 공간이라고 한다. 오늘날 사이버 공간이 활성화되면서 이를 범죄에 이용하는 사람들도 점점 늘어나고 있는데, 이렇게 사이버 공간을 중심으로 발생하는 범죄 행위를 사이버 범죄라고 한다.

사이버 범죄는 다양한 형태로 일어나고 그 피해도 상상을 초월할 만큼 크다. 인터넷 사이트에서 수만 명의 개인 정보가 유출되기도 하고, 보이스 피싱이나 해킹으로 금전적인 피해를 보기도 한다. 이러한 사이버 범죄는 얼굴을 보고 이야기하지 않아도 되기 때문에 함부로 상대방을 공격하는 특징을 지닌다. 사이버 범죄로 피해를 입은 사람은 수치심을 느껴 정상적인 사회생활을 이어 가지 못하기도 하고, 해킹으로 국가의 주요 정보가 유출될 수도 있으므로, 사이버 범죄는 사회적으로 심각한 영향을 미치는 범죄에 해당한다.

사이버 범죄는 예방이 중요하다. 컴퓨터를 이용하는 사람들이 스스로 관심을 가지고 노력해야 하는데, 방화벽을 설치하고 백신 프로그램으로 위험 요소를 차단하는 것이 중요하다. 이메일을 확인할 때는 보낸 이가 불분명하면 열어 보지 말고 삭제해야 하며, 쇼핑몰을 이용할 때는 보안 등급이 낮은 사이트는 접속하지 말아야 한다. 그리고 범죄에 노출되었다고 판단되거나 의심이 되면 즉시 사이버 범죄 수사대에 의뢰하는 것이 좋다.

다음 글을 읽고 물음에 답하시오.

 9분

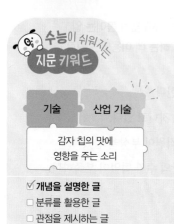

일반적으로 맛을 느끼는 데에는 미각뿐만 아니라 우리 몸의 다른 감각도 관여를 한다. 그 중에서 청각은 맛에 관여하는 정도가 낮은 편이다. 그러나 감자 칩의 경우는 감자 칩을 먹을 때 나는 소리가 맛에 직접적인 영향을 주는 대표적인 사례이다. 실제로 한 실험에서 실험자의 눈을 가리고 감자 칩을 먹도록 하면서 그의 귀에는 감자 칩을 씹을 때 나는 소리를 들려주었다. 이때 실험자가 먹은 감자 칩은 같은 회사에서 만든 똑같은 감자칩이었고, 실험자에게 들려준 소리는 각각 다른 회사에서 만든 ㉠감자 칩을 씹을 때 나는 소리였다. 실험자는 같은 회사에서 만든 감자 칩을 먹은 것이지만, 소리가 달라짐에 따라 감자 칩에 대한 평가를 전혀 다르게 했다고 한다.

이렇게 감자 칩을 먹을 때 느껴지는 맛에 소리가 큰 역할을 한다는 것을 안 식품 공학자들은 식욕을 높여 주는 ㉡과일의 아삭거리는 소리를 연구하게 되었다. 그 결과 당근이나 사과의 세포들은 수분을 가지고 있고, 그 세포들이 사람의 이와 부딪치는 순간 세포 속에 있던 작은 물방울들이 시속 160km의 속도로 터져 나오며 내는 폭발적인 소리가 바로 과일을 씹을 때 나는 아삭거리는 소리임을 알게 되었다.

하지만 감자 칩은 수분을 지니고 있지 않다. 수분을 지니고 있으면 눅눅해지기 쉬워 보관이 쉽지 않기 때문이다. 대신에 감자 칩에 공기를 채워 넣어 앞서 말한 과일의 세포 속 물방울들이 하는 역할을 하도록 했다. 감자 칩을 공기로 채우는 데에는 녹말과 지방이 큰 역할을 한다. 감자 속의 녹말 알갱이들은 공기의 부피를 줄이는 역할을 한다. 그런데 녹말 알갱이들은 쉽게 바스러져 버리기 때문에 지방을 섞어 넣는다. 지방이 섞인 감자 칩은 기름에 적셔지고, 이 과정에서 지방이 뭉쳐지면서 감자 칩에 꼭 필요한 단단함이 생기는 것이다. 이러한 과정을 거치면 바삭거리는 감자 칩이 탄생한다. 감자 칩을 먹을 때 나는 바삭거리는 소리는 바로 공기 방울이 100분의 1초 안에 순식간에 방출되면서 만들어 내는 파열음이다. 결국 우리가 먹는 감자 칩의 80%는 공기로 이루어져 있는 셈이다.

[A] ┌ 이 매력적인 바삭거리는 소리를 듣게 하기 위해 식품 공학자들은 감자 칩 하나가 한 입에 들어가지 않도록 감자 칩을 크게 만들었다. 왜냐하면 입을 다문 상태에서 감자 칩을 씹게 되면 높은 주파수의 바삭거리는 소리는 입안의 잇몸이나 혀 등에 흡수되고 턱뼈와 두개골을 거치면서 씹는 사람의 귀에 낮은 주파수의 나지막한 소리로 전달되기 때문이다. 이에 식품 공학자들은 감자 칩을 여러 번 베어 먹게 만듦으로써 감자 칩을 먹는 사람의 귀로 높은 주파수의 바삭거리는 소리가 전달될 수 있도록 한 것이다.

감자 칩을 통해 때로는 소리가 음식의 맛에 영향을 미친다는 것을 확인할 수 있다. 아울러 과학적인 연구를 통해 소비자를 사로잡으려고 한 식품 공학자들의 노력도 엿볼 수 있다.

◆ **녹말**(초록빛 綠, 끝 末) 감자, 고구마, 물에 불린 녹두 따위를 갈아서 가라앉힌 앙금을 말린 가루.
◆ **방출**(놓을 放, 날 出)**되다** 빛이나 열 등이 밖으로 내보내지다.
◆ **파열음**(깨뜨릴 破, 찢을 裂, 소리 音) 깨어지거나 갈라져 터지면서 나는 소리.
◆ **주파수**(두루 周, 물결 波, 셀 數) 전파나 음파가 1초 동안에 흔들려 움직이는 횟수.

◔ 내용 이해하기

1 문단: 감자 칩을 씹을 때 나는 소리
는 감자 칩의 ❶☐️을/를 느끼는 데
에 영향을 미침.

2 문단: ❷☐️을/를 씹을 때 나는
아삭거리는 소리를 연구함.

3 문단: 감자 칩의 바삭거리는 소리는
❸☐️을/를 채워 넣어 만듦.

4 문단: 식품 공학자들이 감자 칩을 한
입에 들어가지 않도록 만든 ❹☐️
☐️을/를 설명함.

5 문단: 소리가 음식의 맛에 미치는 영
향을 설명함.

◔ 주제 파악하기

감자 칩을 더욱 맛있게 느끼게 하는
❺☐️

◔ 확인 문제

❻과일의 아삭거리는 소리는 공기가
터지며 나는 소리이다. (○ , ×)

❼지방이 섞여 있는 감자 칩을 기름에
적시면 지방이 흩어져 버린다.
(○ , ×)

❽감자 칩을 먹을 때에는 여러 번에 나
누어 베어 먹어야 높은 주파수의 소
리가 귀에 전달된다. (○ , ×)

답	❶ 맛	❷ 과일	❸ 공기
	❹ 이유	❺ 소리	❻ ×
	❼ ×	❽ ○	

1 윗글의 제목으로 가장 적절한 것은?

① 감자 속 수분이 하는 역할

② 감자 칩에 담긴 소리의 과학

③ 감자 속 녹말 알갱이들의 변신

④ 소리가 귀에 전달되는 과학적 원리

⑤ 어떤 음식도 맛있게 느끼게 해 주는 낮은 주파수의 비밀

2 ㉠과 ㉡을 비교한 내용으로 적절하지 않은 것은?

① ㉠은 공기 방울이 만들어 내고, ㉡은 물방울이 만들어 낸다.

② ㉠과 ㉡ 모두 맛을 느끼는 데에 영향을 준다.

③ ㉠과 ㉡ 모두 음식 속에 들어 있는 대상이 순식간에 터지며 나는 소리이다.

④ ㉠과 달리 ㉡은 한입에 먹지 않고 나누어 먹어야 식욕을 높이는 데 영향
을 미친다.

⑤ ㉡과 달리 ㉠은 소리를 만들기 위해 인공적으로 처리하는 과정을 거친다.

3 [A]를 통해 추론한 내용으로 가장 적절한 것은?

① 너무 작은 크기의 감자 칩은 먹을 때 시끄러운 소리가 난다.

② 낮은 주파수의 나지막한 소리가 감자 칩의 맛을 올려 준다.

③ 한입에 들어가는 감자 칩을 만드는 것은 기술적으로 불가능하다.

④ 높은 주파수의 바삭거리는 소리가 감자 칩의 맛을 더 좋게 느끼게 한다.

⑤ 턱뼈, 두개골은 감자 칩을 씹을 때 나는 소리를 듣는 데 영향을 주지 않는
신체 기관들이다.

다음 글을 읽고 물음에 답하시오. 목표 9분

날개 없는 선풍기가 등장하기 전 사람들이 일반적으로 생각하는 선풍기는 날개가 돌아가며 시원한 바람을 만들어 내는 선풍기였다. 100년이 넘도록 사람들에게 선풍기를 설명하라고 하면 날개가 달린 선풍기의 모습을 떠올렸다. 하지만 이에 대한 고정 관념을 깬 제품이 등장했는데, 바로 날개 없는 선풍기이다. 이 선풍기가 어떻게 날개 없이 시원한 바람을 만들어 내는지 그 구조와 특징을 한번 살펴보자.

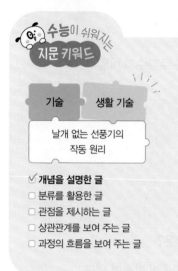

원형 고리의 단면
전기 모터
공기 흡입

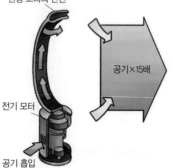

공기×15배

날개 없는 선풍기는 크게 두 부분으로 이루어져 있다. 아래쪽에는 외부의 공기를 흡입하는 역할을 하는 ㉠원통형 기둥이, 위쪽에는 공기의 양을 증폭해 강한 바람을 만들어 내는 속이 텅 빈 ㉡원형 고리가 있다. 원통형 기둥에는 공기 구멍이 수십 개 뚫려 있고, 기둥 내부에는 나선형의 날개와 전기 모터가 있다. 전기 모터의 힘으로 날개를 회전시키면 공기 구멍들을 통해 외부의 공기가 들어오게 된다. 그 후 이 공기는 위쪽 원형 고리의 속이 텅 빈 부분으로 세게 밀어 넣어진다.

원형 고리 속 텅 빈 공간의 단면은 비행기 날개 모양과 비슷한데, 공기가 이 공간을 지나면서 흐름이 빨라지게 된다. 흐름이 빨라진 공기는 원형 고리의 작은 틈을 통해 세게 불어 나오게 된다. 이 과정에서 원형 고리 바깥쪽에 있던 주변 공기가 고리 안쪽으로 흘러 들어와 다시 한 번 강한 공기의 흐름이 발생한다. 이때 만들어진 공기의 양은 전기 모터를 통해 흘러 들어온 공기의 양보다 15배 정도 증폭했기 때문에 많은 양의 바람이 빠른 속도로 불게 되는 것이다.

날개 달린 선풍기가 날개를 통해 뒤쪽에서 빨아들이는 공기의 양은 1초에 10리터 정도이지만, 날개 없는 선풍기가 빨아들이는 공기의 양은 약 27리터로 일반 선풍기의 3배에 가까운 수준이다. 그리고 날개 달린 선풍기는 날개의 회전으로 바람을 일으킬 때 날개와 날개 사이의 빈 공간으로 인해 바람이 끊겨 불규칙한 흐름의 바람을 내보내는 반면에, 날개 없는 선풍기는 바람의 양이 많을 뿐만 아니라 바람의 흐름이 끊어지지 않기 때문에 기존의 날개 달린 선풍기보다 일정하고 시원한 바람을 내보낸다. 이밖에도 날개 없는 선풍기는 디자인이 날개 달린 선풍기보다 고급스럽고, 선풍기의 날개로 인해 발생할 수 있는 사고를 줄일 수 있다는 장점이 있다. 날개 없는 선풍기는 나오기 시작하던 초기에는 가격이 비싼 편이라 널리 사용되지 못하다가 최근 들어 가격을 낮춘 제품들이 등장하면서 대중화되어 가고 있다. 이처럼 날개 없는 선풍기는 선풍기 시장에 변화의 바람을 일으키고 있다.

✦**흡입**(숨 들이쉴 吸, 들 入)**하다** 기체나 액체 따위를 빨아들이다.

✦**증폭**(더할 增, 폭 幅)**하다** 사물의 범위가 늘어나 커지다. 또는 사물의 범위를 넓혀 크게 하다.

✦**나선형**(소라 螺, 돌 旋, 형상 形) 소라의 껍데기처럼 빙빙 비틀려 돌아간 모양.

내용 이해하기

1 문단: ❶ [ ][ ] 없는 선풍기의 등장

2 문단: 날개 없는 선풍기의 ❷ [ ][ ]
와/과 흡입 원리

3 문단: 날개 없는 선풍기의 작동
❸ [ ][ ]

4 문단: 날개 달린 선풍기와 날개 없는
선풍기의 ❹ [ ][ ]

주제 파악하기

날개 없는 선풍기의 ❺ [ ][ ] 원리와
장점

확인 문제

❻ 날개 달린 선풍기는 비싼 가격 때문
에 널리 사용되지 못하고 있다.
(○ , ×)

❼ 날개 없는 선풍기는 원통형 기둥 속
날개를 활용해 외부 공기를 흡입한
다. (○ , ×)

❽ 날개 없는 선풍기의 원형 고리 단면
은 비행기의 날개 모양과 비슷하다.
(○ , ×)

❾ 날개 없는 선풍기는 바람이 끊기는
현상이 발생한다. (○ , ×)

답 ❶ 날개   ❷ 구조   ❸ 원리
❹ 차이점   ❺ 작동   ❻ ×
❼ ○   ❽ ○   ❾ ×

---

1 윗글에 대한 설명으로 가장 적절한 것은?

① 날개 없는 선풍기가 발명된 과정을 시간의 흐름에 따라 제시하고 있다.

② 날개 없는 선풍기로 인해 발생한 안전사고와 그것이 해결되는 과정을 설명하고 있다.

③ 날개 달린 선풍기의 사용이 줄게 된 원인을 밝히며 선풍기의 변천 과정을 설명하고 있다.

④ 날개 달린 선풍기가 작동하는 원리를 상세하게 설명하여 선풍기의 필요성을 전달하고 있다.

⑤ 날개 달린 선풍기와 날개 없는 선풍기를 대조하여 날개 없는 선풍기의 장점을 강조하고 있다.

2 윗글을 바탕으로 더 알고 싶은 내용을 떠올린 것으로 가장 적절한 것은?

① 날개 없는 선풍기의 구조는 어떻게 이루어져 있을까?

② 날개 없는 선풍기가 널리 쓰이지 못한 이유는 무엇일까?

③ 날개 달린 선풍기에서 바람이 끊기는 현상이 발생하는 이유는 무엇일까?

④ 원형 고리 속의 텅 빈 공간을 지나는 공기가 빨라지는 원리는 무엇일까?

⑤ 날개 없는 선풍기가 처음 나왔을 때 저렴한 가격에 판매된 이유는 무엇일까?

3 윗글의 ㉠과 ㉡에 대한 설명으로 적절하지 않은 것은?

① ㉠과 ㉡ 모두 날개 없는 선풍기의 부속품이다.

② ㉠과 ㉡ 모두 비행기 날개 모양과 비슷한 단면을 가지고 있다.

③ ㉠과 달리 ㉡에는 전기 모터가 달려 있지 않다.

④ ㉡과 달리 ㉠은 내부에 날개를 가지고 있다.

⑤ ㉠은 외부 공기를 흡입하고, ㉡은 공기의 양을 증폭한다.

어휘 공략하기

1 어휘와 어휘의 뜻을 바르게 연결하시오.

(1) 관여하다   ㉮ 빛이나 열 등을 밖으로 내보내다.

(2) 방출하다   ㉯ 어떤 일에 관계하여 참여하다.

(3) 증폭하다   ㉰ 사물의 범위가 늘어나 커지다. 또는 사물의 범위를 넓혀 크게 하다.

2 다음 문장의 빈칸에 들어갈 알맞은 어휘를 〈보기〉의 뜻을 참고하여 쓰시오.

> **보기**
> • 수분: 축축한 물의 기운.
> • 단면: 물체의 잘라 낸 면.
> • 흡입: 기체나 액체 따위를 빨아들임.
> • 나선형: 소라의 껍데기처럼 빙빙 비틀려 돌아간 모양.

(1) 나무의 ( )에는 여러 개의 나이테가 있다.

(2) 인간은 식도를 통해 음식물도 넘기고 공기도 ( )해야 한다.

(3) 여름철에는 특히 ( )을/를 잘 섭취해야 건강을 지킬 수 있다.

(4) ( )의 구조로 지어진 그 건물을 보러 많은 사람들이 찾아왔다.

3 다음 괄호 안의 말 중 올바른 표기에 ○표 하시오.

(1) 어머니는 울고 있는 나를 (나즈막한 / 나지막한) 목소리로 타이르셨다.

(2) 화단의 푸석한 흙덩이를 손에 쥐니 힘없이 (바스라진다 / 바스러진다).

(3) 친구들과 눈사람을 (만들려고 / 만드려고) 운동장에 쌓인 눈을 뭉쳐 굴렸다.

4 〈보기〉를 참고하여 다음 문장에 들어갈 말을 문맥에 맞게 바꿔 쓰시오.

> **보기**
>
> 우리는 이미 지나간 일, 지금 일어나고 있는 일, 아직 일어나지 않은 일 등을 표현하기 위해 시제를 사용한다. 시제는 어떤 행위나 사건이 언제 일어나는지를 표현해 주는 것으로, 흔히 우리가 알고 있는 '과거, 현재, 미래'라는 시간을 언어적으로 나타낸 것이다. 국어에서 과거 시제는 '어제', '-았/었-' 등을 통해, 현재 시제는 '지금', '-는/ㄴ-' 등을 통해, 미래 시제는 '내일', '-겠-' 등을 통해 나타낼 수 있다.
>
> 예 과거: 나는 어제 친구와 함께 길을 걸었다.
>   현재: 학교에서 돌아온 동생이 지금 밥을 먹는다.
>   미래: 오후에 비행기를 타면 내일 새벽에 도착하겠다.

(1) 어제 그는 가족들과 함께 여행을 ＿＿＿＿＿＿＿＿. (← 떠나다)

(2) 감기에 걸려 칭얼거리던 아이가 오늘은 곤히 잘 ＿＿＿＿＿＿＿＿. (← 자다)

(3) 날씨가 따뜻해진 것을 보니, 꽁꽁 얼었던 강물이 내일이면 ＿＿＿＿＿＿＿＿. (← 풀리다)

배경지식 확장하기　　　　　　　　　　　　　　　　　　🔖 실전 1과 엮어 읽기

과자 봉지에 담긴 과학 원리

우리가 가게에서 사는 감자 칩과 같은 과자는 대부분 빵빵하게 부푼 봉지에 담겨 있다. 빵빵한 과자 봉지에는 기체가 들어 있는데, 이 기체는 질소이다. 질소는 봉지에 담긴 과자를 보호하는 역할을 해서 과자가 부서지지 않고 원래의 모양을 유지하도록 만든다. 또한 질소로 채운 봉지에 들어 있는 과자는 뜯기 전까지는 산소와 접촉하지 않아서 신선도를 유지할 수 있다. 음식물이 변질되는 이유에는 여러 가지가 있는데, 가장 흔한 것이 음식물 속 지방 성분과 산소가 반응하는 것이다. 대부분의 과자는 기름에 튀긴 것이기 때문에 기름의 지방 성분과 산소가 만나게 되면 과자의 맛과 품질은 떨어질 수밖에 없다. 따라서 과자의 신선도와 맛을 지키려면 과자와 산소의 접촉을 막아야 하는데, 질소는 지방과 화학 반응을 일으키지 않는 기체이기 때문에 과자를 담은 봉지에서 공기를 뺀 다음 질소만으로 봉지를 채운 뒤 밀봉을 하는 것이다.

한편 과자 봉지를 뜯으면 봉지의 안쪽 면이 은색인 경우를 자주 볼 수 있다. 이는 봉지에 알루미늄 코팅을 한 것이다. 만약 알루미늄 층이 없는 비닐로 포장을 하게 될 경우, 산소 분자가 비닐 속으로 들어올 수 있어 과자의 맛이 변할 가능성이 높아진다. 알루미늄은 빛과 산소가 통과하지 못하기 때문에 과자 봉지에 알루미늄 코팅 처리를 하는 것이다.

24강
실전 1

다음 글을 읽고 물음에 답하시오.

목표 9분

1850년대 미국의 오티스가 현대식 엘리베이터를 발명한 이래로 현대인들에게 엘리베이터는 일상에서 필수적인 장치가 되었다. 엘리베이터는 고층 건물에서 편리하게 사람이나 물건이 이동할 수 있게 함으로써 건축 기술의 발달에도 커다란 도움을 주고 있는데, 정작 그 구조나 작동 원리에 대해서는 잘 모르는 경우가 많다.

엘리베이터는 작동 방식에 따라 크게 로프식과 유압식으로 분류할 수 있다. ㉠로프식 엘리베이터가 도르래의 원리에 바탕을 두고 로프를 활용해 엘리베이터를 작동시키는 반면에, ㉡유압식 엘리베이터는 속이 빈 원통 모양의 장치 내부에 피스톤을 사용하여 엘리베이터를 움직이게 한다. 로프식은 유압식에 비해 에너지 사용에 있어 효율적이고 고층 건물에서 사용하기에 적절하다. 유압식 엘리베이터는 로프식 엘리베이터보다 설치하기가 더 쉽고 유지·수리 비용이 저렴하지만, 고층 건물에서 사용하기는 어렵다. 실제 우리 주변에서 가장 흔하게 볼 수 있는 엘리베이터는 로프식 엘리베이터인데, 그중에서도 많이 사용되는 권상식 엘리베이터에 대해 알아보자.

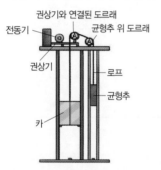

권상기와 연결된 도르래
전동기
권상기
균형추 위 도르래
로프
균형추
카

권상식 엘리베이터는 권상기를 사용하여 움직이는 엘리베이터이다. 권상식 엘리베이터의 주요 구성 요소에는 권상기를 비롯하여 카(car), 균형추, 로프, 도르래 등이 있다. ⓐ카는 승객이 올라타는 상자 모양의 장치를 의미하는데, 로프를 통해 반대편에 있는 균형추와 연결되어 있다. 로프는 카와 균형추를 연결해 주는데, 로프의 잡아당기는 힘은 엘리베이터 최대 정원 무게의 약 2배 이상이어서 로프가 끊어질 염려는 없다. 로프의 다른 쪽 끝에는 카의 무게보다 약 1.5배 정도 무거운 ⓑ균형추가 연결되어 있다. 균형추는 카의 반대편에 위치하고 있어 카의 움직임을 부드럽게 해 주는 역할을 한다. 마치 놀이터에서 시소 놀이를 할 때 한쪽보다는 양쪽에 사람이 앉아 있을 때 시소의 움직임이 부드러워지는 것과 같다.

ⓒ권상기는 맞물려 있는 전동기로부터 에너지를 전달받아 도르래를 회전시킨다. 이때 ⓓ권상기와 연결되어 회전이 되는 도르래는 로프와 맞물려 엘리베이터 카를 위아래로 작동시킨다. 한편 이 도르래에서 약간 떨어져 있는, ⓔ균형추의 위쪽 방향에 위치한 도르래는 카와 균형추에 일정한 간격을 주며 무게가 한쪽으로 쏠리지 않게 한다. 요컨대, 권상식 엘리베이터는 카와 균형추를 로프로 연결하고 그 로프에 도르래를 건 다음, 카와 균형추를 끌어 올리고 내리는 힘의 원리를 활용해 수직으로 이동하는 것이 그 작동 원리이다.

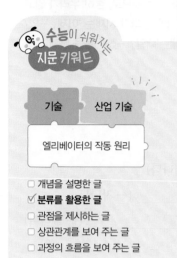
◆**유압식**(기름 油, 누를 壓, 법 式) 높은 압력을 가한 기름에 의하여 기계를 작동하는 방식.
◆**로프** 굵은 밧줄.
◆**피스톤** 원통이나 원판 모양을 지니고 왕복 운동을 하는 부품.
◆**권상기**(말 捲, 위 上, 틀 機) 밧줄이나 쇠사슬의 한끝에 무거운 물건을 매달아 올렸다 내렸다 하거나 잡아당기는 기계를 통틀어 이르는 말.
◆**전동기**(번개 電, 움직일 動, 틀 機) 전기 에너지로부터 회전력을 얻는 기계. ≒ 모터

1 윗글에서 중심 화제를 다루는 방식으로 가장 적절한 것은?

① 기계 장치를 발명하게 된 역사적 사건을 시간 순으로 전달하고 있다.

② 국가 간 기술적 차이에 따라 달라지는 기계 장치의 종류를 분류하고 있다.

③ 기계 장치를 사용할 때 유의할 사항을 구체적인 예를 통해 설명하고 있다.

④ 기계 장치를 구성하는 요소들의 기능을 밝히며 그 작동 방식을 설명하고 있다.

⑤ 기계 장치에 들어가는 부품의 소재를 열거하며 좋은 소재로 만든 부품의 중요성을 강조하고 있다.

2 윗글의 ㉠과 ㉡을 비교한 내용으로 가장 적절한 것은?

① ㉠보다 ㉡의 수리 비용이 더 든다.

② ㉠에 비해 ㉡이 건물에 설치하기가 더 쉽다.

③ ㉠보다 ㉡이 에너지 사용에 있어 효율적이다.

④ ㉠과 ㉡ 모두 고층 건물에서 사용하기에 적절하다.

⑤ ㉠과 달리 ㉡은 도르래의 원리에 바탕을 두고 작동이 된다.

3 ⓐ~ⓔ를 이해한 내용으로 적절하지 않은 것은?

① ⓐ는 승객이 엘리베이터를 이용할 때 몸을 얹는 공간이다.

② ⓑ는 ⓐ의 맞은편에 위치하여 ⓐ의 움직임을 부드럽게 해 주는 역할을 한다.

③ ⓒ는 전동기로부터 에너지를 전달받아 ⓓ를 회전시키는 역할을 한다.

④ ⓓ의 움직임은 ⓐ가 위아래로 이동하게 하는 데 영향을 미친다.

⑤ ⓔ는 ⓐ와 ⓑ에 일정한 간격을 주며 ⓑ에 무게가 쏠리게 한다.

다음 글을 읽고 물음에 답하시오.

 목표 8분

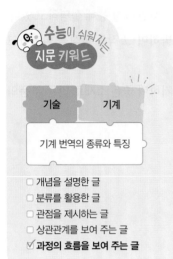

수능이 쉬워지는 지문 키워드

| 기술 | 기계 |

기계 번역의 종류와 특징

☐ 개념을 설명한 글
☐ 분류를 활용한 글
☐ 관점을 제시하는 글
☐ 상관관계를 보여 주는 글
☑ **과정의 흐름을 보여 주는 글**

기계 번역은 기계를 사용하여 하나의 언어를 다른 언어로 번역하는 일을 말한다. 기계 번역은 이미 우리 일상에서 많이 활용되고 있다. 과거에 글자를 입력하면 번역해 주던 방식에서 벗어나 음성 인식 통역, 카메라 사진 번역, 챗봇 서비스, 인공 지능 스피커 등 다양한 분야에서 기계 번역 기술이 활용되고 있다. 심지어 이 기술은 높임말과 사투리를 번역하는 정도에까지 이르고 있다.

하지만 기계 번역이 처음 등장한 시기의 기술은 지금과는 사뭇 달랐다. 이 시기의 기계 번역은 규칙 기반의 번역 기술을 바탕으로 한 번역이 주를 이루었다. 이 기술은 언어의 문법 규칙을 바탕으로 번역하는 것으로, 정확성이 매우 높다는 장점은 있지만, 개발 시간과 비용이 많이 들고 입력해 놓은 규칙에서 벗어나는 문장이 있는 경우 번역상 오류가 많이 생긴다는 단점이 있다.

이후 통계 기반의 번역 기술이 등장하였다. 이 기술은 '말뭉치'를 바탕으로 한 통계에 기반해 번역을 하는 기술이다. '말뭉치'란 사람이 읽을 수 있는 텍스트를 컴퓨터도 이해할 수 있는 형태로 모아 놓은 자료를 말한다. 많은 양의 연구 자료인 '말뭉치'를 미리 번역 기기에 입력한 후에 번역을 요청한 문장 안의 단어와 통계적으로 봤을 때 가장 비슷하다고 판단한 표현을 '말뭉치' 안에서 찾아 번역을 하는 것이다. 이는 데이터가 많이 쌓일수록 번역의 품질이 높아지지만, 단어 위주로 판단하기 때문에 전체 문장의 맥락에 대한 이해가 부족하다는 단점이 있었다.

인공 신경망 기반의 번역 기술은 통계 기반의 번역 기술에서 한층 더 발전된 모습을 보여 준다. 인공 신경망이란 사람의 뇌 활동을 본떠 만든 컴퓨터 시스템을 말한다. 이를 활용한 번역 기술은 기존의 통계 기반의 번역 기술이 단어 단위로 쪼개는 것과 달리 문장 단위로 번역한 결과를 보여 준다. 인공 신경망이 전체 문맥을 파악한 다음 문장 내에 단어, 의미 등을 반영하여 번역을 한다. 이 기술에서는 컴퓨터가 인터넷상의 빅 데이터를 활용해 스스로 학습하면서 오류를 수정하며 번역할 수 있기 때문에 정확성이 상당히 올라갔다. 물론 컴퓨터가 정확한 번역을 하기 위해서는 엄청난 양의 빅 데이터가 필요하다. 그리고 아직은 문학 작품의 번역과 같이 콕 집어내기 어려운 어감의 차이를 인식하기에는 부족한 것도 사실이다.

그럼에도 불구하고 기계 번역은 전 세계 사람들의 언어의 장벽을 조금씩 무너트리고 있다. 의사소통의 어려움이 해소되면 다른 언어를 사용하는 이들을 보다 깊이 이해할 수 있게 되고 그들과의 교류도 활발해질 것이다. 그리고 이러한 미래의 모습에 기계 번역이 중요한 역할을 할 수 있으리라 전망된다.

+**챗봇** 문자나 음성으로 사용자와 대화를 나눌 수 있도록 시스템화 된 컴퓨터 프로그램. 또는 인공 지능.

+**기반**(터 基, 소반 盤) 기초가 되는 바탕. 또는 사물의 토대.

+**텍스트** 문장보다 더 큰 문법 단위. 문장이 모여서 이루어진 한 덩어리의 글을 이름.

+**맥락**(맥 脈, 이을 絡) 사물 따위가 서로 이어져 있는 관계나 연관.

+**빅 데이터** 기존의 데이터베이스로는 수집·저장·분석 따위를 하기가 어려울 만큼 많은 양의 데이터.

내용 이해하기

1 문단: ❶ [ ][ ][ ] 기술의 개념과 현재 상황

2 문단: ❷ [ ][ ] 기반의 기계 번역 기술의 특징

3 문단: ❸ [ ][ ] 기반의 기계 번역 기술의 특징

4 문단: ❹ [ ][ ][ ][ ] 기반의 기계 번역 기술의 특징

5 문단: 기계 번역 기술의 ❺ [ ][ ]

주제 파악하기

기계 번역 기술의 발전 과정과 각 기계 번역 기술의 ❻ [ ][ ]

확인 문제

❼ 기계 번역 기술은 일부 분야에서만 제한적으로 사용되고 있다. (○ , ×)

❽ 규칙 기반의 기계 번역 기술은 엄청난 양의 '말뭉치'를 필요로 한다. (○ , ×)

❾ 인공 신경망 기반의 번역 기술에서는 컴퓨터가 빅 데이터를 활용해 스스로 학습한다. (○ , ×)

📋 ❶ 기계 번역　❷ 규칙
❸ 통계　❹ 인공 신경망
❺ 전망　❻ 특징　❼ ×
❽ ×　❾ ○

1 윗글에서 알 수 있는 내용으로 적절하지 <u>않은</u> 것은?

① 챗봇 서비스는 기계 번역 기술을 활용하여 이루어지고 있다.
② 오늘날의 기계 번역 기술은 사투리를 번역할 수 있는 수준이다.
③ 규칙 기반의 기계 번역은 문법 규칙에서 벗어나는 문장은 번역하기 어렵다.
④ 통계 기반의 기계 번역은 '말뭉치'의 수가 많을수록 번역의 품질이 좋아진다.
⑤ 통계 기반의 기계 번역은 인공 신경망 기반의 기계 번역에서 발전된 모습을 보인다.

2 윗글의 구조를 나타낸 것으로 적절한 것은?

3 윗글을 참고할 때 〈보기〉와 같은 상황이 벌어지는 이유로 가장 적절한 것은?

─ 보기 ─

'나는 일찍 아침 준비를 했다.'라는 문장을 영어로 번역할 때 '아침'이 시간을 뜻하는 'morning'인지, 아침 식사를 뜻하는 'breakfast'인지를 구별하는 것이 통계 기반의 번역 기술로는 어렵다.

① 통계 기반의 기계 번역은 높임말을 번역할 수 없으므로
② 통계 기반의 기계 번역은 빅 데이터를 바탕으로 하므로
③ 통계 기반의 기계 번역은 전체 문장의 맥락에 대한 이해가 부족하므로
④ 통계 기반의 기계 번역은 한국어 문법에 맞는 것만 번역할 수 있으므로
⑤ 통계 기반의 기계 번역은 한국어를 영어로 번역하는 데 적합하지 않으므로

어휘 공략하기

1 어휘와 어휘의 뜻을 바르게 연결하시오.

(1) 본뜨다 ○   ○ ㉮ 기계 따위가 작용을 받아 움직이다.

(2) 작동하다 ○   ○ ㉯ 앞날을 헤아려 내다보다.

(3) 전망하다 ○   ○ ㉰ 이미 있는 대상을 본으로 삼아 그대로 좇아 만들다.

2 다음 밑줄 친 어휘의 뜻에 해당하는 기호를 〈보기〉에서 찾아 쓰시오.

┤ 보기 ├

'생기다'
㉠ 어떤 일이 일어나다.
㉡ 없던 것이 새로 있게 되다.
㉢ 자기의 소유가 아니던 것이 자기의 소유가 되다.
㉣ 사람이나 사물의 생김새가 어떠한 모양으로 되다.

(1) 차를 타고 가는 도중 뜻밖의 사고가 <u>생겼다</u>. (   )

(2) 며칠 전 나를 찾아온 그 남자는 아주 이국적으로 <u>생겼다</u>. (   )

(3) 아들은 돈이 <u>생기자마자</u> 이를 챙겨 들고 고향에 계신 부모님을 찾아뵈었다. (   )

(4) 그 학생은 무릎의 흉터가 운동장에서 친구들과 놀다가 넘어졌을 때 <u>생긴</u> 것이라고 했다.

(   )

3 다음 괄호 안의 말 중 올바른 표기에 ○표 하시오.

(1) 쉬지 않고 벽돌을 올리자 담은 점점 높이 (싸여 / 쌓여) 갔다.

(2) 그녀가 (계발 / 개발)한 신제품은 소비자들에게 좋은 호응을 얻었다.

(3) 내가 친구의 잘못된 행동을 (짚어내자 / 집어내자) 교실의 분위기가 무거워졌다.

4 어휘의 의미 관계가 바르게 연결된 것은 ○표, 바르게 연결되지 않은 것은 ✕표 하시오.

(1) 염려하다 ——— 비슷한 말 ——— 걱정하다 (　　)

(2) 해소하다 ——— 비슷한 말 ——— 극복하다 (　　)

(3) 발전하다 ←— 반대되는 말 —→ 퇴보하다 (　　)

(4) 인식하다 ←— 반대되는 말 —→ 깨닫다 (　　)

배경지식 확장하기 ✏ 실전 1과 엮어 읽기

하늘로 올라가는 엘리베이터

　1957년 인공위성인 스푸트니크 1호의 발사가 성공하면서 인류의 우주 탐사가 시작되었다. 1969년에는 아폴로 11호가 달에 착륙하여 사람이 직접 달 탐사를 하고 지구로 돌아오기도 하였다. 1990년대에 들어서는 우주 망원경을 이용한 우주 탐사도 이루어지고, 우주선이 머물거나 연료를 넣을 수 있고 여러 가지 실험도 해 볼 수 있는 국제 우주 정거장도 건설되었다.

　이렇게 우주를 탐사하기 위해서는 많은 경비를 들여야 한다. 그래서 사람들은 지구에서 우주로 가는 우주 엘리베이터에 대한 연구를 하고 있다. 지구에서 바람의 속도가 가장 느린 적도 부근의 한 지점에 높은 탑을 세우고 여기서 2만 2,000마일(약 3만 5,000킬로미터) 떨어진 인공위성까지 긴 줄을 연결해 엘리베이터를 운행하자는 것인데, 이는 우주선 발사 위험 부담도 줄일 수 있고 우주선 발사 비용보다 훨씬 싼 비용으로 우주로 나갈 수 있다.

　이 아이디어가 아직까지 개발되지 못한 것은 엘리베이터의 핵심이 되는 줄을 개발하지 못했기 때문이다. 가벼우면서도 끊어지지 않는 엘리베이터 줄을 개발하기 위해 많은 과학자들이 연구를 하고 있다. 현재 미국과 일본이 개발에 적극적으로 나서고 있어 10년 후에는 실현될 수도 있다는 예측이 나오고 있다. 많은 기술적인 어려움이 있겠지만, 우주 엘리베이터가 설치된다면 일반 사람들에게도 우주 여행의 기회가 주어질 수 있을 것이다.

24강까지 학습을 마쳤으면 **QR 코드**를 찍어 진단 평가를 해 보세요.

진단 평가

제재 출처

강명	제재명	글쓴이	출처	쪽수
01강	'콜럼버스의 달걀'이 지닌 의미	김민웅	『콜럼버스의 달걀에 대한 문명사적 반론』(당대, 1996)	16
	훈민정음의 우수성	임지룡	『학교 문법과 문법 교육』(박이정출판사, 2020)	18
02강	설득의 수단이 되는 그래프	대럴 허프	『새빨간 거짓말, 통계』(더불어책, 2009)	22
	일이란 무엇인가	박이문	『철학의 여백』(문학과 지성사, 1997)	24
03강	칸트의 도덕 철학	마이클 샌델	『10대를 위한 정의란 무엇인가』(미래엔아이세움, 2014)	28
	유럽 중심주의와 오리엔탈리즘	구정화	『청소년을 위한 사회평등 에세이』(해냄, 2020)	30
04강	유교의 네 가지 덕(德)	황경식	『덕윤리의 현대적 의의』(아카넷, 2012)	34
	의심, 탐구의 시작	남창훈	『탐구한다는 것』(너머학교, 2010)	36
05강	게임의 긍정적인 기능	윤형섭	『쇼미더사이언스』(청어람미디어, 2016)	40
	선조들의 지혜의 산물, 종이 옷	조희진	『조선 시대 옷장을 열다』(스콜라, 2014)	42
06강	선인들의 독서와 오늘날의 독서	정민	『책 읽는 소리』(마음산책, 2002)	48
09강	아름다움이란 무엇인가	진중권	『미학 오디세이1』(휴머니스트, 2014)	66
	판소리 참여자와 기법	정출헌	『조선 최고의 예술』(미래엔아이세움, 2009)	68
10강	극락전에 사용된 건축 기술	한현미	『공간의 인문학』(맘에드림, 2018)	72
	영화 속 조명의 역할	데이비드 보드웰	『영화 예술』(지필출판사, 2011)	74
11강	과시 소비와 모방 소비	정균승	『일상생활의 경제학』(한울, 1996)	80
	로봇의 권리 인정	한기호	『중학생 토론학교 과학과 기술』(우리학교, 2013)	82
13강	영웅에 열광하는 대중의 심리	최소망	『텔레비전 오디션 리얼리티 쇼의 서사 구조 분석』(한국콘텐츠학회, 2012)	94
14강	전자 폐기물 처리의 문제	장미정	『모두를 위한 환경 개념 사전』(한울림, 2015)	98
15강	사람과 환경을 위하는 공정 여행	장미정	『모두를 위한 환경 개념 사전』(한울림, 2015)	106
16강	빛의 움직임 법칙	이재인	『건축 속 재미있는 과학 이야기』(시공사, 2015)	112
	수소의 특징과 활용	우미아	『아껴야 행복한 자원 이야기』(미래엔아이세움, 2011)	114
17강	퍼지 이론의 활용	염지현	『수와 문자에 관한 최소한의 수학지식』(가나출판사, 2017)	120
18강	고릴라를 발견하지 못한 이유	이은희	『두 눈 똑똑히 뜨고도 고릴라를 못 본 이유는』(한겨레, 2014)	124
19강	양궁에 숨어 있는 과학 원리	손영운	『스포츠 속에 과학이 쏙쏙!』(이치, 2017)	130
20강	간지럼은 왜 타는 것일까	서동준	『과학동아 6월호』(동아사이언스, 2016)	136
	소독법의 발견	이현희	『바이러스를 이겨 낸 위대한 처음』(미래엔아이세움, 2021)	138
21강	첨단 건축물, 수원 화성	이종호	한국과학창의재단	144
22강	클라우드의 특징	찰스 밥콕	『클라우드 혁명』(한빛비즈, 2011)	152
23강	감자 칩 소리에 담긴 비밀	데이비드 보더니스	『시크릿 하우스』(웅진지식하우스, 2014)	156
	날개 없는 선풍기의 구조와 장점	서울과학교사모임	『시크릿 스페이스』(어바웃어북, 2017)	158
24강	엘리베이터의 작동 원리	이재인	『건축 속 재미있는 과학 이야기』(시공사, 2015)	162

이미지 출처

강명	사진 및 그림	출처	쪽수	강명	사진 및 그림	출처	쪽수
08강	윤두서 자화상	국립중앙박물관	65	10강	봉정사 극락전	문화재청	77
09강	비트루비우스의 원리에 따른 인간 연구	픽사베이	66	16강	수소 연료 전지 차	언스플래시	117
				21강	화성행차도	국립중앙박물관	149

필수 유형서
올리드 유형완성으로
실전 감각 Up

수학 자신감 완성
수학의 모든 문제 유형의 해법 익히기!

실전 만점 완성
기본부터 심화 문제까지 완벽하게 준비하기!

문제 해결력 완성
서술형 및 창의 문제까지 문제 해결력 향상하기!

올리드 유형완성은
만점을 위한 필수 학습!
중등 수학 1(상), 1(하), 2(상), 2(하), 3(상), 3(하)

구성보기
수학 1(상)

고등학교 수학 공부,
탁월한 **학습 단계**를
따르고 싶다면?

중등 도서안내

비주얼 개념서 ─────

룩 LOOK

이미지 연상으로 필수 개념을 쉽게 익히는
비주얼 개념서

국어   문학, 문법
역사   ①, ②

필수 개념서 ─────

올리드

자세하고 쉬운 개념,
시험을 대비하는 특별한 비법이 한가득!

국어   1-1, 1-2, 2-1, 2-2, 3-1, 3-2
영어   1-1, 1-2, 2-1, 2-2, 3-1, 3-2
수학   1(상), 1(하), 2(상), 2(하), 3(상), 3(하)
사회   ①-1, ①-2, ②-1, ②-2
역사   ①-1, ①-2, ②-1, ②-2
과학   1-1, 1-2, 2-1, 2-2, 3-1, 3-2

* 국어, 영어는 미래엔 교과서 관련 도서입니다.

국어 독해·어휘 훈련서 ─────

수능 국어 독해의 자신감을 깨우는
단계별 훈련서

독해   0_준비편, 1_기본편, 2_실력편, 3_수능편
어휘   1_종합편, 2_수능편

영문법 기본서 ─────

GRAMMAR BITE

중학교 핵심 필수 문법 공략,
내신·서술형·수능까지 한 번에!

문법   PREP
        Grade 1, Grade 2, Grade 3
        SUM

영어 독해 기본서 ─────

READING BITE

끊어 읽으며 직독직해하는
중학 독해의 자신감!

독해   PREP
        Grade 1, Grade 2, Grade 3
        PLUS (수능)

깨우자!
독해력!

중등 국어

독해 **1**

기본편

바른답 · 알찬풀이

Mirae **N** 에듀

바른답 알찬풀이

수능이 쉬워지는 **지문 키워드**
☑ 관점을 제시하는 글

이 글은 발상의 전환을 상징하는 의미로 사용되던 '콜럼버스의 달걀' 속에 숨어 있는 제국주의적 사고에 대한 글쓴이의 생각을 드러낸 글이다. 글쓴이는 '콜럼버스의 달걀'에는 탐욕적이고 반생명적인 발상이 포함되어 있다는 자신의 관점을 드러내고 있다.

'콜럼버스의 달걀'에 담긴 일반적인 의미	'콜럼버스의 달걀'에 숨겨진 의미
어떤 일을 해 놓고 보면 별것 아닌 듯 생각하기 쉽지만, 언제나 최초의 발상 전환은 매우 어렵다는 메시지가 담김.	달걀이 타원형인 것은 생명을 지키기 위한 자연의 섭리인데, 이를 깨 버리는 것에는 인간의 탐욕적 발상이 담겨 있음.

• 주제 '콜럼버스의 달걀'에 담긴 탐욕적 발상에 대한 비판과 반성

• 문단별 중심 내용
1 문단: 달걀과 관련된 콜럼버스의 일화
2 문단: 타원형의 달걀 모양에 담긴 자연의 섭리
3 문단: '콜럼버스의 달걀'에 담긴 탐욕적인 발상
4 문단: 오늘날에도 존재하는 '달걀 세우기'식 사고
5 문단: 생명을 지키려는 노력의 필요성

1 글의 중심 내용 파악하기

근거 있는 정답 풀이

④ 윗글에는 콜럼버스가 달걀을 깨서 세운 행동은 생명체를 해쳐서라도 자신의 목표를 달성하겠다는 탐욕적인 발상에서 나온 것이라는 글쓴이의 관점이 나타나 있다. 글쓴이는 이러한 탐욕적인 태도는 오늘날 지구의 생명을 파괴하고 지식수준만 높으면 된다는 생각을 만들어 낸다고 비판하고 있다. 윗글에 자연을 활용하는 방법에 대해 진지한 탐구가 이루어져야 한다는 설명은 제시되어 있지 않다. → 3, 4문단

근거 있는 오답 풀이

① 1문단에서 '콜럼버스의 달걀'에 담긴 일화를 소개하며, 이 일화가 일반적으로는 최초의 발상 전환은 매우 어렵다는 메시지를 담고 있지만 우리가 미처 깨닫지 못한 점 또한 숨겨져 있다고 설명하고 있다. → 1문단

② 달걀이 새의 둥지를 멀리 떠나지 않도록 하기 위한, 그리고 어미 닭이 달걀을 잘 품을 수 있도록 하기 위한 자연의 섭리가 담겨 있기 때문에 달걀의 모양은 타원형이다. → 2문단

③ 4문단에서 인간의 탐욕을 채우기 위해 지구의 생명이 파괴되는 것, 지식수준만 높으면 된다는 교육관 때문에 아이들의 정신이 시들게 되는 것 등이 '달걀 세우기'와 같은 발상이 만들어 낸 오늘날의 현실이라고 설명하고 있다. → 4문단

⑤ 글의 끝부분에서 글쓴이는 현재 우리에게 필요한 발상이란 '달걀 세우기'와 같은 발상이 아닌, 본래 타원형인 생명을 지키려는 노력이 오늘날에 필요한 진정한 발상 전환의 출발점이 되어야 한다고 말하고 있다. → 5문단

2 글의 전개 방식 파악하기

근거 있는 정답 풀이

① ㄱ. 글쓴이는 마지막 문단에서 '그런 의미에서 원래의 타원형을 지키는 노력, 그것이야말로 오늘날에 필요한 진정한 발상 전환의 출발점이 아닐까?'라는 질문의 형식을 통해 생명을 지키려는 발상이 필요하다는 자신의 생각을 강조하고 있다.

ㄴ. '콜럼버스'라는 역사 속 인물과 관련된 이야기를 활용하여 탐욕적인 발상과 그것에서 비롯된 오늘날의 현실 상황을 비판하고 있다.

근거 있는 오답 풀이

ㄷ. 콜럼버스의 특징, 제국주의의 특징 등을 설명하고 있지만, 이를 나열하거나 그것들 간의 차이점을 제시하고 있지는 않다.

ㄹ. 글쓴이가 생각하는 콜럼버스 일화에 담긴 의미가 나타날 뿐, 대상에 대한 전문가의 말을 빌려 온 부분은 제시되어 있지 않다.

3 숨어 있는 내용 찾기

근거 있는 정답 풀이

③ '콜럼버스의 달걀' 일화는 일반적으로 최초의 발상 전환이 매우 어렵다는 메시지를 담고 있는 것으로 여겨지는데, 글쓴이는 이 일화에 우리가 미처 깨닫지 못한 점이 있다고 말하고 있다. 글쓴이는 달걀을 깨뜨려서라도 세운 콜럼버스의 행동은 탐욕적이고 자연의 섭리에 맞서는 행동이라고 말하고 있다. → 1, 3문단

근거 있는 오답 풀이

① 달걀이 타원형이 아니라 원형이었다면, 구르기 쉽기 때문에 둥지에서 벗어나 그대로 멀리 가 버릴 수 있다고 설명하며 이러한 자연의 섭리로 달걀은 타원형으로 설계된 것이라고 이야기하고 있다. ①은 달걀이 원형이라면 생길 수 있는 문제를 설명하는 것일 뿐, ㉠과는 관련이 없다. → 2문단

② 콜럼버스가 발상의 전환을 통해 사람들이 실패한 달걀 세우기를 성공했다는 일화가 나타날 뿐, 달걀의 밑부분을 깨지 않고도 달걀을 세울 수 있는 방법이 있다는 내용은 제시되어 있지 않으며 ㉠과도 관련이 없다. → 1문단

④ 콜럼버스가 발상의 전환으로 달걀을 세운 일화에서 상식을 깬 발상을 확인할 수는 있으나, 이는 ㉠과는 관련이 없다. → 1문단

⑤ 콜럼버스가 아메리카 대륙에 상륙한 것을 당시 사람들이 비아냥거렸다는 것에서 콜럼버스를 부정적으로 바라보고 있음을 확인할 수 있다. 하지만 윗글에서는 달걀을 세운 콜럼버스의 일화가 발상의 전환과 관련된 메시지뿐 아니라, 탐욕적인 발상도 담고 있다는 이야기를 하고 있으므로 ⑤는 적절하지 않다. → 1문단

정답 » 1 ⑤　2 ②　3 ②

수능이 쉬워지는 지문 키워드

☑ 상관관계를 보여 주는 글

이 글은 훈민정음이 만들어지게 된 배경과 훈민정음의 우수성, 훈민정음이 사회 발전에 미친 영향을 설명하는 글이다. 훈민정음의 우수성이 사회 발전과 어떤 상관관계를 지니고 있는지 파악하며 읽는다.

훈민정음	
우수성	**사회 발전에 도움**
- 적은 수의 글자로 거의 모든 소리를 표현함. - 원리가 간단하여 배우기가 쉬움. - 발음 원리를 글자 모양에 반영한 과학적이고 독창적인 특성이 있음.	- 백성들이 훈민정음을 통해 사회 구성원 간의 의사소통에 참여함. - 백성들의 삶의 질이 높아짐. - 현대에는 다양한 분야의 발전에 영향을 줌.

• **주제**　우리 사회 발전에 도움을 준 훈민정음(한글)의 우수성

• **문단별 중심 내용**
1 문단: 훈민정음이 만들어지기 전 백성이 겪은 어려움
2 문단: 과학적이고 독창적인 특성을 지닌 훈민정음의 우수성
3 문단: 과거 백성들이 더 나은 삶을 누릴 수 있게 한 훈민정음
4 문단: 현대 사회의 발전에 공헌한 훈민정음

1 글의 중심 내용 파악하기

근거 있는 정답 풀이

⑤ 훈민정음이 없던 시절에 한자를 들여와 문자 생활을 하였다고 언급하고 있을 뿐, 한자를 어떤 방법으로 활용하여 우리말을 적었는지에 대해서는 설명하고 있지 않다.

근거 있는 오답 풀이

① 훈민정음은 스물여덟 자라는 적은 수의 글자로 거의 모든 소리를 표현할 수 있고 원리가 간단하여 배우기도 무척 쉬운 문자라는 설명에서 답을 찾을 수 있다. → 2문단

② 입력이 쉽고 빠르다는 점에서 한글은 컴퓨터와 휴대 전화 등에 매우 알맞은 문자라는 설명에서 답을 찾을 수 있다. → 4문단

③ 훈민정음은 원리가 간단하여 배우기가 쉬웠고 과학적이고 독창적인 특성을 지니고 있어 배우는 데 시간이 절약되었기 때문에 우리나라는 문맹이 거의 없는 나라가 되었다는 설명에서 답을 찾을 수 있다. → 2문단

④ 훈민정음이 없던 시절 중국에서 들여온 한자로 문자 생활을 했는데, 한자는 복잡한 글자여서 일반 백성들이 배우고 익히기가 무척 어려웠다. 이에 백성들은 글자를 몰라 억울한 일을 당해도 하소연할 수가 없었다는 설명에서 답을 찾을 수 있다. → 1문단

2 글의 구조 파악하기

근거 있는 정답 풀이

② 1문단은 훈민정음 창제 전 백성들이 겪은 어려움을, 2문단은 이러한 어려움 때문에 훈민정음이 창제되었음을 설명하고 있으므로, 두 문단은 원인과 결과를 바탕으로 묶여 있다. 그리고 과학적이고 독창적인 특성을 지닌 훈민정음이 사회 발전에 미친 영향에 대해 3문단에서는 과거 사회에 초점을, 4문단에서는 현대 사회에 초점을 맞추어 서술하고 있으므로 이 글의 구조도로 가장 적절한 것은 ②이다.

근거 있는 오답 풀이

④ 원인과 결과의 관계를 맺고 있는 1문단과 2문단이 같은 위치에 있고, 훈민정음이 과거 조선 사회에 미친 긍정적인 영향을 설명한 3문단과 현대 사회 발전에 공헌한 훈민정음에 관해 설명한 4문단이 같은 위치에 있는 것은 적절하다. 하지만 1문단 내용에 3문단이 속해 있는 것은 아니므로 ④는 적절하지 않다.

3 적용하기

근거 있는 정답 풀이

② [A]에서는 자음의 경우 입, 혀 등과 같은 발음 기관 또는 발음할 때의 발음 기관의 모양을 본떠 글자를 만들었다고 했다. 'ㄴ'은 발음을 할 때 혀끝이 윗잇몸에 닿는 모양을 본떠 만든 것이다.

근거 있는 오답 풀이

① 'ㄱ'은 혀뿌리가 목구멍을 막는 모양이고, 'ㄴ'은 혀끝이 윗잇몸에 닿는 모양으로, 둘 다 발음할 때의 발음 기관의 모양을 본떠 만든 것이다. 이 둘을 발음할 때의 발음 기관의 모양이 〈보기〉에 나타나 있는 것처럼 각각 다르기 때문에 글자 모양도 다른 것이지, 'ㄴ'을 뒤집어 'ㄱ'을 만든 것은 아니다. [A]에도 먼저 만든 글자를 뒤집어서 다른 글자를 만들었다는 설명은 나타나 있지 않다.

③ 'ㅁ'은 입의 모양을 그대로 표현한 것으로, 또 다른 자음을 합쳐 만든 것은 아니다.

④ 'ㅅ'은 자음으로, 이의 형상을 본떠 만든 것이다. [A]에서 알 수 있듯이, 사람의 모양을 본뜨는 것은 모음을 만든 원리이다.

⑤ 'ㅇ'은 자음으로, 목구멍의 형상을 본떠 만든 것이다. [A]에서 알 수 있듯이, 하늘의 모양을 본뜨는 것은 모음을 만든 원리이다.

문제 해결 비법

글의 내용을 〈보기〉의 자료에 대입하여 풀 때, 글에 제시된 내용을 충실히 이해하고, 이를 바탕으로 문제를 풀어야 함정에 빠지지 않을 수 있어요. 〈보기〉 문제를 풀 때 선지의 내용만을 보고 판단하지 말고, 글의 내용과 〈보기〉 내용을 종합하여 이해하는 연습을 하는 것이 중요해요.

어휘 공략하기

본문 20~21쪽

1 (1) 전환 (2) 공헌 (3) 우수성 (4) 문맹
2 (1) 가 발상 세 상륙 (2) 가 음절 세 자음 (3) 가 하소연 세 소리
3 (1) 우리나라 (2) 우리 나라
4 (1) ○

02강 실전1 설득의 수단이 되는 그래프 [사회] 본문 22~23쪽

정답 » 1 ⑤ 2 ② 3 ④

☑ 상관관계를 보여 주는 글

이 글은 객관적인 정보를 보여 준다고 알려져 있는 그래프가 작성자의 의도에 따라 어떻게 변형될 수 있는지, 또 그래프 표현 방식에 따라 그래프에 대한 인상이 어떻게 달라질 수 있는지를 설명하는 글이다. 이 글에는 작성자의 의도와 그래프의 형태가 주는 인상 간의 관계가 잘 드러나 있다.

그래프

정의	특징
여러 가지 자료를 분석하여 그 변화를 직선이나 곡선 등을 활용해 한눈에 알아볼 수 있도록 나타낸 것	• 복잡한 숫자가 포함되어 있는 정보를 효율적으로 표현할 수 있음. • 가로축과 세로축의 눈금 단위 변화에 따라 특정 부분을 강조할 수 있음.

• 주제 만드는 사람의 의도가 반영되는 그래프

• 문단별 중심 내용
  1문단: 그래프의 정의와 활용 분야
  2문단: 정보를 그래프로 만드는 과정
  3문단: 상대방을 설득하는 데 활용되는 그래프
  4문단: 밑부분이 잘려 전혀 다른 인상을 주는 그래프
  5문단: 세로축의 한 눈금 단위의 변화로 전혀 다른 인상을 주는 그래프

1 글의 중심 내용 파악하기

근거 있는 정답 풀이

⑤ 윗글에서는 특정 부분을 확대하거나 눈금 단위를 조정할 때 그래프에 대한 인상이 어떻게 달라질 수 있는지를 설명할 뿐, 그래프에 거짓 정보를 담았을 때 어떤 문제가 발생하는지에 대해 이야기하고 있지는 않다.

근거 있는 오답 풀이

① 여러 가지 자료를 분석하여 그 변화를 직선이나 곡선 등을 활용해 한눈에 알아볼 수 있도록 나타낸 것을 그래프라고 한다고 설명한 부분에서 알 수 있다. → 1문단

② 그래프는 복잡한 숫자가 포함되어 있는 정보를 효율적으로 표현할 수 있다고 설명한 부분에서 알 수 있다. → 1문단

③ 그래프는 복잡한 숫자가 포함되어 있는 정보를 효율적으로 표현할 수 있기 때문에 주로 경제 분야, 과학 분야 등의 정보를 나타낼 때 활용하는 자료라는 설명에서 알 수 있다. → 1문단

④ 정보를 그래프로 만들 때에는 먼저 모눈종이를 준비하라고 한 부분에서 알 수 있다. → 2문단

2 숨어 있는 내용 찾기

근거 있는 정답 풀이

② ㉠과 ㉡은 모두 1월부터 12월까지, 즉 1년 동안의 국민 소득 변화를 보여 주므로 동일한 기간 동안의 국민 소득 변화를 보여 준다. → 2, 4문단

근거 있는 오답 풀이

① ㉠, ㉡, ㉢은 모두 '1년 동안의 국민 소득 수준이 어떻게 변화했는지'를 보여 주는 그래프로, 국민 소득 증가율이라는 똑같은 정보를 보여 주고 있다. → 2, 4, 5문단

③ [자료 2]의 그래프가 실제로 나타내는 것은 약간의 증가인데, [자료 2]를 처음 본 사람의 눈에는 엄청난 증가로 보일 수 있는 것이라는 설명을 통해 ㉡이 ㉠보다 국민 소득이 더 많이 증가했다는 인상을 줄 수 있음을 알 수 있다. → 4문단

④ ㉡은 그래프의 밑부분을 잘랐으나 세로축은 ㉠과 마찬가지로 20억 달러 단위 그대로이고, ㉢은 세로축이 2억 달러 단위로 바뀌어 제시되어 있다. 이러한 눈금 단위의 차이로 인해 두 그래프가 서로 다른 정보를 담은 그래프라는 인상을 주고 있다. → 4, 5문단

⑤ ㉡과 ㉢은 모두 동일한 정보를 담고 있지만, 눈금 단위를 바꾼 ㉢이 수치의 변화 폭이 더 큰 것 같은 느낌을 주고 있다. → 4, 5문단

3 숨어 있는 내용 찾기

근거 있는 정답 풀이

④ 1문단에서 다른 사람을 설득할 때 그래프가 활용되기도 한다고 하였고, 3문단에서 [자료 1]만으로는 상대방의 마음을 움직이기 부족할 수 있어 밑부분을 자른 [자료 2]를 만든다고 하였다. 그리고 4문단에서 [자료 2]는 처음 본 사람의 눈에는 엄청난 증가로 보일 수 있다고 하였다. 또 5문단에서 극적인 효과를 위해 세로축의 눈금 단위를 2억 달러로 바꾼 [자료 3]을 보여 주면서 이 그래프는 국민 소득이 급격히 성장한 것처럼 보이게 만든다고 하였다. 이러한 내용을 바탕으로 이해할 때, 그래프가 막강한 힘을 지녔다고 말한 이유는 그래프는 작성자가 의도한 대로 사람들이 정보를 받아들일 수 있게 할 수 있기 때문임을 알 수 있다.

근거 있는 오답 풀이

① ⓐ는 그래프는 어떻게 그리느냐에 따라 그것이 주는 인상을 달리할 수 있어 작성자의 의도대로 사람들이 정보를 받아들이게 할 수 있다는 의미이다. 따라서 최신 정보를 제공한다는 의미는 아니다.

② 정보 간의 변화 차이를 비교하는 것은 객관적 정보를 비교하는 것인데, ⓐ는 그래프가 다른 사람을 설득하는 데 활용되었을 때의 힘을 의미한다.

③ 윗글에 제시된 [자료 1], [자료 2], [자료 3]은 모두 똑같은 정보를 다르게 표현한 것으로, 잘못된 통계 자료를 올바른 통계 자료처럼 꾸민 것은 아니다. 따라서 ⓐ는 똑같은 정보를 다른 인상을 가진 그래프로 표현하는 것과 관련된 것일 뿐, 정보를 속여서 나타내는 것을 의미하지는 않는다.

⑤ [자료 3]에서는 작성자가 세로축의 눈금 단위를 수정하였으므로, ⓐ를 작성자 마음대로 그래프의 가로축과 세로축을 수정할 수 없다는 의미로 보는 것은 적절하지 않다.

✅ 관점을 제시하는 글

이 글은 일을 바라보는 학자들의 다양한 관점을 소개하고, 인간의 존엄성을 지키는 '작업'으로서의 일을 하자고 주장하는 글이다. 일에 대한 세 학자의 관점에는 어떠한 공통점과 차이점이 있는지 파악하며 읽는다.

일	
레비스트로스	• 일은 다른 동물과 인간을 구분하는 기준임. • 거룩하고 귀함.
러셀	• 일을 성스러운 대상으로 여기는 것은 지배자들의 특권을 유지하기 위한 속임수와 관련이 있음.
아렌트	• 일을 작업과 고역으로 구분함. – 작업: 자의적, 창조적 – 고역: 타의적, 기계적

• 주제 일의 성격과 중요성

• 문단별 중심 내용

1 문단: 인간의 삶에서 일이 가지는 중요성

2 문단: 일을 거룩하고 귀한 것으로 여긴 레비스트로스

3 문단: 일을 성스럽게 여기는 것에 대한 러셀의 부정적 시각

4 문단: 아렌트의 일의 구분

5 문단: 작업으로서의 일과 고역으로서의 일의 차이

6 문단: 인간의 존엄성을 지킬 수 있는 작업으로서의 일의 추구

1 글의 전개 방식 파악하기

근거 있는 정답 풀이

② 윗글에서는 일을 거룩하고 귀한 것으로 여기는 레비스트로스의 의견과 일을 성스럽게 여기는 것을 비판하는 러셀의 의견을 대조하고 있다. 이는 3문단의 '반면'이라는 표지를 통해서도 잘 드러난다. → 3문단

근거 있는 오답 풀이

① 인간은 동물과 달리 먹고 살아가기 위해서 무엇인가를 생산해야 한다고 설명하므로 윗글에는 인간과 동물의 차이점이 나타나 있다. → 1문단

③ 일을 작업과 고역으로 나누어 생각한 아렌트의 입장이 제시되어 있을 뿐, 작업의 종류를 일하는 방식에 따라 나누어 설명하고 있지는 않다. → 4문단

④ 일에 대한 시대별 관점이 아닌, 학자에 따른 관점을 제시하고 있다.

⑤ 고역으로서의 일이 인간의 존엄성을 짓밟는 문제와 관련이 있다고 볼 수 있지만, 그 해결책을 제시하고 있지는 않다. → 6문단

2 글의 중심 내용 파악하기

근거 있는 정답 풀이

② ㉠은 작품 창작에 열중하는 일이든 밭을 갈고 작물을 키우는 일이든 간에 일이란 언제나 거룩하고 귀한 것이라고 하였다. 따라서 ㉠이 작품을 창작하는 일을 밭을 가는 일보다 가치 있게 여겼다는 것은 적절하지 않다. → 2문단

근거 있는 오답 풀이

① 2문단의 ㉠은 일이라는 창조적 작업이 인간이 다른 동물과 다르다는 것을 증명해 준다고 한 내용을 통해 ㉠은 일을 인간이 다른 동물과 구별되는 이유로 제시하고 있음을 알 수 있다. → 2문단

③ 3문단의 ㉡은 인간이 일을 하는 것은 살아남기 위해 어쩔 수 없이 견뎌야 하는 것으로 보았다는 내용을 통해 알 수 있다. → 3문단

④ ㉡은 인간이 일을 하는 것을 살아남기 위해 어쩔 수 없이 견뎌야 하는 것으로 보고, 일을 아름다운 대상인 것처럼 꾸미는 것은 노동력을 제공하는 집단으로 하여금 복종하게 만들기 위한 수단이라고 주장하였다. 이러한 점에서 ㉡이 생각하는 일의 성격은 ㉢이 주장한 다른 사람에 의해 강요된 활동으로 기계적이고 인간의 존엄성을 떨어뜨리는 고역에 가깝다고 할 수 있다. → 3, 4문단

⑤ ㉢은 일을 작업과 고역으로 구분하여 작업은 자신의 생각에 따라 행하는 창조적인 활동으로, 고역은 다른 사람에 의해 강요된 기계적 활동으로 설명하였다. → 4문단

3 숨어 있는 내용 찾기

근거 있는 정답 풀이

④ 아렌트는 ⓐ와 ⓑ 모두 어떤 결과를 목적으로 하는 활동이라는 점에서 공통점을 지닌다고 보았다. → 4문단

근거 있는 오답 풀이

① ⓐ는 창조적인 데 반해, ⓑ는 기계적이라고 설명하고 있다. → 4문단

② ⓐ로서의 일과 ⓑ로서의 일을 구별하는 기준은 인간의 존엄성을 높이느냐, 떨어뜨리느냐에 달려 있다고 제시하고 있다. 그런데 이 글의 글쓴이가 작업은 긍정적으로, 고역은 부정적으로 바라보고 있다는 점에서 ⓐ는 인간의 존엄성을 높이는 것, ⓑ는 인간의 존엄성을 떨어뜨리는 것이라고 할 수 있다. → 5문단

③ ⓐ는 창조적 활동으로 그 목적이 작품 창작에 있다면, ⓑ는 기계적 활동으로 그 목적이 상품 생산에만 있다고 한 것에서 알 수 있다. → 4문단

⑤ 아렌트가 ⓐ는 자신의 생각에 따라 행하는 창의적 활동이고, ⓑ는 다른 사람에 의해 강요된 활동으로 기계적이라고 한 것에서 알 수 있다. → 4문단

어휘 공략하기 _____ 본문 26~27쪽

1 (1) 기계적 (2) 존엄성 (3) 효율적 (4) 고역

2 (1) 막강하다 (2) 극적인

3 (1) 나타낸다 (2) 만들어 (3) 정해지는

4 (1) 띠게 (2) 띠며

☑ 개념을 설명한 글

이 글은 순수한 의무를 따르는 동기에서 나온 행동만이 도덕적으로 가치 있는 행동이라고 본 칸트의 철학을 설명하는 글이다. 글쓴이는 칸트가 스스로 만든 합리적 법칙에 따라 행동하고, 순수한 의무에 따라 살아갈 수 있는 자유를 지닌 이성적 존재인 인간의 존엄성을 강조하였음을 설명하고 있다.

칸트가 바라본 도덕적 행동

– 선한 의지라는 동기를 따라야 함.
– 순수한 의무를 따라야 함.
– 정언 명령을 따라야 함.

↓

칸트가 강조한 인간의 존엄성

– 인간은 순수한 의무에 따라 살아갈 수 있는 자유를 지닌 이성적 존재이므로 누구나 존중받을 가치가 있음.

· 주제   도덕적 행동에 대한 칸트의 철학

· 문단별 중심 내용
1문단: 선한 동기에 의한 행동만이 도덕적이라고 본 칸트
2문단: 순수한 의무를 따르는 동기만이 도덕적 행동의 판단 기준이 된다고 본 칸트
3문단: 도덕 법칙으로서의 정언 명령
4문단: 자유와 인간의 존엄성을 강조한 칸트의 철학

1 글의 중심 내용 파악하기

근거 있는 정답 풀이

④ 칸트는 인간은 누구나 존중받을 가치가 있다고 주장하였으므로, 도덕 법칙을 따르는 인간만 존중받을 가치가 있다고 보았다는 것은 적절하지 않다. → 4문단

근거 있는 오답 풀이

① 윗글에서는 칸트가 선한 행동은 의무에 의한 행동이어야 한다고 주장했음을 밝히고 있다. → 1문단
② 1문단에서 칸트는 동기를 중요하게 보고 도덕적으로 선하려면 도덕 그 자체를 위해서 행동해야 한다고 주장했음을 밝히고 있다. 그리고 2문단에서 칸트는 순수한 의무를 따르는 동기에서 나온 행동만을 도덕적인 것으로 본다고 설명하고 있다. 이로 보아 칸트는 도덕적으로 선하다는 판단의 근거로 행동을 한 동기가 순수한 의무를 따른 것인지 아닌지를 내세우고 있음을 알 수 있다. → 1, 2문단
③ 칸트는 연습을 통해 도덕적인 것과 그렇지 않은 것을 구분할 수 있다고 주장하였다. → 3문단
⑤ 윗글에서는 칸트가 무조건으로 반드시 이렇게 해야 한다는 정언 명령

을 도덕 법칙이라고 보았음을 밝히고 있다. 그런데 가언 명령은 조건을 필요로 하는 명령이므로, 이 명령에 따른 행동은 무조건 반드시 해야 하는 도덕 법칙에 따른 행동이라고 볼 수 없다. → 3문단

2 숨어 있는 내용 찾기

근거 있는 정답 풀이

② 칸트는 자신에게 조금이라도 이득이 되는 것을 얻기 위해 한 행동은 도덕적으로 부족하다고 보았다. 따라서 소년이 고백을 한 것이 자신에게 이익이 되는 방향, 즉 죄의식이나 비난을 피하는 방향으로 행동한 것이라면, 글쓴이는 칸트가 소년의 행동을 도덕적으로 선한 행동으로 보지 않았을 것이라고 생각하고 있다. → 1, 2문단

근거 있는 오답 풀이

① ㉠에서는 소년이 순간의 즐거움이 아니라 죄의식이나 비난에서 벗어나려고 진실을 고백한 경우를 들고 있다.
④ ㉠에서는 소년이 사실이 들통나 비난받는 것이 무서워 고백한 경우를 이야기하므로 잘못이 밝혀질 때 받게 될 비난이라는 불이익을 고려했음을 알 수 있다.
⑤ ㉠에서는 소년이 다른 사람에게 피해를 주느냐 아니냐를 고려한 것이 아니라 자신이 죄의식이나 비난에서 벗어날 수 있는지를 고려한 경우를 들고 있다.

3 적용하기

근거 있는 정답 풀이

⑤ C는 '지각을 하지 않으려면'이라는 조건을 고려한 가언 명령에 따라 행동했고, A는 자신의 상황이나 조건을 따지지 않고 도덕적 의무를 행할 것을 요구한 정언 명령에 따라 행동한 것이라 볼 수 있다. 따라서 C가 A와 달리 정언 명령에 따라 자신의 행동을 결정했다고 이해하는 것은 적절하지 않다. → 3문단

근거 있는 오답 풀이

① A는 사람들이 지켜야 하는 규칙으로 만들어 놓은 교통 법규에 따라 신호를 지키는 행동을 한 것이므로, 어떤 조건이 없이 반드시 지켜야 하는 도덕적인 의무에 따라 도덕적 행동을 한 것으로 볼 수 있다.
→ 3문단
② B가 노인에게 자리를 양보한 것은 선한 행동이지만, 자신의 마음이 불편해질까 봐 한 행동으로 도덕 그 자체를 위해서 한 행동이 아니다. 따라서 칸트의 관점에서 볼 때, 선한 행동이지만 도덕적 행동은 아니다. → 2문단
③ A는 어떤 조건 없이 반드시 해야 할 도덕적 의무에 따라 행동한 것이므로, 정언 명령에 따라 행동한 것이다. 그런데 A와 달리 B는 '마음이 불편하지 않으려면'이라는 조건에 따라 노인에게 자리를 양보한 것이므로, 가언 명령에 따라 자신의 행동을 결정했다고 보아야 한다.
→ 3문단
④ C가 길을 잃은 아이를 도와주면 지각을 하게 될 것이고, 도와주지 않고 그냥 가면 지각을 하지 않아 자신에게 이득이 될 것이다. 따라서 C는 자신에게 이득이 되는 방향으로 행동을 했다고 볼 수 있다.
→ 1문단

지문 키워드 ☑관점을 제시하는 글

이 글은 유럽 문명을 기준으로 세상을 바라보는 유럽 중심주의와 이를 대표하는 오리엔탈리즘에 대해 설명하는 글이다. 글쓴이는 어느 문화이든 나름대로의 합리성과 논리가 있다는 사실을 무시한 채 유럽의 문화와 삶의 모습만을 우월한 것으로 여기는 유럽 중심주의 사고에서 비롯된 오리엔탈리즘에 대한 비판적 관점을 드러내고 있다.

유럽 중심주의
– 유럽을 세계의 중심으로 놓고 생각하거나 설명하는 태도, 인식 – 그리스 문명을 이어받은 유럽의 문명이 우월하다는 인식

↓

오리엔탈리즘
– 유럽 중심주의적 관점이 반영됨. – 유럽에서 동양을 연구하는 학문으로, 동양을 유럽보다 문명화가 덜 된 지역으로 이해하는 관점을 지님. → 각 문화권에 그 나름대로의 합리성과 논리가 있다는 사실을 인정하지 않음.

• 주제 유럽 중심주의적 관점이 반영된 오리엔탈리즘에 대한 비판
• 문단별 중심 내용
 1 문단: 유럽 중심주의의 의미
 2 문단: 그리스 문명을 기반으로 한 유럽 문명에 대한 우월 의식이 반영된 유럽 중심주의
 3 문단: 유럽 중심주의적인 생각이 반영된 용어인 오리엔탈리즘
 4 문단: 유럽 중심주의의 관점에서 동양을 연구하는 학문인 오리엔탈리즘
 5 문단: 다른 문화권의 합리성과 논리를 인정하지 않는 오리엔탈리즘

1 글의 전개 방식 파악하기

<u>근거 있는 정답 풀이</u>

④ 윗글은 오리엔탈리즘이라는 용어에 유럽 중심주의의 관점이 반영되어 있고, 유럽에서 동양을 연구하는 학문이라는 의미로 사용되고 있다며 오리엔탈리즘의 의미를 설명하였다. 그리고 이어서 동양을 문명화가 덜 된 곳으로 이해하는 오리엔탈리즘의 문제점을 비판하고 있다. → 3, 4, 5문단

<u>근거 있는 오답 풀이</u>

③ 글쓴이는 다른 문화권의 합리성과 논리를 인정하지 않는 오리엔탈리즘을 비판적으로 바라보고 있다. 오리엔탈리즘에 대한 서로 다른 관점을 비교하여 장단점을 분석하는 부분은 윗글에 나타나 있지 않다.

2 숨어 있는 내용 찾기

<u>근거 있는 정답 풀이</u>

④ 윗글에서는 자신들의 문명을 다른 지역에 비해 월등히 우월하다고 여기는 유럽 중심주의의 관점을 설명하며 아시아를 동양으로 지칭하는 것은 유럽 중심주의적인 표현이라고 설명하고 있다. 이를 참고할 때, 아시아 지역을 유럽과의 거리를 기준으로 하여 '근동', '중동', '극동'이라고 표현한 것 역시 이러한 유럽 중심주의 관점이 반영된 예로 볼 수 있다. → 3문단

<u>근거 있는 오답 풀이</u>

① 윗글에서는 고대 그리스의 철학, 민주주의라는 정치 체계 등이 그리스 문명에 속하며, 이러한 그리스 문명을 기반으로 발전한 곳이 유럽이라고 설명하고 있다. 따라서 유럽의 발전에 민주주의 정치 체계가 영향을 미쳤다고 볼 수 있을 뿐, 미국과는 다른 유럽의 정치 체계에 관해 조사하는 것은 유럽 중심주의적 관점과 관련이 없다.

② 아시아에서만 열리는 축제라고만 했을 뿐, 어떤 관점, 즉 유럽 중심주의의 관점에서 그 종류와 이유를 밝히는 것이 아니므로 적절하지 않다.

③ 근대 이후 아시아 문화의 발전 방향에 대한 조사로, 유럽 중심주의적 관점에서 바라본 아시아 문화를 조사한 것은 아니므로 적절하지 않다.

⑤ 소크라테스의 토론 방법은 유럽 중심주의적 관점에서 동양을 어떻게 바라보았는지를 알려 주는 것이 아니므로 적절하지 않다.

3 글의 중심 내용 파악하기

<u>근거 있는 정답 풀이</u>

② '유럽 중심주의'는 지도상의 특정한 공간으로서의 유럽이 아니라, 유럽에서 발생한 문명을 다른 지역의 문명보다 우월하다고 여기며 이를 세계의 중심에 놓고 생각하는 태도나 인식을 의미한다. → 1, 2문단

<u>근거 있는 오답 풀이</u>

① 유럽 문명을 다른 지역에 비해 월등히 우월하다고 여기고 있다는 것과 세계의 다른 지역에 비해 유럽의 역사적 발전과 현재 삶의 형태 및 제도 등이 매우 우월하다고 인식하는 것이 유럽 중심주의의 바탕이 된다는 설명을 통해 알 수 있다. → 1, 2문단

③ 유럽 중심주의의 관점을 통해 다른 지역의 문화를 평가하는 예로 오리엔탈리즘을 들고 있는 것에서 알 수 있다. → 3문단

④ 윗글에서는 아시아를 소개할 때 여러 지역의 축제나 미신 등을 보여 주면서 신비롭지만 문명화가 덜 된 문화라고 해석하는 방식이 오리엔탈리즘이라고 하고 있다. → 4문단

⑤ 오리엔탈리즘이 동양을 비롯한, 유럽 이외의 문화에 그 나름대로의 합리성과 논리가 있다는 사실을 인정하지 않는 태도에서 비롯된 것이라고 설명하는 부분에서 알 수 있다. → 5문단

어휘 공략하기
본문 32~33쪽

1 (1) ㉮ (2) ㉳ (3) ㉯
2 (3) ○
3 (1) 결과 (2) 근거 (3) 동기 (4) 의무
4 (1) ㉢ (2) ㉺ (3) ㉡ (4) ㉣ (5) ㉠

04강 유교의 네 가지 덕(德) 도덕 본문 34~35쪽
실전 1

정답 » 1 ① 2 ⑤ 3 ⑤

수능이 쉬워지는 지문 키워드 ☑ 개념을 설명한 글

이 글은 유교의 네 가지 덕인 '인', '의', '예', '지'에 대해 설명하고, 이러한 유교의 사상 중 오늘날에는 어떤 덕목이 중시되는지를 제시한 글이다.

유교의 네 가지 덕	
인	남의 어려운 처지를 안타깝게 여기는 마음과 사랑의 감정
의	도덕적 판단을 내리는 능력
예	도덕적 판단과 관련된 규칙
지	지혜나 지식 혹은 도덕의식

↓

사회가 변화함에 따라 중심이 되는 유교 윤리도 달라짐.

• 주제 유교의 네 가지 덕의 개념과 특징
• 문단별 중심 내용
 1문단: 유교의 핵심 개념인 '인'
 2문단: 특수한 상황에서 적절한 도덕적 판단을 내리는 능력인 '의'
 3문단: 도덕적 판단과 관련된 규칙인 '예'
 4문단: 눈앞에서 일어나지 않은 일에 대해서도 도덕적으로 옳은 판단을 하는 것인 '지'
 5문단: 복잡해지는 사회 속에서 '의', '예'가 가지는 중요성

1 글의 중심 내용 파악하기

근거 있는 정답 풀이

① 맹자는 자신에게 가까운 사람과 그렇지 않은 사람 모두에게 측은지심을 가지려고 노력할 때 '인'을 얻을 수 있다고 했다. 따라서 인간의 노력을 통해 '인'을 얻을 수 있으므로 ①은 적절하지 않다. → 1문단

근거 있는 오답 풀이

② 5문단에 따르면 오늘날에는 사회가 복잡해지면서 여러 가치관이 충돌하며 다양한 사회 문제가 일어나고 있다. 이러한 상황 속에서 어떤 판단이 도덕적으로 옳은 것인지를 판단할 줄 아는 능력인 '의'와 어떻게 행동하는 것이 도덕적인지를 알려 줄 구체적인 규칙으로서 '예'가 중요해진 것이다. → 5문단

③ 2문단에 따르면 '의'는 특수한 상황에서 적절한 도덕적 판단을 내리는 능력이며, 이 도덕적 판단은 도덕적으로 옳은 행동을 하도록 이끈다. → 2문단

④ 4문단에 따르면 '지'는 도덕적으로 옳은 판단을 한다는 점에서 '의'와 비슷하다. 하지만 '의'는 자신의 눈앞에서 일어난 일과 관련하여 도덕적으로 옳은 판단을 내리는 것이지만, '지'는 눈앞에서 벌어지지 않은 일에 대해서도 도덕적으로 판단을 내리는 것을 의미한다. → 4문단

⑤ 3문단에 따르면 '예'는 어떠한 형식, 관습을 말하며, 도덕적 판단과 관련된 규칙을 의미한다. 예를 들어 위험에 처한 어린아이를 발견하면 구하기 위해 노력해야 한다는 것을 규칙으로 정해 놓는 것이 '예'에 해당한다. → 3문단

2 글의 구조 파악하기

근거 있는 정답 풀이

⑤ 1~4문단에서는 유교의 네 가지 덕인 '인', '의', '예', '지'에 대해 각각 설명하고 있고, 5문단에서는 사회 변화에 따라 중요해진 '의'와 '예'에 대해 설명하며 글을 마무리하고 있다. 따라서 1~4문단이 같은 층위에 있는 ⑤가 적절하다.

문제 해결 비법

윗글처럼 중심 화제의 요소를 분석하여 제시한 경우에는, 각 문단의 중심 내용을 찾은 후 문단 간의 관계가 어떻게 연결되어 있는지를 확인하면 글의 구조를 쉽게 파악할 수 있어요. 유교의 네 가지 덕에 해당하는 '인', '의', '예', '지'가 각 문단에 어떻게 제시되고 있는지를 잘 살펴보는 것이 중요해요.

3 적용하기

근거 있는 정답 풀이

⑤ '의'는 자신의 눈앞에서 일어난 일과 관련된 도덕적 판단을 내리는 것이고, '지'는 눈앞에서 일어나지 않은 일에 대해서도 도덕적 판단을 내리는 것이다. 그런데 ㉣은 자신의 눈앞에서 고통받는 사람만이 아닌, 위험에 처한 세계의 모든 이들을 도와야 한다는 생각을 바탕으로 만든 단체이므로 '의'보다 '지'가 행해져 만들어진 것이라고 보는 것이 적절하다. → 4문단

근거 있는 오답 풀이

① 〈보기〉의 위험에 처한 누군가를 구하는 행동은, 1문단에 따르면 가엾게 여기는 마음인 '인'으로부터 비롯된 것으로 볼 수 있다. → 1문단

② 〈보기〉의 위험에 처한 누군가를 구하는 행동은, 1문단에 따르면 남의 어려운 처지를 안타깝게 여기는 마음 때문으로 볼 수 있다. 이는 '인'에 해당하는데, '인'은 측은지심이 자라나면서 얻어진 것이다. 따라서 ㉠과 같은 행동은 측은지심으로 인해 생겨난 마음과 관련이 있다고 볼 수 있다. → 1문단

③ 2문단과 4문단의 내용을 종합하여 이해할 때, '의'는 자신의 눈앞에서 일어난 일과 관련하여 적절한 도덕적 판단을 내리는 것이다. 따라서 〈보기〉에서 이야기한 눈앞에서 누군가가 도움을 요청하면 도와야 한다고 판단하는 것은 '의'에 해당한다고 볼 수 있다. → 2, 4문단

④ 4문단에 따르면 '지'는 눈앞에서 벌어지지 않은 일에 대해서도 도덕적으로 판단을 내리는 것을 의미한다. 〈보기〉에서 이야기한 한 번도 가 본 적 없는 나라에서 일어나는 전쟁에 대해 비판의 목소리를 내는 것은 보지 못한 상황에 대해 도덕적으로 판단하는 것에 해당하므로 '지'와 관련 있다. → 4문단

☑관점을 제시하는 글

이 글은 기존의 당연한 상식에 의문을 제기하고 그것을 논리적으로 증명한 사례를 바탕으로 올바른 탐구 자세에 대한 글쓴이의 관점을 제시한 글이다.

탐구: 당연하다고 믿는 사실을 의심하는 것	
파스퇴르	미생물이 자연적으로 발생한다는 것을 의심하고 실험을 통해 그것이 불가능함을 증명함.
갈릴레이	무게에 따라 떨어지는 속도가 다르다는 것을 의심하고 실험을 통해 이를 반박함.
코페르니쿠스	우주의 중심이 지구라는 것을 의심하고 지동설을 주장함.

• 주제 의심을 통해 이루어지는 탐구

• 문단별 중심 내용
1 문단: 탐구의 의미
2 문단: 실험을 통해 기존의 믿음을 반박한 파스퇴르의 사례
3 문단: 널리 알려진 믿음에 대한 의문 제기
4 문단: 의심을 통해 새로운 사실을 증명한 사례
5 문단: 의심하는 자세를 바탕으로 이루어지는 탐구

1 글의 중심 내용 파악하기

근거 있는 정답 풀이

⑤ 글쓴이는 사람들이 굳게 믿고 있는 사실들이 전부 진실이 아닐 수도 있음을 지적하고, 탐구란 기존의 믿음을 의심하는 태도를 바탕으로 접근하여 잘못된 믿음을 바로잡는 것임을 말하고 있다. → 3, 5문단

근거 있는 오답 풀이

① 3문단에서 의심하는 태도가 필요하기는 하지만, 모든 상황 속에서 의심만 해야 하는 것은 아니라고 말하고 있다. → 3문단

② 3문단에서 의심하는 순간 죽어 있던 진실이 생명을 얻고 살아나기 때문에 의심은 마치 죽은 사람을 살리는 마법사의 물과 같다고 말하고 있다. 이는 사람들이 당연하다고 믿는 사실도 의심하는 태도의 중요성을 이야기하는 것이다. 4문단에서 제시한 아리스토텔레스의 주장은 당시 사람들이 당연하다고 믿었던 사실에 해당한다. → 3, 4문단

③ 1문단에는 '다른 사람의 얘기를 그대로 믿지 말라.'라는 영국 왕립 학회의 신조가 제시되어 있다. 이 신조는 글쓴이가 생각하는 올바른 탐구 자세를 보여 준다. 글쓴이는 영국 왕립 학회의 신조처럼 의심을 통해 탐구의 자세를 갖는 것이 중요하다고 주장할 뿐, 영국 왕립 학회의 신조를 우리 사회에서도 상식으로 받아들여야 한다고 주장하는 것은 아니다. → 1문단

④ 글쓴이는 의심을 하는 것이 올바른 탐구 자세라고 설명하고 있을 뿐, 사람들의 의심을 받게 되면 실험을 통해 자신의 주장이 진실임을 드러내야 한다고 이야기하고 있는 것은 아니다. → 5문단

2 글의 전개 방식 파악하기

근거 있는 정답 풀이

② 윗글의 글쓴이는 파스퇴르, 갈릴레이, 코페르니쿠스의 경우를 예로 들어 모두가 당연하게 받아들이는 사실을 의심하는 것이 올바른 탐구의 자세라고 주장하고 있다. → 2, 4문단

근거 있는 오답 풀이

① 파스퇴르, 갈릴레이, 코페르니쿠스를 예로 들며 이러한 과거 인물들이 의심하는 자세로 탐구하여 당시 사람들이 당연하다고 믿었던 사실이 잘못된 것임을 밝혀냈음을 설명하고 있다. 과거의 일을 바탕으로 하고 있기는 하지만, 시간의 흐름을 바탕으로 하고 있는 것은 아니다. → 2, 4문단

③ 파스퇴르, 갈릴레이, 코페르니쿠스가 사람들이 가지고 있던 믿음에 반박하는 주장을 한 인물임을 제시하고 있을 뿐, 두 현상의 비슷한 점을 설명하거나 사회의 문제를 비판하고 있지는 않다. → 2, 4문단

3 숨어 있는 내용 찾기

근거 있는 정답 풀이

② 파스퇴르는 기존의 믿음이나 권위에 대해 반박하고, 멸균하지 않은 육즙과 멸균한 육즙을 비교하여 미생물에 관한 새로운 사실을 알아냈다. 당시의 학자들이 파스퇴르가 실험하는 것에 반대한다는 내용은 윗글에 제시되어 있지 않다. → 2문단

근거 있는 오답 풀이

④ [A]에는 파스퇴르가 실험을 통해 멸균하지 않은 육즙은 발효되어 원래 상태에서 달라지고, 멸균한 육즙은 원래의 맛과 모습을 유지한다는 새로운 사실을 알아냈다는 설명이 나타나 있다. 따라서 파스퇴르가 멸균하지 않은 육즙과 멸균한 육즙을 비교하는 실험을 통해 새로운 사실을 증명했을 것이라고 이해하는 것은 적절하다.

⑤ [A]에는 당시 학자들은 파스퇴르의 실험이 이루어지기 전에는 미생물이 무생물로부터 저절로 발생한다는 것을 굳건히 믿고 이에 관한 이론 체계까지 만들어 두었다는 설명이 나타나 있다. 따라서 당시 사람들이 미생물이 생명을 지닌 존재라는 사실을 파스퇴르 실험 전에는 알지 못했다고 보는 것은 적절하다.

어휘 공략하기

본문 38~39쪽

1 (1) 멸균 (2) 신조 (3) 측은지심 (4) 관습
2 (1) 가 유지 세 유교 (2) 가 생명체 세 발생 (3) 가 도덕의식 세 의심
3 (1) 발효되어 (2) 기어가다 (3) 받아들인다
4 (1) ㉢ (2) ㉡ (3) ㉠

정답 » 1 ② 2 ⑤ 3 ①

지문 키워드   ☑ 관점을 제시하는 글

이 글은 게임을 활용하여 문제를 해결한 여러 가지 사례를 제시하고, 인류의 과제를 게임과 접목하여 해결한다면 많은 혜택을 얻게 될 것이므로 게임의 장점을 활용해 나가야 한다고 주장하는 글이다.

게임의 활용

① 가벼운 오락거리로 쓰임.
② 단백질 구조의 비밀을 밝히는 데 큰 도움을 준 것처럼 어려운 문제를 푸는 데 활용됨.
③ 암 환자에게 심리적 치유 효과를 주는 것처럼 환자의 병을 치료하는 데 활용됨.
④ '재미있는 빈 병 재활용 박스'의 사례처럼 재미를 통해 인간의 행동을 변화시킬 수 있음.

• **주제** 게임이 지닌 장점
• **문단별 중심 내용**
1 문단: 교육에 활용된 게임
2 문단: 오락거리이면서 어려운 문제를 푸는 데 활용되는 게임
3 문단: 환자의 병을 치료하는 데 활용되는 게임
4 문단: 인간의 행동을 변화시키는 게임
5 문단: 게임의 장점을 활용하기 위한 노력의 필요성

1 글의 중심 내용 파악하기

근거 있는 정답 풀이

② 윗글에서는 게임이 어려운 문제를 풀거나 환자들의 병을 치료하는 데 활용되고 인간의 행동을 변화시키는 등의 긍정적인 기능을 하고 있음을 제시하고 있다. → 2, 4문단

근거 있는 오답 풀이

③ 5문단에서 게임의 장점을 활용하여 인간이 많은 혜택을 받기 위해서는 게임 중독을 예방하는 교육에 힘써야 한다고 한 것에서 게임 중독을 예방할 필요가 있다는 점을 이야기한 것으로 볼 수는 있다. 그러나 윗글은 게임이 지니고 있는 장점을 주제로 한 글이므로 청소년 게임 중독 예방의 필요성은 윗글의 제목으로 적절하지 않다. → 5문단
④ 윗글에서는 게임의 긍정적인 기능, 게임이 인간에게 주는 혜택 등을 제시하고 있을 뿐, 게임이 가져올 미래 사회의 변화를 다루고 있지는 않다.
⑤ 윗글에서는 게임의 목적이 교육이었던 과거와 달리 현대의 게임은 가벼운 오락거리이면서도 어려운 문제를 푸는 데 활용된다고 하였다. 이는 과거와 현재에 게임이 하는 기능이 달라졌음을 드러내는 것일 뿐, 게임에 대한 과거와 현재의 인식 차이로 볼 수는 없다. → 1, 2문단

문제 해결 비법

글의 제목을 찾는 문제를 풀 때는 선지의 내용이 글의 주제 의식을 담을 수 있는지에 중점을 두고 풀어야 해요. 이러한 문제에서는 함정 선지를 만들 때 글에 제시된 내용이지만 중요하지 않은 내용을 활용한다는 점을 기억하면 도움이 될 거예요.

2 글의 중심 내용 파악하기

근거 있는 정답 풀이

⑤ 2문단에 따르면 단백질 생성 과정이 3차원 퍼즐 게임과 비슷하기 때문에, 공간 추론 능력과 상상력이 있는 게이머들이 3주 만에 단백질 생성 과정의 비밀을 밝혀낼 수 있었다. → 2문단

근거 있는 오답 풀이

① 1문단에서 과거에 체스와 장기는 장교들에게 군사 전략·전술을 가르치기 위한 것이었고, 바둑은 고대 중국의 임금이 어리석은 자식을 깨우치기 위한 것이었다고 하였다. 이는 과거에는 게임의 목적이 교육에 있었음을 뒷받침하는 내용일 뿐, 바둑이 군사 전략을 가르치는 데에 어떤 영향을 미쳤는지를 설명하고 있는 것은 아니다. → 1문단
② 4문단에서 학교 곳곳을 밝게 꾸미면 학교 폭력이 줄어든다는 사례가 있음은 확인할 수 있으나, 학교 폭력이 얼마만큼 감소했는지는 윗글을 통해 알 수 없다. → 4문단
③ 3문단에서 어린이 백혈병 환자들이 게임을 통해 얻은 효과에 대해서는 확인할 수 있다. 그러나 암세포를 파괴하는 게임이 다른 불치병에도 효과가 있다는 내용은 윗글에 나타나 있지 않다. → 3문단
④ 5문단을 통해 오늘날 게임 중독 등 게임으로 인해 발생하는 문제가 있다는 사실을 짐작할 수 있다. 그러나 게임이 지닌 단점을 해결하기 위해 게이머들이 한 노력은 윗글에 나타나 있지 않다. → 5문단

3 적용하기

근거 있는 정답 풀이

① 제한 속도를 지키지 않은 운전자에게는 벌금을 부과하였으므로 해당 도시에서는 사람들의 행동 변화를 위해 처벌을 활용하고 있다.

근거 있는 오답 풀이

② 4문단에서는 게임을 통해 인간의 행동을 변화시키는 일이 가능하다고 설명하고 있다. 이를 참고할 때 추첨을 통해 제한 속도를 지킨 운전자에게 상금을 주는 복권 제도는 게임 요소를 활용하여 운전자가 과속 운전을 하지 않고 안전 운전을 하도록 만들고자 한 의도를 담고 있다고 볼 수 있다. → 4문단
③ 제한 속도를 지키거나 제한 속도보다 천천히 주행한 운전자에게는 엄지손가락을 들어 주는 표지판을 설치한 것은, 운전자들에게 재미를 느끼게 하여 제한 속도를 지키도록 하려는 의도를 담고 있다고 볼 수 있다. → 4문단
④ 밟을 때마다 소리가 나는 계단을 설치하자 시민들이 계단을 이전보다 세 배 더 많이 이용했다는 것을 통해, 사람들이 계단을 밟을 때 소리가 나는 것에서 재미를 느꼈을 것이라고 추측할 수 있다. → 4문단
⑤ ㄱ은 엄지손가락을 들어 주는 표지판과 추첨을 통해 상금을 주는 복권 제도에서 게임 요소를 발견할 수 있고, ㄴ은 계단을 밟을 때마다 소리가 나는 것에서 게임 요소를 발견할 수 있다.

정답 » 1 ⑤ 2 ③ 3 ⑤

☑ 관점을 제시하는 글

이 글은 조선 시대 변방의 군사들에게 보내진 '종이 옷'이 추위를 효과적으로 막기 위한 지혜의 산물임을 설명하는 글이다. '종이 옷'에는 백성을 사랑하는 왕의 마음이 담겨 있다는 글쓴이의 관점이 드러나 있다.

변방의 군사들에게 보낸 종이 옷

만드는 방법	옷감과 옷감 사이에 주로 낙폭지를 넣어 만듦.
효과	바람과 추위를 막아 줌.
의의	– 백성을 생각하는 왕의 마음이 담김. – 추위로부터 군사들을 지키기 위한 지혜의 산물임.

• 주제　지혜의 산물이자, 백성을 생각하는 왕의 마음이 담긴 종이 옷

• 문단별 중심 내용

1 문단: 겨울에 변방을 지키는 군사들에게 종이 옷을 보낸 인조
2 문단: 추위를 막는 데 큰 도움이 되는 종이 옷
3 문단: 귀한 새 종이 대신 낙폭지를 재활용해 만든 종이 옷
4 문단: 백성을 생각하는 왕의 마음이 담긴 종이 옷

1 글의 중심 내용 파악하기

근거 있는 정답 풀이

⑤ 2문단에 따르면 인조가 변방의 군사들에게 보냈던 종이 옷은 종이를 오려 붙여 만든 옷이 아니라, 옷감과 옷감 사이에 종이를 넣어 만든 옷이다. 즉 종이는 옷감 사이에 들어간 것이지 옷감의 밖에 덧대어진 것은 아니다. → 2문단

근거 있는 오답 풀이

① 3문단에 따르면 과거에는 종이를 만드는 과정에 많은 정성과 노고가 들어갔기 때문에 나랏일에 필요한 문서나 책을 제외하고는 새 종이를 마음껏 쓰기 어려웠다. 이러한 상황 속에서 군사들에게 보낸 종이 옷은 낙폭지를 재활용한 것이었는데, 낙폭지는 과거 시험에 떨어진 사람의 답안지로, 먹물로 쓴 글자가 적힌 종이였다. 따라서 ①은 적절하다. → 3문단

② 2문단에 조선의 생산 환경에서 목화솜은 늘 부족했다는 설명이 나타나 있고, 3문단에 솜만큼이나 귀한 것이 종이였다는 설명이 나타나 있다. → 2, 3문단

③ 4문단에는 선조부터 인조에 이르기까지 외국의 침략에 시달렸던 시기의 왕들이 겨울이 되면 낙폭지를 구해 변방의 군사들에게 보내고는 하였다는 설명이 나타나 있다. 이를 통해 조선의 왕들이 변방을 지키는 군사들에게 많은 관심을 기울였다는 것을 알 수 있다. → 4문단

④ 4문단에서는 선조, 광해군, 인조가 외국의 침략에 시달렸던 시기의 왕들이라고 설명하고 있다. 이를 통해 조선 시대에는 외국의 침략으로 어려움을 겪었던 시기가 있었음을 알 수 있다. → 4문단

2 글의 전개 방식 파악하기

근거 있는 정답 풀이

③ 조선의 왕들이 군사들에게 종이 옷을 보낸 이유는 변방을 지키는 군사들이 겨울을 잘 날 수 있도록 하기 위해서이다. 종이 옷은 외국의 침입이 많던 시기에 나라를 지키는 중요한 임무를 맡은 군사들이 추위를 견디도록 하기 위한 고민의 결과물이므로, 왕이 군사들에게 종이 옷을 보낸 이유를 시대 상황을 통해 설명하고 있다는 것은 적절하다. → 4문단

근거 있는 오답 풀이

① 종이 옷을 처음 만든 사람에 관한 설명은 나타나 있지 않으며, 질문의 형식 또한 활용하고 있지 않다.

② 변방에서 군사들이 겨울을 나기 위해 겨울옷이 필요하다는 설명만 있을 뿐, 추위로 고생하던 군사들의 모습을 그림을 그리듯이 설명하고 있지는 않다.

④ 종이 옷이 찬 바람을 막는 효과가 있었다는 점에서 종이 옷의 장점을 설명하고 있다고 볼 수는 있으나, 솜옷과 종이 옷의 장단점을 비교하고 있는 것은 아니다.

⑤ 왕이 변방을 지키는 군사들을 위해 보낸 옷에는 솜을 넣어 만든 옷, 가죽으로 만든 옷, 종이 옷이 있었다고 나열하고 있기는 하지만, 그중 추위를 가장 잘 막는 옷에 대해 설명하고 있는 것은 아니다.

3 숨어 있는 내용 찾기

근거 있는 정답 풀이

⑤ 솜이나 종이 등의 물건을 생산하기 어려운 상황 속에서도 군사들이 무사히 추운 겨울을 보낼 수 있는 방법을 고민하고, 그 방법을 낙폭지를 재활용한 종이 옷의 개발을 통해 찾았기 때문에 종이 옷을 '지혜의 산물'이라고 표현한 것이다. → 3, 4문단

근거 있는 오답 풀이

① 조선 시대의 종이는 귀한 것이었고, 구하기 어려웠던 만큼 먹물이 묻은 종이라고 할지라도 재활용한 상황이 나타나 있다. 종이가 낭비되었던 것은 아니다.

② 낙폭지를 활용해 만든 종이 옷을 변방의 군사들에게 보낸 것이지, 변방의 군사들을 통해 낙폭지를 구할 수 있는 방법을 찾은 것은 아니다.

③ 추위를 막을 수 있도록 낙폭지로 종이 옷을 만든 것이므로, 종이를 사용하지 않는 방법을 찾은 것은 아니다.

④ 조선 시대에는 솜을 구하는 것이 쉬운 일이 아니었기 때문에 종이 옷으로 추위를 막는 방법을 생각해 낸 것이다. 윗글은 많은 솜을 구할 수 있는 방법에 관해서는 다루고 있지 않다.

여휘 공략하기 　　　　　　　　　　　　　　　　본문 44~45쪽

1 **가**: ① 심리 ③ 마련 ④ 변방 **세**: ② 미스터리 ③ 마찰 ⑤ 방법
2 (1) 나아서 (2) 가르쳐 (3) 꿰매
3 (1) 완치 (2) 수거 (3) 산물 (4) 접목
4 (1) 가족뿐 (2) 있을 뿐 (3) 않았다 뿐이지 (4) 무대뿐

정답 » 1 ④ 2 ② 3 ⑤

<수능이 쉬워지는> **지문 키워드**

☑ 관점을 제시하는 글

이 글은 선인들의 독서와 현대인들의 독서를 대조하여 도구적 지식만 취하는 오늘날의 독서를 비판하고 올바른 독서 문화의 필요성을 주장하는 글이다. 글쓴이는 선인들의 독서 태도를 본받아 삶의 지혜와 세상을 살아가는 데 필요한 안목을 키워 주는 독서 태도를 가질 것을 주장하고 있다.

선인들의 독서	현대인들의 독서
– 삶의 지혜를 얻는 것이 목적임. – 많은 권수의 책을 읽지 않으나, 같은 책을 반복하여 읽으며 체화함.	– 지식을 획득하는 것이 목적임. – 독서의 양이 많음. – 책을 통해 많은 정보를 얻기는 하지만, 삶의 문제를 해결하는 능력은 키우지 못함.

↓

정보의 홍수 속에서 삶의 방향성을 잃은 현대인들은 독서를 통해 삶의 지혜를 얻은 선인들의 태도를 본받을 필요가 있음.

• **주제** 정보화 사회에서 삶의 지혜와 안목을 키워 줄 수 있는 독서의 필요성

• **문단별 중심 내용**
1문단: 선인들의 독서 목적과 방법
2문단: 판단 능력 없이 많은 정보만을 머릿속에 담고 있는 요즘 학생들
3문단: 정보의 홍수 속에서 삶의 방향성을 잃는 현대인들
4문단: 정보를 선택·판단·제어하는 능력이 필요한 현대 사회
5문단: 삶이 지혜를 키워 주는 독서의 필요성

1 글의 중심 내용 파악하기

근거 있는 정답 풀이

④ 선인들은 현대인들에 비해 읽은 책의 권수가 적지만 독서를 통해 세상을 읽는 안목이나 세상을 꿰뚫어 보는 힘을 갖추어 살아갔다고 설명하고 있다. 따라서 읽은 책의 권수가 적을수록 삶의 방향성을 잃어버리게 된다는 설명은 적절하지 않다. → 1문단

근거 있는 오답 풀이

① 선인들의 독서 목적은 지혜를 얻는 데 있었다는 내용에서 확인할 수 있다. → 1문단
② 선인들이 그 몇 권 되지 않은 책을 읽고 또 읽었고, 읽다 못해 아예 통째로 다 외웠다는 내용에서 확인할 수 있다. → 1문단
③ 요즘 학생들이 하는 독서를 말하면서 그 많은 독서와 정보들은 다만 시험 문제를 푸는 데만 유용할 뿐, 삶의 문제로 오면 쓸모없는 것이 되고 만다는 내용에서 확인할 수 있다. → 2문단

⑤ 선인들은 몇 권의 독서를 통해 삶의 지혜를 얻었다고 하면서, 요즘 학생들은 어떤 주제든 인터넷을 뒤져서 정보를 잘 찾아내며, 마치 많은 정보가 담긴 컴퓨터 같다고 밝히고 있다. 이로 보아 요즘 학생들이 선인들에 비해 많은 양의 정보를 습득하고 있음을 알 수 있다. → 1, 2문단

2 숨어 있는 내용 찾기

근거 있는 정답 풀이

② 글쓴이는 독서를 많이 하고 정보를 많이 얻는 것보다 삶의 지혜와 세상을 살아가는 데 필요한 안목을 기를 수 있는 독서를 하는 것이 중요하다고 말하며, 더 이상 '고전'이 나오지 않는 오늘날의 상황을 안타까워하고 있다. 따라서 '고전'은 글쓴이가 바람직하다고 생각하는 독서와 관련된 내용을 담고 있는 것으로 볼 수 있으므로 ②가 가장 적절하다.

근거 있는 오답 풀이

④ 윗글이 과거 사람들의 독서 방법을 소개하고 있는 것이지, '고전'이 과거 사람들의 독서 방법을 소개하는 책을 의미하는 것은 아니다.

3 관점 비교하기

근거 있는 정답 풀이

⑤ 윗글에서는 많은 권수의 책을 읽지는 않았지만, 읽었던 책을 반복하여 읽으며 삶의 지혜를 얻고 이를 체화하여 삶에 적용한 선인들의 독서 방법과 태도를 이야기하며 현대인들이 이를 배워야 한다고 말하고 있으므로, 현대인의 독서 태도가 바뀌어야 함을 주장하고 있다고 할 수 있다. 한편 〈보기〉에서는 정보 검색 능력이 현대인에게 요구되는 필수적인 능력이고, 자기 주도적 학습 능력에도 영향을 미친다고 설명하며 그 중요성을 강조하고 있다. → 1, 5문단

근거 있는 오답 풀이

① 윗글에 따르면, 도구적 지식은 시험 문제를 푸는 데 유용한 지식과 같이 도구로써 활용되는 지식을 의미한다. 글쓴이는 도구적 지식이 아닌 삶의 지혜를 얻을 수 있는 독서가 필요함을 강조하고 있다. 한편 〈보기〉에서는 정보 검색 능력은 학습의 도구이면서 학습 능력 향상과 관련된다고 하며, 정보 검색 능력과 같은 도구적 지식의 중요성을 강조하고 있다. → 2문단
② 윗글에서는 연구 기관의 연구 결과에 대해 다루고 있지 않다. 또한 〈보기〉에서는 학생들의 자기 주도 학습 능력과 정보 검색 능력의 상관관계에 대한 연구 결과를 제시하고는 있지만, 어떤 기관의 연구인지에 대해서는 밝히고 있지 않다.
③ 〈보기〉에서는 정부 검색 능력을 키우기 위해 인터넷에 접속하는 경험을 늘려야 한다며 인터넷 접속 경험의 중요성을 이야기하고 있다. 그러나 윗글에서는 인터넷을 통해 많은 정보를 얻어 내는 요즘 학생들의 모습을 제시하고 있을 뿐, 인터넷에 접속하는 경험의 중요성에 대해서는 제시하고 있지 않다. → 2문단
④ 윗글에서는 학생들이 지혜를 얻을 수 있는 독서를 해야 함을 강조하고 있을 뿐, 독서를 통해 학습 능력을 향상시킬 수 있음을 주장하고 있지 않다. 또한 〈보기〉에서는 독서를 강조하고 있는 것이 아니라, 정보 검색 능력이 학습 능력 향상에 도움이 된다고 강조하고 있다.

→ 4, 5문단

정답 » 1 ② 2 ⑤ 3 ②

지문 키워드
☑ 분류를 활용한 글

이 글은 '읽기 전 - 읽는 중 - 읽은 후'의 독서 과정에 따라 이루어지는 활동들과 독서 상황을 이루는 여러 요인들을 제시한 후, 다양한 독서 방법에 대해 설명하고 있는 글이다. 글쓴이는 독서 상황에 따라 적절한 독서 방법을 선택해야 하며, 능숙한 독자가 되기 위해 꾸준한 독서가 필요함을 이야기하고 있다.

독서 과정	• 읽기 전: 읽는 목적 확인, 내용 예측, 배경지식 떠올리기 • 읽는 중: 예측한 내용이 맞는지 확인, 글의 구조 파악 • 읽은 후: 읽기 과정의 적절성 확인, 읽은 내용의 내면화
독서 상황 요인	• 독자 요인: 배경지식, 독서 습관 • 글 요인: 글의 종류, 난이도 • 독서 목적 요인: 지식과 정보 습득, 교양 쌓기
독서 방법	• 소리 유무에 따라: 음독, 묵독 • 속도에 따라: 속독, 정독 • 범위에 따라: 통독, 발췌독

↓

독서 상황에 따라 적절한 독서 방법을 택하는 능숙한 독자가 되어야 함.

• **주제** 독서 상황에 따라 적절한 독서 방법을 선택해야 함.

• **문단별 중심 내용**
1 문단: 독서 과정에 따라 이루어지는 활동
2 문단: 독서 상황을 이루는 요인
3 문단: 독서 상황에 따라 달라지는 독서 방법
4 문단: 꾸준한 독서를 통한 능숙한 독자로의 성장

1 글의 전개 방식 파악하기

근거 있는 정답 풀이

② 독서의 방법을 '소리 유무, 읽기 속도, 읽는 범위'를 기준으로 나눈 뒤 각각의 독서 방법을 설명하고, 사용하기에 알맞은 상황을 제시하고 있다. 따라서 윗글은 독서의 방법을 분류하여 효과적인 독서 활동에 대한 이해를 돕고 있다고 할 수 있다. → 3문단

근거 있는 오답 풀이

① 독서 상황의 요인으로 독자 요인, 글 요인, 독서 목적 요인을 제시하고 있으나, 이를 설명하기 위한 비유적 표현은 나타나 있지 않다.
→ 2문단

③ 4문단에서 독서가 복잡하고 힘든 정신 활동이라고 했지만, 전문가의 견해를 인용한 부분은 나타나 있지 않다. → 4문단

④ 독서의 상황에 따라 독서 방법이 달라질 수 있다고 설명하고 있을 뿐, 좋은 독서 습관과 나쁜 독서 습관에 대해서는 다루고 있지 않다.
→ 3문단

⑤ 읽은 후의 활동에서 읽은 내용을 내면화한다고 설명하고 있으나, 내면화하는 구체적인 방법은 제시하고 있지 않다. → 1문단

2 숨어 있는 내용 찾기

근거 있는 정답 풀이

⑤ 읽는 중 활동에는 읽기 전 예측한 내용이 맞는지 확인하고, 글의 구조를 파악하는 것이 포함된다고 설명하고 있다. 책의 본문에 경제 발전 과정이 순서대로 제시되어 있다는 것은 글의 구조를 파악하는 활동으로 볼 수 있으므로 ⑤가 읽는 중 활동에 해당한다. → 1문단

근거 있는 오답 풀이

① 포유류의 특징을 찾으며 읽었는지를 중심으로 자신의 읽기 과정의 적절성을 점검하고 있으므로 읽은 후 활동에 해당한다. → 1문단

② 글을 읽기 전에 책 제목을 통해 글에 나올 내용을 예측해 보는 것이므로, 읽기 전 활동에 해당한다. → 1문단

③ 학습 과제를 해결해야 한다며 읽는 목적을 확인하고 있으므로, 읽기 전 활동에 해당한다. → 1문단

④ 수업 시간에 배운 인류의 역사를 떠올리는 것은 배경지식을 떠올리는 것으로, 배경지식을 바탕으로 책의 내용을 예측하고 있으므로, 읽기 전 활동에 해당한다. → 1문단

3 적용하기

근거 있는 정답 풀이

② 자신의 읽기 과정이 적절했는지 확인하는 것은 읽은 후 활동에 해당한다. 하지만 〈보기〉에는 읽은 후에 취한 행동이나, 자신의 읽기 과정이 적절했는지를 확인하는 모습은 나타나 있지 않다. → 1문단

근거 있는 오답 풀이

① 〈보기〉에서 자료를 찾기 위한 독서를 주로 한다고 한 내용을 통해, 지식과 정보의 획득을 목적으로 하는 독서가 주로 이루어지고 있음을 알 수 있다. → 2문단

③ 〈보기〉에서 필요한 부분을 찾아 읽는다고 하였는데, 3문단에 따르면 필요한 부분만 선택하여 특정 정보를 찾는 독서 방법은 발췌독이다. 따라서 상황에 따라 발췌독이 이루어지고 있음을 알 수 있다.
→ 3문단

④ 윗글에서 도서관 같은 곳에서 개인이 혼자 글을 읽을 때는 대체로 묵독이 사용된다고 설명하고 있다. 〈보기〉에서 작가는 도서관에서 책을 찾으므로, 묵독의 방법을 활용한다고 볼 수 있다. → 3문단

⑤ 〈보기〉에서 작가는 시간 절약을 위해 지하철이나 버스 안에서 꼭 책을 읽는다고 하였으므로, 대중교통을 이용할 때 책을 읽는 것은 작가의 독서 습관이라고 할 수 있다. → 2문단

어휘 공략하기   본문 52~53쪽

1 (1) 가 발췌독 세 발휘 (2) 가 선택 세 선인 (3) 가 과정 세 정보
2 (1) 헤아려 (2) 얄팍하게 (3) 혈안
3 (1) 대화로써 (2) 부모로서
4 (1) 제어 (2) 요인 (3) 상술 (4) 체화

07강 실전1 글을 잘 읽기 위한 방법 `국어` 본문 54~55쪽

정답 » 1 ⑤ 2 ② 3 ④

수능이 쉬워지는 지문 키워드

☑ 개념을 설명한 글

이 글은 글을 잘 읽기 위해서는 글쓴이의 생각을 제대로 이해하고, 글쓴이의 의도와 목적을 파악하며, 배경지식과 경험을 활용해야 함을 설명하는 글이다.

글을 잘 읽기 위한 방법

① 글쓴이의 생각 이해하기
② 글쓴이의 의도나 목적 파악하기
③ 자신의 배경지식과 경험을 바탕으로 글에 숨겨진 내용 추측하기, 글쓴이의 생각 비판하기, 대안 제시 하기

• 주제 자신에게 필요한 정보를 정확하게 파악하기 위해 글을 잘 읽는 방법을 알아야 함.

• 문단별 중심 내용
1문단: 글을 잘 읽기 위해서는 글쓴이와 읽는 이에 주목해야 함.
2문단: 글을 잘 읽기 위한 방법 ① – 글쓴이의 생각을 제대로 이해해야 함.
3문단: 글을 잘 읽기 위한 방법 ② – 글쓴이의 의도나 목적을 파악해야 함.
4문단: 글을 잘 읽기 위한 방법 ③ – 읽는 이가 자신의 배경지식과 경험을 적극적으로 활용해야 함.
5문단: 글을 잘 읽는 방법을 알아야 하는 이유를 제시함.

1 글의 중심 내용 파악하기

근거 있는 정답 풀이

⑤ ㉠은 '읽기'의 의미를 '글쓴이와 읽는 이의 생각과 느낌의 만남'이라고 표현한 말이다. 1문단에서 글을 잘 읽으려면 읽는 이는 글쓴이의 생각을 파악하는 동시에 자신의 생각과 느낌을 적극적으로 활용해야 한다고 했으므로, ㉠은 읽는 이가 자신의 생각과 느낌을 활용하여 글쓴이의 생각을 파악하는 것이 읽기임을 강조한 말로 볼 수 있다. → 1문단

근거 있는 오답 풀이

① 4문단에서 읽는 이가 자신의 배경지식을 활용하면 글을 더 잘 읽을 수 있다고 설명하고 있다. 즉 읽는 이의 배경지식 활용이 중요하다는 것일 뿐, 읽는 이가 글쓴이에 대한 배경지식을 미리 쌓아야 한다고 설명하고 있지는 않으며, 읽는 이가 글쓴이에 대한 배경지식을 미리 쌓아야 한다는 것은 ㉠과도 관련이 없다. → 4문단

② 글쓴이가 글을 쓰기 전에 읽는 이와 대화를 나누어야 한다는 설명은 윗글에 나타나 있지 않다.

③ 3문단에서 읽는 이는 글쓴이의 의도나 목적을 파악해야 한다고 설명하고 있지만, 읽는 이가 글쓴이를 직접 찾아가 글쓴이의 생각을 알아내야 한다고 설명하고 있지는 않다. → 3문단

④ 글쓴이가 자신의 생각을 쉽게 풀어서 읽는 이의 이해를 도와야 한다는 설명은 윗글에 나타나 있지 않다.

문제 해결 비법

글에서 한 어구에 밑줄을 치고, 그 어구의 의미를 묻는 문제는 문맥을 제대로 파악하고 있는지를 묻는 것이에요. 윗글에서처럼 글의 첫 부분에 밑줄이 그어져 있고 기호가 붙은 것이 있는 경우에는 그에 해당하는 문제와 선지를 먼저 읽고 나서 뒷부분의 글을 읽어 나가면 문제를 푸는 시간을 줄여 나갈 수 있어요.

2 글의 구조 파악하기

근거 있는 정답 풀이

② 1문단에서 글을 잘 읽기 위해서는 '글쓴이'와 '읽는 이'에 주목해야 한다고 말하며 글을 시작하고, 2~4문단에 걸쳐 글을 잘 읽기 위한 방법을 세 가지로 나누어 제시하고 있다. 그리고 마지막 5문단에서 글을 잘 읽는 방법을 왜 알고 적용해야 하는지에 관해 설명하며 글을 마무리하고 있다. 따라서 글의 구조도는 1문단이 가장 위에, 5문단이 가장 마지막에 위치하고, 2~4문단이 같은 위치에 놓여 있는 ②가 가장 적절하다.

문제 해결 비법

글의 구조도를 파악할 때에는 먼저 글의 주제를 제대로 파악하는 것이 중요해요. 주제를 중심으로 각 문단의 중심 내용이 주제와 어떤 관계를 맺고 있는지를 파악해야 문단의 구조도를 그려 나갈 수 있기 때문이에요.

3 적용하기

근거 있는 정답 풀이

④ 주장하는 글을 읽을 때에는 그 속에 담긴 정보와 의도를 파악하고 이를 비판적으로 받아들여야 한다. 글쓴이가 전달하고자 하는 가치를 파악하고 감동을 느끼면서 읽는 것은 소설, 시와 같은 정서적인 글을 읽을 때 필요한 방법이다. → 3문단

근거 있는 오답 풀이

① 글을 깊이 있게 이해하기 위해서는 글에 제시된 정보를 단순히 수용하기보다는 자신의 지식과 경험에 비추어 숨겨진 내용이나 생략된 내용을 예측하며 적극적으로 읽어야 한다. → 4문단

② 설득적 성격이 강한 광고문은 그 속에 담긴 정보와 의도를 파악하고, 이를 비판적으로 받아들이며 읽어 나가야 한다. → 3문단

③ 글을 잘 읽기 위해서는 글쓴이의 생각을 제대로 이해해야 한다. 글쓴이의 생각을 제대로 이해하려면 우선 글을 구성하는 단어와 문장의 뜻을 파악해야 한다. 따라서 글을 잘 읽기 위해서는 글을 읽다가 모르는 단어가 있으면 사전을 찾아봐야 한다. → 2문단

⑤ 글을 잘 읽기 위해서는 글쓴이의 생각을 제대로 이해해야 하는데, 글에 비유적인 표현이 쓰였을 경우 그것이 나타내려는 본래의 뜻을 파악해야 글쓴이의 생각을 제대로 이해할 수 있다. → 2문단

지문 키워드 ☑상관관계를 보여 주는 글

이 글은 다양한 읽기 요소 간의 상호작용을 설명하고 발달 정도와 읽기 능력 간의 상관관계에 관해 제시하는 글이다. 읽기 요소를 잘 갖춘 독자가 점점 더 글을 잘 읽게 된다는 연구 결과를 매튜 효과로 설명하기도 하는데, 이러한 관점이 개인이 가진 읽기 요소들이 글을 잘 읽도록 하는 데에 중요한 역할을 한다는 사실을 인식하게 만들기도 했음을 설명하고 있다.

읽기 능력
→ 글자를 읽을 수 있는 능력, 요약할 수 있는 능력, 추론할 수 있는 능력, 어휘력, 읽기 흥미나 동기 등의 요소가 필요함.
① '매튜 효과'를 바탕으로 읽기 능력을 이해하는 입장: 읽기 요소를 잘 갖춘 독자는 점점 더 잘 읽게 되어 그렇지 않은 독자와의 차이가 커짐. ② '매튜 효과'로만 읽기 능력을 설명할 수는 없다는 입장: 개인마다 읽기 요소와 관련된 인지·정서의 발달 속도, 시기가 다르고, 읽기 요소들이 서로 영향을 미침.

↓

단순히 지능 차이에 따라 읽기 능력이 달라지는 것이 아니라, 개인이 가진 다양한 읽기 요소들이 읽기 능력에 영향을 줌.

• **주제** 글 읽기 능력에 영향을 주는 읽기 요소와 매튜 효과

• **문단별 중심 내용**

1 문단: 글을 읽을 때 필요한 요소를 설명함.
2 문단: 학년이 올라감에 따라 어휘력이 높은 학생과 낮은 학생의 차이가 커짐.
3 문단: 읽기 능력에 차이가 발생하는 것을 매튜 효과로 설명함.
4 문단: 매튜 효과로만 글을 읽는 능력을 설명하는 것에는 한계가 있음.
5 문단: 매튜 효과를 통해 읽기 요소의 중요성을 인식하게 됨.

1 글의 중심 내용 파악하기

근거 있는 정답 풀이

① [A]에서는 어휘력 발달이 읽기 능력에 영향을 미친다는 것을 설명하고 있다. 어휘력 발달에 관한 연구들에 따르면 어휘력이 높은 학생일수록 많은 양의 글을 읽고 이에 따라 어휘력이 더 늘면서 읽기 능력이 향상되는 반면, 어휘력이 낮은 학생일수록 글을 적게 읽고 어휘력 또한 늘지 않게 되면서 읽기 능력이 상대적으로 덜 향상된다고 설명하고 있다. 따라서 ⓐ에 들어갈 내용으로 가장 적절한 것은 ①이다.
→ 2문단

근거 있는 오답 풀이

③ 1, 3문단에서 글을 읽는 동기에 관해 이야기하고 있기는 하지만, [A]에

서는 어휘력을 중심으로 읽기 능력의 차이에 대해 설명하고 있다.
→ 1, 2, 3문단

⑤ 1문단에서 읽기 흥미가 글을 읽을 때 필요한 요소임을 밝히고 있을 뿐, [A]에서는 읽기 흥미에 관해 이야기하고 있지 않다. → 1, 2문단

2 글의 전개 방식 파악하기

근거 있는 정답 풀이

② 4문단에서는 '예를 들면'이라고 하면서 읽기 흥미와 동기에서 차이를 보이는 A와 B에 대한 설명을 예로 들고 있다. 또 '가령'이라고 하면서 요약하기, 추론하기 능력이 부족한 독자의 예를 들고 있다. 즉 매튜 효과로만 읽기 능력을 설명하는 데 문제가 있음을 예시를 통해 독자가 쉽게 이해할 수 있도록 한 것이다.

3 비판하기

근거 있는 정답 풀이

③ 3문단에서 매튜 효과는 사회적 명성이 높거나 재산이 많을수록 그로 인해 더 많이 가지게 되고, 그 결과 그렇지 않은 사람과의 차이가 점점 커지는 현상을 일컫는다고 설명하고 있다. 그리고 매튜 효과처럼 읽기 능력 역시, 읽기 요소를 잘 갖춘 독자가 시간이 지날수록 글을 더 잘 읽게 된다고 설명하고 있다. 따라서 ③은 읽기 능력을 매튜 효과로 설명하는 견해에 해당하는 근거이지, ㉠을 뒷받침하는 근거가 아니다.

근거 있는 오답 풀이

① 매튜 효과로 읽기 능력을 설명하는 시각에서는 읽기 요소를 잘 갖춘 독자가 그렇지 않은 독자보다 계속해서 읽기 능력이 뛰어날 것이라고 본다. 하지만 4문단의 내용을 참고할 때, 읽기 흥미와 동기의 발달 속도는 개인마다 달라서 꾸준한 읽기 활동으로 읽기 능력의 차이를 좁힐 수 있음을 알 수 있다. 따라서 ①은 매튜 효과로만 글을 읽는 능력을 설명하는 것은 문제가 있다는 ㉠의 근거로 적절하다.

② 4문단에서는 요약할 수 있는 능력 등이 부족한 독자라도 읽기 흥미나 동기가 높으면 꾸준한 읽기 활동을 통해 읽기 능력을 발달시킬 수 있다고 설명하고 있다. 그리고 이처럼 읽기 요소들은 서로 영향을 미치기 때문에 매튜 효과와 다른 결과를 낳기도 한다고 설명하고 있으므로, ②는 ㉠의 근거로 적절하다.

④ 4문단의 A와 B의 예를 통해 저학년 때 읽기에 흥미를 느낀다고 고학년까지 그 흥미가 유지된다고 볼 수는 없다는 것을 추론할 수 있다. 이는 읽기 요소를 잘 갖춘 독자가 그렇지 않은 독자보다 항상 읽기 능력이 우수할 것이라고 보는 입장(글 읽기 능력을 매튜 효과로 설명하려는 입장)을 반박하는 근거로 사용할 수 있으므로, ④는 ㉠의 근거로 적절하다.

⑤ 4문단에서 요약할 수 있는 능력, 추론할 수 있는 능력이 부족하더라도 읽기 흥미나 동기가 높은 독자는 꾸준한 읽기 활동을 통해 읽기 능력을 발달시킬 수 있다고 설명하고 있으므로, ⑤는 ㉠의 근거로 적절하다.

어휘 공략하기 본문 58~59쪽

1 (1) 대안 (2) 인지 (3) 공동체 (4) 어휘력
2 (1) ㉠ (2) ㉡ (3) ㉢
3 (1) 실력 (2) 분류
4 비치어 → 비추어

초상화의 다양한 기법 미술 본문 60~61쪽

정답 » 1 ③ 2 ① 3 ④

수능이 쉬워지는
지문 키워드 ☑ 분류를 활용한 글

이 글은 초상화의 기법을 측면상, 정면상, 부분 측면상 등으로 분류하고, 동양과 서양의 초상화 기법을 인간이 지닌 두 개의 대표 이미지와 관련지어 설명하는 글이다.

초상화의 다양한 기법

측면상	– '프로필'이라고도 불림. – 사람의 측면을 묘사함. – 서양에서 많이 그려짐.
정면상	동양에서 주로 그려짐.
부분 측면상	인간이 지닌 두 개의 이미지 면을 나타내기 위해 동서양에서 모두 발달함.

• 주제 대표 이미지에 따른 초상화 기법의 차이

• 문단별 중심 내용
1 문단: 프로필 초상화의 개념 및 동양 초상화와 서양 초상화의 차이점
2 문단: '대표 이미지'의 개념
3 문단: 인간이 지닌 두 개의 '대표 이미지'
4 문단: 진화적 관점에서 바라본 인간의 '대표 이미지'
5 문단: 인간의 두 개의 이미지를 표현하는 부분 측면상과 혼합 형식

1 글의 중심 내용 파악하기

근거 있는 정답 풀이
③ 인간이 네 발로 지상을 돌아다닐 때에는 측면이 대표적 이미지였으나, 직립 보행을 하게 되면서 정면의 이미지가 측면 이미지와 함께 대표적 이미지가 되었다. → 4문단

근거 있는 오답 풀이
① 프로필 초상화는 사람의 측면을 묘사함으로써 인물의 핵심적인 특징을 뽑아낸 그림을 가리킨다. 이는 서양에서 중세 말부터 르네상스 무렵에 많이 그려졌다. 우리나라를 비롯한 동양에서는 대상의 인품과 특징을 압축적으로 나타내기에는 정면상이 더 적합하다고 여겨 프로필 초상화는 거의 그려지지 않았다. → 1문단
② 프로필 초상화는 사람의 측면을 묘사함으로써 인물의 핵심적인 특징을 뽑아낸 그림이라고 설명하고 있으므로 적절하다. → 1문단
④ 윗글에는 동양과 서양에서 측면과 정면을 한꺼번에 나타내는 부분 측면상이 발달했다는 설명이 제시되어 있다. 부분 측면상은 사람을 완전히 옆에서 보는 것이 아니라 비스듬히 옆에서 보는 것인데 이러한 부분 측면상은 정면과 측면의 특징을 모두 드러낼 수 있는 초상화이므로 ④는 적절하다. → 5문단
⑤ 윗글에서는 말과 물고기를 그릴 때 일반적으로 사람들은 옆에서 본 이미지를 가장 먼저 떠올리고, 도마뱀은 위에서 본 이미지를 떠올릴

것이라고 설명하며, 이는 우리 머릿속에 각인된 대표 이미지에서 비롯되는 것이라고 설명하고 있다. → 2문단

2 숨어 있는 내용 찾기

근거 있는 정답 풀이
① ⑤은 귀족 '네바문'을 그린 그림이다. 3문단에서 '네바문'의 그림은 얼굴과 다리는 측면에서 본 모습을, 가슴과 눈은 정면에서 본 모습을 그린 것이라고 했으므로, ①이 가장 적절하다.

근거 있는 오답 풀이
② ⑤은 얼굴은 측면, 가슴은 정면에서 본 모습을 그린 것인데, ②는 얼굴은 정면, 가슴은 측면을 본 모습을 그렸기 때문에 적절하지 않다.
③ ⑤은 얼굴과 다리를 측면에서 본 모습을 그린 것인데, ③은 얼굴과 다리가 정면을 향하고 있으므로 적절하지 않다.
④ ⑤은 얼굴과 다리는 측면, 가슴은 정면을 그린 것인데, ④는 얼굴은 부분 측면, 가슴은 측면, 다리는 정면을 향하고 있어 적절하지 않다.
⑤ ⑤은 얼굴과 다리는 측면, 가슴은 정면을 그린 것인데, ⑤는 다리와 가슴이 부분 측면에서 바라본 시점으로 그려져 있어 적절하지 않다.

문제 해결 비법
글에 제시된 내용을 이미지로 바꾸어 떠올릴 수 있는지를 묻는 문제예요. 각 선지에 제시된 그림들 간에는 어떤 차이가 있는지를 살펴본 후, 선지 하나하나를 글의 내용에 대입하며 확인해 나가야 해요.

3 적용하기

근거 있는 정답 풀이
④ 2문단을 고려하면 대표 이미지란 어떤 것을 떠올렸을 때 가장 먼저 떠오르는 것을 의미한다. 자동차의 문짝과 창문, 그리고 바퀴, 트렁크 등 자동차를 구성하는 요소를 가장 많이 담고 있는 측면의 모습이 아이들에게는 자동차의 대표 이미지이기 때문에, 아이들은 자동차를 그릴 때 자동차의 측면을 주로 그리게 된다고 볼 수 있다.

근거 있는 오답 풀이
⑤ 이 글에서 인류의 진화 과정에 대한 설명은 4문단에 나타나 있다. 인간이 네 발로 지상을 돌아다니다가 진화를 하여 직립 보행을 하게 되면서 측면과 정면의 이미지를 동시에 대표 이미지로 가지게 되었다는 것이다. 인간이 사물의 측면을 더 잘 관찰한다는 설명은 이 글에 나타나 있지 않으므로 ⑤의 설명은 적절하지 않다.

문제 해결 비법
이 문제는 글의 내용과 관련된 예를 〈보기〉에 세시한 경우에 해당해요. 이러한 문제는 글의 내용을 세부적으로 잘 이해했는지 묻는 경우가 많기 때문에, 선지에 해당하는 내용을 포함한 문단의 내용을 다시 차근차근 읽어 보며 답을 골라 보는 연습을 해 나가야 해요.

08강 실전2 공공 디자인의 기능

미술 본문 62~63쪽

정답 » 1 ④ 2 ⑤ 3 ④

수능이 쉬워지는 지문 키워드

☑ 개념을 설명한 글

이 글은 공공 디자인의 개념을 설명하고, 공공 디자인에 대한 사람들의 만족도를 높이는 방법을 제시함으로써 사회 구성원들에게 만족감을 줄 수 있는 공공 디자인에 관심을 가져야 한다는 글쓴이의 주장을 담은 글이다.

공공 디자인: 우리 주변의 공공 시설물을 디자인하는 행위나 그 결과물	
고려해야 할 점	– 실용적 기능 – 미적 기능 – 안정성 – 정서적 기능
예	– 솔라 트리: 실용적 기능 + 미적 기능 – 옐로 카펫: 미적 기능 + 안정성 – 연돌 탑: 실용적 기능 + 정서적 기능

- 주제 공공 디자인의 개념과 기능
- 문단별 중심 내용
  1 문단: 공공 디자인의 개념과 공공 디자인에 대한 사람들의 만족도를 높이는 방법
  2 문단: 실용적 기능과 미적 기능이 균형을 이룬 솔라 트리
  3 문단: 안전성과 미적 기능을 갖춘 옐로 카펫
  4 문단: 실용적 기능에 정서적 기능을 더한 연돌 탑
  5 문단: 공공 디자인에 대한 관심 강조

1 글의 중심 내용 파악하기

근거 있는 정답 풀이

④ 공공 디자인은 우리 주변의 공공 시설물을 디자인하는 행위나 그 결과물을 의미한다. 공공 시설물을 디자인할 때 실용적 기능, 미적 기능, 정서적 기능과 함께 안전성도 함께 고려해야 하지만, 안전성을 높이는 행위 자체가 공공 디자인을 뜻하는 것은 아니다. → 1문단

근거 있는 오답 풀이

① 많은 사회 구성원들에게 만족감을 줄 수 있는 공공 디자인이 지금보다 우리 주변에 더 많아질 수 있도록 관심을 가지고 주변을 둘러보는 자세를 갖추어야 한다고 강조하고 있다. → 5문단

② 3문단에서 옐로 카펫이 노란색과 만화 캐릭터를 활용하고 있으며 아이들의 교통사고를 예방하기 위해 설치된 공공 디자인임을 소개하면서, 이는 미적 기능과 안전성까지 더한 좋은 공공 디자인의 사례라고 설명하고 있다. → 3문단

③ 4문단에서 소개한 전주 연돌 탑은 밥을 짓는 사람의 사랑이 담긴 밥상을 상징적으로 표현한 것이라고 설명하며 공공 디자인에 인간미를 더하면 사람들에게 정서적 안정을 주는 좋은 디자인이 된다고 이야기하고 있다. 이에 사람의 마음을 편안하게 해 주는 공공 디자인이 존

재한다는 설명은 적절하다. → 4문단

⑤ 1문단에서 공공 디자인에 대한 시민들의 만족도를 높이기 위한 방법으로 실용적 기능과 미적 기능의 균형은 물론, 안전성이나 정서적 기능까지 고려해야 한다고 설명하고 있다. 5문단에서도 공공 디자인은 실용적 기능과 미적 기능이 균형을 이루고, 안전성이나 정서적 기능까지 더해질 때 사람들에게 더 큰 만족감을 줄 수 있다고 설명하고 있으므로 공공 디자인에 대한 사람들의 만족도를 높이기 위해서는 여러 기능을 고려해야 한다는 설명은 적절하다.

2 글의 구조 파악하기

근거 있는 정답 풀이

⑤ 1문단은 공공 디자인의 개념과 공공 디자인의 만족도를 높이기 위해 고려해야 하는 점들을 이야기하며 글을 시작하고 있다. 2~4문단에서는 공공 디자인이 갖추어야 하는 기능을 지닌 구체적인 예를 각각 제시하고 있으므로 2~4문단은 같은 위치에 있어야 한다. 5문단은 기능을 제대로 갖춘 공공 디자인에 대한 관심을 강조하며 마무리하고 있다. 따라서 윗글은 ⑤와 같은 구조를 지닌다고 정리할 수 있다.

3 적용하기

근거 있는 정답 풀이

④ 시각 자료를 통해 '옐로 카펫'은 눈에 잘 띄는 노란색을 사용하여 아이들이 길을 건너기 전에 대기할 공간을 표시해 둔 공공 디자인임을 확인할 수 있다.

근거 있는 오답 풀이

① '솔라 트리'는 태양열을 이용한 나무 모양의 가로등으로, 실용적 기능에 자연의 아름다움을 더해 사람들로 하여금 만족감과 편안함을 느끼게 하는 공공 디자인의 예에 해당한다. 즉 '솔라 트리'는 주변을 밝히는 실용적 기능을 하면서 나무 모양을 하여 자연의 아름다움을 느끼게 하여 미적 기능도 하는 것이지 실용적 기능보다 미적 기능을 강조한 공공 디자인인 것은 아니다.

② '솔라 트리' 시각 자료를 제시하여 독자들이 '솔라 트리'의 생김새에 대해 살펴볼 수 있게 하는 것일 뿐, 태양열을 통해 가로등에 불이 들어오게 하는 원리를 확인할 수 있는 것은 아니다.

③ '솔라 트리'는 실용적 기능에 자연의 아름다움을 더해 사람들에게 만족감과 편안함을 느끼게 하는 것이지, 자연에서 느낄 수 없는 아름다움을 표현한 공공 디자인은 아니다.

⑤ '옐로 카펫' 시각 자료를 통해 운전자들의 눈에 잘 보이는 노란색이 쓰였음을 확인할 수 있을 뿐이지, 운전자들이 횡단보도라는 공간에 친숙함을 느껴야 교통사고를 예방할 수 있음이 나타나 있는 것은 아니다. 참고로 '옐로 카펫'에 만화 캐릭터를 그려 넣기도 하는데, 이는 아이들이 옐로 카펫을 친숙한 공간으로 느끼게 하는 효과가 있다.

어휘 공략하기

본문 64~65쪽

1 ⑰: ② 지상 ③ 초상화 ⑥ 도마뱀 ⑱: ① 이미지 ④ 벽화 ⑤ 빈도
2 비스듬이 → 비스듬히
3 (1) ④ (2) ④ (3) ⑰
4 (1) 각인 (2) 편의 (3) 보행 (4) 안전성

정답 » 1 ① 2 ② 3 ③

지문 키워드 ☑ 개념을 설명한 글

이 글은 고대 사람들이 아름답다고 여긴 것, 즉 미의 개념을 설명하고, 고대 사람들이 지닌 미에 대한 생각이 오늘날의 건축물에도 영향을 미쳤음을 제시하는 글이다.

고대의 미 개념	
철학자 아우구스티누스	미에는 형태가 있고, 형태에는 비례가 있으며, 비례에는 수가 있다고 함.
건축가 비트루비우스	건축물은 모든 부분들 사이의 높이와 폭 간에 적절한 비례가 이루어져 있어야 하며, 균형의 모든 요구 조건을 충족시켜야만 미를 이룰 수 있다고 주장함.
예술가 레오나르도 다빈치	비트루비우스에게 영향을 받아 인체의 비례를 연구함. 원과 사각형을 활용하여 인체의 비례를 연구하며 인간의 몸을 수학적으로 측정하여 「비트루비우스 원리에 따른 인간 연구」를 그림.

• **주제** 고대 사람들의 미에 대한 개념
• **문단별 중심 내용**
 1문단: '아름다움'을 정의하는 일의 어려움
 2문단: 적절한 비례와 균형이 '미'를 이룬다고 본 고대의 인물들
 3문단: 다빈치의 작품에 나타난 미
 4문단: 오늘날의 미 개념에 영향을 미친 고대의 건축물

1 글의 중심 내용 파악하기

근거 있는 정답 풀이

① 2문단에서 아름다움에 대한 아우구스티누스의 생각을 제시하고 있을 뿐, 그가 만든 건축물에 대해서는 언급하지 않았다. 한편 4문단에서 그리스의 신전들은 아름다운 질서와 조화를 갖춘 건축물로, 오늘날에도 이를 본떠 만든 건축물이 많다는 설명이 제시되어 있다. → 2문단

근거 있는 오답 풀이

② 아우구스티누스는 '미(美)만이 즐거움을 주며, 미에는 형태가 있고, 형태에는 비례가 있으며, 비례에는 수가 있다.'라고 말한 인물로, 그의 이러한 생각은 오랜 시간 이어져 내려오며 많은 사람들에게 영향을 미쳤다. 따라서 ②의 설명은 적절하다. → 2문단

③ 윗글에는 아름다움에 대한 정의는 시대와 지역 등에 따라 달라지고, 사람마다 아름다움이란 무엇인지 묻는 질문에 다 다른 대답을 할 것이라는 설명이 제시되어 있다. 이를 바탕으로 할 때, ③의 설명은 적절하다. → 1문단

④ 윗글에서는 고대에는 전체를 이루는 부분들의 크기와 배열, 질서, 수 등에서 아름다움을 느낄 수 있다고 설명하고 있다. 따라서 ④의 설명

은 적절하다. → 2문단

⑤ 건축가 비트루비우스는 건축물은 모든 부분들 사이의 높이와 폭 간에 적절한 비례가 이루어져 있어야 미를 이룰 수 있다고 이야기한 인물이므로 ⑤의 설명은 적절하다. → 2문단

2 글의 전개 방식 파악하기

근거 있는 정답 풀이

② 1문단에서 '고대에는 어떤 것을 아름답다고 여겼을까?'와 같은 질문의 형식을 활용하여 고대 사람들이 생각한 아름다움에 관해 독자의 관심을 끌고 있다.

근거 있는 오답 풀이

① 4문단에서 그리스의 신전이 아름다운 비율을 가진 건축물이라고 설명하고 있을 뿐, 현대 건축가의 말을 제시하여 신전을 짓는 어려움을 전달하고 있지는 않다.

③ 레오나르도 다빈치가 그린 작품만 시각 자료로 제시되어 있을 뿐, 레오나르도 다빈치의 작품이 나열되고 있지는 않다.

④ 비트루비우스가 지은 건축물에 대한 그림 자료가 아닌, 레오나르도 다빈치가 그린 작품이 시각 자료로 제시되어 있다.

⑤ 비트루비우스는 건축가로, 2문단에 건축물의 아름다움에 대한 그의 생각이 제시되어 있기는 하지만, 비트루비우스의 건축물과 그리스 신전의 모습을 비교하여 오늘날 건축물의 형태를 설명한 내용은 글에 제시되어 있지 않다.

문제 해결 비법

일반적으로 글의 전개 방식을 묻는 문항에서는, 글에 쓰인 표현과 그 표현이 지닌 효과를 함께 물어요. 글에 사용된 표현을 선지에 제시하면서 그로 인한 효과는 적절하지 않은 것으로 선지를 구성하여 함정 선지를 만들기도 하므로, 이에 유의하며 선지의 내용을 확인하는 것이 중요해요.

3 숨어 있는 내용 찾기

근거 있는 정답 풀이

③ ㉠은 원과 사각형으로 인체의 비례를 연구하면서 인간의 몸을 수학적으로 측정할 수 있다고 여긴 다빈치의 생각이 반영된 그림이다.
→ 3문단

근거 있는 오답 풀이

① ㉠은 아우구스티누스의 의견이 아닌, 비트루비우스의 의견을 고려해 다빈치가 그린 그림이다. → 3문단

② 다빈치는 신 중심의 사상에서 벗어나 인간에게서 아름다운 비율을 찾으려고 시도했다고 설명하고 있으므로 ②는 적절하지 않다. → 4문단

④ 2문단에 따르면 비트루비우스는 사람 몸은 일정한 비율을 가지고 있다고 설명한 인물일 뿐, ㉠을 그리지는 않았다. → 2문단

⑤ 3문단에 따르면 ㉠은 원과 사각형으로 인체의 비례를 표현한 것으로, 부드러운 곡선의 아름다움을 드러낸 그림은 아니다. 또한 부드러운 곡선에 아름다움을 느낀 고대 사람들이 남겨 놓은 기록도 아니다.
→ 3문단

☑개념을 설명한 글

이 글은 판소리를 구성하는 창자, 고수, 청중의 개념을 소개하고, 판소리의 기법에 관해 설명하는 글이다. 판소리에서 '창'과 '아니리'의 반복을 통해 얻을 수 있는 효과가 무엇인지 파악하며 읽어 나간다.

판소리 참여자	창자: 노래 부르는 사람(창: 노래로 부르는 부분, 아니리: 　　 이야기로 풀어 나가는 부분) 고수: 북으로 장단 맞춰 주는 사람 청자: 판소리 공연을 보는 사람(추임새를 넣음.)
판소리 기법	① 긴장과 이완의 반복을 통해 긴 공연 시간을 지루하지 　 않게 만듦. 　– 창자는 '창'을 하며 힘을 쏟아부어 긴장감을 끌어올림. 　– 창자는 '아니리'를 통해 청중의 긴장을 풀어 주고, 자 　 신의 지친 목을 달램. ② 비장과 골계의 반복을 통해 하나의 감정으로 치우치지 　 않도록 함.

• 주제　판소리의 다양한 예술적 기법

• 문단별 중심 내용
1문단: 판소리의 참여자와 그 역할
2문단: '창'과 '아니리'의 반복을 통한 판소리의 긴장과 이완
3문단: '창'과 '아니리'의 반복을 통한 판소리의 비장과 골계
4문단: 판소리의 예술적인 모습

1 글의 중심 내용 파악하기

근거 있는 정답 풀이

⑤ ㉠은 긴장이고, ㉡은 이완이다. 2문단에서 노래를 부르는 부분인 창을 통해 창자는 긴장감을 끌어올린다고 했고, 이야기로 풀어 나가는 부분인 아니리를 통해 청중의 긴장을 풀어 이완을 하게 한다고 했다.

근거 있는 오답 풀이

① '긴장'은 청중의 긴장감을 끌어올리는 것이고, '이완'은 긴장을 풀고 편하게 들을 수 있도록 하는 것이다. 연행자들은 '긴장'과 '이완'의 교체를 반복하며 공연 시간이 긴 판소리 공연을 지루하게 느끼지 않도록 판소리를 구성했던 것이지, '긴장'이 공연 시간이 길어질 때 느껴지고, '이완'은 공연 시간과 관계 없이 느껴지는 것은 아니다.

② 청중은 알맞은 때에 추임새를 넣는 역할을 하는데, 이는 '긴장'과 관련된 장면이나 '이완'과 관련된 장면 모두에서 이루어질 수 있다. 한편 고수가 장단을 맞추는 것이 '긴장'이나 '이완'과 어떤 관련이 있는지는 글에 나타나 있지 않다.

③ 창자가 목을 달래는 것은 '아니리' 부분과, 힘을 쏟는 것은 '창'을 하는 부분과 관련이 있다. 창자가 목을 달래는 것은 '이완'과 관련이 있으며, 힘을 쏟는 것은 '긴장'과 관련이 있으므로 ③은 적절하지 않다.

④ 고수가 북으로 장단을 맞추는 것이 '긴장'이나 '이완'과 어떤 관련이 있는지는 글에 나타나 있지 않다. 한편 청중이 추임새를 넣는 것은 '긴장'과 관련한 장면, '이완'과 관련한 장면 모두에서 가능하므로 ④는 적절하지 않다.

2 숨어 있는 내용 찾기

근거 있는 정답 풀이

⑤ 판소리에서 청중의 역할은 1문단에서 다루고 있는데, 청중이 창자와 고수 사이의 의사소통이 잘 이루어지도록 돕는다고 설명한 부분은 나타나 있지 않다. → 1문단

근거 있는 오답 풀이

④ 판소리에서 부르는 사람과 듣는 사람의 호흡이 매우 중요하다고 설명하고 있으므로, 창자와의 호흡을 바탕으로 판소리를 감상하는 것은 청중의 역할 중 하나로 볼 수 있다. → 1문단

3 비판하기

근거 있는 정답 풀이

④ 3문단에서 판소리의 예술적 감동을 '울리고 웃긴다'라고 표현한다고 했다. 여기에서 '울리고 웃긴다'라는 것은 '비장'과 '골계'의 반복을 통해 청중이 하나의 감정으로만 치우치지 않도록 판소리 공연을 구성한다는 것을 의미한다. 따라서 판소리 공연이 초반과 후반에 특정한 감정을 고정하여 구성해 둔다는 ④의 설명은 적절하지 않다. → 3문단

근거 있는 오답 풀이

① '비장'은 슬픈 이야기를, '골계'는 즐겁고 재미있는 이야기를 의미한다고 볼 수 있다. 이를 '울리고 웃긴다'와 관련지어 이해하면 울리는 것은 '비장'과, 웃기는 것은 '골계'와 관련이 있다고 할 수 있다. → 3문단

② 윗글에서는 주로 비장한 내용(사람들을 울리는 부분)은 창을 통해 표현되고, 골계적인 내용(웃기는 부분)은 아니리를 통해 표현된다고 설명하고 있다. → 3문단

③ 창과 아니리의 반복으로 판소리의 예술적 감동을 느낄 수 있는데, 이 예술적 감동을 '울리고 웃긴다'라고 표현한다고 설명하고 있으므로 ③은 적절하다. → 3문단

⑤ 윗글에서는 판소리 공연이 슬프거나 기쁜 감정 중 한쪽으로만 치우치지 않게 하기 위해 '비장'과 '골계'를 절묘하게 배치한다고 설명하고 있다. '비장'은 울리는 것과, '골계'는 웃기는 것과 관련이 있으므로 ⑤는 적절하다. → 3문단

어휘 공략하기　　본문 70~71쪽

1 (1) 연행 (2) 균형 (3) 이완 (4) 배열
2 (1) 가 고대 세 고급 (2) 가 긴장 세 장단 (3) 가 비장 세 비율
3 (1) × (2) ○ (3) ○
4 (1) 맞추며 (2) 윗부분 (3) 원만한

10 강 실전1 극락전에 사용된 건축 기술 　기술　 본문 72~73쪽

정답 » 1 ⑤　2 ⑤　3 ②

수능이 쉬워지는
지문 키워드
　　　　　　　　　　　　　　　　☑ 개념을 설명한 글

이 글은 봉정사 극락전의 기둥에 사용된 배흘림 형태, 안쏠림 기법 등에 대해 설명하는 글이다. 이를 통해 극락전이 지닌 가치와 아름다운 건축의 의미에 대해 이야기하고 있다.

> **우리나라에서 가장 오래된 목조 건물인 봉정사 '극락전'**

배흘림 형태의 기둥	안쏠림 기법
기둥의 가운데가 불룩한 항아리 모양을 함.	양 끝의 기둥이 약간 안으로 기울어져 있게 함.

↓

> 사람들로 하여금 건물이 안정감 있게 느껴지도록 하는 효과가 있음.

• **주제** 극락전에 사용된 건축 기술과 극락전이 지닌 가치

• **문단별 중심 내용**

1문단: 우리나라에서 가장 오래된 건축물인 봉정사 극락전
2문단: 봉정사에 있는 극락전의 지붕과 기둥의 모양
3문단: 배흘림 형태의 기둥을 활용한 이유
4문단: 봉정사의 극락전 기둥에 사용된 안쏠림 기법
5문단: 아름다운 건축의 참된 의미

1 글의 중심 내용 파악하기

근거 있는 정답 풀이

⑤ 2문단에서는 배흘림 형태의 기둥은 가운데가 불룩하고 위와 아래로 갈수록 점점 가늘어지는 형태라고 설명하고 있다. 또한 배흘림 형태의 기둥은 중간 정도 위치의 지름을 가장 크게 하고 기둥머리와 기둥뿌리로 갈수록 지름을 줄인 항아리 모양이라고 설명하고 있다. ⑤에 제시된 그림은 기둥의 위와 아래로 갈수록 가늘어지고 가운데가 불룩한 형태로 항아리 모양을 하고 있으므로, 배흘림 형태의 기둥임을 알 수 있다.

근거 있는 오답 풀이

① 2문단에서 배흘림 형태의 기둥은 기둥의 가운데는 불룩하고 위로 갈수록 점점 가늘어지는 형태를 말한다고 했는데, ①은 위로 갈수록 점점 두꺼워지는 형태의 기둥이므로 적절하지 않다.

② ②는 기둥 가운데 지름과 기둥의 위, 아래 지름이 같기 때문에 배흘림 형태의 기둥으로 볼 수 없다.

③ ③은 아래로 갈수록 점점 두꺼워지는 형태의 기둥이므로 배흘림 형태의 기둥으로 볼 수 없다.

④ ④는 기둥의 가운데가 잘록하게 들어간 것으로, 기둥의 가운데가 불룩한 배흘림 형태의 기둥으로 볼 수 없다.

2 글의 중심 내용 파악하기

근거 있는 정답 풀이

⑤ 4문단에서 그리스 파르테논 신전의 양측 모서리 기둥의 머리 부분이 안쪽으로 기운 것과, 안쏠림 기법이 적용된 극락전의 기둥 부분이 닮았다고 설명하고 있다. 따라서 ㉣은 극락전뿐 아니라, 그리스 파르테논 신전에서도 나타나는 건축 기술이므로 ㉣이 우리나라만의 독특한 건축 기술이라는 설명은 적절하지 않다. → 4문단

근거 있는 오답 풀이

① 봉정사 극락전의 지붕은 맞배지붕의 형태로 지어졌고, 기둥은 배흘림의 형태를 하고 있다. 따라서 ㉠(맞배지붕)과 ㉡(배흘림 형태의 기둥)은 봉정사의 극락전에서 찾아볼 수 있다. → 2문단

② 윗글에서 파르테논 신전에도 가운데가 불룩하고 위와 아래로 갈수록 점점 가늘어지는 형태의 기둥이 있다고 설명하고 있다. 따라서 파르테논 신전에 ㉡(배흘림 형태의 기둥)과 비슷한 기둥이 있다는 설명은 적절하다. → 2문단

③ 윗글에서 봉정사의 극락전에 있는 배흘림 형태의 기둥과 비슷한 기둥 모양을 서양에서는 엔타시스라고 부른다고 설명하고 있다. 따라서 서양에서 ㉡(배흘림 형태의 기둥)을 ㉢(엔타시스)이라고 부른다는 설명은 적절하다. → 2문단

④ 윗글에서 배흘림 형태의 기둥이 착시 현상과 관련이 있다고 하면서 기둥의 가운데 부분을 약간 불룩하게 만듦으로써 사람 눈으로 보기에 기둥과 건물이 안정감 있는 모양새를 갖고 있다고 느끼게 만든다고 설명하고 있다. 안쏠림 기법 또한 사람들에게 안정감을 느끼게 하기 위해 양 끝의 기둥을 약간 안쪽으로 기울인 것이라 설명하고 있다. 따라서 ㉡(배흘림 형태의 기둥)과 ㉣(안쏠림 기법)은 모두 건축물이 안정감 있게 보이도록 만들어 준다는 설명은 적절하다. → 3, 4문단

3 적용하기

근거 있는 정답 풀이

② 2문단에서 극락전의 지붕은 맞배지붕으로, '사람 인(人)' 자 모양을 닮았다고 언급하였으나, 맞배지붕의 건축 원리나 과학적 근거에 대해서는 이야기하지 않았다. 따라서 ⓑ는 윗글을 읽은 독자의 반응으로 적절하지 않다.

근거 있는 오답 풀이

①, ③ 3문단과 4문단에서 극락전의 기둥에 사용된 배흘림 형태와 안쏠림 기법이 사람들에게 안정감과 편안함을 느끼게 한다고 설명하고 있으므로, ⓐ와 ⓒ는 적절하다.

④ 2문단과 4문단에서 각각 봉정사의 극락전에 사용된 건축 기술로 배흘림 형태의 기둥과 안쏠림 기법을 이야기하며 이 기술을 그리스 파르테논 신전에서도 발견할 수 있다고 설명하고 있으므로 ⓓ는 적절하다.

⑤ 5문단에서 글쓴이는 진정으로 아름다운 건축이란 우리에게 마음의 평온을 가져다주는 것이라고 하고 있으므로 ⓔ는 적절하다.

지문 키워드   ☑ 분류를 활용한 글

이 글은 영화 속 조명의 종류를 성격, 방향, 광원이라는 세 가지 기준으로 분류하여, 영화 속에서 사용되는 조명의 종류와 그 역할에 관해 설명하고 있는 글이다.

영화 속 조명의 종류를 나누는 기준

성격

– 경조광: 뚜렷한 경계가 있는 그림자, 뻣뻣한 질감 등을 만들어 냄.
– 연조광: 윤곽과 질감을 부드럽게 표현함.

방향

– 정면 조명: 그림자 제거에 사용됨.
– 측면 조명: 인물의 모습을 선명하게 드러냄.
– 후면 조명: 피사체의 형태를 강조함.
– 하부 조명: 형태를 사실과 달라 보이게 함.

광원

– 주광: 영상 속의 지배적인 밝기와 그림자를 만듦.
– 보조광: 그림자를 부드럽게 하거나 제거함.

• 주제 영화 속 조명의 종류와 그 역할
• 문단별 중심 내용
1문단: 영화 속 조명의 역할
2문단: 조명의 성격에 따른 조명의 종류와 역할
3문단: 조명의 방향에 따른 조명의 종류와 역할
4문단: 광원에 따른 조명의 종류와 역할
5문단: 영화 촬영 시 다양한 기능을 하는 조명

1 글의 전개 방식 파악하기

근거 있는 정답 풀이

④ 2문단에서 영화 속 조명을 성격, 방향, 광원에 따라 나누어 설명할 수 있다고 한 후, '먼저', '둘째', '셋째'와 같은 표지를 사용하여 이 세 가지 기준을 나열하고, 각 기준에 따른 조명의 종류와 역할에 관해 설명하고 있다.

문제 해결 비법

글에 사용된 전개 방식을 파악할 때에는, 글에 어떤 표현이 사용되었는지를 잘 살펴보아야 해요. '예를 들어', '첫째, 둘째', '~의 말에 따르면' 등과 같은 표현에 주목하여 글쓴이가 어떤 표현 전략을 활용하여 글을 전개해 나가는지를 파악해야 해요.

2 숨어 있는 내용 찾기

근거 있는 정답 풀이

⑤ 인물의 그림자를 만드는 것은 주광이며, 주광이 만들어 낸 그림자를 없애거나 부드럽게 만드는 것은 보조광이 하는 역할이라고 했다. 따라서 인물의 그림자를 부드럽게 만들고 싶다면 주광보다 보조광을 사용해야 한다. → 4문단

근거 있는 오답 풀이

④ 매우 약한 빛인 연조광은 빛을 분산시켜 윤곽과 질감을 부드럽게 만드는 역할을 한다. 또한 구름에 덮인 햇빛은 연조광에 해당한다고 설명하고 있다. 따라서 새벽에 안개가 껴서 사물이나 배경이 흐릿하게 보이게 하기 위해서는 강한 빛인 경조광보다 연조광을 사용하는 것이 적절하다. → 2문단

3 적용하기

근거 있는 정답 풀이

① 〈보기〉에 따르면 하이키는 코미디 장르의 영화처럼 즐거운 영화를 만들 때 쓰이는 조명 스타일로, 하이키를 사용하면 눈에 띄는 그림자가 거의 없는 것이 특징이라고 설명하고 있다. 이에 코미디 영화 속에는 그림자가 잘 나타나지 않는다는 것을 추측할 수 있다. 그런데 보조광은 주광으로 인해 생긴 그림자를 부드럽게 하거나 제거하는 역할을 하기 때문에 코미디 영화를 할 때에는 주광과 함께 보조광이 필요하다고 볼 수 있다. → 4문단

근거 있는 오답 풀이

② 조명의 성격, 방향, 광원 등에 따라 조명의 종류를 설명하고 있다. 다양한 조명이 하는 역할도 다 다른데, 이는 모두 조명의 스타일에 영향을 미친다고 볼 수 있다. 예를 들어 조명의 방향이 밑에서부터 나오는 하부 조명은 공포감을 불러일으킬 수 있다는 점에서 〈보기〉의 로키와 비슷한 스타일의 조명이라고 할 수 있다. → 2문단

③ 눈에 띄는 그림자가 거의 없고 주로 즐거운 영화를 만들 때 사용하는 하이키와 매우 밝은 빛인 경조광은 영화 속의 밝은 분위기를 잘 표현할 수 있다고 볼 수 있다. → 2문단

④ 〈보기〉에서 로키는 미스터리, 스릴러 영화 등에서 어둡고 무서운 분위기를 만들 때 쓴다고 하였다. 3문단에서는 하부 조명이 공포심을 유발하기에 적절한 조명이라고 설명하고 있으므로 로키와 하부 조명을 적절히 섞어 쓰면 관객들에게 큰 공포감을 줄 수 있다고 볼 수 있다. → 3문단

⑤ 5문단에서 조명은 우울하고 어두운 분위기, 유쾌하고 낭만적인 분위기를 만들며 영화 속에서 다양한 기능을 하고 있다고 설명하고 있다. 이를 바탕으로 〈보기〉를 이해할 때 하이키와 로키는 각각 조명을 활용해 즐거운 분위기를, 로키는 어둡고 무서운 분위기를 만든다고 할 수 있다. → 5문단

어휘 공략하기
본문 76~77쪽

1 (1) 편안 (2) 테두리
2 (1) ㉡ (2) ㉠ (3) ㉢
3 만듦으로써 → 만듦으로써
4 (1) 기법 (2) 질감 (3) 착시 (4) 선호

11강 실전1 과시 소비와 모방 소비 〔사회〕 본문 80~81쪽

정답 » 1 ④ 2 ⑤ 3 ⑤

수능이 쉬워지는 지문 키워드

☑ 관점을 제시하는 글

이 글은 사람들이 과시 소비를 하려는 이유를 소비를 통한 과시욕을 드러내려는 인간의 본능적 욕구와 관련하여 설명하는 글이다. 과시 소비는 이를 따라 하려는 모방 소비를 부추기며, 과시 소비와 모방 소비는 개인의 건강한 정체성 형성과 사회의 건전한 문화 형성에 도움이 되지 않는다는 점에서 문제가 된다는 의견을 드러내고 있다.

```
              과시 소비
          ┌──────┴──────┐
   과시 소비의 이유      과시 소비의 문제점
```

과시 소비의 이유	과시 소비의 문제점
자신의 능력과 존재 가치를 돈을 통해 과시하려는 인간의 지배 본능 때문에 발생함.	모방 소비를 부추기고, 개인의 건강한 정체성 형성에 도움이 되지 않으며 사회의 건전한 문화 형성에 해를 끼침.

• 주제 과시 소비의 이유와 문제점
• 문단별 중심 내용
 1문단: 과거부터 있어 온 과시 소비
 2문단: 돈을 과시하는 형태로 드러나는 오늘날의 지배 본능
 3문단: 과시 소비를 따라 하는 모방 소비의 문제점
 4문단: 개인과 사회에 바람직하지 않은 영향을 끼치는 과시 소비와 모방 소비

1 글의 전개 방식 파악하기

근거 있는 정답 풀이

④ 3문단에서 모방 소비의 개념을 설명하고, 과시 소비와 모방 소비의 관계에 관해 제시하고 있을 뿐, 구체적 사례를 통해 모방 소비의 긍정적인 면을 보여 주고 있지는 않다. → 3문단

근거 있는 오답 풀이

① 3문단에 따르면 모방 소비는 자신에게 꼭 필요하지는 않지만 남들이 하니까 나도 무작정 따라 하는 식의 소비를 뜻한다. 따라서 윗글은 모방 소비의 개념을 설명하고 있다. → 3문단

② 1문단에는 조선 시대에 중국에서 건너온 고가의 서화와 골동품, 벼루와 연적 같은 물건 등을 소유하고자 했던 서화·골동품 수집 문화가 있었다는 설명이 나타나 있다. 이 문화를 과거에 행해진 과시 소비의 예로 제시하고 있다. → 1문단

③ 3문단에서는 과시 소비를 부러워하고 모방하려는 사람들이 늘어나 사회적으로 문제가 될 수 있다고 설명하고 있다. 이어 4문단에서는 사회에서 밀려나고 싶지 않은 욕망으로 인해 정작 중요한 문제를 무시하고 오로지 소비를 통한 경쟁에만 몰두하는 모습은 개인의 건강한 정체성 형성에 도움이 되지 않고, 사회의 건전한 문화 형성에 해를

끼친다고 이야기하고 있다. 따라서 윗글은 과시 소비로 인해 발생할 수 있는 문제를 이야기하고 있다고 할 수 있다. → 3, 4문단

⑤ 2문단에서 경제학자 베블런이 "사람이란 무엇인가 자기 것을 만들고 창조하려는 본능이 있고, 그런 다음에는 남의 것을 빼앗고 지배하려는 본능이 있다."라는 이야기를 했음을 밝히고 있다. 이는 사람들이 과시 소비를 하려는 이유에 해당하므로, 전문가의 말을 인용하여 과시 소비가 생긴 이유를 설명하고 있다는 설명은 적절하다. → 2문단

2 숨어 있는 내용 찾기

근거 있는 정답 풀이

⑤ 1문단에서는 조선 시대의 '㉠ 서화·골동품 수집 문화'를 이야기함으로써 과시 소비가 현대에만 존재하는 것이 아니라, 조선 시대와 같은 옛날에도 존재했음을 보여 주고 있다. 이는 소비를 통해 과시하려는 욕망이 인간의 본능적인 욕구이며 과거부터 존재해 왔음을 강조하기 위한 것이라고 볼 수 있다.

3 관점 비교하기

근거 있는 정답 풀이

⑤ 윗글에서는 '지배 본능'이라는 인간의 본능적 욕망과 관련하여 사람들이 과시 소비를 하는 이유를 설명하고 있다. 한편 〈보기〉는 타인과 비교를 부추기는 분위기의 사회일수록 과시 소비 경향을 강하게 만든다고 설명하고 있다. 따라서 윗글은 인간의 본능과 욕망을 바탕으로, 〈보기〉는 사회가 지닌 특성을 바탕으로 과시 소비에 관해 설명하고 있다고 할 수 있다. → 2문단

근거 있는 오답 풀이

① 윗글은 과시 소비를 하는 사람들을 모방하려는 사람들이 늘어나는 현상을 부정적으로 표현하고 있다. 또한 과시 소비는 사회의 건전한 문화 형성에 해를 끼친다면서 과시 소비가 사회에 미치는 부정적 영향을 이야기하고 있다. 〈보기〉는 타인과의 비교를 부추기는 사회일수록 과시적 소비 경향도 강하다고 설명한다는 점에서 개인의 소비 형태와 사회가 관련이 있다는 시각을 드러낸다고 볼 수 있다. → 4문단

② 윗글은 과시 소비가 개인이 건강한 정체성 형성과 건전한 사회 문화 형성에 해를 끼친다고 설명하고 있다. 〈보기〉 또한 사람들의 행복감과 삶의 만족도가 낮아진다고 설명하며 과시 소비 경향이 강한 사회의 문제점을 지적하고 있으므로 ②는 적절하지 않다. → 4문단

③ 윗글의 4문단에는 과시 소비가 개인과 사회에 해를 끼친다는 설명이 나타나 있다. 이는 과시 소비의 부정적 결과에 해당한다. 〈보기〉에는 과시 소비를 하는 사회에서 사람들이 비교적 행복하지 않다고 설명하고 있다. 따라서 윗글과 〈보기〉 모두 과시 소비의 부정적 측면을 이야기하고 있으므로, ③은 적절하지 않다. → 4문단

④ 윗글은 과시 소비가 사회의 건전한 문화 형성에 해를 끼친다고 말하고 있고, 〈보기〉는 남과 비교하는 상황이나 과시 소비 성향이 강한 사회 분위기에 많이 노출될수록 행복감 등이 부정적 영향을 받는다고 설명하고 있다. 따라서 ④의 설명은 적절하지 않다. → 4문단

11강 실전2 로봇의 권리 인정

사회 · 본문 82~83쪽

정답 » 1 ① 2 ⑤ 3 ⑤

☑ 관점을 제시하는 글

이 글은 로봇의 권리 인정과 관련된 글쓴이의 주장을 담은 글이다. 글쓴이는 미래에는 로봇의 권리를 인정하고 살아갈 수도 있다는 전망을 제시하고 있다.

로봇의 권리 인정과 관련된 요소

스스로 의사를 결정하는 능력	다른 대상과 교류하고, 어떤 것을 욕망하는 능력
인간과 같은 자유 의지나 합리성을 갖춰야 함.	인간처럼 로봇도 다른 대상과 정서적 교류를 하거나 권력 등에 욕심을 낼 수 있어야 함.

• 주제 로봇의 권리 인정 문제와 전망

• 문단별 중심 내용
1 문단: 인공 지능의 창작물에 대한 저작권 인정 문제
2 문단: 로봇이 권리를 인정받기 위해 갖추어야 하는 요소 ① – 스스로 의사를 결정하는 능력
3 문단: 로봇이 권리를 인정받기 위해 갖추어야 하는 요소 ② – 정서적으로 다른 대상과 교류하고 어떤 것을 욕망할 수 있는 능력
4 문단: 로봇의 권리 인정을 방해하는 인간의 자기중심적 사고
5 문단: 로봇의 권리 인정에 대한 전망

1 글의 중심 내용 파악하기

근거 있는 정답 풀이

① 4문단에서 로봇이 인간의 능력과 외모를 갖추었어도 인간의 자기중심적 사고로 인해 인간이 로봇에게 거부감을 느낀다고 했을 뿐, 로봇의 겉모습이 인간과 비슷하다는 이유로 인간이 로봇에게 거부감을 느끼는지에 대해서는 설명하고 있지 않다. → 4문단

근거 있는 오답 풀이

② 1문단에서 오비어스라는 이름의 인공 지능이 자신이 그린 에드몽 드 벨라미의 초상화에 대한 저작권을 주장할 수 있을지에 대해서 그럴 수 없다고 설명하고 있으므로 ②는 적절하다. → 1문단

③ 2문단에서 로봇이 인간과 동등한 법적 권리를 갖기 위해서는 인간이 지니고 있는 속성을 가져야 한다고 설명하고 있다. 그중 가장 필수적으로 갖추어야 하는 것은 스스로 의사를 결정할 수 있는 능력이라고 이야기하고 있으므로 ③은 적절하다. → 2문단

④ 4문단의 로봇은 생명체가 아니기에 권리를 얻을 수 없다는 생각, 인공 지능과 로봇이 아무리 발전해도 결국 '인간다운 척'을 하는 프로그램일 뿐이라는 사람들의 생각의 바탕에는 낯선 다른 존재에 대한 거부감이 있다는 설명을 참고할 때, 인간의 자기중심적 사고는 로봇의 권리 인정에 부정적인 영향을 미친다고 볼 수 있다. → 4문단

⑤ 5문단에 따르면 예술 작품의 창작과 같이 인간만이 할 수 있다고 여겨졌던 일들도 로봇이 조금씩 실현해 나가는 세상으로 변화하고 있다. 따라서 ⑤는 적절하다. → 5문단

2 숨어 있는 내용 찾기

근거 있는 정답 풀이

⑤ ㉠의 바로 다음 부분에서 로봇은 권리가 인정되지 않는다면서 인간이 아니기 때문에 로봇은 영원히 권리를 인정받지 못하는 것이냐고 질문을 하였다. 이어지는 2문단에서는 로봇이 인간과 동등한 법적 권리를 갖기 위해서는 로봇도 인간이 지닌 속성을 가져야 한다고 했다. 이와 같은 문맥을 고려하면 ㉠에는 로봇이 인간과 동등한 법적 권리를 갖고 있지 않기 때문이라는 내용이 들어가야 한다.

근거 있는 오답 풀이

① 윗글에서는 로봇이 인간과 동등한 권리를 인정받지 못하고 있는 상황, 로봇이 인간과 동등한 권리를 인정받기 위한 조건 등을 설명하고 있다. 이는 로봇과 인간이 동등하지 않은 현실을 바탕으로 하고 있으므로 ①은 적절하지 않다.

② 오비어스는 인공 지능이 적용된 로봇이라고 할 수 있다. 2문단에 따르면 현재 인공 지능이 적용된 로봇은 제한된 범위 내에서 인간의 판단을 보조할 뿐이다. 따라서 오비어스가 스스로 저작권을 포기하는 결정을 할 수는 없다고 보아야 하므로 ②는 적절하지 않다.

3 적용하기

근거 있는 정답 풀이

⑤ 4문단에서 글쓴이는 인간의 자기중심적 사고가 로봇이 권리를 획득하는 데 방해가 된다고 주장하고 있다. 인간이 지닌 자기중심적 사고는 자신에게 낯설거나 자신과 다른 존재에 대한 거부감을 바탕으로 하는 것으로, 로봇의 권리를 인정하고자 할 때 방해가 되는 요소이다. 따라서 글쓴이는 로봇에 대해 부정적으로 평가하는 〈보기〉의 주장에 대해 ⑤와 같이 반응할 수 있다. → 4문단

근거 있는 오답 풀이

① 윗글에서는 로봇의 권리에 관해 설명하고, 인간만이 할 수 있다고 여겨졌던 일들을 로봇이 실현해 나가고 있다고 설명할 뿐, 로봇이 인간에게 도움을 주는 것과 관련해서는 설명하고 있지 않다. → 5문단

③ 윗글의 글쓴이는 인간처럼 로봇이 스스로 의사를 결정하고 다른 대상과 정서적으로 교류하며 무언가를 욕망할 수 있다면 미래에 로봇의 권리를 인정해야 할 수도 있다는 시각을 드러내고 있다. 따라서 ③은 적절하지 않다. → 5문단

어휘 공략하기

본문 84~85쪽

1 (1) 가 방해 세 모방 (2) 가 저작권 세 권리 (3) 가 무시 세 과시
2 (1) ㉣ (2) ㉢ (3) ㉮
3 (1) 측면 (2) 정체성 (3) 우월
4 (1) 읽는 데 (2) 아닌데

12강 실전 1

학급 내 괴롭힘의 원인과 해결 사회 본문 86~87쪽

정답 » 1 ⑤ 2 ⑤ 3 ①

지문 키워드

☑ 관점을 제시하는 글

이 글은 '가해자 – 피해자 모델'과 '가해자 – 피해자 – 방관자 모델'을 통해 학급 내 괴롭힘의 상황이 발생하는 근본적인 원인에 대해 설명하는 글이다. 학급 내 괴롭힘의 상황을 해결하기 위해서는 방관자가 괴롭힘을 당하는 학생들을 도울 수 있도록 학급 환경을 바꿀 것을 제안하고 있다.

학급 내 괴롭힘 해결 방안

가해자 – 피해자 모델	가해 학생은 선도하고, 피해 학생은 치유 프로그램에 참여하도록 함.
가해자 – 피해자 – 방관자 모델	– 방관하는 행동이 학급 내 괴롭힘을 계속되게 하는 근본적 원인임. – 방관자가 적극적으로 문제에 개입할 수 있도록 학급의 환경을 바꾸어야 함.

• 주제 학급 내 괴롭힘 상황의 원인과 해결 방안

• 문단별 중심 내용

1문단: 학급 내 괴롭힘 상황을 설명하는 '가해자–피해자 모델'

2문단: '가해자–피해자–방관자 모델'의 개념

3문단: 학급 내 괴롭힘 상황을 설명하는 '가해자–피해자–방관자 모델'

4문단: '가해자–피해자–방관자 모델'에서 제안하는 문제 해결 방법

1 글의 중심 내용 파악하기

근거 있는 정답 풀이

⑤ 학급 내 괴롭힘의 상황이 발생했을 때, 학급의 모든 구성원이 이 상황의 심각성을 느끼도록 하는 것이 문제 해결의 한 방법이 될 수 있다고 보는 것은 '가해자 – 피해자 – 방관자 모델'이다. '가해자 – 피해자 모델'은 학급 구성원 모두가 아닌, 가해 학생과 피해 학생에 대한 개인적인 처방을 중심으로 한다. → 1, 4문단

근거 있는 오답 풀이

① 윗글에서는 실제 학급 내 괴롭힘의 상황에는 가해 학생과 피해 학생만 있는 것이 아니라 주변에서 이 상황을 보고도 아무 말도 하지 않거나 모르는 척하는 방관자가 존재한다고 설명하고 있다. → 2문단

② '가해자 – 피해자 – 방관자 모델'에서는 학급 내에서 발생한 괴롭힘의 상황을 회피하는 주변 학생들의 태도가 가해자를 돕는 것이나 마찬가지라고 본다. → 3문단

③ '가해자 – 피해자 – 방관자 모델'에서는 괴롭힘을 방관하는 행동이 그 상황을 계속되게 하는 근본적인 원인이라고 생각한다. 방관자 역시 가해자와 마찬가지로 괴롭힘이 발생한 상황에 책임이 있다고 본다. → 4문단

④ '가해자 – 피해자 모델'에서는 학급 내 괴롭힘을 학생 개인 사이에서

벌어지는 문제로 보기 때문에 괴롭힘의 원인을 학생들의 개인적인 특성으로 파악한다. → 1문단

2 글의 중심 내용 파악하기

근거 있는 정답 풀이

⑤ 3문단의 내용을 고려하면 '가해자 – 피해자 – 방관자 모델'에서는 학급에서 학생들 사이에 괴롭힘이 지속되는 이유를 방관자가 아무런 개입도 하지 않기 때문이라고 본다. 또한 4문단에서 '가해자 – 피해자 – 방관자 모델'에서는 방관자가 괴롭힘을 당하는 학생들을 도울 수 있도록 학급의 환경을 바꾸는 것이 문제의 해결 방안이라고 하였다. 이를 종합하여 볼 때, '가해자 – 피해자 – 방관자 모델'에서 제안하는 학급 내 괴롭힘 상황의 문제 해결 방안으로 적절한 것은 ⑤이다.
→ 3, 4문단

근거 있는 오답 풀이

① 1문단에 따르면 가해 학생을 선도하는 식의 개인적인 처방이 중심이 되는 모델은 '가해자 – 피해자 모델'이다. → 1문단

② 1문단에 따르면 피해 학생을 치유 프로그램에 참여하도록 하는 개인적인 처방이 중심이 되는 모델은 '가해자 – 피해자 모델'이다. → 1문단

③ 4문단에 따르면 '가해자 – 피해자 – 방관자 모델'이 상황을 방관하는 학생을 가해 학생들을 처벌하듯이 처벌하자고 주장하는 것은 아니다. 따라서 이 모델에서는 학급 내 괴롭힘 상황을 방관하는 학생들에게 교내 봉사 활동과 같은 처벌을 하지는 않는다고 보아야 한다. → 4문단

④ 윗글에서는 '가해자 – 피해자 모델', '가해자 – 피해자 – 방관자 모델'을 바탕으로 학급 내 괴롭힘에 관해 설명하고 있는데, 학교에 경찰관을 두어야 한다는 주장은 두 모델 모두에 해당되지 않는다.

문제 해결 비법

이렇게 문제와 해결 방안을 바탕으로 구성된 글의 경우에는 문제에 따른 해결 방안이 무엇인지를 묻는 문제가 자주 출제돼요. 그렇기 때문에 글을 읽어 나가면서 문제와 해결 방안이 나온 부분에는 별표와 같은 나만의 표시를 해 두면 좋아요.

3 글의 구조 파악하기

근거 있는 정답 풀이

① 1문단에서는 '가해자 – 피해자 모델'을 통해 학급 내 괴롭힘의 상황을 설명하고 있다. 2문단에서는 '가해자 – 피해자 – 방관자 모델'을 소개하고, 3문단에서는 '가해자 – 피해자 – 방관자 모델'을 통해 학급 내 괴롭힘 상황을 설명하고 있다. 4문단에서는 '가해자 – 피해자 – 방관자 모델'에서 제안하는 문제 해결 방법을 제시하고 있다. 이러한 내용을 종합해 볼 때, '가해자 – 피해자 – 방관자 모델'에 관해 이야기하는 2~4문단 간의 관계가 긴밀함을 알 수 있으며, 1문단만 '가해자 – 피해자 모델'을 이야기하고 있으므로 윗글의 구조도로 가장 적절한 것은 ①이다.

✔개념을 설명한 글

　이 글은 기업의 사회적 책임의 의미와 구체적인 활동에 대해 설명하는 글이다. 기업의 사회적 책임에 해당하는 활동들을 제시하고 기업이 사회적 책임을 다하기 위해 노력해야 함을 강조하고 있다.

기업이 행하는 사회적 책임 활동	– 투명하고 정당한 경영을 바탕으로 기업을 운영해 나가는 것 – 환경 보호에 힘쓰는 것 – 사회적 약자를 위한 사회 공헌 활동을 하는 것
기업이 사회적 책임 활동을 하는 이유	기업이 소비자들에게 높은 신뢰와 좋은 평판을 얻어 지속적인 발전이 가능하게 됨.

- 주제　사회적 책임을 다하기 위한 기업의 활동

- 문단별 중심 내용
 1문단: 전 재산을 사회에 기부한 한 창업주의 사례
 2문단: 기업의 사회적 책임의 의미
 3문단: 기업의 사회적 책임 활동의 종류
 4문단: 사회적 책임을 다한 기업에 대한 소비자의 긍정적 평가
 5문단: 사회적 책임을 다하기 위한 기업의 노력 당부

1 글의 중심 내용 파악하기

　근거 있는 정답 풀이

⑤ 4문단에서 기업의 사회적 책임에는 법적인 강제력이 있는 것은 아니라고 했다. 따라서 윗글에서 이야기하지 않은 것은 ⑤이다. → 4문단

　근거 있는 오답 풀이

① 2문단에서 기업의 본래 목적은 이윤을 추구하는 생산 활동을 하는 것이라고 밝히고 있으므로 기업 활동의 목적을 제시하고 있다고 할 수 있다. → 2문단

② 2문단에서 기업이 이윤 추구에만 몰두하기보다는 공동체에 대한 책임을 다하는 것을 기업의 사회적 책임이라고 설명하고 있으므로, 기업의 사회적 책임에 대한 개념을 언급하고 있다고 할 수 있다.
→ 2문단

③ 3문단에서 기업의 사회적 책임 활동의 종류에는 기업과 관련된 이들에게 투명하고 정당한 경영을 하고 있음을 보여 주며 기업을 운영해 나가야 하는 책임, 환경 보호에 힘쓰는 일, 사회적 약자를 위한 사회 공헌 활동 등이 있다고 설명하고 있다. → 3문단

④ 1문단과 4문단에서 기업이 사회적 책임 활동을 하면 소비자들은 그 기업에 대해 긍정적으로 인식하고 신뢰감을 갖게 되는데, 이는 매출이 오르는 효과로 이어진다고 설명하고 있다. → 1, 4문단

2 숨어 있는 내용 찾기

　근거 있는 정답 풀이

③ 3문단에서는 기업의 사회적 책임 활동의 종류에 대해 설명하고 있다. 그리고 ㉠의 앞부분에서 사회적 약자에 대한 기업의 사회적 책임 활동을 다루고 있다. 따라서 ㉠에는 사회적 약자를 위한 사회 공헌 활동에 해당하는 예가 들어가야 한다. ④는 기업이 환경 보호에 힘쓰는 일에 해당하는 예이므로 ㉠에 들어갈 내용으로 적절하지 않다.

　근거 있는 오답 풀이

① 스마트폰 사용 방법을 잘 알지 못하는 노인을 대상으로 그 사용 방법을 교육하는 것은 IT 기업이 사회적 약자인 노인을 위해 사회 공헌 활동을 하는 것으로 볼 수 있다.

② 가난하여 병을 치료하기 위한 약을 사지 못하는 사람들을 위해 한 제약 회사가 치료 약을 무료로 나누어 주는 것은 경제적 약자를 위한 기업의 사회 공헌 활동의 예로 적절하다.

④ 식품 회사가 재단을 설립하여 심장병에 걸린 어린이들의 수술을 지원해 주는 것은 기업이 사회적 약자인 어린 환자들을 위한 사회 공헌 활동을 하는 것이라고 볼 수 있다.

⑤ 자동차 회사가 이동 보조 기구를 만들어 움직임이 불편한 사람들의 외출을 돕는 것은 장애인이나 노인 등의 사회적 약자에게 지원 활동을 하는 것으로, 기업의 사회 공헌 활동으로 볼 수 있다.

3 적용하기

　근거 있는 정답 풀이

④ 〈보기〉는 사회적 책임을 다하는 기업에 대한 소비자의 반응을 묻는 여론 조사 결과로 볼 수 있다. 이 결과에 따르면 기업이 사회적 책임을 다한다는 사실을 알았을 때, 사람들이 취할 행동으로 가장 많이 꼽은 것이 '해당 기업 제품 구매'이다. 이를 통해 기업의 사회적 책임 활동이 물건을 구매하는 소비자에게 긍정적인 영향을 미친다는 것을 알 수 있다.

　근거 있는 오답 풀이

② 윗글의 내용과 〈보기〉의 자료는 모두 기업의 사회적 책임 활동이 소비자들에게 긍정적 영향을 미친다는 것일 뿐, 기업의 사회적 책임 활동이 기업의 생산 비용을 증가시킨다는 내용을 담고 있지는 않다.

③ 〈보기〉의 자료에 따르면 기업이 사회적 책임을 다한다는 것을 알게 되면 해당 기업 제품을 구입하겠다는 사람들의 답변이 가장 많다. 이는 기업의 사회적 책임 활동은 소비자의 구매 욕구를 높이는 데에 영향을 미친다는 것을 보여 준다. 따라서 〈보기〉의 자료를 기업의 사회적 책임 활동이 창업주의 기부 활동으로 이어지는 것을 보여 주는 자료로 활용하겠다는 것은 적절하지 않다.

⑤ 기업의 사회적 책임 활동이 그곳에서 일하는 직원들에게 부담을 준다는 내용은 윗글의 내용과 〈보기〉 모두에서 찾아볼 수 없다.

어휘 공략하기
　　　　　　　　　　　　　　　　　　　本文 90~91쪽

1 (1) 인식하다 (2) 회피하다 (3) 지원하다 (4) 보호하다
2 가: ① 처방 ④ 결정 ⑤ 가해자　세: ② 방관 ③ 긍정 ⑥ 피해자
3 (1) 반성했다 (2) 나누었다 (3) 열중했다
4 (1) 안기다 (2) 물리다

정답 » 1 ① 2 ④ 3 ④

수능이 쉬워지는 지문 키워드

☑ 개념을 설명한 글

이 글은 우리나라 산줄기 체계를 인식하는 두 가지 관점인 산맥 체계에 따라 산줄기 체계를 이해하는 관점과 백두 대간을 중심으로 산줄기 체계를 이해하는 관점을 설명하는 글이다. 글쓴이는 각 관점의 특징을 제시한 후 두 가지를 함께 고려하여 산줄기 체계를 이해할 것을 당부하고 있다.

산줄기 체계를 인식하는 두 관점

산맥 체계에 따른 관점	백두 대간을 중심으로 하는 관점
– 땅 아래의 지질 구조를 기준으로 산줄기를 나타냄.	– 산등성이의 연속성을 기준으로 산줄기를 나타냄.
– 국제적인 관행에 부합하고 산맥 형성의 원인을 파악하기 쉬워 지질학적 연구에 적절함.	– 하천, 산줄기 등의 파악이 쉬워 산지 이용 계획과 생태계 보호 계획을 세울 때 편리함.

↓

두 관점을 모두 고려하여 산줄기 체계를 이해해야 함.

• **주제** 우리나라 산줄기 체계를 이해하는 관점

• **문단별 중심 내용**

1문단: 우리나라 산줄기 체계에 관한 두 관점 소개

2문단: 산맥 체계에 따라 산줄기를 인식하는 관점의 특징

3문단: 백두 대간을 중심으로 산줄기를 인식하는 관점의 특징

4문단: 두 가지 관점을 함께 고려한 산줄기 체계의 이해의 필요성

1 글의 전개 방식 파악하기

근거 있는 정답 풀이

① ㄱ. 1문단에서는 산맥 체계에 따라 산줄기를 인식하는 방법과 백두 대간을 중심으로 산줄기를 인식하는 방법을 제시하고, 2~3문단에서는 각각의 특징을 설명하고 있다. 이어서 4문단에서는 두 관점이 지닌 장점을 각각 설명하고 있다. 이를 통해 산줄기 체계를 인식하는 두 방법을 비교하여 설명하고 있다는 것을 확인할 수 있다.

ㄴ. 1문단에서는 우리나라 산줄기 체계 연구는 산맥 체계를 중심으로 이루어졌으나, 1980년대에 『산경표』가 발견되면서 백두 대간을 중심으로 인식하자는 의견이 제기되었다고 설명하고 있다. 이를 통해 윗글은 우리나라 산줄기 체계 연구의 역사를 바탕으로 글을 시작하고 있음을 알 수 있다.

근거 있는 오답 풀이

ㄷ. 산맥 체계에 따른 관점이 반영된 지도가 100년 이상 사용되고 있다는 설명이 나타나 있다. 산맥 체계에 따른 관점이 오랜 시간 사용되어 왔음을 나타내 주는 수치가 제시되어 있다고 볼 수도 있지만, 이를 통해 산줄기 체계 인식 방법의 타당성을 확인하고 있는 것은 아니다.

ㄹ. 산줄기 체계를 인식하는 두 가지 관점(산맥 체계에 따른 관점, 백두 대간을 중심으로 하는 관점)의 특징과 장점을 설명하고 있을 뿐, 기존의 산줄기 체계 연구를 비판하거나 새로운 연구가 필요함을 제시하고 있지는 않다.

2 글의 중심 내용 파악하기

근거 있는 정답 풀이

④ 4문단에 따르면 국제 사회에서 오래전부터 사용한 산줄기를 인식하는 관점에 해당하는 것은 산맥 체계에 따른 관점(㉠)이다. 백두 대간을 중심으로 하는 관점(㉡)은 1980년대에 조선 후기의 자료가 발견되면서 나온 관점이다. → 4문단

근거 있는 오답 풀이

① ㉠은 산줄기를 '산맥'으로 부르고, 산의 인접성과 지질 구조를 강조하여 강이 사이에 있더라도 하나의 산맥으로 본다. → 2문단

⑤ 4문단에 따르면 ㉠은 산맥 형성의 원인을 파악하기 쉽고, ㉡은 지표 상에 나타난 산천의 모양과 방향을 기초로 하기 때문에 산줄기 등을 파악하기 쉬워 산지 이용 계획과 생태계 보호 계획을 세울 때 편리하다. 이는 두 가지 관점이 지닌 각각의 장점으로, 글쓴이는 이러한 장점을 가진 두 가지 관점을 모두 고려하여 우리의 산줄기 체계를 이해해야 한다고 이야기한다. → 4문단

3 적용하기

근거 있는 정답 풀이

④ 4문단에 따르면 백두 대간을 중심으로 산줄기를 인식하는 관점은 하천, 산줄기 등을 파악하기 쉬워 산지 이용 계획과 생태계 보호 계획을 세우는 데 편리하다. 〈보기〉는 생태계 회복을 위한 생태 지도의 작성을 강조하고 있으므로, 백두 대간을 중심으로 산줄기를 파악하는 관점으로 만든 지도가 〈보기〉에서 말한 생태 지도로 활용될 수 있다.

→ 4문단

근거 있는 오답 풀이

① 윗글에서는 산맥 체계로 산줄기를 인식하는 것이 지질학적 연구에 적절하다고 설명하고 있을 뿐, 산맥 체계로 산줄기를 나타낸 지도가 생태계 연구에 효율적이라는 설명은 나타나 있지 않다. 생태계 보호 계획을 세울 때 편리한 것이 백두 대간을 중심으로 하는 관점이라는 점에서 오히려 생태계 연구에 효율적인 것은 백두 대간을 중심으로 하는 관점이라고 보아야 한다. → 4문단

② 백두 대간을 중심으로 산줄기를 인식하는 관점의 장점(산지 이용 계획과 생태계 보호 계획을 세울 때 편리함.)만 제시되어 있을 뿐, 단점은 나타나 있지 않다. → 4문단

③ 윗글에는 산맥 체계에 따라 만든 산줄기 지도가 오랜 시간 동안 우리나라에서 사용되었다고 설명할 뿐, 산맥 체계에 따라 만든 산줄기 지도가 생태 연구에 미치는 부정적인 영향을 이야기한 부분은 나타나 있지 않다. → 2문단

⑤ 글쓴이는 두 관점을 모두 고려하여 우리의 산줄기 체계를 이해해야 한다고 주장하고 있으므로 ⑤는 적절하지 않다. → 4문단

수능이 쉬워지는 지문 키워드
☑ 관점을 제시하는 글

이 글은 대중 매체의 영웅 이야기에 시청자들이 열광하는 이유에 대한 글쓴이의 주장을 나타낸 글이다. 대중들은 대중 매체 속 연예인, 유명인 등에게서 영웅의 이미지를 발견하고 이를 자신과 동일시하면서 대리 만족을 느끼며, 영웅 이야기에 열광한다는 글쓴이의 관점을 드러내고 있다.

영웅 이야기의 공통적인 구조

평범하지 않은 출생 → 고난과 방황 → 조력자와의 만남 및 뛰어난 능력 발휘 → 일상으로의 복귀

↓

대중 매체 속 영웅 이야기에 열광하는 대중의 심리

대중은 매체 속 영웅들과 자신을 동일시하며 대리 만족을 느끼고 현실의 어려움에서 벗어나고 싶어 함. 오디션 쇼에 대한 시청자들의 열광을 그 예로 들 수 있음.

• 주제　영웅 이야기에 열광하는 대중의 심리
• 문단별 중심 내용
　1 문단: 대중 매체 속 영웅 이미지가 대중에게 미치는 영향
　2 문단: 영웅 이야기의 기본 구조
　3 문단: 영웅 이야기를 통해 대리 만족을 느끼는 시청자
　4 문단: 세대와 국적을 넘어 대중의 관심을 받는 영웅 이야기

1 숨어 있는 내용 찾기

근거 있는 정답 풀이

③ 4문단에서 영웅 이야기 구조는 삶의 다양한 문제를 해결하고 싶어 하는 대중의 심리와 맞물리면서 세대와 국적을 넘어 대중의 관심을 끈다고 설명하고 있다. 따라서 현실 문제에서 벗어나고 싶은 심리로 인해 사람들이 영웅 이야기에 주목하게 된다는 설명은 적절하다.
→ 4문단

근거 있는 오답 풀이

① 윗글에서는 동서양을 통틀어 영웅 이야기(영웅 신화)는 큰 틀에서 비슷한 이야기 구조를 바탕으로 한다고 설명하고 있다. → 2문단
② 시청자들은 대중 매체 속에서 영웅이 되는 사람들의 이야기에 대리 만족을 느끼고 이를 자신에게 투영하기도 한다고 설명하고 있다. 하지만 시청자들이 대중 매체 속 영웅을 통해 자신의 한계를 깨닫는다는 설명은 나타나 있지 않다. → 3문단
④ 리얼리티 프로그램에 출연하는 일반인을 보며 대리 만족을 느낀다고 설명하고 있을 뿐, 리얼리티 프로그램에 출연하는 일반인이 지닌 단점이 시청자들을 불편하게 만든다는 설명은 나타나 있지 않다. → 3문단
⑤ 1문단에서 유명인 중에 영웅으로 인식되어 사람들이 공경하는 대상이

되는 사람이 있다고 설명하고, 대중은 대중 매체의 영웅 이야기 구조 속에서 감정의 동일화를 경험하며 시청자로서 즐거움을 느낀다고 설명하고 있다. 대중 매체에서 영웅 역할을 맡은 배우가 영웅과의 동일화를 통해 대리 만족을 느낀다는 설명은 나타나 있지 않다. → 1문단

2 글의 중심 내용 파악하기

근거 있는 정답 풀이

② 윗글에서는 오디션 쇼의 시청자가 출연자의 경쟁과 도전의 과정을 보며 대리 만족을 느끼고 영웅의 이야기에 자신을 투영한다고 설명하고 있다. 즉 시청자는 자신을 출연자와 동일시한다고 볼 수 있으므로 시청자가 출연자를 자신의 경쟁자로 여기게 된다는 설명은 적절하지 않다. → 3문단

근거 있는 오답 풀이

① ㉠은 일반인을 대상으로 하여 경쟁과 도전의 과정을 보여 주는 리얼리티 프로그램이다. → 3문단
③ ㉠의 출연자는 방송 출연과 대중의 관심을 받는 것에 성취감을 느끼게 된다고 설명하고 있다. → 3문단
④ ㉠은 일반인을 대상으로 하여 경쟁과 도전의 과정을 보여 주는 리얼리티 프로그램 장르이다. 따라서 출연자는 ㉠을 통해 경쟁과 도전을 하며 특별한 일상을 경험하게 된다. → 3문단
⑤ ㉠의 출연자들이 경쟁과 도전을 하는 과정을 지켜보는 시청자들은 그 과정에서 대리 만족을 느끼고 영웅의 이야기를 자신에게 투영한다.
→ 3문단

3 적용하기

근거 있는 정답 풀이

① [A]에 따르면 일반적인 영웅 이야기 구조에서는 영웅이 조력자를 만나 뛰어난 능력을 갖추게 된다고 설명하고 있다. 그러나 〈보기〉의 '활빈당'은 홍길동이 만든 무리일 뿐, 홍길동이 조력자를 만나 만든 것은 아니다.

근거 있는 오답 풀이

⑤ [A]에서는 영웅 이야기 구조가 영웅이 일상적인 삶에서 비현실적인 세계로 떠나고, 위기를 이겨 낸 승리자가 되어 신비로운 모험에서 얻은 힘을 가지로 현실 세계로 돌아오는 과정으로 요약이 된다고 설명하고 있다. 이를 참고로 할 때, 임금에게 잡힌 길동이 도술을 써서 탈출하여 율도국이라는 나라를 만들어 그곳의 왕이 되는 것은 위기를 이겨 내고 승리자가 된 영웅의 모습을 보여 주는 것이라 할 수 있다.

어휘 공략하기
본문 96~97쪽

1 (1) 교차하다 (2) 투영하다 (3) 충족하다 (4) 공경하다
2 (1) ㉮ (2) ㉯ (3) ㉰
3 (1) 동일화 (2) 체계 (3) 관행 (4) 인접성
4 (1) 작다 (2) 재화 (3) 맞물려서

14강 실전 1 전자 폐기물 처리의 문제 사회 본문 98~99쪽

정답 » 1 ④ 2 ④ 3 ⑤

☑ 관점을 제시하는 글

이 글은 전자 폐기물의 양은 가파르게 증가하는데 재활용률은 낮은 현실을 언급한 후, 전자 폐기물을 제대로 처리하지 않았을 때 발생하는 문제를 지적하고, 국가·기업·개인 차원에서 이를 해결하기 위해 노력해야 한다고 주장하는 글이다.

전자 폐기물과 관련한 문제

① 전자 폐기물이 제대로 처리되지 않아 발생하는 문제 → 환경 파괴 및 인간의 건강 악화

② 선진국의 전자 폐기물을 개발 도상국에 떠넘기는 문제 → 개발 도상국 사람들의 건강 악화

③ 전자 폐기물의 증가로 발생하는 문제 → 자원 낭비

↓

폐기물을 줄이기 위해 국가, 기업, 개인 차원의 노력이 이루어져야 함.

• **주제** 전자 폐기물 처리의 문제점과 해결 방안
• **문단별 중심 내용**
1 **문단:** 전자 폐기물 문제의 심각성
2 **문단:** 환경과 건강에 나쁜 영향을 미치는 전자 폐기물
3 **문단:** 선진국에서 개발 도상국으로 이동하는 전자 폐기물
4 **문단:** 자원 낭비 문제를 일으키는 전자 폐기물
5 **문단:** 전자 폐기물 처리 문제를 해결하기 위한 방안

1 글의 전개 방식 파악하기

근거 있는 정답 풀이

④ 전자 폐기물로 인해 발생하는 문제를 2~4문단에서 제시하고, 이러한 문제를 해결하기 위한 방안을 5문단에서 국가, 기업, 개인 차원으로 나누어 설명하고 있다. 따라서 윗글은 현실의 문제 상황을 제시하고 이에 대한 해결책을 제시하고 있다고 할 수 있다.

근거 있는 오답 풀이

① 전자 폐기물로 인해 생겨나는 문제점과 이러한 문제를 해결하기 위한 방법에 관해 설명하고 있을 뿐, 첨단 기술의 발전 과정을 시대 순으로 나열하고 있지는 않다.

② 전자 폐기물이 일으키는 문제를 제시하고 그에 대한 해결 방안을 제시하고 있을 뿐, 다양한 이론을 제시하고 각각의 장단점을 언급하고 있지는 않다.

③ 전자 폐기물의 급격한 증가 속에 자원이 낭비되는 상황을 이야기하며 컴퓨터 생산에 사용되는 자원을 예로 들고 있다고 볼 수 있지만, 새롭게 도입하는 기술을 구체적인 예를 들어 소개하고 있지는 않다.

⑤ 글쓴이는 앞으로 전자 폐기물을 줄이려는 노력을 해 나가야 한다는 이야기를 하고 있을 뿐, 과학적인 실험 결과를 근거로 앞으로 일어날 문제를 예측하고 있지는 않다.

2 숨어 있는 내용 찾기

근거 있는 정답 풀이

④ ㉠의 앞부분에서 선진국에서 발생한 전자 폐기물이 가난한 나라로 수출되는 이유로 '개발 도상국의 값싼 노동력과 엄격하지 않은 환경법'을 들고 있다. 이를 통해 선진국이 ㉠과 같이 하는 것은 선진국에서는 노동력이 비싸고 법적 규제가 엄격하여 전자 폐기물의 처리가 쉽지 않기 때문임을 짐작할 수 있다. → 3문단

근거 있는 오답 풀이

① 전자 폐기물에 관한 선진국 국민들의 인식은 글에 나타나 있지 않다.

② 선진국에서 발생한 전자 폐기물을 개발 도상국으로 떠넘기고 있으므로 선진국에서 발생한 전자 폐기물이 가난한 나라로 이동할 수 없다는 설명은 적절하지 않다.

③ 개발 도상국과 선진국의 전자 폐기물 처리 기술에 관해서는 글에서 설명하고 있지 않다.

⑤ 선진국이 전자 폐기물을 개발 도상국으로 떠넘기고 있을 뿐, 전자 폐기물을 효과적으로 처리하는 기술을 개발 도상국에 알려 주고 있는 것은 아니다.

3 숨어 있는 내용 찾기

근거 있는 정답 풀이

⑤ 소비자가 휴대 전화 배터리를 쉽게 교체할 수 있도록 안내서를 제공하는 것은 소비자가 전자 제품을 편하게 사용할 수 있도록 하는 배려이지, 전자 폐기물 처리 문제를 해결하기 위한 기업의 노력으로 볼 수는 없다.

근거 있는 오답 풀이

① 국가가 법적으로 기업이 전자 제품을 재활용하는 방침을 세우도록 만드는 것은 4문단에서 국가가 전자 폐기물에 관한 법을 체계적으로 만들어 기업과 개인이 이를 따르도록 할 필요가 있다고 설명한 것과 관련하여 이해할 수 있다. → 5문단

② 2문단에서는 건전지를 땅에 묻거나 방치하게 되면 중금속이 토양과 물을 오염시킨다고 설명하고 있다. 또한 5문단에서는 개인의 경우 전자 제품을 버리더라도 환경을 오염시키지 않는 방법을 찾아 실천해야 한다고 설명하고 있다. 이를 종합해 볼 때 개인이 폐건전지를 전용 수거함을 통해 처리하여 환경이 오염되지 않도록 하는 것은 적절하다. → 2, 5문단

③ 기업이 전자 제품이 쉽게 고장 나는 이유를 찾아 문제점을 개선하는 것은 4문단에서 언급한 제품의 수명을 연장하려는 기업의 노력과 관련하여 이해할 수 있다. → 5문단

④ 바다에 버려진 어망을 재활용해 만든 소재를 IT 기기의 부품에 적용하는 것은 4문단에서 언급한 기업이 쓰레기를 활용해 새로운 소재를 개발하는 것과 관련하여 이해할 수 있다. → 5문단

지문 키워드

☑ 관점을 제시하는 글

이 글은 지역 축제가 많이 개최되고 있기는 하나 개성이 없고 전문성이 떨어져 대부분 실패하는 현실을 지적하고, 축제의 개성과 전문성을 강화하여 지역 축제를 내실화해야 한다고 주장하는 글이다.

지역 축제가 많이 개최되지만 대부분 실패하는 이유

– 축제의 개성이 없음.
– 축제의 전문성이 떨어짐.

↓

지역 축제를 내실화할 수 있는 방안

– 지역의 특성을 고려한 축제의 개성 강화
– 전문성을 띤 조직을 구성하여 해당 지방 자치 단체만의 경쟁력 있는 축제 운영

• **주제** 지역 축제가 실패하는 이유와 문제 개선 방안
• **문단별 중심 내용**
1 문단: 실패하는 지역 축제가 많은 현실
2 문단: 지역 축제가 실패하는 이유
3 문단: 지역 축제를 살리기 위한 방안
4 문단: 지역 축제를 살리는 일의 중요성 강조

1 글의 중심 내용 파악하기

근거 있는 정답 풀이

② 2문단에서는 축제의 개성이 없는 것과 전문성이 떨어지는 것이 지역 축제가 실패하는 요인이라고 설명하고 있다. 이러한 문제를 해결하기 위해서 지역 축제의 개성을 살리고, 전문성을 지닌 조직을 만들어 지역 축제의 경쟁력을 높여야 한다고 3문단에서 설명하고 있다. 따라서 지역 축제가 성공하기 위해서는 축제의 개성과 전문성을 강화해야 한다는 것이 글쓴이의 견해이다. → 2, 3문단

근거 있는 오답 풀이

① 글쓴이는 지방 자치 단체가 지역 주민과 소통하고 민간 기업과 협력하며 축제를 운영해 나가야 한다고 주장할 뿐, 지방 자치 단체의 참여를 막아야 지역 축제가 성공한다고 이야기하고 있지는 않다. → 3문단

④ 글쓴이는 지역 축제가 지역을 홍보하고 지역 경제를 활성화시키는 수단이 될 수 있다고 설명하고 있다. → 1문단

⑤ 글쓴이는 전담 조직 없이 이벤트 관련 업체에 행사를 맡기는 경우에 관해서 부정적으로 보고 있다. → 2문단

2 비판하기

근거 있는 정답 풀이

③ 윗글에서는 지역 축제가 지역을 홍보하고 지역 경제를 활성화시키는 수단이 될 수 있으며, 지역 축제를 살리는 일이 곧 지역 경제를 살리는 길이 될 수 있다고 이야기하고 있다. 지역 축제가 성공해야 지역의 경제가 살아난다고 하였을 뿐, 경제가 활성화된 지역의 축제가 사람들에게 인기가 많다고 한 것은 아니므로, ③과 같은 질문을 떠올리는 것은 적절하지 않다. → 1, 4문단

근거 있는 오답 풀이

① 대부분의 지역 축제가 전담하는 조직이 없이 기획되어 전문성이 떨어진다는 글쓴이의 견해가 타당한지 의문을 가지는 것은 적절하다. → 2문단

② 글쓴이는 '강릉 단오제'가 지역의 전통 문화를 활용하여 성공한 지역 축제라고 설명하고 있는데 글을 읽으면서 그 근거에 대해 궁금해하는 것은 글을 비판적으로 읽어 나가는 과정으로 볼 수 있다. → 3문단

④ 글쓴이가 지역 축제의 수를 제시하면서 활용한 자료의 신뢰성을 확인하고자 하는 것은 적절하다. → 1문단

⑤ 글쓴이는 축제의 전문성을 강화하기 위해 민간 기업과 지방 자치 단체의 협력이 필요하다고 주장하는데, 그에 대해 조금 더 알고 싶어 하는 것은 적절하다. → 3문단

3 적용하기

근거 있는 정답 풀이

① 2문단에서 지역 특색에 대한 진지한 고민 없이 진행된 지역 축제는 실패할 수 있다고 하였다. 〈보기〉의 ○○시는 성공한 사례인 '함평 나비 축제'를 참고하였으나, 자연 생태계에 미칠 영향 등에 대한 진지한 고민 없이 지역 축제를 개최하여 비판을 받고 있으므로 ①과 같은 반응은 적절하다.

근거 있는 오답 풀이

② 〈보기〉의 '가재 축제'는 '함평 나비 축제'를 흉내 내기에 급급하여 생태계에 부정적인 영향을 미치는 것을 고려하지 못해 사람들에게 비난을 받은 사례라고 볼 수 있다.

③ 〈보기〉의 '가재 축제'가 가수의 공연과 먹거리 위주의 지역 축제라고 볼 만한 내용은 제시되어 있지 않다.

④ 〈보기〉의 '가재 축제'는 가재가 사는 지역의 자연적 특징, 환경적 요소를 고려한 사례이기는 하지만, 진지한 고민 없이 개최하여 사람들에게 비난을 받은 축제라고 보아야 한다.

⑤ 〈보기〉의 '가재 축제'는 지역의 전통 문화보다는 환경적 요소를 고려해 기획한 축제이며, 섣부른 계획과 실행 방법으로 비난을 받았다고 볼 수 있다.

어휘 공략하기

본문 102~103쪽

1 (1) 가 폐기물 세 생물 (2) 가 개성 세 유독성 (3) 가 행사 세 조사
2 일수 → 일쑤
3 (1) ◯ (2) ✕ (3) ◯ (4) ✕
4 (1) 중금속 (2) 위장 (3) 사활 (4) 노동력

15강 실전 1 · '잊힐 권리'에 관한 찬반 논쟁 · 사회 · 본문 104~105쪽

정답 》 1 ⑤ 2 ② 3 ②

수능이 쉬워지는 지문 키워드

☑ 관점을 제시하는 글

이 글은 '잊힐 권리'를 법제화하는 문제를 찬성하는 입장과 반대하는 입장을 다룬 글이다. 찬성하는 입장은 인권 등을 근거로, 반대하는 입장은 표현의 자유 등을 근거로 들어 '잊힐 권리'의 법제화에 대한 자신들의 주장을 제시하고 있다.

'잊힐 권리'의 법제화

찬성	반대
– 신상 털기에 의한 피해 지속 – 인터넷에서 프로파일링이 가능해져 정신적·물질적 피해를 입는 피해자 발생	– 표현의 자유 제한 – 알 권리 침해 – 개인 정보 완전 삭제에 대한 기술적 한계 – 잊힐 권리 적용으로 발생하는 비용 부담

• 주제 '잊힐 권리'의 개념 및 법제화에 대한 찬반 논쟁
• 문단별 중심 내용
1 문단: '잊힐 권리'의 등장 배경 및 개념
2 문단: '잊힐 권리'의 법제화를 찬성하는 의견
3 문단: '잊힐 권리'의 법제화를 반대하는 의견
4 문단: '잊힐 권리'에 대한 관심 요구

1 글의 중심 내용 파악하기

근거 있는 정답 풀이

⑤ '잊힐 권리'는 인터넷 환경에서 나온 개념이다. 2문단에서 인쇄 매체 시대에는 시간이 지나면 기사가 사람들의 기억 속에서 점차 잊혔기 때문에 그로 인한 피해가 일시적이었지만, 인터넷 시대에는 한번 생성·저장된 개인 정보는 삭제하기가 매우 어렵다고 하였다. → 2문단

근거 있는 오답 풀이

① 1문단에서 '잊힐 권리'는 인터넷 검색을 통해 나오는 정보를 삭제할 수 있는 권한이 특정 기업에 있기 때문에 개인이 자신과 관련된 정보를 삭제하거나 폐기하는 데 많은 시간과 노력이 필요한 인터넷 환경에서 나온 개념이라고 설명하고 있다. → 1문단
② '신상 털기'는 당사자에게 매우 큰 정신적·물질적 피해를 입히는 문제를 가져올 수 있다. → 2문단
③ 인터넷에서 검색하여 나오는 정보를 삭제할 수 있는 권한은 특정 기업에 있다. → 1문단
④ '잊힐 권리'의 법제화를 반대하는 입장에서는 인터넷에 퍼져 있는 개인의 정보를 찾아 지우는 것은 기술적으로 대단히 어렵고, 이때 발생하는 비용 역시 기업에 큰 부담이 되는 것이 잊힐 권리를 현실에 적용하기 어려운 이유라고 밝히고 있다. → 3문단

문제 해결 비법

윗글을 읽고 답할 수 있는 질문에 관해 묻는 문제에서는 자신이 가지고 있는 배경지식을 바탕으로 질문에 답을 할 수 있느냐를 묻는 것이 아니에요. 글의 내용을 바탕으로 해서 선지의 질문에 답을 할 수 있느냐가 기준이 되어야 한다는 점을 기억해야 해요.

2 글의 구조 파악하기

근거 있는 정답 풀이

② 1문단에서 '잊힐 권리'의 개념에 대해서 말하고, 이 내용을 이어받아 2문단에서는 '잊힐 권리'의 법제화에 대한 찬성 의견을, 3문단에서는 반대 의견을 말함으로써 찬성과 반대 의견을 각각 같은 비중으로 다루고 있다. 4문단에서는 앞의 찬반 의견을 종합하여 '잊힐 권리'의 중요성으로 마무리하고 있으므로 글의 구조를 나타낸 것으로 가장 적절한 것은 ②이다.

3 숨어 있는 내용 찾기

근거 있는 정답 풀이

② '프로파일링'은 개인의 신원을 종합적으로 파악하는 것이다. '프로파일링'이 확대되면 개인의 신상이 계속 유출될 가능성이 높아지기 때문에 '잊힐 권리'를 보장받지 못하게 된다. 따라서 ②는 글쓴이의 의도로 적절하지 않다. → 2문단

근거 있는 오답 풀이

① 글을 마무리하며 글쓴이는 '잊힐 권리'가 나쁜 일에 쓰이는 경우가 없게 하기 위해서는 아직도 세부적으로 고려하고 논의해야 할 사항이 많다고 이야기하고 있으므로 ①은 적절하다. → 4문단
③ 글쓴이는 앞으로 '잊힐 권리'를 둘러싼 문제들이 어떻게 해결되어 나가는지에 계속해서 관심을 가지고 지켜볼 필요가 있다고 이야기하고 있으므로 ③은 적절하다. → 4문단
④ 글쓴이는 '잊힐 권리'의 법제화를 찬성하는 측의 주장과 반대하는 측의 주장에 대해 설명하고 있다. 이렇게 상반되는 양측의 입장을 모두 설명하는 것은 '잊힐 권리'의 법제화가 가져올 장점과 단점 모두를 독자에게 알리기 위한 것이라고 볼 수 있다. → 2, 3문단
⑤ 글쓴이는 '잊힐 권리'의 개념부터 설명하면서 '잊힐 권리'를 인정해야 한다고 주장하는 입장과 '잊힐 권리'를 인정하면 발생할 수 있는 문제와 현실적 어려움을 바탕으로 이를 반대하는 입장을 소개하고 있다. 또한 인터넷 환경에 둘러싸인 현대인에게 '잊힐 권리'는 중요한 문제라고 볼 수 있다고 글을 마무리하고 있다는 점에서 글쓴이는 '잊힐 권리'가 가진 중요한 논쟁거리에 대한 정보를 독자에게 전달하려는 의도로 글을 썼다고 볼 수 있다.

문제 해결 비법

글쓴이의 의도를 파악해야 하는 문제를 풀 때는 글의 중심 화제에 대한 글쓴이의 태도를 파악하는 것이 중요해요. 찬성과 반대가 나뉘는 중심 화제의 경우, 글쓴이가 어느 한쪽의 입장을 취하는 경우도 있지만, 윗글처럼 중립적인 입장을 드러내는 경우도 있어요.

15강 실전2 사람과 환경을 위하는 공정 여행 [사회] 본문 106~107쪽

정답 » 1 ③ 2 ④ 3 ②

지문 키워드

✔ 개념을 설명한 글

이 글은 기존 관광 산업이 지닌 문제에 대한 대안으로 '공정 여행'을 제시하고, 공정 여행의 개념(환경을 지키고 현지인들을 배려하는 여행)과 의의('관계' 맺는 여행을 가능하게 함.)를 설명하는 글이다.

기존 여행의 문제점
- 아름다운 자연이 파괴됨.
- 현지인의 삶의 터전을 빼앗음.
- 비행기가 환경을 오염시킴.

↓

공정 여행 등장

개념	의의
- 환경을 생각하는 여행 - 현지인을 배려하는 여행 - 느긋하게 즐기는 여행	- 다른 문화의 이해 및 새로운 체험의 기회가 됨. - 낯선 문화, 사람, 환경과 관계 맺음이 가능함.

• 주제 공정 여행의 개념과 의의

• 문단별 중심 내용
1문단: 관광 산업의 성장
2문단: 관광 산업의 장점과 단점
3문단: 환경을 지키고 현지인들을 배려하는 공정 여행
4문단: '관계'를 맺는 여행을 가능하게 하는 공정 여행

1 글의 전개 방식 파악하기

근거 있는 정답 풀이

③ 이 글에서는 지난 50년 동안 여행자 수가 36배 늘고, 몰디브의 관광 산업 종사자가 전체 인구의 83퍼센트임을 알려 주고 있다. 이를 통해 통계 자료를 바탕으로 한 구체적인 수치를 제시해 글에 대한 독자들의 신뢰를 높이고 있음을 알 수 있다. → 1문단

근거 있는 오답 풀이

① 여행자가 늘어나 여행지가 개발되면서 자연이 파괴되거나 현지인들이 삶의 터전을 빼앗기기도 한다면서 환경과 사람을 생각하지 않는 여행으로 인해 생기는 문제 상황이 나타나 있다. 하지만 이를 공정 여행과 관련한 전문가의 말을 인용하여 제시하고 있는 것은 아니다.

② 환경과 사람을 생각하지 않는 여행으로 인해 자연이 파괴되고 현지인들이 삶의 터전을 빼앗기는 문제 상황에 관해 이야기하고 있기는 하지만, 비유적 표현을 통해 이를 설명하고 있는 것은 아니다.

④ 공정 여행이 시대에 따라 어떻게 변화했는지는 나타나 있지 않다.

⑤ 공정 여행의 개념, 공정 여행의 필요성을 이야기하고 있기는 하지만 공정 여행을 구성하는 요소를 분석하고 있지는 않으며 미래 상황을 독자가 짐작하도록 하는 부분도 나타나 있지 않다.

2 숨어 있는 내용 찾기

근거 있는 정답 풀이

④ 여행지에서 사진을 찍는 것은 공정 여행이 아닌 다른 형태의 여행에서도 이루어질 수 있는 것으로, 여행지의 풍경을 기록으로 남기기 위해 많은 사진을 찍은 것을 '공정 여행'을 실천했다고 볼 수는 없다.

근거 있는 오답 풀이

① 공정 여행을 하는 사람들은 환경 파괴를 최소화하기 위해 이산화 탄소를 많이 배출하는 비행기의 이용을 줄이고 버스나 배 등을 타고 다니며 여행지의 아름다움을 느낀다. → 3문단

② 공정 여행을 하는 사람들은 현지인들의 삶을 생각하기 때문에 현지인들이 제공하는 숙소를 찾는다고 설명하고 있으므로 ③은 적절하다.
→ 3문단

③ 공정 여행을 하는 사람들은 여행을 다니며 발생할 수 있는 환경 파괴를 최소화하기 위해 노력한다. 이를 고려할 때, 일회용품 사용을 최대한 줄이려고 노력한 것은 일회용품 쓰레기를 줄이고자 노력한 것이므로 환경 파괴를 최소화하기 위한 노력이라고 볼 수 있다. → 3문단

⑤ 공정 여행을 하는 사람들은 현지인이 운영하는 식당을 찾는다고 설명하고 있으므로 ⑤는 적절하다. → 3문단

3 적용하기

근거 있는 정답 풀이

② 4문단에 따르면 공정 여행은 노동력과 자연 자원을 제공해 주는 현지인들에게 그에 맞는 대가를 지급하는 것이다. 그런데 글에서 공정 여행의 특징으로 저렴한 가격을 언급하지는 않았다.

근거 있는 오답 풀이

① 공정 여행은 환경을 지키면서 여행을 다니고 싶은 사람들이 하는 여행이다. 이에 공정 여행을 하는 사람들은 많은 양의 이산화 탄소를 배출하는 비행기 이용을 줄이려는 노력을 한다고 하였다. 이를 바탕으로 볼 때, 자연이 오염된 지구를 '아픈 지구'라고 비유적으로 표현하며 '아픈 지구를 지키는 여행'이라고 공정 여행을 표현하는 것은 환경을 지키고자 하는 공정 여행의 특징을 잘 드러낸다고 할 수 있다.
→ 3문단

④ 3문단에서 현지인들의 삶을 가까이서 보고자 하고, 걸어 다니며 여행지의 아름다움을 느끼는 것 등은 여행을 통해 다른 문화에 대해 알게 되는 것이라고 설명하고 있으므로 ④는 적절하다. → 3문단

'어휘 공략하기 _____ 본문 108~109쪽

1 (1) 파괴하다 (2) 방지하다 (3) 성장하다 (4) 제한하다
2 (1) 권한 (2) 경치
3 (1) 대가 (2) 둘러싸고
4 (1) 인권 (2) 침해 (3) 피해 (4) 신원

수능이 쉬워지는 지문 키워드

☑ 개념을 설명한 글

이 글은 빛의 움직임 법칙인 직진, 굴절, 반사의 개념을 제시하고, 굴절과 반사의 원리에 대해 다양한 사례를 들어 가며 설명하는 글이다.

빛의 성질

직진	굴절과 반사
다른 것에 부딪히지 않는 한 직진하려 하는 성질	다른 물질을 만나면 꺾이거나 되돌아오려는 성질

↓

- 굴절을 활용하여 렌즈를 만듦.
- 반사를 활용하여 거울을 만듦.
- 굴절과 반사를 활용하여 프라이버시 보호 유리를 만듦.

• 주제 일상 속에 존재하는 빛의 움직임 법칙

• 문단별 중심 내용

1문단: 물체를 실제와 다르게 보이게 만드는 빛의 굴절
2문단: 빛의 움직임 법칙 세 가지 – 직진, 굴절, 반사
3문단: 빛의 굴절이 일어나는 이유
4문단: 굴절률의 개념
5문단: 빛의 굴절과 반사를 건축에 활용한 사례
6문단: 우리의 일상에 활용되는 빛의 움직임 법칙

1 글의 중심 내용 파악하기

근거 있는 정답 풀이

② 욕조에 발을 담그면 다리가 짧아 보인다거나 국에 젓가락을 넣으면 굽어 보이는 것은 빛의 굴절 때문이다. 직진하는 성질을 지닌 빛이 물과 만나면 꺾이게 되는데 이를 빛의 굴절이라고 하며, 빛의 굴절로 인해 물속의 물체는 왜곡되어 보인다. → 1, 2문단

근거 있는 오답 풀이

⑤ 빛의 굴절과 반사는 건축에 활용되기도 하는데 그 예로 프라이버시를 지켜 주는 유리를 들고 있다. 빛을 반사하는 거울과 같은 유리를 건물 밖에 설치하면 건물 안이 보이지 않기 때문에 프라이버시를 지킬 수 있는 건축물을 만들 수 있다. → 5문단

2 글의 전개 방식 파악하기

근거 있는 정답 풀이

② ㄱ. 1문단에서 '천 길 물속은 알아도 한 길 사람 속은 모른다'라는 속담을 사용하고 있다. 이러한 속담을 사용하는 것은 글에 대한 독

자의 흥미를 유발하는 효과를 지닌다.

ㄴ. 1문단의 욕조에 발을 담그면 다리가 짧아 보인다거나 국에 젓가락을 넣으면 굽어 보이는 것, 3문단의 수영장 물속이나 바닷물에서 달리려면 힘든 것처럼 빛도 물과 같은 액체를 만나면 느려진다는 것 등에서 빛의 움직임 법칙과 관련하여 구체적인 사례를 들어 설명하고 있다.

ㄷ. 3문단에서 '빛의 굴절은 왜 일어날까?'라는 질문을 던지고 있다. 그리고 이에 대해 문단의 끝부분에서 '빛은 이동 속도가 느려지는 쪽으로 꺾이는 성질을 지니고 있기 때문에 빛의 굴절이 생긴다.'라고 답하는 형식을 사용하고 있으므로 ㄷ은 적절하다.

3 적용하기

근거 있는 정답 풀이

③ 4문단에서 빛은 만나게 되는 물질에 따라 빛의 꺾임의 정도가 다 다른데, 이를 굴절률이라고 한다고 하였다. 또 빛의 굴절로 인해 물속에 잠겨 있는 물건이 실제보다 더 가까이 있는 것처럼 보인다고 설명하고 있다. 이를 적용하여 생각해 보면, A 지점에서 물속에 있는 보물 상자를 보면 빛의 굴절로 인해 물속의 보물 상자가 실제 잠겨 있는 깊이보다 더 가까이 있는 것처럼 보일 것이라 짐작할 수 있다. → 4문단

근거 있는 오답 풀이

① 글에서는 직진, 굴절, 반사 등 빛의 움직임 법칙에 관해 설명하고 있다. 하지만 실제보다 물체를 더 선명하게 보이도록 만드는 빛의 성질에 관해서는 설명하고 있지 않으므로 ①은 적절하지 않다. → 2문단

② 글에서는 물속에 있는 다리가 짧아 보이거나 국 속의 젓가락이 굽어 보이는 것, 물속에 있는 물건이 실제보다 가까이에 있는 것처럼 보이는 것 등을 빛의 움직임 법칙과 관련하여 제시하고 있다. 하지만 물속에 잠겨 있는 물건이 실제 크기보다 더 작게 보인다는 것은 빛의 움직임 법칙과 관련하여 설명하고 있지 않으므로 ②는 적절하지 않다. → 4문단

④ 직진을 하는 빛이, 이동 중에 어떤 물질을 만나게 되면 빛의 이동 속도가 느려지게 되고, 느려진 속도 쪽으로 빛이 꺾이게 되는데 이를 빛의 굴절이라고 설명하고 있다. 즉 빛의 굴절이 일어난 것은 빛의 속도가 느려졌다는 것을 의미한다고 볼 수 있다. 따라서 〈보기〉의 그림을 3문단의 내용과 관련지어 이해할 때, 물에 부딪힌 빛이 이동하는 속도가 느려졌다는 것만 추측할 수 있을 뿐, 보물 상자가 실제보다 빠르게 이동하는 것처럼 보인다는 내용을 추측하는 것은 적절하지 않다. → 3문단

⑤ 4문단에 따르면 빛이 물을 만나 굴절하게 되면 물속에 있는 물건은 실제보다 가까이 있는 것처럼 보이고, 실제의 깊이보다 얕아 보이기 때문에 물놀이를 가서는 조심해야 한다. 따라서 A 지점에서 바라본 보물 상자는 물과 만난 빛이 굴절한 상태에서 보는 것이기 때문에, 보물 상자가 실제보다 더 잠겨 있는 것이 아니라 실제보다 더 가까이 있는 것처럼 보일 것이라고 추측하는 것이 적절하다. → 4문단

지문 키워드   ☑ 개념을 설명한 글

이 글은 수소가 처음 발견된 뒤 수소라는 이름이 붙게 된 과정, 수소의 특징 및 활용 분야에 대해 설명하는 글이다.

수소의 특징	– 색깔과 냄새가 없음. – 가벼움. – 새어 나가기가 쉬움. – 공기나 산소를 만나면 쉽게 불이 붙거나 폭발함.
수소의 활용 분야	– 에너지 분야: 비행기, 버스, 우주선 등의 연료로 사용됨. – 그외 분야: 비료, 알코올, 비누, 양초 등을 만드는 데 쓰이며 반도체 산업, 유리 공업, 금속 산업 등에서도 널리 쓰임.

• 주제   수소의 특징과 활용 분야

• 문단별 중심 내용
 1 문단: 실험을 통해 수소를 처음 발견한 캐번디시
 2 문단: 물의 구성 물질을 수소와 산소로 명명한 라부아지에
 3 문단: 수소의 특징 ①: 쉽게 새어 나감.
 4 문단: 수소의 특징 ②: 공기나 산소와 만나면 쉽게 불이 붙거나 폭발함.
 5 문단: 에너지 분야 및 다양한 분야에서 널리 사용되는 수소

1 글의 중심 내용 파악하기

근거 있는 정답 풀이

② 1문단에서 헨리 캐번디시의 실험(묽은 황산과 염산에 아연, 철 등의 금속을 넣음.)을 통해 불에 타기 쉬운 기체인 수소가 발견되었음을 설명하고 있다. 이 발견 뒤 수소가 정찰 기구와 조명 기구의 연료 등으로 사용되고 오늘날에는 비행기 연료, 버스 연료, 우주선의 연료로까지 사용되고 있음을 5문단에서 설명하고 있다. 따라서 이 글의 중심 화제로 가장 적절한 것은 ②이다.

근거 있는 오답 풀이

① 1776년에 영국 왕립 학회에서 과학자 헨리 캐번디시가 자신이 연구한 결과를 발표하고, 프랑스의 화학자 라부아지에가 1785년 '수소'와 '산소'에 이름을 붙였다는 설명은 나타나 있다. 수소가 어떻게 발견되고 명명되었는지를 설명하기 위해 과거 과학자들에 대해 이야기하는 것일 뿐, 과거 화학자들의 삶을 다루고 있지는 않다.

③ 5문단의 내용을 바탕으로 볼 때, 에너지원으로 사용할 때 이산화 탄소를 배출하지 않는 수소는 지구 온난화를 막는 에너지로 평가받고 있음을 알 수 있다. 그런데 이는 수소의 특징 중 하나일 뿐이므로, 지구 온난화를 막기 위한 방법을 중심 화제로 삼고 있다는 설명은 적절하지 않다.

④ 수소가 에너지 분야 뿐만 아니라 비료, 알코올, 비누 등과 같은 용품을 만드는 데에도 쓰이고, 반도체 산업, 유리 공업, 금속 산업 등에서

도 쓰인다고 밝히며 다양한 분야에서 사용되고 있음을 설명하고 있다. 그러나 수소의 잘못된 사용과 그로 인한 피해에 대해서는 다루고 있지 않다.

⑤ 2문단에서 수소 에너지는 화석 연료를 대체할 다양한 대체 에너지 중 하나로 주목받고 있다고 설명하고 있다. 그런데 수소가 대체 에너지 중 하나인 것은 맞지만, 이 글에서 미래 대체 에너지의 다양한 종류와 장점을 다루고 있지는 않다.

2 숨어 있는 내용 찾기

근거 있는 정답 풀이

④ 수소를 150~200기압으로 압축하거나 영하 253도에서 얼려 액체로 만들거나 금속에 수소를 흡수시킨 형태로 만들어 저장하는 이유는 수소가 너무 가벼워 쉽게 새어 나가기 때문이다. 이 글에서는 수소가 다른 공기나 산소를 만나면 쉽게 불이 붙는 성질을 지니고 있기 때문에 조심히 다루어야 한다고 설명할 뿐, 수소의 불이 잘 붙는 성질과 수소의 저장 형태를 관련지어 설명하고 있지 않다. → 3, 4문단

근거 있는 오답 풀이

① 1문단에 따르면 수소는 헨리 캐번디시에 의해 최초로 발견되었다고 볼 수 있으므로 ①은 적절하다. → 1문단

② 1문단에서 수소가 처음 발견된 것은 1776년이라고 하고 있고, 5문단에서 프랑스에서 정찰 기구를 띄울 때 수소 발생기를 설치한 것이 1794년이라고 하고 있으므로 ②는 적절하다. → 1, 5문단

③ 라부아지에가 '수소'와 '산소'로 명명하기 전에 헨리 캐번디시는 수소와 산소를 각각 '가연성 기체', '생명 유지 기체'라고 불렀다. → 1문단

⑤ 3문단에 따르면 수소는 지구 표면의 70%를 구성하고 있을 만큼 흔히 존재하지만, 대체로 다른 원소와 합쳐진 모습으로 존재하여 물과 같이 수소를 포함하는 물질에서 수소를 뽑아내야 한다. → 3문단

3 적용하기

근거 있는 정답 풀이

④ ⓒ(물)은 ㉠(수소)과 ㉡(산소)이 만나서 이루어진 것이다. 그런데 4문단에서 수소가 다른 공기나 산소와 만나면 불이 붙는 성질이 있다고 설명하고 있을 뿐, 물이 다른 공기와 만나면 불이 붙는 성질이 있다고 설명하고 있지는 않다. 따라서 ④의 설명은 적절하지 않다. → 4문단

근거 있는 오답 풀이

② 1문단에서 헨리 캐번디시가 가연성 기체(수소)와 생명 유지 기체(산소)를 전기 불꽃으로 결합하여 물방울을 만들었다고 하였으므로, ②는 적절하다. → 1문단

어휘 공략하기   본문 116~117쪽

1 (1) 가 가연성 세 성질 (2) 가 조명 세 강조 (3) 가 결합 세 해결
2 (1) 반사 (2) 왜곡 (3) 진공 (4) 정찰
3 (1) 지니고 (2) 불렀다 (3) 여겼다
4 (1) 부딪혀 (2) 부딪힌 (3) 부딪치는

수능이 쉬워지는 지문 키워드   ☑ 관점을 제시하는 글

이 글은 다른 포유류들과의 비교를 통해 인간의 얼굴이 지닌 특징을 설명하는 글이다. 인간과 여우, 침팬지의 얼굴이 지닌 공통점과 차이점을 바탕으로 인간의 얼굴과 표정이 의사소통 과정에서 중요한 역할을 하고 있음을 설명하고 있다.

포유류의 생김새	포유류의 표정
– 여우의 얼굴은 대부분의 다른 포유류가 지닌 얼굴의 특징을 보임. – 인간의 얼굴은 다른 포유류와 구별되는 특징을 지님. – 침팬지의 얼굴은 여우보다 인간의 얼굴과 더 비슷함.	– 여우·침팬지의 얼굴에 표정 변화가 나타남. – 인간은 다른 포유류에 비해 얼굴 표정이 훨씬 다양함.

↓

인간의 얼굴 표정은 말의 의미를 보충하며 감정 상태를 전달하는 중요한 의사소통의 도구임.

• 주제   다른 포유류와 구별되는 인간의 얼굴이 가지는 특징

• 문단별 중심 내용

1문단: 일반적인 포유류의 얼굴과 다른 인간의 얼굴
2문단: 여우, 침팬지와 구별되는 인간의 얼굴 생김새
3문단: 정교한 의사소통의 도구인 인간의 얼굴 표정
4문단: 인간의 얼굴이 지닌 특징에 대한 요약·정리

1 글의 중심 내용 파악하기

근거 있는 정답 풀이

④ 3문단에서 인간, 여우, 침팬지가 소통하는 모습을 관찰해 보면 모두 얼굴에서 표정 변화가 나타나지만 인간의 얼굴 표정이 훨씬 다양하다고 설명하고 있다. 따라서 여우와 침팬지의 얼굴에서도 표정의 변화를 관찰할 수 있으므로 ⓐ의 설명은 적절하지 않다. → 3문단

근거 있는 오답 풀이

① 1문단의 '다른 포유류와 구별되는 인간의 얼굴이 지닌 특징은 무엇일까?'에 화제가 제시되어 있으므로 적절하다. → 1문단

② 2문단에서 여우의 얼굴은 긴 주둥이와 머리덮개뼈 쪽으로 부드러운 경사를 이루는 생김새이지만, 인간의 얼굴은 주둥이가 줄어들어 돌출된 흔적만 남아 있고 수직으로 솟은 이마가 있다며 여우와 인간의 얼굴 생김새를 대조하고 있다. → 2문단

③ 2문단의 마지막 문장에서 침팬지의 얼굴은 '여우보다 인간의 얼굴과 더 비슷하다.'라고 한 것에서 확인할 수 있다. → 2문단

⑤ 3문단에서 인간의 얼굴 표정은 대화를 나눌 때 말의 의미를 보충하

고, 대화 내용에 담긴 중요한 감정 상태를 전달하는 역할을 한다고 하면서 '인간의 얼굴 표정은 매우 정교한 의사소통의 도구'라고 설명하고 있다. → 3문단

2 글의 전개 방식 파악하기

근거 있는 정답 풀이

⑤ 4문단에서는 앞에서 설명한 내용들을 요약하여 다시 한번 글의 주제를 강조하고 있다. 정의의 방법을 사용한 부분은 나타나 있지 않다. → 4문단

근거 있는 오답 풀이

① 윗글에는 인간의 얼굴이 일반적인 포유류의 기준에서 매우 특이하고, 전문화되었으며 기이하기까지 하다고 한 도널드 엔로의 말이 나타나 있다. 이는 독자로 하여금 인간의 얼굴이 어떤 특징을 지니고 있는지에 관해 관심을 가지게 한다. 또한 도널드 엔로는 얼굴 구조 연구에 관한 권위 있는 학자로, 1문단에서 학자의 말을 인용하여 독자의 관심을 끌고 있다는 것은 적절하다. → 1문단

② '다른 포유류와 구별되는, 인간의 얼굴이 지닌 특징은 무엇일까?'에 화제가 제시되어 있으므로 적절하다. → 1문단

③ 여우의 얼굴과 인간의 얼굴이 생김새가 어떻게 다른지 차이점을 설명하고 있고, 침팬지의 얼굴은 인간의 얼굴과 더 비슷하다며 침팬지와 인간의 얼굴 생김새의 유사성을 드러내고 있다. → 2문단

④ '예를 들면'이라는 표현을 사용하며 혼란한 상태임을 나타내는 표정, 회의적임을 나타내는 표정 등을 눈 모양, 입 모양 등을 위주로 하여 설명하고 있다. 따라서 인간의 얼굴 표정이 다른 포유류보다 훨씬 다양한 특징을 지니고 있음을 구체적인 인간 표정의 사례를 들며 제시하고 있다고 할 수 있다. → 3문단

3 숨어 있는 내용 찾기

근거 있는 정답 풀이

② 인간은 혼란한 상태, 회의적인 상태, 행복함, 즐거움, 불신 등과 같은 다양한 감정을 눈과 입의 모양에 변화를 주어 드러낼 수 있다고 설명하고 있다. 이를 통해 인간은 대화 과정 중에 표정만으로 자신의 감정을 드러낼 수도 있음을 추론할 수 있다. → 3문단

근거 있는 오답 풀이

① 여우는 촉촉한 코를 가지고 있지만, 인간은 마른 코를 가지고 있다고 하며 여우와 인간 얼굴의 차이점을 설명하고 있다. 따라서 모든 척추동물이 촉촉한 코를 가지고 있는 것은 아니므로 ②는 적절하지 않다. → 2문단

③ 2문단에서 여우의 얼굴이 털로 덮여 있음을 확인할 수 있고, 4문단에 따르면 여우의 얼굴에도 표정 변화가 나타나기는 한다고 설명하고 있다. 인간에 비해 여우의 얼굴에는 표정 변화가 다양하지 않은 것일 뿐, 여우의 얼굴이 털로 덮여 있어서 표정 변화를 관찰할 수 없는 것은 아니다. → 2, 4문단

④ 침팬지도 얼굴에 표정 변화가 나타나지만 인간의 얼굴 표정이 훨씬 다양하다고 설명하고 있다. 따라서 침팬지가 다양한 표정을 지을 수 있다는 점에서 인간의 얼굴과 비슷하다고 보는 것은 적절하지 않다. → 4문단

⑤ 주둥이와 머리덮개뼈 쪽으로 부드러운 경사를 이룬 생김새를 가진 것은 여우이다. → 2문단

이 글은 퍼지 이론이 무엇이며 일상생활에서 어떻게 적용되고 있는지에 대해 설명하는 글이다. 퍼지 이론이 나오게 된 배경, 퍼지 이론의 개념과 퍼지 이론이 일상생활에서 다양하게 활용되는 사례를 다루고 있다.

> 불분명한 상황을 수학적으로 표현한 퍼지 이론

↓

전자 제품에 응용	지하철 운행에 응용
'실내를 시원하게 만들어라.'와 같이 애매한 명령어를 처리함.	'출발'과 '멈춤' 사이에 여러 기준을 입력해 속도를 조절함.

↓

> 수학 이론은 일상 속에 활용되어 우리의 생활을 편리하게 만들어 줌.

• 주제 퍼지 이론의 특징과 활용 분야
• 문단별 중심 내용
 1 문단: 주관적인 표현을 수학으로 나타낸 자데 교수의 이론 소개
 2 문단: 수학자들에게 인정받지 못하던 퍼지 이론이 주목받게 된 과정
 3 문단: 퍼지 이론이 응용된 전자 제품의 사례
 4 문단: 우리의 일상에서 활용되는 퍼지 이론

1 숨어 있는 내용 찾기

근거 있는 정답 풀이

⑤ 윗글에서는 일상 속에서 활용되어 사람들의 생활을 편리하게 해 준 퍼지 이론을 소개하고 있다. 일상 속에 퍼지 이론이 응용된 다른 예를 찾아보고 이에 관해 살펴보는 것은 윗글을 읽고 심화 학습을 하는 것이라 할 수 있으므로, ⑤와 같은 생각을 떠올린 것은 적절하다.
→ 4문단

근거 있는 오답 풀이

① 1문단과 2문단을 통해 주관적인 표현들을 일정한 값으로 나타낸 퍼지 이론을 만든 사람이 자데 교수임을 확인할 수 있다. 따라서 ①은 윗글을 읽고 떠올린 심화 학습 내용으로 적절하지 않다. → 1, 2문단

② '지하철 이용률 변화'는 퍼지 이론과 관련이 없는 내용이므로 심화 학습을 하기에는 적절하지 않은 내용이다. → 4문단

③ 지하철에 퍼지 이론을 적용한 것이 자데 교수인지 아닌지는 윗글을 통해 확인할 수 없으므로, 윗글을 읽고 떠올린 생각으로 적절하지 않다. → 4문단

④ 전통적인 컴퓨터 프로그램은 '예' 또는 '아니요'만 처리하고, 퍼지 이론이 적용된 컴퓨터 프로그램에서 다양한 명령어를 처리한다고 하였으므로, 전통적 컴퓨터 프로그램이 다양한 명령어를 처리하는 과정을 알아보려고 하는 것은 윗글을 잘못 이해한 것이다. → 2문단

2 적용하기

근거 있는 정답 풀이

⑤ 윗글을 통해 A 세탁기는 퍼지 이론이 적용되어 애매한 명령어를 수행할 수 있음을 추측할 수 있다. 세탁 시간이 길어 옷감이 변형되는 것을 걱정하는 사용자의 경우, 세탁 시간이 짧은 모드를 선택할 수 있다. 하지만 ⑤에서는 세탁 시간이 긴 '찌든 때' 모드를 활용하면 된다고 설명하고 있으므로 적절하지 않다.

근거 있는 오답 풀이

① 다양한 명령어가 있는 것으로 보아, 〈보기〉의 A 세탁기가 퍼지 이론이 응용된 전자 제품임을 알 수 있다.

② '강하게 세탁해'라는 애매한 명령어는 여러 모드 중 하나를 선택해 세탁기를 작동시킬 수 있는 A 세탁기에서 '물의 세기'와 '탈수 강도'가 강하고 세탁 시간이 긴 '질긴 옷감' 모드로 처리할 수 있다.

③ '기본 세탁', '질긴 옷감', '연한 옷감', '찌든 때' 모드는 각각 물의 세기, 세탁 시간, 탈수 강도가 다르다. 따라서 A 세탁기는 '세탁 시간'과 '탈수 강도'에 여러 개의 기준이 입력되어 있다고 할 수 있다.

④ A 세탁기는 모드에 따라 물의 세기가 '약함 – 보통 – 강함'으로 나누어져 있다는 점에서 선택한 모드에 따라 다양하게 조절하며 사용할 수 있도록 만들어졌음을 알 수 있다.

3 글의 중심 내용 파악하기

근거 있는 정답 풀이

④ 1문단에는 자데 교수가 퍼지 이론을 만들게 된 이유가 나타나 있다. 사람마다 기준이 다르기 때문에 '아름답다'와 같은 주관적인 표현은 수학으로 증명하기 어려운데, 자데 교수는 이를 수학적으로 표현하기 위해 불분명한 것을 일정한 값으로 나타낸 퍼지 이론을 만들었다. 따라서 퍼지 이론은 사람들마다 기준이 달라 불분명한 표현을 일정한 값으로 표현한 이론이라는 설명은 적절하다. → 1문단

근거 있는 오답 풀이

① 퍼지 이론이 발표될 당시 수학자들이 수학으로 인정하지 않았을 뿐이며, 발표를 방해한 것은 아니다. → 2문단

③ 퍼지 이론을 만든 자데 교수는 복잡하고 애매한 것들이 많은 현실 세계를 '예' 또는 '아니요'라는 단순 논리로 모두 설명할 수는 없다고 생각했다고 하였으므로, 퍼지 이론이 현실 세계를 단순 논리로 설명할 수 있다는 발상에서 만들어졌다는 것은 적절하지 않다. → 2문단

⑤ 2문단에서 처음에는 수학자들이 애매하고 모호한 것은 수학이 될 수 없다며 퍼지 이론을 인정하지 않았는데, 전자 제품에 퍼지 이론이 응용되면서 상황이 정반대로 바뀌었다고 설명하고 있다. → 2문단

어휘 공략하기
본문 122~123쪽

1 (1) 가 권위 세 행위 (2) 가 명령어 세 증명 (3) 가 실눈 세 실내
2 (1) ㉢ (2) ㉢ (3) ㉠
3 (1) 불신 (2) 회의적 (3) 응용
4 (1) 문제시 (2) 운행 시

정답 » 1 ② 2 ⑤ 3 ⑤

수능이 쉬워지는 지문 키워드

☑ 과정의 흐름을 보여 주는 글

이 글은 무주의 맹시를 들어 인간의 뇌가 눈으로 받아들이는 모든 정보를 처리하지 못하고 선택적으로 처리하게 되는 과정을 설명하는 글이다. 빛과 사물이 눈을 통해 들어온 후 뇌에 인지되기까지의 과정을 제시하여 무주의 맹시 현상이 생겨나는 이유를 이해하기 쉽게 설명하고 있다.

> **뇌의 일반적 특성**
>
> 눈을 통해 받아들이는 정보를 모두 처리하지 않고 일부만을 선택하여 처리함.

> **무주의 맹시 발생**
>
> 물체를 보면서도 주의를 기울이지 않아서 인지하지 못함.

• **주제** 뇌의 특성으로 인해 발생하는 무주의 맹시

• **문단별 중심 내용**

1 문단: 무주의 맹시의 의미
2 문단: 눈을 통해 들어온 정보를 인식하는 과정
3 문단: 시각 피질의 각 영역별 역할의 중요성
4 문단: 시각 정보를 선택적으로 처리하는 뇌의 특성

1 숨어 있는 내용 찾기

근거 있는 정답 풀이

② 4문단에서 우리의 뇌는 눈으로 받아들이는 모든 정보를 빠짐없이 처리하기가 어렵기 때문에 선택과 집중이라는 전략을 선택한 것이라고 설명하고 있다. 따라서 '편식하는 것'은 눈으로 들어오는 정보 중 일부만을 선택하여 처리하려는 뇌의 전략을 비유적으로 표현한 것이다.
→ 4문단

근거 있는 오답 풀이

① 필요한 정보만 받아들이고 필요하지 않은 정보는 무시하는 것을 의미하며, 불필요한 정보는 인식하지 않는 무주의 맹시가 일어나는 원인에 해당한다. → 4문단

③ 뇌가 선택한 전략으로, 뇌가 정보를 받아들일 때 '선택과 집중, 적당한 무시와 엄청난 융통성'의 전략을 사용하는 것을 의미한다. → 4문단

④ 눈으로 들어오는 수많은 정보 중 필요한 특정 정보만을 선택하는 것을 비유한 표현이다. → 4문단

⑤ 뇌가 눈으로 받아들이는 모든 정보를 빠짐없이 처리하기는 어렵기 때문에 사용하는 전략에 해당한다. → 4문단

2 글의 전개 방식 파악하기

근거 있는 정답 풀이

⑤ ㄷ. 2문단에서 눈에 들어온 빛이 망막에서 전기적 신호로 변환되어 시신경을 통해 뇌의 시각 피질로 들어가기까지의 과정을 설명하고 있다.

ㄹ. 3문단에서 시각 피질의 각 영역이 제 기능을 해야 사물을 제대로 인지할 수 있다는 정보를 오케스트라에 비유하여 설명함으로써 독자들의 이해를 돕고 있다.

근거 있는 오답 풀이

ㄱ. 무주의 맹시가 일어나는 이유를 뇌의 특성과 관련지어 설명하고 있을 뿐, 무주의 맹시로 인한 문제를 나열하고 있지 않다.

ㄴ. 전문가의 말을 인용한 부분은 나타나 있지 않다.

문제 해결 비법

글의 전개 방식을 파악할 때에는 글에 사용된 표지를 주목해서 살펴보아야 해요. 3문단의 '예를 들어'를 통해서는 사례를 들고 있음을, '오케스트라처럼'을 통해서는 비유적 표현을 사용하고 있음을 금방 파악할 수 있어요.

3 글의 중심 내용 파악하기

근거 있는 정답 풀이

⑤ 윗글에 따르면 '시각 피질'은 약 30개의 영역으로 구성된 복합적인 영역으로, 다양한 영역이 종합적으로 기능할 때 사물을 인지할 수 있다고 하였다. → 2, 3문단

근거 있는 오답 풀이

① 2문단의 눈으로 들어온 빛이 망막의 시각 세포에 의해 전기적 신호로 바뀐다는 설명에서 알 수 있듯이, 망막은 눈으로 들어온 빛을 전기적 신호로 바꾸어 주는 역할을 할 뿐, 필요한 정보를 선택하여 전달하는 역할을 하지는 않는다. 필요한 정보인지 아닌지를 판단하여 필요한 정보만 선택되는 것은 ㉠이 아닌 뇌에서 이루어진다. → 2문단

② 시신경은 망막의 시각 세포에서 만들어진 전기적 신호를 뇌의 시각 피질로 전달하는 역할을 한다. 따라서 ㉡에 시각 피질이 포함된다는 것은 적절하지 않다. → 2문단

③ 물체의 이미지를 구분하는 영역은 뇌의 시각 피질, 즉 ㉢에 있는 영역이므로, ㉡에서 이 영역의 기능이 중요하다고 이해하는 것은 적절하지 않다. → 2문단

④ 눈으로 들어온 빛을 전기적 신호로 바꾸는 것은 망막의 시각 세포이므로, 빛이 전기적 신호로 바뀌는 것은 ㉢이 아닌 ㉠에서 이루어진다. → 2문단

문제 해결 비법

기호를 활용한 문제는 각 기호에 해당하는 내용을 문제 옆에 적어 두고 문제를 풀면 좋아요. 예를 들어 1번 문제 옆에 '㉠＝망막, ㉡＝시신경, ㉢＝시각 피질' 이런 식으로 적어 두고 문제를 풀면 기호로 인해 선지 내용을 헷갈리는 것을 방지할 수 있고, 본문으로 돌아가서 읽는 시간 또한 단축할 수 있어요.

정답 » 1 ③　2 ⑤　3 ④

지문 키워드　　　　　　　　　☑ 개념을 설명한 글

　이 글은 운석의 개념과 운석이 지구 대기로 진입하는 과정에서 나타나는 특징, 태양계와 지구를 연구하는 자료가 되는 운석의 가치 등에 대해 설명한 글이다. 이를 통해 운석에 대한 이해를 돕고 있다.

운석의 개념	– 유성의 남은 덩어리가 지구의 땅에 떨어진 것
운석의 특징	– 엄청난 속도로 지구 대기에 진입하여 지구 표면에 큰 구덩이를 만듦.
운석의 가치	– 태양계가 탄생할 당시 일어난 일에 대한 정보가 담겨 있음. – 소행성이나 화성과 같은 행성에 대한 기록이 보존되어 있음. – 지구 핵의 구성 물질을 연구하는 자료가 됨.

・주제　운석의 특징과 가치

・문단별 중심 내용
1 문단: 유성체와 유성, 운석의 개념
2 문단: 운석의 크기에 따라 달라지는 지구 진입 속도와 파괴력
3 문단: 대기와의 마찰 과정에서 표면이 녹는 운석
4 문단: 태양계와 지구의 비밀을 풀 수 있는 중요한 자료인 운석
5 문단: 연구에 필요한 운석을 찾기 위한 남극 탐사

1 글의 중심 내용 파악하기

　근거 있는 정답 풀이

③ 윗글에서는 운석이 지구 대기에 진입할 때 대기와의 마찰 때문에 운석의 표면이 녹는다고 설명하고 있다. 하지만 지구 표면에 가까워지면 속도가 크게 줄면서 운석이 더 이상 녹지 않으며, 사람들은 보통 운석이 녹았다가 식은 것이라고 생각하지만 실제로는 표면을 제외하고는 전혀 녹지 않은 물질이라고 설명하고 있다. 따라서 운석이 지구 대기 진입 시 전부 녹았다가 다시 굳은 물질이라고 이해하는 것은 적절하지 않다. → 3문단

　근거 있는 오답 풀이

① 우주 공간을 떠도는 암석을 유성체라고 하는데, 이 암석이 지구 대기로 들어오면 유성이 된다. 유성은 지구 대기와의 마찰로 녹게 되는데, 그중 남은 덩어리가 땅에 떨어져 운석이 된다. 따라서 운석은 우주를 떠도는 암석이 지구 대기로 들어와 녹은 후, 그 남은 덩어리가 땅에 떨어진 것이다. → 1문단

② 운석이 남극에서 많이 발견되는 이유는 춥고 건조한 남극의 환경이 빙하 속에 운석이 오래 보존되는 데 도움이 되기 때문이다. 따라서 남극의 기후 환경이 운석 보존에 적합함을 알 수 있다. → 5문단

④ 크기가 매우 큰 운석은 거의 초기 속도를 유지한 채 지구의 땅에 충

돌해 거대한 구덩이를 만들지만, 크기가 작은 경우에는 속도가 빨리 줄어 땅에 구덩이를 만들지 못한다고 설명하고 있다. → 2문단

⑤ 4문단에 따르면, 소행성의 핵에서 떨어져 나온 운석은 지구의 핵이 어떤 물질로 구성되어 있는지 연구하는 데 소중한 자료가 된다.
→ 4문단

2 글의 구조 파악하기

　근거 있는 정답 풀이

⑤ ㉠의 앞 문단에서는 운석이 지구에 떨어지는 속도에 따라 구덩이를 만드는 과정을, ㉠의 뒤에 이어지는 내용에서는 운석의 용융각이 만들어지는 과정을 설명하고 있다. ㉠의 앞과 뒤의 내용에서는 다른 화제를 다루고 있으므로, ㉠이 화제 전환을 나타냄을 알 수 있다.

3 적용하기

　근거 있는 정답 풀이

④ 3문단에 따르면 운석이 지구의 대기에 진입할 때에는 대기와 마찰을 일으키게 된다. 따라서 베린저 크레이터에 떨어진 운석이나 우리나라에 떨어진 운석 모두 지구에 진입할 때 대기와의 마찰이 있었다고 이해해야 한다. → 3문단

　근거 있는 오답 풀이

① 2문단에서 큰 운석은 지구 표면에 커다란 구덩이를 만들고 사람을 다치게 하거나 건물을 부수기도 한다고 한 내용을 참고할 때, 과거에 엄청난 크기의 운석이 떨어졌을 것으로 예상하는 곳(오늘날의 경상남도 ○○군)의 생물들에게도 큰 피해가 있었을 것임을 짐작할 수 있다.
→ 2문단

② 1문단에서 대기에 진입한 유성이 대기와의 마찰로 녹게 되고 그 남은 덩어리가 떨어져 운석이 된다고 하였으므로, 〈보기〉에 제시된 경상남도 지역의 운석도 유성이 녹고 남은 일부에 해당함을 알 수 있다.
→ 1문단

③ 2문단을 통해 운석의 크기가 클수록 떨어지는 속도가 빠르고 파괴력이 커서 더 큰 구덩이를 만든다는 것을 알 수 있다. 이를 바탕으로 할 때, 베린저 크레이터보다 5배 더 큰 구덩이를 만든 운석은 떨어지는 속도 또한 베린저 크레이터보다 더 빨랐을 것으로 짐작할 수 있다.
→ 2문단

⑤ 4문단에서 지구 밖에서 온 운석이 태양계와 지구의 비밀을 풀 수 있는 중요한 자료가 된다고 하였으므로, 학자들이 〈보기〉의 운석을 연구하여 태양계나 지구에 관한 정보를 얻으려고 할 것임을 짐작할 수 있다. → 4문단

어휘 공략하기

본문 128~129쪽

1 (1) 진입하다 (2) 상승하다 (3) 종합하다 (4) 퇴장하다
2 (1) 가 구덩이 세 요구 (2) 가 대기 세 기능 (3) 가 질주 세 주의
3 (1) 훼손 (2) 유지
4 따로 따로 → 따로따로

양궁에 숨어 있는 과학 원리 과학 본문 130~131쪽

정답 » 1 ③ 2 ② 3 ④

지문 키워드 ☑ 개념을 설명한 글

이 글은 화살로 과녁을 맞히는 과정에 적용되는 과학적 원리를 설명하는 글이다. 화살의 포물선 운동에 초기 발사 속도와 발사 각도가 큰 영향을 준다는 것과, 공기의 저항과 바람의 영향을 최대한 받지 않도록 하는 양궁의 기술에 관해 설명하고 있다.

화살의 운동에 영향을 미치는 요인	양궁 기술
초기 발사 속도	활시위를 당기는 힘을 조절함.
발사 각도	중력 이외의 힘이 작용하지 않을 때, 화살이 지면과 45도 각도를 이루면 가장 멀리 날아감.
공기의 저항	화살 뒷부분에 화살 깃을 만듦.
바람의 영향	오조준의 방법을 사용함.

• **주제** 양궁 기술에 담긴 과학적 원리

• **문단별 중심 내용**
 1 문단: 섬세하고 복잡한 기술이 필요한 운동인 양궁
 2 문단: 화살의 포물선 운동에 영향을 주는 초기 발사 속도와 발사 각도
 3 문단: 화살에 미치는 공기의 저항을 줄이기 위한 방법
 4 문단: 오조준에 담긴 과학적 원리

1 글의 중심 내용 파악하기

근거 있는 정답 풀이

③ 윗글에서는 양궁 선수가 활시위를 세게 당길수록 화살의 발사 속도가 빨라져 중력의 영향을 적게 받는다고 설명하고 있다. 따라서 활시위를 세게 당길수록 중력의 영향을 크게 받는다는 설명은 적절하지 않다. → 2문단

근거 있는 오답 풀이

① 양궁 선수들은 화살을 쏠 때 화살을 약간 위로 조준하는데 이는 화살이 포물선 운동을 하는 것을 염두에 둔 행동이라는 설명에서 확인할 수 있다. → 2문단

② 화살 깃은 화살이 날아갈 때의 흔들림을 방지하고 동시에 화살을 회전시켜 비행의 안정성을 높인다는 설명에서 확인할 수 있다. → 3문단

④ 양궁 선수들은 바람이 불 때 바람의 방향과 세기에 따라 과녁에서 원래 목표 지점이 아닌 곳을 의도적으로 조준하여 화살을 쏜다는 설명에서 확인할 수 있다. → 4문단

⑤ 양궁은 일정한 거리에 있는 과녁을 향해 화살을 쏘아 맞힌 결과로 승패를 가르는 운동이라는 설명에서 확인할 수 있다. → 1문단

2 글의 전개 방식 파악하기

근거 있는 정답 풀이

② [A]는 양궁 선수들이 오조준 연습을 어떤 방식으로 하는지를 설명하고 있다. '예를 들어'라는 표지를 통해 알 수 있듯이, 과녁의 오른쪽에서 왼쪽으로 바람이 부는 상황을 예로 들어 독자들이 그 방식을 쉽게 이해할 수 있도록 돕고 있다.

근거 있는 오답 풀이

① 양궁 선수들이 바람을 극복하기 위해 하는 오조준 연습의 방법과 그 원리를 설명하고 있을 뿐, 대조의 방법을 활용하고 있지는 않다.

⑤ 바람이 불어 과녁 중앙에 화살을 제대로 쏘지 못하는 문제 상황은 오조준 연습을 통해 해결할 수 있다. 이는 오조준 연습을 통해 문제 상황을 해결할 수 있고 양궁 선수들이 과학적 지식을 바탕으로 연습을 하고 있음을 설명하는 것일 뿐, 여러 가지 해결 방안을 제시하고 있지는 않으며 문제 해결의 어려움을 강조하는 것 또한 아니다.

3 적용하기

근거 있는 정답 풀이

④ 〈보기〉의 그림을 참고할 때, 양궁 선수는 첫 번째 발사 때 과녁의 중앙으로부터 왼쪽에 치우치게 화살을 쏘았다고 볼 수 있다. 따라서 두 번째 발사 때에는 첫 번째 발사 때 겨냥한 과녁의 위치보다 오른쪽을 겨냥하여야 과녁의 중앙에 화살을 꽂을 수 있다. 또한 바람이 과녁의 오른쪽에서 왼쪽으로 세게 불고 있는 상황이기 때문에 화살의 앞으로 나아가려는 힘과 바람의 힘의 합력을 고려하여 첫 번째 발사 때보다 조금 더 과녁 중앙의 오른쪽을 겨냥해야 한다. → 4문단

근거 있는 오답 풀이

① 첫 번째 발사 때보다 활시위를 조금 더 약하게 당기게 되면, 화살의 발사 속도가 느려져서 첫 번째 발사 때보다 중력의 영향을 더 받게 되어 화살이 밑으로 낙하하며 날아갈 것이다. 그러면 첫 번째 발사 때보다 아래쪽으로 꽂혀 과녁의 중앙에서 멀어질 것이므로 적절하지 않다. → 2문단

② 양궁은 일정한 거리에 있는 과녁을 향해 화살을 쏘아 맞힌 결과로 승패를 가르는 운동이다. 첫 번째 발사 때와 비슷한 조건에서 오조준을 해야 연습을 하는 의미가 있으므로, 과녁과 선수의 거리를 조절하는 것은 적절하지 않다. → 1문단

③ 화살을 회전시키며 쏘는 이유는 공기의 저항과 바람의 영향을 적게 받게 하여 비행의 안정성을 높이기 위한 것이다. → 3문단

⑤ 공기와 저항 등이 작용하지 않고 중력의 영향만 받을 때, 화살이 지면과 45도의 각도를 이루도록 발사하면 가장 멀리 날아간다는 것일 뿐, 〈보기〉에 제시된 상황은 바람의 힘의 영향을 받는 상황이므로 반드시 화살의 각도가 지면과 45도를 이루어야 하는 것은 아니다. → 2문단

문제 해결 비법

〈보기〉의 문제 상황을 윗글의 내용을 바탕으로 해결할 수 있는지 확인하는 유형의 문제예요. 〈보기〉에 제시된 문제에 관해서는 오조준이 문제 해결의 방법이 될 수 있어요. 따라서 4문단의 내용을 다시 한번 꼼꼼하게 읽는다면 정답을 찾을 수 있어요.

수능이 쉬워지는 지문 키워드

☑ 관점을 제시하는 글

이 글은 동물이 잠을 자는 이유와 동물의 종류에 따라 수면 시간이 다른 이유에 여러 관점을 제시한 글이다. 동물이 잠을 자는 이유에 관해 회복설과 에너지 보존설을 제시하는 한편, 동물이 환경에 적응하는 과정에서 잠도 진화했을 것이라는 관점에 관해서도 설명하고 있다.

동물들이 잠을 자는 이유

– 회복설: 깨어 있는 동안 손상된 몸과 뇌를 회복하기 위해 잠을 잠. → 동물의 종류에 따른 수면 시간의 차이를 설명 못 함.

– 에너지 보존설: 에너지를 절약하기 위해 잠을 잠. → 적은 열량을 절약하기 위해 많은 시간을 자는 것은 경제적으로 비효율적임.

각 동물들의 수면 시간에 차이가 발생하는 이유

자신이 처한 환경에 맞게 적응하며 진화한 결과로 볼 수 있음.

• 주제   동물이 잠을 자는 이유와 동물마다 수면 시간이 다른 이유에 대한 가설

• 문단별 중심 내용

1 문단: 동물이 잠을 자는 이유에 대한 두 가지 가설
2 문단: 두 가지 가설이 지닌 한계
3 문단: 환경에 맞게 진화해 온 동물들의 잠
4 문단: 처한 환경에 따라 차이가 있는 동물들의 수면 시간

1 글의 중심 내용 파악하기

근거 있는 정답 풀이

③ 3문단에 따르면, 돌고래는 잠을 자는 도중 바다 위로 올라와 호흡을 하기 위해 뇌의 반만 잠을 자는 방향으로 진화하였다. 적의 공격을 피하기 위해 잠을 조금만 자는 동물은 얼룩말과 기린이다. → 3, 4문단

근거 있는 오답 풀이

① 사자와 같은 동물의 공격을 받으며 사는 얼룩말이나 기린은 잠을 아주 조금 자지만, 적의 공격으로부터 안전한 굴속에 사는 박쥐는 하루에 18시간을 잔다. 이를 통해 생존에 위협이 되는 환경에 많이 노출된 동물일수록 잠을 자는 시간이 적음을 알 수 있다. → 4문단

② 사람은 성인의 경우 7~8시간 정도 자는데, 9~10시간 자는 돌고래보다 약간 적거나 비슷하다는 설명을 통해 확인할 수 있다. → 2문단

④ 몸무게 80킬로그램인 사람이 8시간을 잔다면 자지 않고 가만히 앉아 있을 때보다 120칼로리 정도의 에너지를 절약하는 셈이라는 내용을 통해 가만히 앉아 있을 때보다 잠을 잘 때 몸의 에너지를 더 절약할 수 있음을 알 수 있다. → 1문단

⑤ 윗글에서 동물이 잠을 자는 이유로 회복설, 에너지 보존설, 환경과 관련된 가설 등을 다루고 있는 것에서 알 수 있다. → 1, 3문단

2 글의 전개 방식 파악하기

근거 있는 정답 풀이

⑤ 윗글에서는 동물들이 잠을 자는 이유에 관한 가설인 '회복설', '에너지 보존설'을 소개하고, 이들 가설의 한계를 지적하며 두 가설과는 다른 진화론적 관점에서 동물들의 수면 시간에 차이가 발생하는 이유를 설명하고 있다. → 1, 2, 3문단

근거 있는 오답 풀이

① 돌고래는 뇌의 반만 잠을 자고, 기린이 조금 잔다고 설명하고 있지만 이를 문제 삼고 있지 않으며 해결책 또한 나타나 있지 않다. → 3, 4문단

② 기린은 사자의 공격을 신속히 피하기 위해 조금만 자고, 박쥐는 적의 공격으로부터 안전한 동굴에서 자므로 18시간을 잔다. 이렇게 동물들은 자신이 처한 환경에 따라 수면 시간이 길기도 하고, 짧기도 하므로 ②는 적절하지 않다. → 4문단

③ 회복설과 에너지 보존설, 진화론적 관점에서 잠을 어떻게 이해하는지를 설명하고는 있지만, 이를 절충하고 있는 것은 아니다. → 1, 3문단

④ 각기 다른 동물들을 예로 들며 그 동물들이 자는 시간을 제시하고 있을 뿐, 동물들의 잠을 여러 유형으로 나누고 있지는 않으며 좋은 수면 습관에 관해 설명하고 있지도 않다. → 2, 4문단

3 숨어 있는 내용 찾기

근거 있는 정답 풀이

② ㉠(회복설)은 손상된 몸과 뇌를 회복하기 위해 잠을 잔다고 보므로, 몸을 원래의 상태로 돌리기 위해 동물이 잠을 잔다고 보는 입장이다. ㉡(에너지 보존설)은 에너지를 절약하는 행동으로 잠을 바라보고 있으므로 ②의 설명은 적절하다.

근거 있는 오답 풀이

① 1문단에서 우리가 병에 걸리면 잠을 오래 자는데 이는 에너지를 절약하는 행동이기도 하다고 하였으므로, ㉡도 ㉠과 마찬가지로 병에 걸리면 잠을 오래 자는 현상을 설명할 수 있다.

③ ㉡은 동물이 적은 열량을 절약하기 위해 많은 시간을 자야 한다는 것은 경제적으로 효율적이지 않다는 반박을 받기도 하므로 ③은 적절하지 않다.

④ 손상된 몸과 뇌를 회복하는 데 주목하여 잠의 필요성을 설명하는 것은 ㉠이다.

⑤ ㉠과 ㉡은 모두 동물이 잠을 자는 이유에 대한 가설로, 사람을 포함한 모든 동물에 적용된다.

어휘 공략하기   본문 134~135쪽

1 (1) 겨냥하다 (2) 가르다 (3) 진화하다 (4) 증명하다
2 (1) ㉮ (2) ㉰ (3) ㉯
3 (1) ㉠ (2) ㉡ (3) ㉢
4 (1) 맞춰 (2) 맞혀서

20강 간지럼은 왜 타는 것일까 과학 본문 136~137쪽

정답 » 1 ② 2 ① 3 ②

수능이 쉬워지는
지문 키워드
☑ 과정의 흐름을 보여 주는 글

이 글은 간지럼을 타는 이유와 관련하여 과거부터 현재까지의 간지럼에 대한 연구 내용을 설명하는 글이다. 가려움과 간지러움의 차이, 간지럼에 대한 연구가 과거에서 최근에 이르기까지 어떻게 달라졌는지에 주목하여 읽어 나간다.

간지럼에 대한 연구	과거: 통각과 관련된다고 봄.
	현재: ① 촉각과 통각의 혼합을 간지럼의 원인으로 봄.
	② 심리적 요인으로 설명하려 함.
	③ 진화론적 관점에서 바라봄.
간지럼의 특성	예측 불가능해야 느낄 수 있음.

• **주제** 간지럼을 타는 이유와 간지럼이 지닌 특성

• **문단별 중심 내용**
  1 문단: 가려움과 다른 간지럼의 특성
  2 문단: 간지럼의 원인에 대한 과거와 현재의 연구 내용
  3 문단: 진화론적 관점에서 바라본 간지럼
  4 문단: 예측 불가능해야 느낄 수 있는 간지럼

1 글의 중심 내용 파악하기

<근거 있는 정답 풀이>

② 3문단에서 진화론적 관점에서 바라본 간지럼은 가족들 사이의 친밀감과 유대감을 높일 수 있다고 설명하고 있다. 하지만 친밀하지 않은 사이에서의 간지럼에 대해서는 설명하고 있지는 않다.

<근거 있는 오답 풀이>

① 1문단에 따르면 가려움이 몸 전체에서 나타나고 아주 약한 움직으로 발생하는 반면, 간지럼은 몸의 특정 부위에서 더 강한 촉감 때문에 생겨난다. 따라서 가려움이 간지럼보다 몸의 넓은 범위에서 느껴지는 것이라고 볼 수 있다. → 1문단

③ 3문단에 따르면 부모가 아이의 목, 겨드랑이 등 신체적으로 약한 부분을 가볍게 건드리는 것은 아이와의 유대감을 증진한다. 따라서 신체의 약한 부분을 간질이는 것은 아이와 부모의 관계에 긍정적인 영향을 미친다고 볼 수 있다. → 3문단

④ 4문단에 따르면 자신이 스스로를 간질이기는 어렵다. 간지럼은 예측 불가능할 때 타게 되는 것인데, 스스로를 간질이면 어디를 어떤 강도로 간질일 것인지가 예측되기 때문이다. 따라서 남이 간질이는 것과 똑같은 자극으로 스스로를 간질인다고 해도 웃음은 나지 않을 것이라고 볼 수 있다. → 4문단

⑤ 4문단에는 스스로를 간질일 때에는 예측할 필요가 없었기 때문에 소뇌의 반응이 적게 나타난다는 실험 결과가 제시되어 있다. 한편 로봇이 예측 가능하도록 사람을 간지럽히면 실험 참가자들은 간지럼을 타지 않는다고 했다. 이러한 내용을 종합해 볼 때, 로봇이 예측 가능

하도록 사람을 간질인다면 그 사람의 소뇌는 별다른 반응을 하지 않을 것이라고 볼 수 있다. → 4문단

2 글의 전개 방식 파악하기

<근거 있는 정답 풀이>

① 윗글은 간지럼에 관한 여러 연구 사례를 제시하고 있는데, 특히 4문단에서는 로봇으로 간질이는 실험 사례를 들어 예측 불가능해야 느낄 수 있는 간지럼의 특성을 강조하고 있다. → 4문단

<근거 있는 오답 풀이>

② 고양이를 간지럽히는 실험, 척추 속 신경의 손상으로 통증을 느끼지 못하는 환자를 통한 간지럼 실험, 로봇으로 간질이는 실험 등 간지럼에 대한 여러 실험이 제시되어 있을 뿐, 전문가의 견해가 제시되어 있는 것은 아니다. → 2, 4문단

③ 한 실험에서 고양이를 간지럽히면 고양이의 통각과 관련된 신경이 활발해지는 것을 관찰했다는 설명만 나타나 있을 뿐, 고양이가 간지럼 타는 모습을 묘사하고 있지는 않다. → 2문단

④ 간지럼을 느끼지 못하는 경우는 간지럼에 관해 예측할 수 있을 때라고 설명하고 있을 뿐, 간지럼을 느끼지 못하는 생물들을 나열하고 있는 것은 아니다. → 4문단

⑤ 부모와 아이가 간지럼을 통해 유대감을 증진할 수 있다고 설명할 뿐, 아이와 성인이 느끼는 간지럼의 정도를 비교하고 있지는 않다. → 3문단

3 숨어 있는 내용 찾기

<근거 있는 정답 풀이>

② 과거에는 간지럼을 약한 세기의 통각과 관련이 있다고 보았으나, ㉠의 실험에서 통증을 느끼지 못하는 사람이 간지럼을 느낄 수 있다는 결과가 나왔다고 설명하고 있다. 이는 간지럼의 원인이 통각이 아님을 알 수 있는 증거가 된다. → 3문단

<근거 있는 오답 풀이>

① ㉠은 통증을 느끼지 못하는 환자도 간지럼을 타는 것을 확인한 실험으로, 이는 통각과 간지럼이 크게 관련이 없다는 것을 보여 주는 것이다. 통증을 느끼지 못하는 환자와 가려움을 관련하여 설명한 내용은 제시되어 있지 않다.

③ ㉠을 통해 통증을 느끼지 못하는 환자도 간지럼을 탈 수 있는 것은 확인할 수 있지만, 예측 불가능한 상황은 간지럼을 타게 되는 요인과 관련이 있을 뿐이다. 통증을 느끼지 못하는 환자와 예측 불가능한 상황을 관련지어 설명한 내용은 제시되어 있지 않다.

④ 통증을 느끼지 못하는 환자가 간지럼을 날 수 있기 때문에 통각과 간지럼은 크게 관련이 없다고 보아야 한다.

⑤ 통증을 느끼지 못하는 환자와 통증을 느끼는 사람의 간지럼 타는 정도를 비교한 내용은 나타나 있지 않다.

정답 ≫ 1 ① 2 ③ 3 ②

지문 키워드

☑ 과정의 흐름을 보여 주는 글

이 글은 감염의 원인을 몰랐던 과거 상황을 제시하고, 리스터가 감염의 원인이 세균 때문임을 알고 이를 막기 위한 소독법을 찾아내는 과정을 설명한 글이다. 과거 의사들이 감염의 원인을 무엇으로 보았고, 리스터가 감염의 원인을 밝히게 된 계기와 리스터 소독법이 널리 사용되면서 달라진 점이 무엇인지에 주목하여 읽는다.

과거	감염의 원인을 산소 때문이라고 봄.

감염의 원인을 밝힘.	리스터는 파스퇴르의 논문을 읽고 세균을 막을 수 있는 화학 제품을 찾으려 노력한 결과, 석탄산을 활용한 소독법을 찾아냄.

현재	리스터의 소독법이 널리 사용되며 병원은 가장 위생적인 공간으로 바뀜.

- **주제** 감염을 막는 소독법을 발견해 병원을 위생적인 공간으로 만든 리스터의 업적
- **문단별 중심 내용**
  1 문단: 과거 의사들은 산소가 상처에 감염을 일으킨다고 생각함.
  2 문단: 리스터는 감염을 막기 위해 세균을 소독할 수 있는 방법을 찾고자 노력함.
  3 문단: 리스터가 소독법을 발견한 뒤 수술 후 감염으로 인한 사망률이 줄어듦.
  4 문단: 소독법의 확산으로 병원은 현대의 위생적인 공간이 됨.

1 글의 중심 내용 파악하기

근거 있는 정답 풀이

① 1문단에서 과거의 의사들이 산소가 감염을 일으킨다고 보고 산소와의 접촉을 막기 위해 상처를 붕대로 칭칭 감았다고 설명하고 있다. 하지만 산소가 감염을 일으킨다고 본 이유에 대해서는 윗글에 제시되어 있지 않다. → 1문단

근거 있는 오답 풀이

② 현대에는 독성이 강해 석탄산을 활용하지 않는다. → 4문단
③ 리스터는 석탄산의 소독 효과를 확인해 보고자 석탄산 용액으로 소년의 상처 부위를 소독하고 석탄산 용액에 담가 두었던 붕대로 상처 부위를 감았다. → 3문단
④ 리스터가 살던 당시에는 세균에 대한 정보가 부족하여 세균을 막을 수 있는 소독제를 찾는 것이 쉽지 않았다. → 2문단
⑤ 리스터가 수술을 하던 당시에는 수술 환자 중 절반 이상이 패혈증으로 목숨을 잃었다. → 1문단

2 글의 구조 파악하기

근거 있는 정답 풀이

③ 윗글은 과거에는 감염으로 인해 많은 이가 목숨을 잃게 되어 감염을 막을 수 있는 소독제가 필요했음을 밝히고, 리스터가 파스퇴르의 논문을 읽은 후 이에 영감을 받아 세균을 막을 수 있는 소독제를 찾다가 석탄산을 활용한 소독법을 만든 과정을 다루고 있다.

근거 있는 오답 풀이

① 파스퇴르의 논문을 본 리스터는 감염의 원인을 세균으로 생각하고 이를 막을 수 있는 화학 제품들을 실험하였다. 리스터가 감염의 원인에 대해 다른 의사들과 다르게 생각했다고 볼 수 있지만, 수술 후 감염이 일어나는 원인에 대한 논쟁 과정은 나타나 있지 않다.
② 리스터가 소독법을 찾아낸 과정만 나타나 있을 뿐, 다른 의사들과의 협력을 통해 소독법을 발견했다는 내용은 나타나 있지 않다.
④ 1860년대 당시 패혈증으로 많은 사람들이 목숨을 잃었다는 내용만 나타나 있을 뿐, 질병의 원인에 대한 이론의 변화 과정을 시간의 흐름에 따라 설명하고 있지는 않다.
⑤ 리스터가 마차에 깔린 소년을 치료하며 석탄산의 소독 효과를 확인하였다는 내용만 나타나 있을 뿐, 여러 가지 소독제를 발견했다는 내용은 나타나 있지 않다.

3 숨어 있는 내용 찾기

근거 있는 정답 풀이

② 과거 의사들은 감염의 원인을 산소라고 오해하고 있었다. 1문단에 따르면 소독법을 발견하기 전 리스터 또한 ⊙을 사용하여 상처와 산소의 접촉을 막고자 하였으므로, ⊙은 감염의 원인이 되는 물질을 막기 위해 리스터가 선택한 방법과 관련된 것이라고 할 수 있다. → 1문단

근거 있는 오답 풀이

① ⊙은 리스터를 비롯하여 1860년대 의사들이 환자의 상처와 산소와의 접촉을 막기 위해 쓴 도구이다. 수술 성공률을 높이고 병원이 위생적인 환경이 되도록 하는 데 영향을 준 것은 리스터가 발견한 소독법이다.
③ ⓒ은 리스터가 석탄산 용액에 담가 두었던 것으로, 리스터가 발견한 소독법과 관련이 깊다. 리스터의 소독법 발견은 수술 성공률을 높였고, 이는 수술 후 사망하는 사람이 줄었다는 것을 의미한다.
④ 윗글에는 파스퇴르가 제안한 치료 방법이 나타나 있지 않다.
⑤ 리스터가 석탄산을 환자의 상처 부위와 접촉하게 하여 소독 여부를 실험해 보기 위해 활용한 것은 ⓒ이다. ⊙은 소독법을 발견하기 전에 산소와 환자의 상처 접촉을 막기 위해 사용한 것이다.

어휘 공략하기
본문 140~141쪽

1 **가**: ① 호기심 ⑤ 붕대 ⑥ 감염 　**세**: ② 증기 ③ 심리 ④ 유대감
2 (1) 추측 (2) 완쾌
3 (1) 증가율 (2) 성공률
4 (1) 방어 (2) 영감 (3) 발효 (4) 통각

21 강 실전 1 첨단 건축물, 수원 화성   기술   본문 144~145쪽

정답 » 1 ② 2 ⑤ 3 ②

수능이 쉬워지는
지문 키워드

☑ 개념을 설명한 글

이 글은 수원 화성에 담긴 기술적 특징과 그 효과를 설명하는 글이다. 화성은 건설 당시 최신 기구가 사용되고 외부의 침입에 대비하기 위한 다양한 과학적 원리가 숨어 있는 건축물임에 주목하여 글을 읽어 나간다.

과학적 원리와 당대 최신 기술로 지어진 수원 화성

거중기 사용	– 도르래의 원리를 활용함. – 작업 능률을 높임.
미석 사용	– 물이 미석을 타고 떨어지게 하여 성벽이 쉽게 무너지지 않도록 함.
성벽 모양	– 구불구불한 모양으로 단단하게 쌓음. – 허리를 잘록하게 만들어 적이 쉽게 오를 수 없게 함.
벽돌 사용	– 이음새를 강하게 하기 위해 벽돌을 화강암과 함께 사용하여 대포 공격에 대비함.

• 주제   수원 화성 건축에 담긴 과학·기술적 특징

• 문단별 중심 내용

1 문단: 과학 기술을 활용하여 지은 수원 화성

2 문단: 거중기 사용으로 노동력을 아끼고 무거운 물체를 쉽게 다룸.

3 문단: 미석 설치를 통해 성벽에 물이 스며들지 않게 함.

4 문단: 성벽을 단단히 맞물리게 쌓아 적의 침입을 막고자 함.

5 문단: 벽돌을 활용하여 성벽을 쌓아 적의 공격에 대비함.

1 글의 중심 내용 파악하기

근거 있는 정답 풀이

② 5문단을 통해 화강암이 단단한 특성을 지닌 돌이라는 것을 확인할 수 있을 뿐, 화강암이 벽돌보다 단단한 이유는 윗글에 나타나 있지 않다.

근거 있는 오답 풀이

① 수원 화성은 총 길이 5.7킬로미터, 면적 1.2제곱킬로미터에 달한다는 1문단의 설명을 통해 수원 화성의 규모를 알 수 있다. → 1문단

③ 3문단에서 수원 화성에 미석이 설치되어 있다고 설명하고 있다. 미석을 성벽과 담 사이에 끼워 넣으면 비나 눈이 왔을 때 물이 미석을 타고 땅으로 떨어지게 되므로, 미석은 물이 성벽으로 스며들지 않게 하는 기능을 한다. 미석을 설치하지 않았다면 성벽이 쉽게 무너졌을 것이라는 설명을 통해 미석이 있을 때와 없을 때의 차이는 성벽이 쉽게 무너지느냐 무너지지 않느냐의 차이를 발생하게 만든다고 답할 수 있다. → 3문단

④ 2문단에서 물건을 들 때, 움직도르래 1개가 있으면 고정 도르래로 들어 올릴 때보다 절반의 힘만으로도 들어 올릴 수 있다고 설명하고 있

다. 움직도르래를 넣어 만든 거중기가 화성을 건설하는 동안 노동력을 아끼고 무거운 물체를 수월하게 다룰 수 있게 했다는 설명이 ④에 대한 답이 될 수 있다. → 2문단

⑤ 1문단에서 10년이 걸릴 것으로 예상했던 공사를 정약용이 과학 기술의 힘을 빌려 2년 반이라는 단기간에 끝낼 수 있었다고 설명하고 있는데, 이는 ⑤에 대한 답이 될 수 있다. → 1문단

2 글의 구조 파악하기

근거 있는 정답 풀이

⑤ 1문단에서는 수원 화성에 과학적, 기술적 원리가 도입되었음을 언급하며 글의 화제를 제시하고 있다. 2~5문단에서는 수원 화성에 활용된 과학적, 기술적 원리를 문단별로 나누어 제시하고 있으므로 2~5문단은 같은 층위에 놓이는 구성이라고 볼 수 있다. 따라서 윗글의 짜임을 도식화한 것으로 가장 적절한 것은 ⑤이다.

3 적용하기

근거 있는 정답 풀이

② 4문단에 따르면 벽을 구불구불하게 만든 것은 보다 성벽을 단단하게 쌓기 위해 택한 방법이었다. 2문단에 따르면 수원 화성을 지을 당시 건축 현장의 사고율을 크게 줄일 수 있었던 것은 거중기를 사용하여 무거운 물체를 수월하게 다룰 수 있었기 때문이다. → 2, 4문단

근거 있는 오답 풀이

① 〈보기〉의 ㉮는 그 옛날에 어떤 기술로 큰 돌을 쌓아서 화성을 지었는지 궁금해하는 것이므로, 거중기에 관한 2문단의 설명을 제시하여 이러한 궁금증을 해소할 수 있다. 정약용이 사용한 거중기는 고정 도르래와 움직도르래를 함께 활용하여 무거운 물체를 수월하게 다룰 수 있게 한 기구였다. 수원 화성은 이러한 도르래 원리를 이용한 거중기를 활용해 커다란 돌을 쌓아 만들 수 있었다. → 2문단

③ 〈보기〉의 ㉯는 미석을 의미한다. 3문단에 따르면 미석을 성벽과 담 사이에 넣은 것은 물이 성벽에 스며들지 않고 땅으로 떨어질 수 있도록 한 건축 기술이다. → 3문단

④ 4문단에서 성벽의 허리는 돌과 돌 사이가 단단히 맞물린 상태로 잘록한 모양을 하고 있는데, 이는 적이 성벽을 쉽게 타고 오를 수 없도록 한 조치와 관련이 있다고 했다. → 4문단

⑤ 5문단에서는 화성을 건축할 때 화강암뿐만 아니라 벽돌로도 성을 쌓았는데, 이는 벽돌과 흙을 활용해 성벽을 만들면 외부의 충격에도 쉽게 무너지지 않는 성벽을 만들 수 있기 때문이라고 설명하고 있다. 따라서 ㉰에 대해 적의 공격과 같은 외부의 충격에 대비해 선택한 건축 방식이라는 글쓴이의 반응은 적절하다. → 5문단

문제 해결 비법

글의 내용을 〈보기〉의 내용에 적용하는 문제에서는, 글에 있는 내용이지만 〈보기〉의 내용과는 일치하지 않게 만들어 함정 선지를 만들기도 해요. 선지를 읽을 때, 글의 내용과 〈보기〉의 내용이 정확하게 일치하는지를 확인하며 푸는 연습을 해 보세요.

☑ 개념을 설명한 글

이 글은 잔향 시간의 개념과 콘서트홀에서 잔향 시간을 조절하는 방법을 설명하는 글이다. 콘서트홀의 잔향 시간을 조절하는 다양한 요소에는 어떤 것들이 있는지 파악하며 읽는다.

콘서트홀의 '잔향 시간'은 공연의 질을 결정하는 중요한 요소임.

↓

콘서트홀의 잔향 시간을 조절하는 방법

- 콘서트 홀의 크기: 소리가 벽에 부딪히는 횟수가 적을수록 잔향 시간이 길어짐.
- 콘서트 홀의 건축 재료: 흡음재와 반사재를 조합하여 잔향 시간을 조절할 수 있음.
- 음향 장치: 음향 반사판이나 전기 음향 시스템으로 잔향 시간을 조절할 수 있음.

• **주제** 콘서트홀의 잔향 시간을 조절하는 방법

• **문단별 중심 내용**

1 문단: 공연의 질에 영향을 미치는 콘서트홀
2 문단: 공연의 성격에 따라 달라지는 알맞은 잔향 시간
3 문단: 콘서트홀의 크기를 고려하여 잔향 시간을 조절하는 방법
4 문단: 콘서트홀의 건축 재료를 활용하여 잔향 시간을 조절하는 방법
5 문단: 음향 장치를 활용하여 잔향 시간을 조절하는 방법

1 글의 중심 내용 파악하기

근거 있는 정답 풀이

③ 3문단에서는 콘서트홀이 작으면 소리가 벽에 부딪히는 횟수가 많아져 소리 에너지가 빨리 줄어들어 잔향 시간이 짧아지고, 콘서트홀이 크면 소리가 벽에 부딪히는 횟수가 적어져 소리 에너지가 천천히 줄어들어 잔향 시간이 길어진다고 설명하고 있다. 즉 콘서트홀의 크기를 다르게 하여 잔향 시간을 조절하는 것에 관해 설명할 뿐, 콘서트홀의 벽 모양을 변화시킨다는 내용은 나타나 있지 않다. → 3문단

근거 있는 오답 풀이

① 1문단에서 콘서트홀의 다양한 요소들이 공연의 질에 영향을 미쳐 어떤 콘서트홀에서 공연을 감상하느냐에 따라 공연의 만족도가 달라질 수 있다고 설명하고 있다. → 1문단

② 2문단에서 청중들이 풍성하고 웅장한 감동을 느껴야 하는 오케스트라 공연에는 1.6~2.2초의 잔향 시간이 적절하고, 청중들이 대사를 잘 들을 수 있어야 하는 오페라 공연에는 1.3~1.8초의 잔향 시간이 적절하다고 설명하고 있다. 따라서 공연의 성격에 따라 서로 다른 잔향 시간이 요구된다는 내용은 적절하다. → 2문단

④ 4문단에 따르면 흡음재와 반사재를 적절히 조합하면 원하는 잔향 시간을 만들 수 있다. 따라서 콘서트홀의 건축에 사용되는 흡음재와 반사재를 적절히 조합하여 잔향 시간을 조절할 수 있다는 내용은 적절하다. → 4문단

2 글의 전개 방식 파악하기

근거 있는 정답 풀이

④ ㄴ. [A]에서 잔향 시간은 소리 에너지가 최대인 상태에서 일백만 분의 일만큼의 에너지로 줄어드는 데 걸리는 시간을 말한다며, 사전적 정의를 바탕으로 잔향 시간에 대해 설명하고 있다.

ㄷ. [A]에서는 콘서트홀을 오케스트라 전용 콘서트홀과 오페라 전용 콘서트홀로 나누어 각각에 알맞은 잔향 시간을 설명하고 있다.

근거 있는 오답 풀이

ㄱ. 소리 에너지가 빨리 줄어들거나 천천히 줄어드는 것을 소리가 벽에 부딪히는 횟수를 바탕으로 설명하고 있을 뿐, 소리 에너지를 익숙한 대상에 빗대어 설명하고 있지는 않다.

ㄹ. 2문단에 잔향 시간의 정의가 제시되어 있을 뿐, 잔향 시간에 대한 청중과 공연자의 생각을 대조하여 설명하고 있지는 않다.

3 숨어 있는 내용 찾기

근거 있는 정답 풀이

③ 2문단에서는 오케스트라 전용 콘서트홀은 오페라 전용 콘서트홀보다 잔향 시간이 길게 설계되어야 한다고 설명하고 있다. 3문단의 내용을 참고할 때, 잔향 시간을 길게 만들기 위해서는 콘서트홀을 크게 만들어야 한다. 따라서 오페라 전용 콘서트홀보다 잔향 시간을 길게 만들어야 하는 오케스트라 전용 콘서트홀은 오페라 전용 콘서트홀보다 크게 만들어야 한다. → 2, 3문단

근거 있는 오답 풀이

① 4문단에서 객석 주변의 벽은 흡음재를 사용하여 소리를 잘 흡수할 수 있도록 해야 한다고 설명하고 있다. → 4문단

② 2문단에 콘서트홀 종류마다 알맞은 잔향 시간이 다르다는 설명이 제시되어 있다. 오케스트라 전용 콘서트홀은 잔향 시간이 1.6~2.2초, 오페라 전용 콘서트홀은 잔향 시간이 1.3~1.8초가 적절하다고 설명하고 있다. 콘서트홀의 잔향 시간은 콘서트홀의 크기, 건축 재료 등에 따라 조절할 수 있기 때문에 공연의 종류에 따라 콘서트홀의 크기, 건축 재료 등을 고려하여 적절한 콘서트홀을 선택해야 한다. → 2문단

④ 5문단에 따르면 피아노 연주처럼 작은 소리를 울리게 해야 할 때는 피아노 뒤편 무대에 음향 반사판을 세워 잔향 시간을 늘린다. → 5문단

⑤ 5문단에서 음향 반사판만으로 잔향 시간을 늘리기 어려울 때에는 콘서트홀 곳곳에 마이크를 숨겨 놓고 알맞은 잔향 시간만큼 늘려서 다시 스피커로 들려주는 방법이 있음을 설명하고 있다. → 5문단

어휘 공략하기 본문 148~149쪽

1 (1) 웅장하다 (2) 조절하다 (3) 설계하다 (4) 수월하다
2 (1) 조합 (2) 기능 (3) 조치 (4) 첨단
3 (1) 휩싸여 (2) 사뭇 (3) 붙였다
4 (1) × (2) ○ (3) × (4) ○

정답 » 1 ② 2 ①

지문 키워드   ☑ 개념을 설명한 글

이 글은 3차원 프린터의 개념과 작동 원리, 장점과 단점, 활용 분야 등을 설명하는 글이다. 일반 프린터와 3차원 프린터의 차이점과 3차원 프린터의 앞으로의 활용 가능성에 대해 생각하며 읽는다.

3차원 프린터	
특징	– 3차원으로 물체 제작이 가능함. – 분사 재료로 잉크 대신 플라스틱을 활용함.
작동 원리	– 설계도에 따라 물건을 분석한 후 레이어를 쌓아 올림.
장점과 단점	– 복잡한 모양의 물건을 신속, 정확히 만듦. – 시간이 오래 걸림.
활용 분야	– 의료 분야, 우주 항공 분야에서 활용됨. – 앞으로 적용 분야가 무한히 확대될 전망임.

• 주제 3차원 프린터의 작동 원리와 활용 분야

• 문단별 중심 내용
 1문단: 널리 쓰이게 된 3차원 프린터
 2문단: 3차원 프린터와 일반 프린터의 차이
 3문단: 3차원 프린터의 작동 원리
 4문단: 3차원 프린터의 장점과 단점
 5문단: 3차원 프린터의 다양한 활용

1 글의 중심 내용 파악하기

근거 있는 정답 풀이

② 1문단에서 3차원 프린터의 판매 가격이 떨어지고 생산량이 증가하여 일반 가정에서도 접할 수 있다고 설명하고 있으므로, 3차원 프린터가 비싼 가격 때문에 일반 가정에서는 쓰이지 않고 있다는 설명은 적절하지 않다. → 1문단

근거 있는 오답 풀이

① 3문단에서 시제품을 만들 때 3차원 프린터를 활용하면 여러 복잡한 단계를 거치지 않아도 된다고 설명하고 있다. → 3문단

③ 2문단에서 일반 프린터는 잉크를 종이에 분사하여 인쇄를 하여 2차원의 이미지 제작만 가능하다고 설명하고 있다. → 2문단

④ 3문단에서 3차원 프린터는 만들 물건의 데이터만 있으면 그 자리에서 즉석으로 만들 수 있다고 설명하고 있다. → 3문단

⑤ 5문단을 통해 우주 항공 분야에서는 실험 장비나 건축물 등을 3차원 프린터를 활용해 제작할 계획이라는 내용을 확인할 수 있다. 3차원 프린터는 데이터만 있으면 물건을 바로 만들 수 있기 때문에 지구에서 힘들게 물건을 운반하지 않고 우주로 데이터를 보내 우주에서 필요한 물건을 제작하겠다는 것이다. → 2문단

문제 해결 비법

글의 중심 내용을 파악하는 문제는 각 문단의 중심 내용을 제대로 파악했는지를 확인하는 경우가 많아요. 인과 관계를 뒤바꾸어 제시하거나 세세한 부분에 대해서 물으며 함정 선지를 만들기도 하니, 이러한 점에 유의하며 문제를 푸는 연습을 해 보세요.

2 적용하기

근거 있는 정답 풀이

① 〈보기〉는 3차원 프린터가 인공 관절 수술의 정확성을 높인다는 점과 의료 영역에서 적극적으로 활용되고 있음을 설명하고 있다. 윗글의 5문단에서도 기술의 발전에 따라 3차원 프린터의 적용 분야가 무한히 확대될 것이라며 3차원 프린터의 기술력에 대한 기대감을 드러내고 있다. 이를 종합할 때, 윗글과 〈보기〉를 읽고 의료 기술에서 3차원 프린터에 대한 활용도가 더욱 높아질 것이라고 이해하는 것은 적절하다. → 5문단

근거 있는 오답 풀이

② 윗글에 따르면 3차원 프린터로 하나의 제품을 만들기 위해서는 아주 많은 층을 출력해야 하기 때문에 시간이 오래 걸린다는 단점이 있다. 하지만 3차원 프린터를 이용하는 인공 관절 수술이 3차원 프린터를 이용하지 않는 수술과 비교했을 때 수술 시간이 더 길거나 짧은지에 대해서는 윗글과 〈보기〉를 통해서 알 수 없다. → 4문단

③ 〈보기〉에서는 3차원 프린터를 이용해 인공 관절 수술의 정확성을 높인다고 설명하고 있다. 윗글에서는 얇은 레이어를 활용하면 정교한 물건을 만들 수 있다고 설명하고 있다. 이를 종합하여 볼 때 환자의 무릎 모양을 가상으로 만들고 이를 바탕으로 3차원 프린터로 환자의 무릎에 잘 맞는 인공 관절 모형을 제작한다면 3차원 프린터를 이용하지 않을 때보다 정교하게 인공 관절을 만들 수 있을 것이다. → 3문단

④ 〈보기〉에서 이미 제작된 인공 관절을 환자의 무릎에 끼워 넣는 것은 3차원 프린터를 활용하기 이전의 방식이라고 설명하고 있다.

⑤ 윗글에서는 3차원 프린터를 활용하여 인공 턱, 인공 귀 등과 같이 인간의 신체에 이식할 수 있는 복잡하고 정교한 물체를 생산하고 있다고 설명하고 있다. 따라서 이미 3치원 프린터를 통해 인공 턱을 만드는 기술은 사용되고 있다고 할 수 있다. → 5문단

문제 해결 비법

〈보기〉에 지문과 관련한 실제 사례가 제시된 경우에는 지문보다 심화된 내용이 제시되고는 해요. 이런 경우에는 지문의 내용을 토대로 해서 〈보기〉의 심화된 내용에 관해 묻는 문제가 출제되는데, 지문의 내용을 충실히 이해해야 함정 선지에 빠지지 않을 수 있어요.

정답 » 1 ② 2 ④ 3 ③

지문 키워드

✅ 개념을 설명한 글

이 글은 최근 많이 사용되고 있는 클라우드의 개념과 특징을 설명하는 글이다. 웹하드와의 비교를 통해 클라우드가 지닌 특징과 장단점을 파악하고, 클라우드를 사용하는 데 있어서, 해결해 나가야 하는 문제에는 어떤 것이 있는지 주목하며 읽는다.

	클라우드
특징 및 장점	– 컴퓨터 파일을 인터넷을 통하여 특정 공간에 저장할 수 있도록 하는 서비스임. – 일정한 용량의 저장 공간을 확보해 많은 사람과 파일을 공유할 수 있게 함. – 각종 IT 기기를 활용하여 여러 명이 실시간으로 함께 문서 작업하는 것을 가능하게 함. – 남는 서버를 활용할 수 있음. – 저장 공간의 제약이 없음.
단점	–개인 정보 유출 가능성이 있음. – 서버 장애 발생 시 자료 이용이 불가능함.

↓

보안에 대한 대책과 해킹의 위험성을 최소화할 수 있는 방안 마련이 필요함.

• **주제** 클라우드의 개념과 특징
• **문단별 중심 내용**
 1 문단: 이동형 기억 장치의 문제점을 해결한 클라우드
 2 문단: 클라우드의 개념
 3 문단: 웹하드와 클라우드의 차이점
 4 문단: 클라우드의 장점
 5 문단: 클라우드의 단점과 해결 과제

1 글의 중심 내용 파악하기

근거 있는 정답 풀이

② 5문단에 클라우드 서버가 해킹에 취약하여 이를 보완해야 한다는 설명은 나와 있지만, 윗글에서는 해킹을 당하지 않게 하기 위한 기술에 대해서는 설명하고 있지 않다. → 5문단

근거 있는 오답 풀이

① 저장 공간에 대한 걱정 없이 컴퓨터를 활용할 수 있고, 컴퓨터 시스템의 유지·관리 비용과 서버의 구매 및 설치에 드는 비용과 시간을 줄일 수 있다는 것이 클라우드를 이용할 때의 장점이다. → 4문단

③ 3문단에 따르면 클라우드는 일정한 용량의 저장 공간에 인터넷이 연결이 되어 있는 컴퓨터로 작업한 문서나 파일을 저장하고 많은 사람과 그 문서나 파일을 함께 볼 수 있는 웹하드의 기능을 포함한다. 한

편 저장된 정보를 각종 IT 기기를 통해 언제 어디서든 이용하게 하여 다른 사람과 실시간으로 문서 작업까지 함께 할 수 있도록 하는 것은 웹하드에는 없는 서비스로 클라우드만이 지닌 기능이다. → 3문단

④ 1문단에서 컴퓨터에서 작업한 자료를 저장하기 위해 사용하는 보조 장치인 USB에 대해 설명하고 있다. → 1문단

⑤ 2문단에서 클라우드의 개념을 설명한 뒤, 3문단에서 기존에도 인터넷상의 자료 저장 공간으로 사용되는 웹하드가 있었다고 설명하고 있다. → 2, 3문단

2 글의 전개 방식 파악하기

근거 있는 정답 풀이

④ ㉯ 2문단에서 인터넷을 통하여 특정 공간에 파일을 저장할 수 있는데 그 공간을 클라우드라고 설명하며 클라우드에 대해 정의를 내리고 있다. 이를 통해 클라우드가 저장 공간으로 기능한다는 것을 알 수 있다.
㉰ 3문단에서 클라우드의 특징을 웹하드와의 차이점을 바탕으로 설명하고 있다. 즉 클라우드는 저장 공간에 올린 문서나 파일을 많은 이들과 함께 볼 수 있는 웹하드의 장점을 포함하면서도 웹하드와 달리 다른 사람과 실시간으로 문서 작업도 함께 할 수 있는 서비스를 제공하는 특징을 지녔음을 설명하고 있다.

3 숨어 있는 내용 찾기

근거 있는 정답 풀이

③ 3문단에 따르면 ㉡과 ㉢의 공통점은 컴퓨터로 작업한 문서나 파일을 많은 사람과 공유할 수 있다는 점이다. 따라서 ㉡과 ㉢은 모두 다수의 사람이 파일을 공유할 수 있도록 하는 기능을 가지고 있다고 해야 적절한 내용이 된다.

근거 있는 오답 풀이

① ㉠은 분실이나 파손의 위험이 있다는 문제가 있으며, 이를 해결하기 위해 ㉡을 사용하는 사람들이 늘고 있다. → 1문단

② 5문단에 따르면 ㉡은 서버 장애가 발생하면 자료 이용이 불가능하다는 단점이 있다. → 5문단

④ ㉡은 컴퓨터로 작업한 파일을 인터넷을 통하여 특정 공간에 저장할 때 사용하는 공간이고, ㉢은 인터넷상의 자료 저장 공간으로 사용되므로 ㉡과 ㉢은 모두 인터넷 사용이 가능한 환경이 필요하다. 반면 ㉠은 이동형 기억 장치로, 인터넷이 안 되는 환경에서도 사용이 가능하다. → 1, 2, 3문단

⑤ ㉠은 컴퓨터에서 작업한 자료를 저장하기 위한 이동형 기억 저장 장치이고, ㉡은 컴퓨터로 작업한 파일을 인터넷을 통하여 특정 공간에 저장할 때 사용하는 공간이다. ㉢은 일정한 용량의 저장 공간에 인터넷 연결이 되어 있는 컴퓨터로 작업한 문서나 파일을 저장하고 많은 사람과 그 문서나 파일을 함께 볼 수 있는 인터넷 파일 관리 시스템이다. 따라서 ㉠, ㉡, ㉢은 모두 컴퓨터에서 작업한 자료를 저장하는 기능과 관련이 있다. → 1, 2, 3문단

어휘 공략하기

본문 154~155쪽

1 (1) 무한하다 (2) 복잡하다
2 (1) ㉰ (2) ㉯ (3) ㉠
3 세어 → 새어
4 (1) 분사 (2) 자원 (3) 파손 (4) 이식

23강 실전 1 감자 칩 소리에 담긴 비밀 [기술] 본문 156~157쪽

정답 » 1 ② 2 ④ 3 ④

지문 키워드 ✔개념을 설명한 글

이 글은 음식을 먹을 때 나는 소리가 그 음식의 맛에도 영향을 미친다는 사실을 감자 칩을 사례로 들며 설명하는 글이다. 감자 칩을 먹을 때 나는 바삭거리는 소리를 만들기 위해 어떤 기술이 활용되고 있는지에 주목하며 글을 읽는다.

> **감자 칩의 맛에 영향을 미치는 소리**
>
> ↓
>
> **감자 칩을 씹을 때 바삭거리는 소리가 나도록 하기 위한 식품 공학자들의 노력**
>
> – 녹말과 지방을 활용해 감자 칩 속에 공기 방울을 만들어 과일 속 물방울이 하는 역할을 하도록 만듦.
> – 감자 칩을 한입에 들어가지 않도록 크게 만들어 식욕을 높이는 소리를 들을 수 있게 함.

• 주제 감자 칩을 더욱 맛있게 느끼게 하는 소리

• 문단별 중심 내용
  1문단: 감자 칩을 씹을 때 나는 소리는 감자 칩의 맛을 느끼는 데에 영향을 미침.
  2문단: 과일을 씹을 때 나는 아삭거리는 소리를 연구함.
  3문단: 감자 칩의 바삭거리는 소리는 공기를 채워 넣어 만듦.
  4문단: 식품 공학자들이 감자 칩을 한입에 들어가지 않도록 만든 이유를 설명함.
  5문단: 소리가 음식의 맛에 미치는 영향을 설명함.

1 글의 중심 내용 파악하기

근거 있는 정답 풀이

② 윗글은 감자 칩에 공기 방울을 채우고, 그 공기 방울이 터지는 소리를 듣게 하기 위해 감자 칩을 크게 만드는 것임을 설명하고 있다. 이는 감자 칩을 맛있게 느끼게 하는 소리를 만들기 위한 것으로, 감자 칩을 씹을 때 바삭거리는 소리가 나도록 만든 이유, 과정 등을 설명하고 있으므로 윗글의 제목으로 가장 적절한 것은 '감자 칩에 담긴 소리의 과학'이다.

근거 있는 오답 풀이

③ 글의 제목은 글 전체 내용을 포함할 수 있어야 하는데, '감자 속 녹말 알갱이들의 변신'은 감자 칩에 채워 넣은 공기 방울을 압축하기 위해 필요한 녹말 알갱이들의 역할만을 언급한 것으로, 3문단의 내용 일부만을 담고 있으므로 윗글의 제목으로 적절하지 않다.

④ 4문단에서 입을 다문 상태에서 감자 칩을 씹게 되면 높은 주파수의 바삭거리는 소리는 입안의 잇몸이나 혀 등에 흡수되고, 턱뼈와 두개골을 거쳐 씹는 사람의 귀에 낮은 주파수의 나지막한 소리로 전달된다고 설명하고 있다. 이 내용은 소리가 귀에 전달되는 과정과 관련이

있기는 하지만, '소리가 귀에 전달되는 과학적 원리'는 이 글의 주된 내용(바삭거리는 소리가 감자 칩을 더욱 맛있게 느끼게 함.)은 아니므로 윗글의 제목으로 적절하지 않다.

⑤ 4문단에서 감자 칩을 먹을 때 더 맛있게 느끼게 하는 것은 높은 주파수의 바삭거리는 소리라고 설명하고 있다. 따라서 '어떤 음식도 맛있게 느끼게 해 주는 낮은 주파수의 비밀'은 윗글의 제목으로 적절하지 않다.

2 글의 중심 내용 파악하기

근거 있는 정답 풀이

④ 윗글에서는 한입에 먹지 않고 나누어 먹어야 식욕을 높이는 소리가 나는 음식으로 감자 칩을 들고 있다. 따라서 ㉠은 한입에 먹지 않고 나누어 먹을 때 식욕을 높여 주는 소리임을 알 수 있다. 하지만 ㉡이 한입에 먹지 않고 여러 번 나누어 먹어야 식욕을 높이는 소리인지 아닌지에 관한 설명은 나타나 있지 않다.

근거 있는 오답 풀이

① ㉠은 녹말과 지방을 활용해 채워 넣은 공기 방울이 순식간에 터지며 나는 소리이다. ㉡은 수분을 지니고 있는, 과일 속 세포들이 사람의 이와 부딪치는 순간 세포 속의 작은 물방울들이 빠른 속도로 터져 나오며 내는 폭발적인 소리이다. → 2, 3문단

② 감자 칩을 씹는 소리가 맛에 영향을 준다는 실험 결과와 '식욕을 높여 주는 과일의 아삭거리는 소리'라는 표현을 통해 ㉠과 ㉡이 각각 감자 칩과 과일의 맛을 느끼는 데에 영향을 주는 것을 알 수 있다. → 1, 2문단

③ 감자 칩 속에는 공기 방울이 존재하고, 당근이나 사과의 세포 속에는 물방울이 존재한다. ㉠과 ㉡은 각각 공기 방울과 물방울이 순식간에 터지며 나는 소리이다. → 2, 3문단

⑤ 과일은 그 자체가 머금고 있는 수분으로 인해 씹을 때 아삭거리는 소리가 나지만, 감자 칩은 씹을 때 바삭거리는 소리가 나도록 만들기 위해 녹말과 지방을 활용해 감자 칩에 공기를 채워 넣는 인공적인 과정을 거친다. → 2, 3문단

3 숨어 있는 내용 찾기

근거 있는 정답 풀이

④ [A]에서는 높은 주파수의 바삭거리는 소리를 듣게 하기 위해 식품 공학자들이 한입에 들어가지 않는 감자 칩을 만들었다고 설명하고 있다. 감자 칩에서 나는 높은 주파수의 바삭거리는 소리가 감자 칩의 맛에 영향을 끼치기 때문에 높은 주파수의 소리를 들을 수 있도록 감자 칩을 일부러 크게 만든 것이다.

근거 있는 오답 풀이

② [A]에서는 낮은 주파수가 아닌 높은 주파수의 바삭거리는 소리가 감자 칩의 맛을 올려 준다고 설명하고 있다.

③ [A]의 내용을 참고할 때 식품 공학자들은 감자 칩 하나의 크기를 한입에 들어가지 않도록 일부러 크게 만들었음을 알 수 있다.

바른답·알찬풀이 **45**

수능이 쉬워지는 **지문 키워드** ✓개념을 설명한 글

이 글은 날개 없는 선풍기가 원통형 기둥과 원형 고리로 이루어져 있고, 이 구조가 어떤 원리로 바람을 만들어 내는지를 설명하는 글이다. 날개 없는 선풍기의 구조와 부품의 명칭을 정확히 파악하고, 각 부품이 하는 역할이 무엇인지를 확인해야 바람이 생겨 나는 과학적 원리를 잘 이해할 수 있다.

날개 없는 선풍기의 작동 원리

흡입	• 아래쪽의 원통형 기둥의 내부에 있는 나선형의 날개가 회전함. • 나선형 날개의 회전으로 기둥에 나 있는 공기 구멍들 틈으로 외부 공기가 들어옴.

↓

증폭	• 속이 텅 빈 원형 고리의 내부를 지나며 공기의 흐름이 빨라짐. • 흐름이 빨라진 공기가 다시 외부로 나가고, 원형 고리 주변 공기는 고리 안쪽으로 흘러 들어옴. • 이 과정에서 생성된 공기의 양은 원통형이 흡입한 공기의 양보다 15배 많은데, 이렇게 많이 만들어진 공기가 빠른 속도로 흘러나오면서 바람을 형성함.

• 주제 날개 없는 선풍기의 작동 원리와 장점
• 문단별 중심 내용
 1 문단: 날개 없는 선풍기의 등장
 2 문단: 날개 없는 선풍기의 구조와 흡입 원리
 3 문단: 날개 없는 선풍기의 작동 원리
 4 문단: 날개 달린 선풍기와 날개 없는 선풍기의 차이점

1 글의 전개 방식 파악하기

근거 있는 정답 풀이

⑤ 4문단에서 날개 달린 선풍기와 날개 없는 선풍기의 차이점을 중심으로 설명(대조)하고 있다. 날개 없는 선풍기는 바람의 양이 많고 바람의 흐름이 끊어지지 않기 때문에 날개 달린 선풍기보다 일정하고 시원한 바람을 내보내며, 날개 달린 선풍기보다 디자인이 고급스럽고, 날개로 인한 사고도 줄일 수 있다고 설명하면서 날개 없는 선풍기의 장점을 밝히고 있다. → 4문단

근거 있는 오답 풀이

① 윗글에서는 사람들의 고정 관념을 깬 날개 없는 선풍기의 등장, 날개 없는 선풍기의 구조, 날개 달린 선풍기와의 차이점을 제시하고 있을 뿐 날개 없는 선풍기가 발명된 과정을 시간의 흐름에 따라 제시하고 있지는 않다.

② 4문단에서 날개 없는 선풍기는 날개가 없어 날개로 인한 사고를 줄일 수 있다고 설명하고 있다. 날개로 인한 안전사고는 날개 달린 선풍기를 사용할 때 발생할 수 있는 문제이다.

③ 4문단에서 날개 없는 선풍기가 대중화되고 있다고 하였다. 그러나 날개 달린 선풍기의 사용이 줄게 된 원인을 밝히고 있지는 않다.

④ 윗글에서는 날개 없는 선풍기가 작동하는 원리에 관해 설명하고 있으며, 선풍기의 필요성에 대해서는 이야기하고 있지 않다.

2 비판하기

근거 있는 정답 풀이

④ 3문단에서 원형 고리 속 텅 빈 공간의 단면은 비행기 날개 모양과 비슷한데, 공기가 이 공간을 지나면서 흐름이 빨라지게 된다고 설명하고 있다. 하지만 어떤 원리로 공기가 빨라지는지에 대해서는 설명하고 있지 않으므로, 이에 대해 더 알고 싶어 하는 것은 적절하다.

→ 3문단

근거 있는 오답 풀이

① 날개 없는 선풍기의 구조는 2문단을 통해 확인할 수 있으므로, 더 알고 싶은 내용으로 적절하지 않다. → 2문단

② 4문단에서 날개 없는 선풍기가 대중화되어 가고 있다고 하였다.

→ 4문단

③ 4문단에서 날개 달린 선풍기는 날개와 날개 사이의 빈 공간에서 바람이 끊기는 현상이 발생한다고 설명하고 있다. 이를 통해 날개 달린 선풍기에서 바람이 끊기는 현상이 발생하는 이유를 확인할 수 있으므로, 더 알고 싶은 내용으로 적절하지 않다. → 4문단

⑤ 4문단에서 날개 없는 선풍기가 나오기 시작하던 초기에는 가격이 비싼 편이라 널리 사용되지 못했다고 설명하고 있다. 날개 없는 선풍기가 처음 나왔을 때 저렴한 가격에 판매된 이유를 궁금해하는 것은 윗글을 제대로 이해하지 못한 것으로 볼 수 있다. → 4문단

3 글의 중심 내용 파악하기

근거 있는 정답 풀이

② 3문단에 따르면 원형 고리 속 텅 빈 공간의 단면은 비행기 날개 모양과 비슷한데, 공기가 이 공간을 지나면서 흐름이 빨라진다. 이를 통해 원형 고리(ⓒ)의 단면이 비행기 날개 모양과 비슷하다는 것을 알 수 있다. 하지만 원통형 기둥(㉠)의 단면이 비행기 날개 모양과 비슷하다는 설명은 나타나 있지 않다. → 3문단

근거 있는 오답 풀이

③ 원통형 기둥의 내부에는 나선형 날개와 전기 모터가 있다고 설명하고 있다. 원형 고리에는 전기 모터가 달려 있지 않다. → 2문단

⑤ 2문단에서 원통형 기둥은 외부의 공기를 흡입하고, 원형 고리는 공기의 양을 증폭해 강한 바람을 만들어 낸다고 설명하고 있다. → 2문단

어휘 공략하기 본문 160~161쪽

1 (1) ⓑ (2) ㉮ (3) ⓒ
2 (1) 단면 (2) 흡입 (3) 수분 (4) 나선형
3 (1) 나지막한 (2) 바스러진다 (3) 만들려고
4 (1) 떠났다 (2) 잔다 (3) 풀리겠다

정답 » 1 ④　2 ②　3 ⑤

 수능이 쉬워지는
지문 키워드
☑ 분류를 활용한 글

이 글은 엘리베이터를 작동하는 방식에 따라 엘리베이터의 종류를 분류하고, 가장 많이 쓰이는 권상식 엘리베이터의 구성 요소와 그 기능에 대해 설명하는 글이다. 엘리베이터를 이루는 부품들의 명칭과 그 기능에 주목하며 읽는다.

┌─────────────────────────┐
│ **엘리베이터** │
└─────────────────────────┘
┌─────────────────────────┐
│ **종류** │
│ • 로프식 엘리베이터: 도르래의 원리에 바탕을 둠.(권상식 엘리베이터 │
│ 가 이에 속함.) │
│ • 유압식 엘리베이터: 피스톤을 사용하여 작동시킴. │
└─────────────────────────┘
↓
┌─────────────────────────┐
│ **권상식 엘리베이터의 작동 원리** │
│ 카와 균형추를 로프로 연결하고 로프에 도르래를 걸어 카와 균형추를 │
│ 끌어 올리고 내림. → 도르래의 원리를 바탕으로 작동시킴. │
└─────────────────────────┘

• **주제** 엘리베이터의 주요 구성 요소와 작동 원리

• **문단별 중심 내용**
 1문단: 우리의 일상에 필수적인 장치인 엘리베이터
 2문단: 작동 방식에 따른 엘리베이터의 종류
 3문단: 권상식 엘리베이터의 주요 구성 요소
 4문단: 권상식 엘리베이터의 작동 원리

1 글의 전개 방식 파악하기

근거 있는 정답 풀이
④ 윗글은 엘리베이터를 중심 화제로 삼고 있으며, 그중에서 특히 권상식 엘리베이터의 구성 요소와 작동 원리에 초점을 맞추어 설명하고 있는 글이다. 즉 권상식 엘리베이터를 구성하는 주요 요소를 제시하고, 각 구성 요소의 기능과 역할에 대해 설명하며 엘리베이터가 작동하는 원리에 대해 설명하고 있다. → 3, 4문단

근거 있는 오답 풀이
① 엘리베이터의 종류나 구성 요소, 작동 원리 등에 관해 설명하고 있을 뿐, 기계 장치를 발명하게 된 역사적 사건을 시간 순으로 전달하고 있지는 않다.
② 작동 방식에 따라 엘리베이터가 로프식과 유압식으로 나뉜다고 설명하고 있을 뿐, 국가 간 기술적 차이에 따라 달라지는 기계 장치의 종류를 분류하고 있지는 않다.
③ 유압식 엘리베이터는 고층 건물에서 사용하기 어렵다는 점을 설명한다는 점에서 유압식 엘리베이터를 설치할 때의 유의 사항이 나타나 있다고 볼 수는 있지만, 엘리베이터를 사용할 때 유의할 사항을 구체

적인 예를 통해 설명하고 있지는 않다.
⑤ 권상식 엘리베이터의 주요 구성 요소에는 권상기, 카, 균형추, 로프, 도르래 등이 있다고 설명하며 기계 장치에 들어가는 부품을 열거하고 있기는 하나, 좋은 소재로 만든 부품의 중요성을 강조하고 있지는 않다.

2 글의 중심 내용 파악하기

근거 있는 정답 풀이
② 2문단에서 ⓒ(유압식 엘리베이터)이 ⓐ(로프식 엘리베이터)보다 설치하기가 더 쉽다고 설명하고 있으므로, ⓐ에 비해 ⓒ이 건물에 설치하기가 더 쉽다는 설명은 적절하다. → 2문단

근거 있는 오답 풀이
① 2문단에서 수리 비용이 저렴하다고 한 엘리베이터는 ⓒ(유압식 엘리베이터)이다. → 2문단
③ 2문단에서 ⓐ(로프식 엘리베이터)이 ⓒ(유압식 엘리베이터)보다 에너지 사용에 있어 더 효율적이라고 설명하고 있다. → 2문단
④ 2문단에서 ⓐ(로프식 엘리베이터)은 고층 건물에서 사용하기에 적절하지만, ⓒ(유압식 엘리베이터)은 고층 건물에서 사용하기는 어렵다고 설명하고 있다. → 2문단
⑤ 2문단에서 도르래의 원리에 바탕을 둔 것은 ⓐ(로프식 엘리베이터)이며, ⓒ(유압식 엘리베이터)은 피스톤을 사용하여 운행하는 엘리베이터라고 설명하고 있다. → 2문단

3 숨어 있는 내용 찾기

근거 있는 정답 풀이
⑤ 4문단에서 ⓔ(균형추의 위쪽 방향에 위치한 도르래)는 ⓐ(카)와 ⓑ(균형추)에 일정한 간격을 주며 무게가 한쪽으로 쏠리지 않게 하는 역할을 한다고 설명하고 있다. 즉 ⓔ는 무게가 어느 한쪽으로 치우치지 않도록 하는 것이지 ⓑ에 무게가 쏠리게 하는 역할을 하는 것은 아니다. → 4문단

근거 있는 오답 풀이
① ⓐ(카)는 승객이 올라타는 상자 모양의 장치를 의미하므로, 승객이 엘리베이터를 이용할 때 몸을 얹는 공간이라고 할 수 있다. → 3문단
② 3문단에서 ⓑ(균형추)는 ⓐ(카)의 반대편에 위치하여 카의 움직임을 부드럽게 해 주는 역할을 한다고 설명하고 있다. → 3문단
③ 4문단에 따르면 ⓒ(권상기)는 전동기로부터 에너지를 전달받아서 도르래를 회전시키는데, 그 도르래는 권상기와 연결되어 있는 도르래, 즉 ⓓ(권상기와 연결되어 회전이 되는 도르래)에 해당한다. → 4문단
④ 4문단에 따르면 ⓓ(권상기와 연결되어 회전이 되는 도르래)는 로프와 맞물려 회전하면서 ⓐ(카)를 위아래로 작동시킨다. 따라서 ⓓ의 움직임(회전하는 것)이 ⓐ를 위아래로 이동하게 하는 데에 영향을 미친다고 볼 수 있다. → 4문단

24강 실전 2 기계 번역 기술의 발전 기술 본문 164~165쪽

정답 » 1 ⑤ 2 ② 3 ③

수능이 쉬워지는 **지문 키워드**   ☑과정의 흐름을 보여 주는 글

이 글은 일상생활에 많이 쓰이는 기계 번역 기술의 발전 과정을 시간 순으로 제시하며 기계 번역 기술의 특징을 설명하는 글이다. 각 기계 번역 기술이 지닌 특징과 한계점 및 앞으로의 기계 번역 기술의 전망 등을 파악하며 읽는다.

규칙 기반 기계 번역	규칙화된 언어 문법을 적용함. 규칙에서 벗어난 문장은 번역의 오류를 낳는 한계가 있음.
통계 기반 기계 번역	번역을 요청한 문장 안의 단어와 '말뭉치'를 비교해 보며 번역함. 전체 문장의 맥락에 대한 이해가 부족하다는 한계가 있음.
인공 신경망 기반 기계 번역	전체 문맥을 파악한 후 번역을 함. 빅 데이터를 활용해 스스로 학습하며 오류를 수정해 번역의 정확도가 높음. 하지만 엄청난 양의 데이터가 필요함.

• 주제 기계 번역 기술의 발전 과정과 각 기계 번역 기술의 특징

• 문단별 중심 내용
1 문단: 기계 번역 기술의 개념과 현재 상황
2 문단: 규칙 기반의 기계 번역 기술의 특징
3 문단: 통계 기반의 기계 번역 기술의 특징
4 문단: 인공 신경망 기반의 기계 번역 기술의 특징
5 문단: 기계 번역 기술의 전망

1 글의 중심 내용 파악하기

근거 있는 정답 풀이

⑤ 4문단에서 인공 신경망 기반의 기계 번역 기술은 통계 기반의 기계 번역 기술에서 한층 더 발전된 모습을 보인다고 하였다. → 4문단

근거 있는 오답 풀이

① 1문단에서 기계 번역 기술이 활용되는 분야의 예로 챗봇 서비스를 제시하고 있다. → 1문단

② 1문단에 따르면 기계 번역 기술이 발전하여 사투리를 번역하는 정도에까지 이르렀다. → 1문단

③ 2문단에 따르면 규칙 기반의 번역 기술을 바탕으로 한 번역은 규칙에서 벗어나는 문장이 있는 경우 번역상 오류가 많이 생긴다는 단점이 있다. → 2문단

④ 3문단에서 통계 기반의 번역 기술은 '말뭉치'를 바탕으로 한 통계에 기반해 번역을 하는 기술이라고 설명하고 있다. 미리 번역 기기에 '말뭉치'를 입력한 후, 번역을 요청한 문장 안의 단어와 통계적으로 봤을 때 가장 비슷하다고 판단한 표현을 '말뭉치' 안에서 찾아 번역을 하기 때문에, 통계 기반의 번역 기술은 '말뭉치'의 데이터가 많이 쌓일수록 번역의 품질이 높아진다. → 3문단

2 글의 구조 파악하기

근거 있는 정답 풀이

② 1문단이 기계 번역이라는 화제를 제시하는 역할을 하고 있고, 2~4문단은 각 기계 번역 기술의 특징을 소개하므로 같은 층위에 있으며, 5문단은 기계 번역 기술의 미래에 대한 전망을 제시한다.

문제 해결 비법

문단 간의 관계를 알아야 글의 구조를 파악할 수 있어요. 문단 간의 관계 파악은 문단의 중심 내용을 토대로 이루어지기 때문에, 글의 구조를 파악하는 문제에서도 문단과 글의 중심 내용을 확실히 아는 것이 중요해요.

3 적용하기

근거 있는 정답 풀이

③ '아침'이라는 단어가 전체 문장에서 어떤 의미인지 알아야 〈보기〉에 제시된 문장을 매끄럽게 번역을 할 수 있다. 그런데 통계 기반의 기계 번역은 문장 안의 단어를 '말뭉치'에서 통계적으로 가장 비슷한 뜻으로 바꾸므로, 전체 문장의 맥락에 맞지 않는 번역이 될 가능성이 있다.

근거 있는 오답 풀이

① 1문단에서 기계 번역은 많은 발전을 이루어 높임말과 사투리를 번역하는 정도에까지 이르렀다고 설명하고 있다. 하지만 통계 기반의 기계 번역이 높임말을 번역할 수 있는지에 관해서는 설명하고 있지 않고, 높임말에 관한 번역을 할 수 있는가는 〈보기〉와 같은 상황이 벌어지는 까닭과도 관련이 없다. → 1문단

② 통계 기반의 번역은 '말뭉치' 관련 데이터를 바탕으로 이루어지는 것이고, 빅 데이터를 바탕으로 하는 번역 기술은 인공 신경망 기반의 번역 기술이다. → 3, 4문단

④ 문법에 맞는 것만 번역할 수 있는 것은 규칙 기반의 기계 번역 기술이며, 통계 기반의 기계 번역 기술이 한국어 문법에 맞는 것만 번역할 수 있는지에 관해서는 윗글의 내용만으로는 확인할 수 없다. → 2문단

⑤ 한국어와 영어에 관한 '말뭉치' 데이터가 있다면 통계 기반의 기계 번역은 한국어를 영어로 번역할 수 있을 것이다. 또한 〈보기〉와 같은 상황이 벌어지는 까닭이 통계 기반의 기계 번역이 한국어를 영어로 번역하는 데 적합하지 않다는 것과는 관련이 없다. → 3문단

문제 해결 비법

〈보기〉의 '통계 기반의 번역 기술'이라는 표현이 문제를 풀 때 큰 힌트가 돼요. 윗글에서는 '통계 기반 번역 기술'을 설명하고 있는 3문단의 내용을 바로 확인하면 되겠죠? 이처럼 〈보기〉의 내용에 윗글에서 다룬 화제가 직접적으로 제시될 경우, 그 화제가 윗글의 몇 번째 문단에 제시되어 있는지 파악하면 빠르게 문제를 해결할 수 있어요.

어휘 공략하기 본문 166~167쪽

1 (1) ㉰ (2) ㉮ (3) ㉯
2 (1) ㉠ (2) ㉣ (3) ㉢ (4) ㉡
3 (1) 쌓여 (2) 개발 (3) 집어내자
4 (1) ○ (2) ○ (3) ○ (4) ×

48 바른답·알찬풀이

www.mirae-n.com

학습하다가 이해되지 않는 부분이나 정오표 등의 궁금한 사항이 있나요?
미래엔 홈페이지에서 해결해 드립니다.

교재 내용 문의
나의 교재 문의 | 수학 과외쌤 | 자주하는 질문 | 기타 문의

교재 정답 및 정오표
정답과 해설 | 정오표

교재 학습 자료
개념 강의 | 문제 자료 | MP3 | 실험 영상

Contact Mirae-N
www.mirae-n.com
(우)06532 서울시 서초구 신반포로 321
1800-8890

수학 EASY 개념서 ————————

개념이 수학의 전부다! 술술 읽으며 개념 잡는 EASY 개념서

수학　0_초등 핵심 개념,
　　　1_1(상),　2_1(하),
　　　3_2(상),　4_2(하),
　　　5_3(상),　6_3(하)

수학 필수 유형서 ————————

체계적인 유형별 학습으로 실전에서 더욱 강력하게!

수학　1(상), 1(하), 2(상), 2(하), 3(상), 3(하)

미래엔 교과서 연계 도서

자습서 ————————

핵심 정리와 적중 문제로 완벽한 자율학습!

국어	1-1, 1-2, 2-1, 2-2, 3-1, 3-2	역사	①, ②
영어	1, 2, 3	도덕	①, ②
수학	1, 2, 3	과학	1, 2, 3
사회	①, ②	기술·가정	①, ②
			생활 일본어, 생활 중국어, 한문

평가 문제집 ————————

정확한 학습 포인트와 족집게 예상 문제로 완벽한 시험 대비!

국어　1-1, 1-2, 2-1, 2-2, 3-1, 3-2
영어　1-1, 1-2, 2-1, 2-2, 3-1, 3-2
사회　①, ②
역사　①, ②
도덕　①, ②
과학　1, 2, 3

내신 대비 문제집 ————————

시험직보
문제집

내신 만점을 위한 시험 직전에 보는 문제집

국어　1-1, 1-2, 2-1, 2-2, 3-1, 3-2

예비 고1을 위한 고등 도서

룩 LOOK

이미지 연상으로 필수 개념을 쉽게 익히는
비주얼 개념서

국어　문법
영어　분석독해

손쉬운

작품 이해에서 문제 해결까지
손쉬운 비법을 담은 문학 입문서

현대 문학, 고전 문학

수학중심

개념과 유형을 한 번에 잡는
개념 기본서

고등 수학(상), 고등 수학(하),
수학Ⅰ, 수학Ⅱ, 확률과 통계, 미적분, 기하

유형중심

체계적인 유형별 학습으로
실전에서 더욱 강력한 문제 기본서

고등 수학(상), 고등 수학(하),
수학Ⅰ, 수학Ⅱ, 확률과 통계, 미적분

탄탄한 개념 설명, 자신있는 실전 문제

사회　통합사회, 한국사
과학　통합과학

수학 개념을 쉽게 이해하는 방법?
개념수다로 시작하자!

수학의 진짜 실력자가 되는 비결 -
나에게 딱 맞는 개념서를 술술 읽으며 시작하자!

개념 이해
친구와 수다 떨듯 쉽고 재미있게,
베테랑 선생님의 동영상 강의로 완벽하게

개념 확인·정리
깔끔하게 구조화된 문제로 개념을 확인하고,
개념 전체의 흐름을 한 번에 정리

개념 끝장
온라인을 통해 개개인별 성취도 분석과
틀린 문항에 대한 맞춤 클리닉 제공

| 추천 대상 |
• 중등 수학 과정을 예습하고 싶은 초등 5~6학년
• 중등 수학을 어려워하는 중학생

수학은 순서를 따라 학습해야 효과적이므로,
초등 수학부터 꼼꼼하게 공부해 보자.

개념이 수학의 전부다
수학 개념을 제대로 공부하는 EASY 개념서

개념수다 시리즈 (전7책)

0_초등 핵심 개념
1_중등 수학 1(상), 2_중등 수학 1(하)
3_중등 수학 2(상), 4_중등 수학 2(하)
5_중등 수학 3(상), 6_중등 수학 3(하)

초등 핵심 개념
한 권으로 빠르게 정리!